기독교문서선교회 (Christian Literature Center: 약칭 CLC)는 1941년 영국 콜체스터에서 켄 아담스에 의해 시작되었으며 국제 본부는 미국 필라델피아에 있습니다.
국제 CLC는 59개 나라에서 180개의 본부를 두고, 약 650여 명의 선교사들이 이동도서차량 40대를 이용하여 문서 보급에 힘쓰고 있으며 이메일 주문을 통해 130여 국으로 책을 공급하고 있습니다. 한국 CLC는 청교도적 복음주의 신학과 신앙서적을 출판하는 문서선교기관으로서, 한 영혼이라도 구원되길 소망하면서 주님이 오시는 그날까지 최선을 다할 것입니다.

추천사

이승진 박사
합동신학대학원대학교 설교학 교수

　사복음서 저자 모두 공통으로 성부 하나님의 독생하신 그리스도 예수에 관한 계시를 받아 기록하였습니다. 하지만 성령 하나님은 요한복음의 저자 사도 요한에게 공관복음서의 저자들과는 다른 차원의 독특한 계시의 말씀을 허락하셨습니다. 사도 요한은 창세 전부터 선재하신 하나님이시요 성부 하나님의 독생하신 그리스도 예수를 더욱 부각시키는 계시의 말씀을 받아 기록하였습니다. 그래서 사도 요한은 예수 그리스도의 계시를 태초 이전부터 선재하신 하나님의 로고스부터 시작합니다.

> 태초에 말씀이 계시니라 이 말씀이 하나님과 함께 계셨으니 곧 하나님이시니라 (요 1:1).

　사도 요한은 영원 전부터 영원까지 찬송과 영광을 받으시기에 합당하신 삼위 하나님의 제2위이신 예수 그리스도가 성부 하나님으로부터 나시고 그분의 언약 백성들을 구속하시고자 성령의 능력으로 이 세상에 강림하여 고난과 십자가 형벌을 감당하신 계시의 말씀을 기록하였습니다. 예수 그리스도께서 십자가 고난의 잔을 앞두고 성부 하나님께 기도하신 계시의 말씀 (요 17장)은 사도 요한에게 주어진 선재하신 그리스도를 아주 선명하게 보여줍니다.

정석훈 목사님은 오랜 목회 사역의 현장에서 요한복음의 말씀을 깊이 묵상하고 또 주님의 언약 백성들을 향해 그 말씀을 증언하는 소중한 말씀 사역을 아주 성실하게 감당해 오고 있습니다. 저자는 이미 요한복음 전반부(1장-10장)를 『나는 날마다 죽노라』라는 제목으로 두 권을 출판하였고, 본서는 11장 이후의 내용을 담고 있습니다.

요한복음에 관한 여러 주석서가 이미 적지 않게 출판되었지만, 요한복음의 말씀을 선교 목회 현장에서 깊이 묵상하고 고난 중에 있는 신자들을 위하여 연관성을 맺고 선포된 설교집이 더욱 필요한 실정입니다. 정석훈 목사님의 설교집 『나는 날마다 죽노라 3』을 통하여 새로운 도전과 감동을 경험할 수 있기를 바랍니다.

머리말

진리를 찾는 유목민

지금까지 기독교는 인간 구원론을 벗어난 적이 없습니다. 모든 성경 해석이 인간 구원 중심입니다. 이것은 십자가에 못 박은 유대인들의 신학입니다.

> 너희가 성경에서 영생을 얻는 줄 생각하고 성경을 상고하거니와 이 성경이 곧 내게 대하여 증거하는 것이로다 (요 5:39).

그래서 유대인들이 예수님을 살해합니다.
오늘날 기독교가 유대교라는 사실을 아는 사람이 있을까요?
성령을 받지 못하면 그 어떤 인간도 유대교에서 벗어날 수가 없습니다. 인간은 절대 자기 스스로 자기 자신을 부인할 수 없기 때문입니다.
선악과를 먹은 후 만들어진 자아를 무슨 수로 부정할 수 있겠습니까?
교회가 예수님을 십자가에 못 박아 죽입니다. 내가 찾는 복음은 언제나 변합니다. 왜냐하면, 내가 변하기 때문이며, 내가 사는 환경도 변하기 때문입니다. 그래서 주님은 십자가로 우리를 찾아오신 겁니다.
인간의 기대와 희망과 소망은 십자가로 무참히 부서져야 합니다. 성령은 인간으로부터 나오는 모든 것이 악하다고 합니다. 그러니 제대로 된 성경 해석, 제대로 된 복음이라는 것이 성립이 안 됩니다. 오직 십자가 안에서 죄인이 됩니다. 아버지께서 기뻐하시는 분은 오직 십자가를 지신 예수님뿐입니다. 그 십자가를 자랑하도록 그 피로 자기 백성을 만드신 겁니다.

내 마음에 드는 진리를 찾아 떠난다는 것은 자기 즐거움, 자기 기쁨을 찾겠다는 겁니다. 그것은 시간과 공간조차 자기 즐거움으로 만들어 버린 가인과 같습니다. 성을 만들고 그 이름을 아들의 이름을 넣어 에녹성이라고 짓습니다. 자기 증거를 위한 시간과 공간입니다. 인간들은 시간과 공간을 자기 이름을 증거하기 위한 것들로 가득 채웠습니다. 그 채워진 자리에 주의 이름이 난입했습니다. 자신의 자리를 양보할 자들이 아닙니다.

하나님의 말씀 속에서 어렵게 찾은 나의 이름을 주의 이름 앞에 부인할 수 없습니다. 역사적·문법적 해석을 통해 그 끝자락에서 찾은 나의 이름을 너무도 무시하는 예수님은 십자가에 못 박아 죽여야 합니다. 그래야만 진리를 찾는 나의 유목 생활의 즐거움이 계속되기 때문입니다. 희망이 있다는 것만으로도 충분합니다.

선악과를 따먹은 자들은 이 세상의 시간과 공간을 자기 이름으로 채웠지만, 주님은 그 시간과 공간을 자기 피로 채웠습니다. 자기 백성에게만 주시는 그리스도의 영입니다. 그리스도의 영을 받지 못한 자들은 언제나 희망으로 살아갑니다.

내일에 대한 희망이 없다면 사람이 어떻게 살아갈까요?

그러니 자신의 구원은 언제나 미완료입니다. 미완료이기에 오히려 더 즐거워합니다. 미완료이기에 자신의 행위를 마음껏 집어넣을 수 있습니다. 그래야만 자신의 이름이 영원합니다. 십자가로 다 이루셨다는 주님의 말씀은 저들로 하여금 발작을 일으킵니다. 자신의 믿음, 자신의 행위를 집어넣어 자신의 구원을 이루고자 하는 자들에게 십자가는 걸림돌입니다. 반드시 걸려 넘어집니다. 그래서 십자가는 새로운 초원과 고원을 찾아 떠나도록 만듭니다. 이 책을 통해 떠돌아다니는 많은 사람이 주님께로 돌아오기를 바랍니다.

나는 날마다 죽노라 3

The Cross and the Gospel of John 3
Written by Seok Hun Jeong
All rights reserved.
Korean Edition Copyright ⓒ 2022 by Christian Literature Center, Seoul, Korea.

나는 날마다 죽노라 3

2022년 9월 10일 초판 발행

지 은 이 | 정석훈

편　　집 | 도전욱
디 자 인 | 박성숙
펴 낸 곳 | (사)기독교문서선교회
등　　록 | 제16-25호(1980. 1. 18.)
주　　소 | 서울특별시 서초구 방배로 68
전　　화 | 02-586-8761~3(본사) 031-942-8761(영업부)
팩　　스 | 02-523-0131(본사) 031-942-8763(영업부)
이 메 일 | clckor@gmail.com
홈페이지 | www.clcbook.com
송금계좌 | 기업은행 073-000308-04-020 (사)기독교문서선교회
일련번호 | 2022-88

ISBN 978-89-341-2469-6(03230)

이 책의 출판권은 (사)기독교문서선교회가 소유합니다.
신저작권법에 의하여 한국 내에서 보호받는 저작물이므로 무단 전재와 무단 복제를 금합니다.

요한복음 설교집

나는 날마다 죽노라 3

십자가에 달려 죽으신 심판주 예수 그리스도
(요 11-15장)

INRI

정석훈 지음

CLC

목차

추천사
　이승진 박사 합동신학대학원대학교 설교학 교수　　　　　　　　1

머리말
　진리를 찾는 유목민　　　　　　　　　　　　　　　　　　　3

제1장 (요 11:1-4~요 11:57)　　　　　　　　　　　　　　　9

제2장 (요 12:1~요 12:49-50)　　　　　　　　　　　　　　75

제3장 (요 13:1~요 13:38)　　　　　　　　　　　　　　　169

제4장 (요 14:1~요 14:30-31)　　　　　　　　　　　　　　256

제5장 (요 15:1~요 15:27)　　　　　　　　　　　　　　　333

제1장
(요 11:1-4~요 11:57)

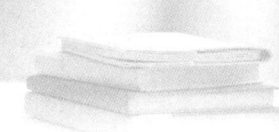

♣ 병든 자와 아들의 영광

> 요 11:1-4
>
> 어떤 병든 자가 있으니 이는 마리아와 그 형제 마르다의 촌 베다니에 사는 나사로라 이 마리아는 향유를 주께 붓고 머리털로 주의 발을 씻기던 자요 병든 나사로는 그의 오라비러라 이에 그 누이들이 예수께 사람을 보내어 가로되 주여 보시옵소서 사랑하시는 자가 병들었나이다 하니 예수께서 들으시고 가라사대 이 병은 죽을 병이 아니라 하나님의 영광을 위함이요 하나님의 아들로 이를 인하여 영광을 얻게 하려함이라 하시더라.

하나님 아들만이 영광을 얻도록 세상이 돌아갑니다. 주님이 이러한 상황을 조성하셨습니다. 나사로가 병들어 죽게 된 것도, 누이들이 예수님께 사람을 보내어 "주여 보시옵소서 사랑하시는 자가 병들었나이다"라고 예수님을 요청한 것도 다 아들만이 영광 받기 위한 주님의 조치라는 겁니다.

지금 병들어 죽어 가는 오빠가 있는데 예수님의 말씀은 정말 한가로운 말씀을 하고 계십니다. 성경을 읽는 우리는 타인의 이야기이기 때문에 별로 다급한 것이 없습니다. 그런데 만일 병든 자가 내 몸과 가까운 곳에 있는 가운데 오늘 본문을 본다면 공감이 됩니다. 마리아와 마르다의 마음을 십분 이해합니다. 그저께 어떤 분이 이런 이야기를 들려주었습니다.

어떤 사람이 있는데 이 사람은 성당을 다녔습니다. 나름 하나님을 믿었습니다. 그런데 자신의 딸이 뇌종양에 걸렸습니다. 그리고 얼마 지나지 않아 그렇게 봉사를 열심히 하던 시아버지도 암에 걸렸습니다. 그래서 하는 말이 그렇게 열심히 봉사하면서 살았는데 왜 이런 일이 일어나는가라는 겁니다. 그러면서 하는 말이 다시는 신을 믿지 않겠다는 겁니다.

우리야 타인이기 때문에 이 사람의 말이 별로 와닿지 않지요.

그런데 몸이 그 사람과 좀 가까워지면 어떨까요?

달라집니다. 내 딸이 그렇고, 내 남편이, 내 아내가 그러하다면 그 사람의 말이 허투루 들리지 않을 겁니다.

오늘 본문은 이런 사람에게 딱 맞는 본문이지요. 예수님을 믿었는데, 예수님의 사랑을 받았는데 왜 나에게 이러한 재난이 닥치고 불행이 닥치느냐는 겁니다. 그런 불행과 재난이 닥치더라도 그 불행이나 재난을 해결해 주셔야 한다는 것이 바로 오늘 본문에 나오는 예수님을 믿는 마르다와 마리아의 입장입니다.

그런데 예수님의 입장은 이들과 전혀 다릅니다. 관심 자체가 다른 곳에 있습니다. 아들의 영광에 있습니다. 그러나 사람들의 관심은 자기 몸에 있습니다. 물론 몸에서 조금만 벗어나면 어떤 관심도 없습니다.

지독한 혈육에 대한 사랑 속으로 예수님 사랑을 집어넣고 싶어 하는 것이 인간의 본성입니다. 그러니 아무리 예수님의 말씀을 오랫동안 듣고 예수님의 사랑을 받고 있다고 생각해도 인간의 마음은 여전히 자신의 혈육 중심입니다. 예수님은 우리 가족을 위하시는 분이라는 겁니다.

주님은 이러한 철옹성 혈육 중심을 쑥대밭으로 만들어 버립니다. 쑥대밭을 만드시는 이유는 아들만 영광을 받기 위해서입니다.

♣ 사랑과 죽음

> 요 11:5
>
> 예수께서 본래 마르다와 그 동생과 나사로를 사랑하시더니.

사실 1절에도 접속사 *(de)*가 있습니다. 그리고 여기 5절에도 접속사 *(de)*가 있습니다. 우리 성경엔 "본래"라고 번역을 했는데, 그렇게 해도 의미는 문제가 없습니다. 그러나 역접 관계 접속사로 한 번 읽어 보겠습니다.
"그러나 예수님은 마르다와 그 동생과 나사로를 사랑하시더니 나사로가 병들었다 함을 들으시고 그 계시던 곳에 이틀을 더 유하시고."
예수님은 마르다와 그 동생과 나사로를 사랑하고 계십니다. 과거 언제부터인지 모르지만 지금도 사랑하고 계십니다. 실은 창세 전 그리스도 안에서부터입니다. 성령 받은 사도 요한이 지금 이렇게 기록하고 있습니다. 마르다과 마리아, 그리고 나사로는 예수님이 사랑하는 자들입니다. 과거에만 사랑하신 것이 아니라 계속해서 사랑하는 자입니다.
그런데 나사로가 병들었습니다. 우리가 보기엔 한 사람이 병들었습니다. 그러나 혈통이기 때문에 그 한 사람의 병이 곧 모두의 병이 됩니다. 여기에서 우린 질문을 할 수 있습니다. 예수님이 사랑하시는데 왜 병에 걸리게 하셨느냐고 말입니다. 이 땅에 살아가는 모든 사람의 원망이 여기에 담겨 있습니다.
사랑한다면 왜 죽입니까?
이 세상에서 사랑하는 자녀를 매로 다스리는 경우는 있습니다.
그런데 사랑하기 때문에 죽이면 어떻게 됩니까?
사람들은 예수님을 너무 오해를 합니다. 우리를 사랑하시는 예수님이기 때문에 이 세상에서 나를 죽이는 분이 아니라 살리는 분이라 생각합니다.

사람들이 이렇게 생각하는 이유는 예수님을 첫째 자리에 두는 것이 아니라 나를 첫째 자리에 두고 예수님을 둘째 자리에 두기 때문입니다.

예수님을 위한 내가 되어야 하는데, 언제나 나를 위한 예수님입니다.

인간들의 성경 해석법이 언제나 이러하다고 여러 차례 말씀드렸습니다. 예수님이 요단강에서 물세례를 받으실 때 성령이 비둘기같이 하늘로부터 내려와서 예수님 위에 머물렀습니다.

이 말씀을 달리 표현하면 아버지께서 사랑하시는 자는 물세례 받으신 예수님이라는 겁니다. 예수님은 아버지께서 사랑하시는 아들입니다. 그런데 그 사랑하시는 아들은 십자가에 달려 죽으시는 아들입니다. 그래서 심판주가 되시는 아들입니다.

따라서 이 세상에서 만일 어느 누가 예수님의 사랑을 입은 자라면 그 인생은 죽어야 하는 인생이며, 부활해야 하는 인생이 됩니다. 왜냐하면, 예수님의 사랑은 하나 만들기 사랑이기 때문입니다.

예수님이 마리아, 마르다, 나사로를 사랑하고 계신다고 하니 이들은 죽음과 거리가 멀다고 생각합니다. 그러나 사랑받고 있기에 죽어야 합니다. 죽고 부활하지 않으면 그 사람은 사랑받는 자가 아닙니다. 죽음을 싫어하고 죽음을 무서워하여 죽음을 멀리하고 싶은 사람들에게 예수님의 사랑은 거부하고 싶은 사랑입니다.

날마다 자기를 부인하게 하는 주님, 주님과 날마다 바꿔치기 당하는 인생을 어느 누가 좋아하겠습니까?

오늘 같은 본문은 예수님의 사랑을 받고 있다고 하는 자들에게는 매우 거슬리는 본문입니다. 그래서 오늘 본문을 다른 식으로 해석합니다. 주님이 우리를 사랑하시기 때문에 우리에게 어려움과 힘든 일, 괴로움과 고난을 주신다는 겁니다. 그러나 주님은 이런 식으로 우리 인생을 끝내시지 않고 반드시 보상해 주신다고 가르칩니다. 언제나 자기중심입니다.

그러나 이 세상은 내 중심이 아니라 십자가를 지신 예수님 중심입니다. 그래서 이 세상은 예수님 중심으로 돌아갑니다. 예수님의 사랑을 받았다면 그 받은 사랑을 내놓을 겁니다.

그런데 어느 인간이 내 놓겠습니까?

그래서 주님이 친히 사랑하는 자를 죽이심으로 말미암아 그 사랑을 쏟아 놓게 하셨습니다. 주신 사랑을 회수하는 식으로 사랑받은 자를 다루고 계십니다. 이러한 현상이 일어나는 곳이 바로 이 세상입니다.

♣ 이틀을 더 유하시고

> 요 11:6
>
> 나사로가 병들었다 함을 들으시고 그 계시던 곳에 이틀을 더 유하시고.

열왕기상 18장에는 우리들이 잘 아는 사건이 나옵니다.

갈멜산에서 엘리야 선지자가 바알 선지자 사백오십 인과 아세라의 선지자 사백 인과 대결이 펼쳐집니다. 엘리야 선지자가 "각각 한 송아지를 잡아 나무 위에 놓고 불은 놓지 말고 각자의 신을 불러 불로 응답하는 신 그가 하나님이니라"고 내기를 걸었습니다.

물론 엘리야의 기도를 들어주셨습니다.

그런데 오늘 본문에서 예수님은 사랑하는 자가 병들었다는 소식을 들었음에도 불구하고 그 계시던 곳에 이틀을 더 유하십니다. 비록 이틀을 더 유하셨지만 결국 가셔서 나사로를 살려 주셨다는 사실을 알고 있습니다.

그런데 만일 그 이틀이, 이틀이 아니라 이년이면 어떡하겠습니까?

제가 이렇게 말씀드렸지만 이렇게 생각하는 자체가 문제가 있습니다. 무슨 말인고 하면 이틀이 되었든 20년이 되었든 주님은 우리의 기도를 들으시지 않습니다.

그렇다면 기도도 듣지 않으시면서 왜 기도하라고 하십니까?

그 이유가 여기에 나옵니다. 기도는 우리의 기도를 들어주시는 것이 아니라 주님의 이름을 증거하기 위한 기도로 그 기도를 사용하십니다. 예수님이 사랑하시는 자가 병들었으니 당연히 그들의 기도를 들어주실 것이라 생각하지요. 그러나 이틀을 더 유하심으로 말미암아 주님이 사랑하는 사람들을 부활이요 생명이 되신 심판주 되심을 증거하는 도구로 사용하십니다.

예수님은 성도를 사랑하십니다. 그렇다면 성도는 당연히 기도를 합니다. 예수님의 이름으로 무엇이든지 구하면 이루시겠다고 약속하셨습니다. 오늘 본문에서 미리 앞당겨 그 기도를 어떻게 이루시는지를 보여 주십니다.

나를 위한 기도 응답은 없습니다. 기도할 수밖에 없는 상황과 그 기도의 응답과의 간극이 있음으로 말미암아 십자가 사랑은 화산이 터지듯이 올라옵니다. 나를 위한 십자가는 처음부터 없습니다.

제가 이렇게 말하면 복음을 알면 제대로 된 기도를 해야 하지 않느냐고 하실 텐데 제대로 된 기도라는 것은 없습니다. 이렇게 말하면 또 예수님이 제대로 된 기도를 가르치지 않았느냐고 하시겠지요. 그렇습니다. 예수님이 가르치셨습니다.

그러면 그렇게 기도하면 제대로 된 기도입니까?

그런 기도 외워서 한다면 누구나 다 할 수 있습니다.

주님이 먼저 그의 나라와 그의 의를 구하라는 말씀은 우리들이 빌 바를 알지 못하기 때문에 그 기도의 응답은 무엇을 구하든지 예수님이 그의 나라와 의를 구한 결과물로 응답하신다는 말씀입니다.

그러니 이틀을 더 머무신 것이 성도에게 얼마나 감사한 일입니까?

♣ 또 그리로 가시려 하나이까?

요 11:7-8

그 후에 제자들에게 이르시되 유대로 다시 가자 하시니 제자들이 말하되 랍비여 방금도 유대인들이 돌로 치려하였는데 또 그리로 가시려 하나이까.

제자들은 유대인들이 지금도 예수님을 잡기만 하면 돌로 쳐 죽일 것이라고 확신합니다. 지금 제자들의 말은 예수님을 걱정하는 것이 아니라 자신들을 걱정하고 있습니다. 그러나 아무리 걱정해도 소용없습니다. 돌에 맞아 죽는 것이 두려워도 소용없습니다. 피하려고 해도 피할 수 없습니다. 왜냐하면, 예수님이 주님이시기 때문입니다.

우린 이미 십자가 복음을 전하면 이 세상이, 이 세상에 속한 교회가 어떠한 태도를 취할지 잘 알고 있습니다. 그래서 복음을 전하고 싶은 마음이 별로 없습니다. 친구들과도 잘 지내고 싶고, 가족들과도 잘 지내고 싶고, 동료들과도 잘 지내고 싶기 때문입니다.

나 스스로 내 무덤을 파기는 싫습니다. 그런데 주님은 우리의 의사를 묻지 않습니다. 우리의 걱정을 고려하지 않습니다. 주님의 구원은 처음부터 우리의 의사를 묻고 구원한 것이 아닙니다. 아버지와 아들의 약속 속에 긍휼의 그릇으로 창세 전에 그리스도 안에서 택함을 받았습니다.

이 말은 곧 인간의 의사는 언제나 자신이 살기 위한 결정이요, 자기 이름을 위한 결정이며, 자기 영광을 위한 결정이라는 말입니다. 우린 자꾸 착각을 합니다. 오늘 본문에 나오는 제자들처럼 뭔가 주님을 위해 대단한 판단을 할 수 있는 자라 생각합니다. 특히 말씀을 좀 알고, 복음을 좀 알게 되면, 이런 태도는 봄날에 언 땅이 녹으면 물이 나오듯이 나옵니다. 그래서 자신의 행위, 판단이 주님을 위한 행위요 판단이라 생각합니다.

그러나 주님은 우리에게 주도권을 맡기신 적이 없습니다. 주님은 십자가를 홀로 지셨습니다. 그 십자가 지심 속으로 우리를 끌어당깁니다. 그 끌어당김을 당하게 되면 우리 자신이 결정권을 가진 자가 아니라 죄인임이 발각됩니다.

♣ 낮과 빛과 밤

요 11:9-10

예수께서 대답하시되 낮이 열 두 시가 아니냐 사람이 낮에 다니면 이 세상의 빛을 보므로 실족하지 아니하고 밤에 다니면 빛이 그 사람 안에 없는고로 실족하느니라.

표준새번역을 읽어 드리겠습니다.
"예수께서 대답하셨다. 낮은 열두 시간이나 되지 않느냐. 사람이 낮에 걸어 다니면, 이 세상의 빛을 보므로 걸려서 넘어지지 않는다. 그러나 밤에 걸어 다니면 빛이 그 사람 안에 없으므로 걸려서 넘어진다."
낮 시간이 열 두 시간이라는 것은 누구나 아는 사실입니다.
예수님이 왜 이런 말씀을 하실까요?
천지를 창조하실 때 낮과 밤을 만드셨습니다.
창세기 1:3-5를 보겠습니다.

하나님이 가라사대 빛이 있으라 하시매 빛이 있었고 그 빛이 하나님의 보시기에 좋았더라 하나님이 빛과 어두움을 나누사 빛을 낮이라 칭하시고 어두움을 밤이라 칭하시니라 저녁이 되며 아침이 되니 이는 첫째 날이니라.

요한복음 9:4에 다음과 같이 말씀하셨습니다.

때가 아직 낮이매 나를 보내신 이의 일을 우리가 하여야 하리라 밤이 오리니 그 때는 아무도 일할 수 없느니라.

예수님이 천지를 창조하셨습니다. 첫째 날에 빛을 만드셨습니다. 이 빛을 낮이라 칭하시고, 그리고 빛을 기준으로 나누어진 어두움을 밤이라 칭하셨습니다. 사실 이 어두움은 앞서 2에 등장하고 있습니다. 이미 "땅이 혼돈하고 공허하며 흑암(어두움)이 깊음 위에 있고"라는 말씀 속에 들어 있습니다.

이렇게 되면 어두움은 빛이 만들어지므로 어둠 속에 빛과 어둠으로 나누어졌습니다. 참으로 특이하지요. 우리들 생각에는 어두움 속에 빛을 만든다는 것은 상상하지 못합니다. 우린 빛이란 것이 어둠과 별개로 존재해야 한다고 생각하기 때문입니다.

이러한 창조는 요한복음과 동일합니다. 세상은 어둠입니다. 그 어둠 가운데 빛이 비침으로 말미암아 어두운 세상은 빛과 어두움으로 나누어집니다. 정말 절묘하지요. 그러면 우리는 질문이 쏟아집니다.

'창조 자체가 흑암 속에서 빛과 흑암으로 나누는 창조라면 처음부터 세상은 악마가 지배하고 있는 세상이라는 말입니까'라는 질문을 하겠지요?

여러분 창세기를 예수님보다 앞세워시 해석을 히게 되면 그렇습니다. 그러나 예수님이 심판주 되심을 증거하기 위해 세상을 만들었습니다. 만물이 그로 말미암고 그를 위하여 창조되었습니다. 낮이 열두 시간이라는 것은 우리 인간들이 생각하는 아침 6시에서 저녁 6시까지의 시간입니다. 그런데 예수님은 이 낮이 낮 된 이유를 이 세상의 빛 때문이라고 하십니다.

정말 이런 말도 안 되는 말이 어디 있습니까?

빛을 태양이라고 한다면 이해가 되는데 그 빛이 아니라는 것은 "그 사람 안에"라는 표현에서 알 수 있듯이 예수님 자신을 두고 하시는 말씀입니다. 그러니 낮도 우리가 생각하는 낮이 아닙니다.

인간들이 생각하는 낮, 사실은 주님이 만드신 낮이었습니다. 그런데 인간들은 이 낮을 자신들을 위한 낮으로 바꾸어 버렸습니다. 자신들이 살기 위해 일하는 낮으로 만들었습니다. 그런데 예수님은 그 낮의 본래 용도, 태양 빛이 비치는 낮이 아니라, 진짜 빛이 비치는 낮임을 말씀하고 계십니다.

어느 누가 이 말씀을 알아듣고 수긍하겠습니까?

예수님이 빛입니다. 이 세상, 곧 어두운 세상의 빛이기에 이 빛을 보면 실족치 않는다고 하십니다. 그러나 어두움에 다니면 그 사람 안에 빛이 없기 때문에 실족합니다. 예수님은 지금 천국과 지옥을 말씀하시고 계십니다.

정말 놀랍지 않습니까?

사랑하는 가정을 쑥대밭으로 만들어 놓으시고 예수님 자신이 이 세상의 빛임을 증거하고 계시면서 창조의 본래 목적이 무엇인가를 말씀하고 계십니다.

이 세상은 어두운 세상의 빛이신 예수님을 증거하기 위해 만들어졌고 그것을 위해 모든 것은 사용됩니다. 성도에게 일어나는 모든 일은 이것을 위해 일어나는 일입니다.

자기 몸 중심인 자들은 결코 이러한 일에 동의하지 않을 겁니다. 그러나 성도는 모든 것이 합력하여 선을 이루시는 일에 마음껏 이용됩니다. 이것을 위해 이 땅에 성도가 있습니다. 주님은 온 세상을 만드신 이유를 증거하기 위해 우리 몸과 가정과 민족과 국가와 대자연과 우주를 다룹니다.

♣ 잠자느냐, 죽었느냐?

> 요 11:11-14
>
> 이 말씀을 하신 후에 또 가라사대 우리 친구 나사로가 잠들었도다 그러나 내가 깨우러 가노라 제자들이 가로되 주여 잠들었으면 낫겠나이다 하더라 예수는 그의 죽음을 가리켜 말씀하신 것이나 저희는 잠들어 쉬는 것을 가리켜 말씀하심인줄 생각하는지라 이에 예수께서 밝히 이르시되 나사로가 죽었느니라.

낮과 밤은 누가 만들었습니까?

주님이 만드셨습니다. 제가 이렇게 말하면 어제 말씀을 보신 분들은 이런 질문을 하실 겁니다.

'창조 자체가 어둠에서 빛을 만드셔서 빛과 어둠을 나누신 것 아닙니까?
그렇다면 바탕이 어둠이 아닙니까?
어둠은 누가 만들었습니까?'

창세기 1:1에 "태초에 하나님이 천지를 창조하시니라"고 하시고 2절에서 "땅이 혼돈하고 공허하며 흑암이 깊음 위에 있고 하나님의 신은 수면위에 운행하시니라"고 하시지요. 그러니 처음 창조하신 천지의 모습이 이러한 모습이라는 겁니다. 이사야 45:7입니다.

> 나는 빛도 짓고 어두움도 창조하며 나는 평안도 짓고 환난도 창조하나니 나는 여호와라 이 모든 일을 행하는 자니라 하였노라.

어두움도 주님이 만드셨습니다. 낮과 밤의 소속이 어디냐 하면 주님의 소속입니다. 주님은 지금 자신이 빛이심을 증거하심으로 말미암아 세상을 빛과 어두움으로 나누는, 달리 말하면 심판 하는 심판주 되심을 증거하고 계십니다. 그런데 놀라운 것은 이러한 주님의 일에 나사로가 동원되고 있다는 사실입니다.

예수님이 "우리 친구 나사로가 잠들었도다 그러나 내가 깨우러 가노라"고 하셨습니다. 뒷 구에 보면 나사로는 분명 죽었습니다. 그런데 왜 예수님은 그 죽음을 가리켜 잠들었다고 하셨을까요?

그 이유는 제자들의 반응을 끌어내기 위함입니다. 제자들은 나사로가 예수님의 말씀대로 잠들었다고 생각했습니다. 그래서 "주여 잠들었으면 낫겠나이다"라고 합니다.

13절을 보세요.

예수는 그의 죽음을 가리켜 말씀하신 것이나 저희는 잠들어 쉬는 것을 가리켜 말씀하신 것인 줄 생각하는지라.

사도 요한이 요한복음을 기록했습니다. 여기에 나오는 '저희' 속에 사도 요한도 포함되어 있습니다. 당시 자신들이 예수님의 말씀에 대한 이해가 어떠했는가를 말해 줍니다. 달리 말하면 예수님은 이들의 마음이 이러함을 알고 계셨습니다. 그래서 예수님이 "나사로가 죽었느니라"고 말씀해 주신 겁니다.

죽음에 대한 두 가지 시선입니다. 예수님은 잠들었다고 하십니다. 그러나 제자들은 죽음을 죽은 것이라고 봅니다.

그렇다면 예수님은 왜 잠들었다고 합니까?

그 이유는 나사로가 낮에 다니고 있는 사람이라는 겁니다. 그 가운데 빛이 있기 때문입니다. 그러니 나사로는 잠자고 있습니다.

이 세상을 사는 사람들에겐 도무지 이해할 수 없는 말씀입니다. 교회 다니고 예수님을 믿는 사람들도 다 죽었다고 하잖아요. 그래서 사람이 죽으면 죽었다고 슬퍼하잖아요. 예수님은 그렇지 않습니다. 잠자는 겁니다. 잠을 잔다면 언제든지 깨울 수 있다는 것이요 살아 있다는 말입니다. 시체가 썩어도 잠자는 겁니다. 이미 티끌이 되어 버려도 잠자는 겁니다.

빛이 그 빛이 아니듯이 죽음도 그 죽음이 아니라는 겁니다. 인간들은 모두 속고 살아갑니다. 이 세상 신에게 속아서 육신의 죽음을 죽음으로 확정하며 살아가는 자들입니다. 그러나 주님의 빛은 이 어둠의 실체를 확 밝힙니다. 물론 13절 말씀처럼 성령을 받아야 비로소 자신이 악마에게 속아 왔다는 것을 알게 됩니다.

그러니 늙어가는 것을 슬퍼할 이유가 없습니다. 주님은 늙어가기를 기다립니다. 그리고 죽기를 기다립니다. 그리고 하시는 말씀이 '잠들었다'고 하십니다. 늙어가기에 그리스도 안에서 살아있다는 증거요, 육신의 목숨이 끊어지기에 그리스도 안에서 영생을 얻었음을 증거하는 몸이 됩니다.

내 몸은 나를 위한 몸이 아닙니다. 예수님이 빛으로 어두움과 빛을 나누시는 심판주 되심을 증거하는 몸이 됩니다. 그래서 주님은 성도의 몸을 언제나 육으로 만드십니다. 십자가의 피를 증거하는 '육' 말입니다.

십자가를 자랑치 않는 자는 어떻게 살아도 이미 죽은 자입니다. 십자가를 자랑하는 자는 어떻게 살아도 산 자입니다.

♣ 예수님의 기쁨

> 요 11:15
>
> 내가 거기 있지 아니한 것을 너희를 위하여 기뻐하노니 이는 너희로 믿게 하려 함이라 그러나 그에게로 가자 하신대.

예수님은 너무 기쁘다고 하십니다. 왜냐하면, 예수님이 제자들을 믿게 하기 위하여 거기 계시지 않았다는 겁니다.

예수님의 말씀에 근거하면 제자들은 지금까지 예수님을 믿었다는 말입니까, 믿지 않았다는 말입니까?

믿지 않았다는 말이 됩니다. 그러나 이제는 죽은 나사로 때문에 믿게 될 것이라는 말씀을 하시는 것 같습니다.

믿음이라는 것이 눈으로 목격한다고 생기는 것일까요?

예수님의 말씀을 다시 봅시다.

"너희로 믿게 하려 함이라"고 하시지요.

누가 믿게 합니까?

예수님이 믿게 하십니다. 예수님이 믿게 하시려면 예수님이 십자가에 달려 죽으시고 부활하셔서 주님이 되셔서 성령을 보내 주셔야 가능한 일입니다.

예수님은 지금 이 말씀을 하고 계십니다. 죽은 나사로를 다시 살리심을 통해 예수님의 죽으심과 부활, 그리고 주 되심을 증거하고 계신 겁니다. 그것을 앞당겨서 미리 보여주는 겁니다. 그러니 제자들이 죽은 나사로가 살아나는 것을 목격한다고 해서 믿음이 생기는 것이 아닙니다. 예수님은 믿음의 출처가 어디에 있는지를 말씀하십니다. 바로 예수님의 죽으심에 있습니다.

삼 년 동안 따라다녀도 믿음이 생기지 않습니다. 일평생을 따라다녀도 마찬가지입니다. 그뿐만 아니라 삼 년 동안 따라다니면서 기적을 행해도, 말씀을 듣고 두 눈으로 목격해도, 손으로 만져도, 함께 동거해도 믿음이 생기지 않습니다. 10년, 20년, 50년, 죽을 때까지 성경을 연구해도 믿음이 생기지 않습니다. 믿음은 오직 십자가의 능력으로 주어지는 하나님의 선물입니다. 예수님이 기쁘신 이유는 드디어 제자들에게 믿음을 주실 때가 왔기 때문입니다.

그렇다면 제자들도 기쁠까요?

인간들은 믿음을 가지기를 원합니다.

그런데 그 믿음이 누구를 기쁘게 하는 믿음입니까?

나를 기쁘게 하는 믿음입니다. 그런데 주님이 주신 믿음은 주님을 기쁘게 하는 믿음입니다. 그래서 믿음을 선물로 받은 자들은 자기를 기쁘게 하는 인생이 주님을 기쁘게 하는 인생으로 살게 됩니다.

이제까지 자기를 기쁘게 하기 위해서 예수님을 따라다녔지만, 주님이 주시는 믿음을 받게 되면 더는 자기를 기쁘게 하는 삶이 아니라, 대신 죽으신 예수님을 위해 사는 인생이 됩니다. 이러한 교체작업이 일어나는 곳이 십자가입니다.

♣ 우리도 주와 함께 죽으러 가자

> 요 11:16
>
> 디두모라 하는 도마가 다른 제자들에게 말하되 우리도 주와 함께 죽으러 가자 하니라.

예수님의 말씀과 도마의 말이 서로 어떤 연결고리가 있습니까?

나사로가 죽었다고 예수님이 말씀하셨습니다. 지금도 유대인들은 예수님을 돌로 쳐 죽이려고 합니다. 그럼에도 예수님이 죽은 나사로에게 가자고 하십니다. 이럴 경우 인간들이 할 수 있는 최고의 행동은 이렇습니다.

"우리도 주와 함께 죽으러 가자."

비장한 결심입니다. 예수님을 내가 믿었고, 내가 따랐으니 예수님이 죽으시는 자리까지 내가 따라가서 예수님과 함께 기꺼이 죽겠다는 겁니다. 오늘날 이러한 믿음을 요구하는 목사들이 있지요. 우리가 은혜를 받았다면 예수님을 위해 죽어야 한다고 말입니다. 가진 것을 다 버리고 주님을 따라야 한다고 하면서 전 재산을 팔아 자기들 집단으로 들어오라고 합니다.

제자들에게는 예수님이 누구의 지시를 따라 움직이는지가 보이지 않습니다. 성령을 따라 아버지의 뜻대로 움직입니다. 예수님 홀로 움직이는 것이 없습니다. 그러나 제자들에게는 예수님 홀로 움직입니다. 그러니 자신들도 자신들이 결심하면 얼마든지 예수님과 함께 죽을 수 있다고 생각합니다. 물론 이들은 예수님이 목숨을 버릴 권세, 다시 취할 권세가 있는 줄도 모릅니다. 그야말로 예수님과 함께 죽겠다는 일사 각오의 자세를 다짐합니다. 여러 사람이 함께한다면 이 다짐은 더 강해집니다.

그런데 이 다짐은 실패합니다. 그리고 가룟 유다가 자살에 비립니다. 함께 죽겠다는 자들은 도망가 버리고, 함께 죽겠다고 한 자 중 한 사람은 예수님을 팔아먹고 홀로 자살해 버렸습니다. 성경에서 예수님이 십자가에 달려 죽으실 때 함께 십자가에 달려 죽는 자들이 없는 이유는 말씀을 응하기 위함입니다. 예수님이 사랑하시는 자를 아버지의 이름으로 보전합니다.

그래서 그들이 자원해서 예수님과 함께 죽는 죽음을 막으신 겁니다. 그리고 가룟 유다를 자살하게 하심으로 말미암아 인간들도 얼마든지 예수님과 함께 죽을 수 있다는 사실을 말씀하고 계십니다. 그런데 그러한 죽음은 모두가 다 가룟 유다의 죽음과 동일한 죽음이라는 것을 우리에게 말씀하시는 겁니다.

그렇다면 스데반 집사님이나 야고보 사도가 죽은 것은 어떻게 된 것일까요?

들은 자신들이 주어가 되어 움직인 자들이 아닙니다. 그들은 주님이 그들과 동행하셨기 때문에, 함께하셨기 때문에, 함께하시는 분이 시키는 대로 산 겁니다. 시키는 대로 살았다는 말은 자기 자랑이 없다는 말이요, 언제나 자기 부인이 되는 자들이라는 겁니다.

그러나 자신이 자원해서 주님을 위해 죽겠다고 나선 자들은 그것이 언제나 자신의 자랑거리가 됩니다. 이것이 주님 심판하실 때 그 본색을 드러냅니다.

"우리가 주의 이름으로 선지자 노릇하고 귀신을 쫓아내고, 많은 권능을 행치 않았습니까?

그러니 우린 당연히 천국에 들어가야 합니다."

사람들도 그렇게 생각합니다.

주님을 위해 모든 것을 버리고, 자기 목숨을 버리는 자들을 죄인으로 봅니까, 아니면 의인으로 봅니까?

그렇게 모든 것을 버리고, 자기 목숨을 버리는 것이 죄라고 해 보세요. 어느 누가 모든 것을 버리겠습니까?

주님을 위해 버렸다고 하는 자들에게 '당신이 행한 모든 일이 십자가의 원수 짓입니다'라고 하면 펄쩍 화를 낼 겁니다. 비장한 결심이 예수님을 십자가에 못 박아 죽입니다. 성도의 몸은 주님이 십자가에서 홀로 다 이루심을 증거하는 몸입니다.

♣ 무덤에 있은 지 이미 나흘이라

> 요 11:17
>
> 예수께서 와서 보시니 나사로가 무덤에 있은 지 이미 나흘이라.

장례식을 끝냈습니다. 이미 나사로는 무덤에 장사지낸 바 되었습니다. 요즘 장례식대로 하면 화장해 버렸습니다. 땅속에 파묻었습니다. 우리중에도 자신이 아는 사람이 이미 화장당했든지 아니면 무덤에 파묻힌 사람들이 있을 겁니다.

우리 관습으로는 설날이나 아니면 추석이 되면 죽은 자가 묻힌 무덤이나, 뿌려진 장소를 찾지요.

그곳에 가서 무슨 생각을 합니까?

오늘 본문을 한 번 생각해 봅시다. 우린 우리의 부모나, 형제나, 할아버지 할머니가 돌아가셔서 이 무덤에 묻혀 있다고 생각을 합니다. 이것이 이 땅에 사는 인간들이 보는 안목입니다. 선악과를 따먹은 후 눈이 밝아진 자들이 얼마나 눈이 밝아졌는지 알 수 있는 대목입니다. 창세기 3장을 보면 선악과를 따먹었는데 아담과 여자가 죽지 않았습니다.

여러분도 창세기를 읽으면서 이상하다는 생각을 갖지 않았습니까?
하나님의 말씀이 말씀대로 되지 않았다는 사실에 뭔가 궁금한 것이 없었습니까?
선악과를 따먹는 날에는 정녕 죽으리라고 하셨는데 왜 그들은 죽지 않았습니까?

벌써 눈이 밝아졌습니다. 선악과를 따먹었기 때문에 이미 죽은 자로 볼 수 있어야 하는데, 그들은 자신을, 우린 우리 자신을 죽은 자로 보지 않습니다. 이 세상은 이미 육신이 죽는 것만 죽음이라고 단정하는 세상입니다. 그러나 주님 보시기엔 이 세상은 생명이 없는 곳, 어둠입니다. 어둠 속에서 인간들은 나름대로 죽음과 삶을 구분합니다. 그러면서 기어이 자신들은 살았다는 것을 증거합니다.

그러나 성도는 십자가의 영을 받은 자입니다. 그러니 이들은 산 자입니다. 그런데 이들은 독특하게 이렇게 말합니다. '예수 그리스도와 함께 십자가에 못 박혔나니' 이렇게 말하면 어떤 사람들은 여기에 죽은 것이 없지 않느냐고 하는 사람들이 있습니다.

그러면 예수님이 십자가에 못 박혀 죽지 않았습니까?
죽었습니다.

> 또 그리스도께서 너희 안에 계시면 몸은 죄로 인하여 죽은 것이나 영은 의를 인하여 산 것이니라 (롬 8:10).

몸은 죄로 인하여 죽었습니다. 자기 몸을 그렇게 보는 자가 성도입니다. 그러나 그리스도의 영이 없는 자는 자신의 몸을 보고 살았다고 생각합니다.

따라서 성도는 자신의 몸이 죽은 몸이니 자기 몸으로 나온 모든 행위는 죄로 인하여 나오는 죽은 행위임을 인정합니다. 그러니 자랑할 것이 십자가밖에 없습니다.

그러나 자신이 살았다고 하는 자들은 자신의 몸에서 나오는 모든 것이 성령을 받아서 행하는 행위이기 때문에 의롭다는 겁니다. 교회에서 목사가, 선배 교인들이 그렇게 가르치고, 본인도 그렇게 생각합니다. 그러니 이들은 자신의 몸이 살았다는 것을 증거합니다.

♣ 위로

> 요 11:18-19
>
> 베다니는 예루살렘에서 가깝기가 한 오리쯤 되매 많은 유대인이 마르다와 마리아에게 그 오라비의 일로 위문하러 왔더니.

예루살렘과의 거리가 3킬로미터도 떨어져 있지 않은 가까운 지역입니다. 그러하기에 많은 유대인이 마르다와 마리아에게 그 오라비의 일로 위로하러 왔습니다. 나사로가 인간관계가 좋았는지, 아니면 이 집안이 부유했기 때문인지는 알 수 없지만 많은 유대인이 마르다와 마리아를 위로 하러 왔습니다. 우리들도 많은 장례식에 가 봅니다. 여러분도 마르다 마리아와 같은 초상집에 갔다고 생각해 봅시다.

위로가 될까요?

미운 남편이 죽었다면, 미운 아내가 죽었다면, 나이 들어 살 만큼 사시다가 죽은 사람이라면 신나는 일이고, 손님들이 많이 오면 기분 좋은 일이 될 수는 있습니다.

그런데 사랑하는 남편, 아내, 아이가, 사랑하는 부모가 죽었습니다. 무엇으로 위로가 될까요?

아무리 많은 사람이 와도 위로가 되지 않습니다. 돈밖에 모르는 시대에 살고 있는 우리들은 돈만 주면 얼마든지 위로가 될 수 있다고 생각하지만 정말 사랑하는 사람이 죽으면 억만금을 주더라도 그것은 위로가 되지 않습니다.

많은 유대인이 마르다와 마리아를 위로하러 왔습니다. 오늘 본문에서 이것을 말씀하시는 이유는 인간의 위로가 위로냐는 겁니다. 죽음도 모르고 영생도 모르는 자들이 위로하고 있습니다.

장례식에 가보면 그렇지요.

뭘 알고 위로합니까?

누가 누구를 위로합니까?

본인이 지금 지옥 생활을 하고 있는데 그것도 모르면서 무슨 위로를 합니까?

그뿐만 아니라 그 위로를 받는 자도 영생을 모르기에 위로랍시고 받지만 그게 위로가 됩니까?

안 됩니다. 세상은 이렇게 놀고 있습니다. 진정한 위로도 모르면서 위로한답시고 위로합니다. 그 위로를 받는 자들도 마찬가지이지요. 슬픔은 더 깊어질 뿐입니다.

"정녕 죽으리라"는 그 죽음을 알게 된다면 어떻게 될까요?

성령 받은 자만이 이 죽음을 알게 되지만 저들은 그 죽음으로 들어가야 비로소 알게 됩니다.

♣ 성질대로 살기

> 요 11:20
>
> 마르다는 예수 오신다는 말을 듣고 곧 나가 맞되 마리아는 집에 앉았더라.

여러분이 보시기에 누가 믿음이 좋은 사람입니까?
이렇게 질문을 드리는 이유는 사람들이 신앙을 평가할 때 사람들의 행동을 보고 판단하기 때문입니다. 아브라함이 가뭄이 들어 애굽으로 내려가게 된 것이 우리들이 보기엔 아브라함이 살기 위해 내려갔다고 생각할 수도 있습니다. 그러나 주께서 아브라함을 그렇게 하게 하셨습니다.

> 그가 애굽에 가까이 이를 때에 그 아내 사래더러 말하되 나 알기에 그대는 아리따운 여인이라 애굽 사람이 그대를 볼 때에 이르기를 이는 그의 아내라 하고 나는 죽이고 그대는 살리리니 원컨대 그대는 나의 누이라 하라 그리하면 내가 그대로 인하여 안전하고 내 목숨이 그대로 인하여 보존하겠노라 하니라 (창 12:11-13).

아브라함이 이렇게 그 아내에게 말한 것은 주께서 그렇게 하게 하셨기 때문입니다. 제가 아브라함을 위해 변명을 하는 것이 아닙니다. 모든 것이 합력하여 선을 이룹니다.

> 우리가 알거니와 하나님을 사랑하는 자 곧 그 뜻대로 부르심을 입은 자들에게는 모든 것이 합력하여 선을 이루느니라 (롬 8:28).

골라잡아 합력하여 선을 이루는 것이 아니라 모든 것이 서로 합력해서 선을 이룹니다. 빠질 것이 없습니다. 물론 부르심을 입은 자들에게만 해당되는 말씀입니다. 여기서 선은 우리에게 유리한 것을 두고 선이라 하는 것이 아닙니다.

오늘 본문을 보면 마르다와 마리아는 서로 상반된 행동을 합니다.

만일 우리들이 뒤 본문을 모른다면 우린 어떤 판단을 하겠습니까?

왜 제가 이런 질문을 드리는가 하면 우리의 실제 생활이 그러하기 때문입니다. 분명 부르심을 입은 자들에게는 모든 것이 합력하여 선을 이루신다고 하셨는데, 우린 어떤 행동을 보고 판단해 버리는 습관을 갖고 있습니다.

부르심을 입은 자이기에 예수님이 오신다는 소식을 듣고 곧장 예수님께 달려가든, 그렇지 않든, 이 모든 것은 서로 합력하여 선을 이룹니다. 로마서 8:28에서는 그 선을 이루는 시점이 현재입니다. 우린 결과를 봐야 선을 이루었는지 안 이루었는지를 안다고 생각합니다. 그러나 주님 보시기엔 이미 선을 이루고 있습니다.

로마서 8:29입니다.

> 하나님이 미리 아신 자들로 또한 그 아들의 형상을 본받게 하기 위하여 미리 정하셨으니 이는 그로 많은 형제 중에서 맏아들이 되게 하려 하심이니라.

그 아들의 형상을 본받게 하기 위하여 미리 결정했습니다. 그러니 무슨 수로 여기에서 인간이 빠져 나갈 수 있습니까?

이것은 예수님을 맏아들로 만들기 위함입니다.

> 정하신 그들을 또한 부르시고 부르신 그들을 또한 의롭다 하시고 의롭다 하신 그들을 또한 영화롭게 하셨느니라 (롬 8:30).

이 말씀 속에 성도가 담겼습니다. 이것을 그냥 구원론으로만 보는 것이 사람들의 안목입니다. 이것은 구원론을 말하는 것이 아닙니다. 창세 전부터 정해진 자들은 이미 모든 것이 완료된 상태를 보여주는 삶, 곧 십자가에서 다 이루셨다는 것을 보여 주는 삶을 산다는 겁니다. 무언가 더 추가하거나, 부족한 부분이 있다는 말이 아닙니다.

어떻게 행동해도 모든 것이 합력하여 선을 이룹니다. 그러니 마르다 같은 성질대로 살아도, 마리아 같은 성질대로 살아도 십자가 사랑을 증거하기에 부족함이 없습니다. 성질대로 사세요.

♣ 탄로 난 믿음

> 요 11:21-22
>
> 마르다가 예수께 여짜오되 주께서 여기 계셨더면 내 오라비가 죽지 아니하였겠나이다 그러나 나는 이제라도 주께서 무엇이든지 하나님께 구하는 것을 하나님이 주실 줄을 아나이다.

마르다는 예수님이 나사로를 사랑하시는 줄을 알고 있습니다. 그뿐만 아니라 자신들도 사랑하신다는 것도 알았습니다. 그런데 그 사랑이 도대체 무슨 사랑인지를 그들은 알지 못했습니다. 그들이 생각한 사랑은 자신들을 위한 사랑이었습니다. 그래서 지금 예수님께 달려와서 예수님을 원망합니다. 그러면서 곧장 태도를 바꿉니다.

"그러나 나는 이제라도 주께서 무엇이든지 하나님께 구하는 것을 하나님이 주실 줄을 아나이다"라고 말합니다. 얼핏 보면 예수님이 하나님께 구하기만 하면 자신의 오라비를 살릴 수 있다는 믿음의 표현으로 볼 수 있습니다.

그러나 그러한 믿음의 표현이 아닙니다. 나름 안간힘을 쓰고 있는 겁니다. 자신이 사랑하는 오라비가 죽었기 때문에 예수님을 원망할 수밖에 없지만, 자신이 예수님을 사랑하는 마음과 예수님에 대한 믿음은 변함없음을 표현하는 겁니다. 그러나 그 믿음은 껍데기에 불과합니다.

예수님을 주님으로 부르고 있지요. 주님으로 부르고 있으니 예수님이 주님이심을 믿는 것은 분명합니다. 그리고 예수님으로부터 배웠기 때문에, 예수님이 행하신 일들을 들었기 때문에 주님이 아버지께 구하는 것은 아버지께서 다 들어주신다는 사실을 알았습니다. 그런데 막상 자신의 사랑하는 오라비가 죽으니 이 믿음은 그야말로 지식으로 그칠 뿐입니다.

그럼에도 마르다의 이성은 자신이 믿음 없음을 인정하기는 싫습니다. 예수님을 원망하지만, 자신이 예수님을 믿는 믿음은 버릴 수 없다는 것입니다. 그래서 누가 보더라도 놀라운 믿음을 보이고 있는 겁니다.

주께서 여기 계셨더면 내 오라비가 죽지 아니하였겠나이다 그러나 나는 이제라도 주께서 무엇이든지 하나님께 구하시는 것을 하나님이 주실 줄을 아나이다 (요 11:21-22).

주님이 하나님께 무엇을 구하신다는 말입니까?

앞부분과 연결해보면 주님이 아버지께 내 오라비를 살려달라고 기도하신다면 하나님이 그 기도를 들어주셔서 내 오라비를 살려 주실 줄을 안다는 말입니다.

마르다는 주님을 자신을 위한, 자기 가족을 위한 주님입니다. 이와 동시에 믿음도 없으면서 믿음이 있는 흉내를 내는 겁니다. 나사로의 죽음으로 인해 자신의 실체가 다 탄로 납니다.

주님이 자기 백성을 사랑하는 방식이 이런 방식입니다. 다 탄로 나야합니다. 믿음 없음이, 십자가를 자랑한다는 것이 나를 위한 것이요 내 가족을 위한 것임이 다 탄로 나야 합니다.

복음을 모를 때는 헌금하는 것이 아깝지 않았습니다. 왜냐하면, 축복을 받을 것이라는 확신 때문이지요. 마치 로또복권 구매하듯이 헌금을 합니다. 그러나 복음을 듣게 되니 헌금이 아깝습니다. 어떠한 축복도 가져오지 못하는 헌금은 할 이유가 없지요. 이처럼 그동안 헌금한 것이 내가 얼마나 돈을 사랑했는지를 드러내기 위한 헌금이었음이 탄로 나야 합니다.

복음을 모를 때는 성경책을 열심히 읽었습니다. 그러나 복음을 알게 되니 성경책 읽을 마음이 싹 사라졌습니다. 그러니 내가 성경을 읽는 목적이 나를 위함이었다는 것이 탄로 나야 합니다.

복음을 모를 때는 기도를 열심히 했습니다. 그러나 복음을 알게 되니 기도하지 않습니다. 그러니 그동안 내가 마르다 처럼 얼마나 나를 위해 기도를 했는지가 탄로 나야 합니다.

복음을 모를 때는 믿는다고 했습니다. 목숨을 잃는다 하더라도 예수님을 믿는다고 했습니다. 그런데 복음을 알게 되니 그 믿음이 나를 믿는 믿음이었다는 것이 탄로 나야 합니다.

복음을 모를 때는 열심히 교회를 나갔습니다. 주일 예배에 빠지지 않았습니다. 복음을 들은 후에는 말씀을 들어도 그만, 안 들어도 그만입니다. 나의 행위를 기반으로 하여 축복받고자 하고, 저주를 피해 보고자 하는 마음이 탄로 났습니다.

말씀은 인간의 본성을 탄로 나게 합니다. 물론 주님의 사랑을 받은 자는 탄로 나서 십자가만 자랑하지만, 주님의 사랑을 받지 못한 자는 탄로 나도 여전히 자기 사랑을 추구합니다. 마르다는 자기 사랑을 추구합니다. 이것은 세상 모든 사람이 동일합니다. 그러나 이미 주님의 사랑을 받은 자는 이러한 자기 사랑이, 자기 가족 사랑이 주님보다 더 소중하게 여겼다는 것이 탄로 나야 합니다.

♣ 다시 살줄을 내가 확신합니다

> 요 11:23-24
>
> 예수께서 가라사대 네 오라비가 다시 살리라 마르다가 가로되 마지막 날 부활에는 다시 살 줄을 내가 아나이다.

지금 예수님을 믿는 사람들에게 질문을 한 가지 해 봅시다.
"당신은 부활을 믿습니까?"
그러면 백 명이면 백 명이 모두 다 한목소리로 마르다처럼 이렇게 대답할 겁니다.
"마지막 날 부활 때에는 다시 살 줄을 내가 아나이다."
오늘날 교회가 참으로 많습니다. 그 교회에 다니는 사람들은 모두가 다 예수님을 내가 믿는다고 합니다. 그들의 확신은 그 누구도 말릴 수 없습니다. 어떤 사람은 자신의 전 재산도 갖다 바치기도 하고, 자신의 가족들과도 기꺼이 헤어지기도 합니다. 물론 이만큼의 믿음은 없지만 나름대로 예수님을 믿는 사람들은 십일조도 아끼지 않고, 주일이면 52년 동안 한 번도 빠짐없이 교회에 나갑니다.
교회는 가지 못하지만 목사님을 집으로 초대하여 예배도 드립니다. 그리고 매 주일 교회에 나가지 못하지만, 성경도 열심히 읽지 않고, 기도도 열심히 하지 않지만 나름대로 예수님을 믿습니다. 그들 각자를 만나서 물어보면 그래도 나는 예수님을 믿는다고 합니다.
그런데 오늘 본문에서 그 믿음이 얼마나 엉터리인지 밝혀집니다.
우리들이 보기에 예수님의 말씀을 마르다가 믿는 것 같이 보입니다. 그러나 여러분, 예수님의 말씀과 마르다의 말이 다릅니다. 무슨 말인가 하면 예수님의 말씀은 주님의 말씀입니다.

네 오라비가 다시 살리라(요 11:23).

이 말씀은 십자가 지시고 부활하셔서 주님이 되셔서 말씀하시는 말씀의 능력입니다. "빛이 있으라" 말씀하시면 "빛이 있었습니다."

예수님의 말씀은 우리들이 흔히 말하는 말이 아닙니다. 종이에 기록된 좋은 어록이 아닙니다. 어록이야 내가 읽고, 내가 본받을 수 있는 내용이고, 내가 흉내낼 수 있는 것이고, 내가 스스로 그 어록을 근거로 새로운 창조를 할 수 있는 도구가 됩니다.

그러나 예수님의 말씀은 인간이, 내가 그 말씀을 다룰 수 없습니다. 오히려 말씀이 인간을 다룹니다. 지금 마르다는 착각을 한 겁니다. 예수님으로부터 사랑을 받았고, 예수님으로부터 배웠습니다. 예수님이 심판하는 권세를 가지셨다는 사실을 알았습니다.

그뿐만 아니라, 예수님의 말씀을 듣고 예수님을 보내신 이를 믿는 자는 영생을 얻었고 심판에 이르지 않는다는 사실도 알았습니다. 또한, 죽은 자들이 하나님의 아들의 음성을 들을 때가 오는데 곧 이때라는 말씀도 압니다. 그리고 그 아들의 음성을 듣는 자는 살아난다는 사실도 알고 믿습니다. 무덤 속에 있는 자가 다 그의 음성을 들을 때가 온다는 사실도 믿습니다. 선한 일을 행한 자는 생명의 부활로, 악한 일을 행한 자는 심판의 부활로 나온다는 사실까지도 확실히 믿고 확신합니다.

마르다는 예수님의 말씀과 자신의 믿음을 동일하다고 여겼습니다. 그런데 실제 자신이 사랑하는 오라비 나사로가 죽으니 예수님의 말씀과 자신의 믿음이 동일한 것이 아니라 도리어 그렇게 믿었다는 그 믿음을 통해 자신은 전혀 예수님의 말씀을 믿을 수 없는 자임이 탄로 났습니다.

우리도 이렇게 나의 믿음이 가짜임이 탄로 나는 즐거움이 있었으면 좋겠습니다. 이 말을 달리하면 십자가를 자랑한다는 말입니다. 사람들은 십자가를 자랑하고, 예수님을 믿는다고 하니 자신의 믿음이 가짜가 아니라 진짜 믿음이라 생각합니다.

많은 사람이 십자가 복음을 듣게 되면 자신이 믿는 십자가는 가짜가 아니라고 생각합니다. 십자가 자체가 우리 자신을 부인하는 십자가인데 그런 사람들은 십자가가 자신을 긍정하는 십자가로 만들어 버렸습니다.

그러나 주님의 사랑을 받은 성도는 주님이 일으키시는 사건 속에서 마르다처럼 십자가의 피를 자랑하도록 자신의 가짜 믿음이 탄로 나게 됩니다.

마르다처럼 말씀을 철저하게 배우고, 믿음에 확신을 가지면 가질수록, 말씀 속으로 들어가면 들어 갈수록 가짜의 깊이는 더해집니다. 마치 늪에 빠지는 것과 같습니다. 처음에는 발목만 빠졌습니다. 한 발짝 더 들어가니 무릎까지, 한 발짝 더 들어가니 허리까지, 한 발짝 더 들어가니 목까지, 한 발짝 더 들어가니 온 몸이 늪 속으로 빠져 들어갑니다. 주님이 주신 그 사랑 속으로 말입니다.

♣ 이것을 네가 믿느냐?

> 요 11:25-27
>
> 예수께서 기라사대 나는 부활이요 생명이니 나를 믿는 자는 죽어도 살겠고 무릇 살아서 나를 믿는 자는 영원히 죽지 아니하리니 이것을 네가 믿느냐 가로되 주여 그러하외다 주는 그리스도시요 세상에 오시는 하나님의 아들이신 줄 내가 믿나이다.

가장 정확한 정보를 알고 있는 마르다입니다.

예수님이 직접 마르다에게 이렇게 물었습니다.

"나는 부활이요 생명이니 나를 믿는 자는 죽어도 살겠고 무릇 살아서 나를 믿는 자는 영원히 죽지 아니하리니 이것을 네가 믿느냐?"

우리들이 이 질문을 받는다면 어떻게 대답하겠습니까?

여러분도 나름대로 한 번 대답해 보시기 바랍니다.

아마 여러분의 대답이 마르다의 대답과 다르지 않다고 생각됩니다.

마르다는 예수님의 말씀에 추가하여 대답합니다. 물론 예수님의 말씀에 다 동의합니다. '아멘'합니다. 그러나 그 정도가 아닙니다. "주는 그리스도시요 세상에 오시는 하나님의 아들이신 줄 내가 믿나이다"라고 합니다.

우리들도 이 정도의 믿음을 갖고 있지 않습니까?

아마 오늘날 교회 다니는 사람중 이정도 신앙고백을 하는 사람이 있다면 그 사람은 구원받은 사람이라고 할 겁니다. 신앙고백과 구원의 확신이 마르다 정도라면 당신은 144,000에 들었다고 할 겁니다. 이미 천국백성이 되었다고 할 겁니다. 틀림없이 당신은 천국백성이라고 할 겁니다.

이러한 집단이 우리 주변에 얼마나 많습니까?

그들은 오늘 본문을 읽어도 전혀 깨닫지 못합니다. 왜냐하면, 그들은 적어도 마르다보다는 믿음이 뛰어나다고 생각하기 때문입니다. 자신들은 이미 성령 받았다고 확신하기 때문입니다.

그런데 마르다의 확신이 오늘날 자신은 구원받았다는 사람들의 확신보다 부족한가요?

절대 부족하지 않습니다. 주님은 나사로의 죽음을 통해, 이제 십자가 지시기 전 인간들이 최종적으로 끄집어낼 수 있는 믿음의 뿌리까지 뽑아내고 계십니다. 자신에게서 나오는 믿음, 그것은 주관적 증거입니다.

사람들은 주관적 증거를 매우 중요시합니다.

마르다가 믿는 내용과 마르다가 말하는 내용이 틀린 것이 있습니까?

잘못된 점이 있습니까?

하나도 없습니다. 완벽합니다. 신앙고백과 믿음이 완벽하게 마르다의 입으로부터 나오고 있습니다. 바로 이러한 믿음이 똑같은 말씀을 하신 예수님 앞에 가짜 믿음이 됩니다.

십자가의 능력은 인간이 믿을 수 있는 것이 아닙니다. 십자가의 능력이 믿음을 만듭니다. 십자가 지신 주님이 지금도 친히 일하십니다. 마르다는 주님이 "이것을 네가 믿느냐"라고 물으실 때 자신이 "주여 그러하외이다"라고 대답하면 믿는 것이라 생각했던 겁니다.

그런데 믿었습니까?

마르다는 정확한 정보를 갖고 있었을 뿐입니다. 믿어야 할 정보, 신앙고백해야 할 정보 말입니다. 개혁교회가 신앙고백을 매우 중요시합니다. 그들은 오늘 본문을 읽지도 않은 모양입니다. 물론 읽어도 깨닫지 못합니다. 그러니 결국 그들의 신앙은 마르다의 신앙 그 이상이 아닙니다.

주님이 "이것을 네가 믿느냐"라는 질문은 너는 절대 믿을 수 없는 자라는 말씀입니다. 여기에 믿을 수 없는 너에게 주님의 믿음을 주시겠다는 말씀입니다. 그렇게 되면 나의 믿음은 부정당하고, 그 부정당하는 자리에 주님의 믿음이 자리하게 됩니다.

마르다가 받은 사랑은 바로 이러한 십자가 사랑입니다. 십자가 사랑 앞에 자신이 부인되지 않는 자는 십자가 사랑을 받지 못한 자입니다. 이들은 자신을 부인하지 않고, 자신의 신앙고백과 자신의 믿음을 확신합니다. 이들이야말로 악마의 앞잡이입니다.

♣ 조롱거리가 된 믿음

> 요 11:28-32
>
> 이 말을 하고 돌아가서 가만히 그 형제 마리아를 불러 말하되 선생님이 오셔서 너를 부르신다 하니 마리아가 이 말을 듣고 급히 일어나 예수께 나아가매 예수는 아직 마을로 들어오지 아니하시고 마르다의 맞던 곳에 그저 계시더라 마리아와 함께 집에 있어 위로하던 유대인들은 그의 급히 일어나 나가는 것을 보고 곡하러 무덤에 가는 줄로 생각하고 따라가더니 마리아가 예수 계신 곳에 와서 보이고 그 발 앞에 엎드리어 가로되 주께서 여기 계셨더라면 내 오라비가 죽지 아니하였겠나이다.

27절과 28절의 연결고리가 매우 거칩니다.

여러분이 만일 마르다와 같은 고백을 했고, 그러한 믿음을 가졌다면 예수님과 함께 죽은 나사로에게 가지 않을까요?

마르다가 여러분과 동일한 믿음을 갖고 있었습니다. 더 중요한 것은 마르다의 믿음의 문제는 곧 예수님도 별거 아니라는 결론에 도달하게 됩니다. 마르다는 이제 모든 것이 무너져 내렸습니다. 그러니 예수님과 함께 나사로에게 갈 마음도 없습니다.

그러니 그렇게 멋진 신앙고백을 하고 돌아가서 가만히 그 형제 마리아를 불러 비밀스럽게 말합니다.

"선생님이 오셔서 너를 부르신다."

여기에서 우린 마르다가 어떠한 마음인지를 짐작할 수 있습니다.

우리 같으면 마리아를 부르러 가지도 않고, 당장 예수님의 손을 붙잡고 함께 무덤으로 가자고 야단 법석을 떨 겁니다. 예수님에게 사람을 보내서 "주여 사랑하시는 자가 병들었나이다"라는 말만 해도 예수님이 당장 달려오셔서 병을 고쳐주실 것이라는 확신을 갖고 있었습니다.

그런데 예수님은 여전히 말씀만 하시고, 자신의 믿음은 변함이 없습니다. 하지만 현실은 오라비가 죽었다는 사실에 이 모든 것이 함몰되었습니다. 그러니 마리아를 부를 때도 기가 팍 죽어 다른 사람이 듣지 못하게 비밀스럽게 예수님이 마리아를 찾는다고 말합니다. 그렇게 믿음이 좋다면, 신이 나서 예수님이 마리아를 찾는다고 소리를 지를 텐데 그렇지 않습니다.

그런데 예수님도 직접 마르다 마리아 집으로 가시면 될 터인데 왜 계속 마르다와 만난 곳에 머물러 계실까요?

예수님을 믿는 단일대오가 자신들이 사랑하는 나사로가 죽음으로 말미암아 한꺼번에 무너져 내립니다. 마리아도 다르지 않습니다.

주께서 여기 계셨더면 내 오라비가 죽지 아니하였겠나이다 (요 11:32).

예수님에 대한 사랑이 원망으로 바뀌었습니다. 비밀스럽게 말한 것도 소용이 없습니다. 사람들은 마리아가 곡하러 가는 줄 생각하고 마리아를 따라왔습니다. 사람들이 보는 앞에서 자신들의 믿음과 사랑의 본 모습이 노출됩니다. 그러나 그들은 이미 나사로의 죽음에 함몰되었기 때문에 타인을 의식할 경황이 아닙니다.

정말 우리 인간들이 갖고 있는 믿음의 수준을 정확하게 보여줍니다. 나로부터 시작한 믿음은 오히려 예수님을 조롱거리로 만드는 믿음이 됩니다.

그러면 주님은 왜 이러한 상황을 만드셨을까요?

주님의 사랑은 인간의 사랑을 필요치 않습니다. 주님의 사랑은 인간의 믿음을 필요치 않습니다. 십자가 사랑은 그 어떠한 인간의 믿음이나 사랑을 요구하지 않습니다. 인간의 믿음과 사랑은 되레 십자가의 사랑을 훼방하는 노릇을 할 뿐입니다.

♣ 진노와 눈물

> 요 11:33
>
> 예수께서 그의 우는 것과 또 함께 온 유대인들의 우는 것을 보시고 심령에 통분히 여기시고 민망히 여기사.

마리아가 울면서 예수님의 발 앞에 엎드리어 하는 말을 함께 온 유대인들도 들었습니다. 이들이 함께 울고 있습니다. 함께 온 유대인들이야 예수님의 사랑을 받는 자들이 아닙니다.

그러나 마리아는 예수님의 사랑을 받는 자입니다. 마리아의 울음은 예수님에 대한 원망의 눈물입니다. 함께 온 유대인들의 눈물은 그 원망에 동참한 눈물입니다. 그러나 마리아의 울음 위에 함께 온 유대인들의 울음이 있습니다.

결국, 이 울음은 누구를 원망하는 울음이 됩니까?

예수님을 향한 원망의 울음이 됩니다. 그래서 예수님이 비통한 마음이 북받쳐 오른 겁니다.

우리 성경에는 "심령에 통분(원통하고 분하다)히 여기시고 민망(딱하고 안타깝다)히 여기사"라고 번역되어 있습니다. 이것은 당시 사람들이 알 수 없는 주님의 마음입니다. 주님의 마음을 성령 받은 사도 요한이 여기에 기록한 겁니다. 공동번역은 "비통한 마음이 북받쳐 올랐다"고 합니다. 표준새번역은 "비통하여 괴로워하셨다"로 번역했습니다.

왜 이렇게 번역했을까요?

사람들은 예수님이 분노하시는 분이라고 생각하지 않습니다. 그래서 예수님을 어찌 되었든 사랑의 예수님으로 표현하고 싶은 겁니다. 그러나 헬라어 단어는 영이 성나서 으르렁거리고 동요하셨다는 의미를 담고 있습니다.

요한복음 2:15-16입니다.

> 노끈으로 채찍을 만드사 양이나 소를 다 성전에서 내어 쫓으시고 돈 바꾸는 사람들의 돈을 쏟으시며 상을 엎으시고 비둘기 파는 사람들에게 이르시되 이것을 여기서 가져가라 내 아버지의 집으로 장사하는 집을 만들지 말라 하시니.

여기에서 제자들은 예수님의 주의 전을 사모하는 열심을 보았습니다. 사모하는 열심은 열정이요 분개요, 질투입니다.

오늘 본문에서도 예수님의 마음이 어떠하신지 나옵니다. 이것은 주님의 심판주의 면목을 보여 주시는 대목입니다. 주님의 사랑을 모르는 자가 당하게 될 분노를 보여 주시는 겁니다. 물론 당시 주위 사람들은 아무것도 모릅니다. 어떻게 예수님의 마음을 알겠습니다. 그러나 마리아, 그리고 그녀와 함께 달려 온 자들의 울음은 분노하시는 주님의 심판을 왜 받아야 하는지 그 이유를 제대로 보여주는 역할을 하고 있습니다.

이들이 생각하는 사랑은 언제나 자기 몸 중심입니다. 자신을 위로해 주고, 자신을 사랑해 줄 때 감사하는 자들입니다. 그렇지 않으면 언제나 원망의 눈물입니다.

오늘날 십자가 사랑을 모르는 자들은 감사가 없습니다. 언제나 원망이요 불만 불평을 토하며 그 욕망대로 행하는 자들입니다(유 1:16). 예수님을 믿는다고 하는 사람들도, 주님의 사랑을 받았다고 하면서도 감사가 나오는 것이 아니라 도리어 분노요, 원망이요, 불만, 불평을 쏟아 놓습니다.

자신이 주님 행세를 합니다. 그러니 그들이 받아야 하는 진노는 피할 길이 없습니다. 그러나 십자가 사랑을 받은 자는 범사에, 모든 것에 감사합니다.

♣ 예수님의 눈물

> 요 11:34-35
>
> 가라사대 그를 어디 두었느냐 가로되 주여 와서 보옵소서 하니 예수께서 눈물을 흘리시더라.

이 눈물의 이유가 무엇일까요?

이미 예수님은 나사로의 병이 하나님의 영광을 위함이요 아들로 이를 인하여 영광을 얻게 하려 함이라고 하셨습니다. 그리고 죽을 것도, 이미 죽은 것도 다 알고 계십니다.

그렇다면 왜 눈물을 흘리셨을까요?

이 눈물은 우리의 슬픔을 대신 당하는 눈물입니다.

이사야 53:4는 이렇게 말씀합니다.

> 그는 실로 우리의 질고를 지고 우리의 슬픔을 당하였거늘 우리는 생각하기를 그는 징벌을 받아서 하나님에게 맞으며 고난을 당한다 하였노라.

공동번역을 읽어 드리겠습니다.

> 그런데 실상 그는 우리가 앓을 병을 앓아 주었으며, 우리가 받을 고통을 겪어 주었구나. 우리는 그가 천벌을 받은 줄로만 알았고 하나님께 매를 맞아 학대 받는 줄로만 여겼다.

표준새번역입니다.

> 그는 실로 우리가 받아야 할 고통을 대신 받고, 우리가 겪어야 할 슬픔을 대신 겪었다. 그러나, 우리는 그가 징벌을 받아서 하나님에게 맞으며, 고난을 받는다고 생각하였다.

예수님의 눈물에 대한, 예수님의 비탄과 고통의 눈물에 대한 사람들의 평가는 자신들 입장에서 해석합니다. 예수님이 이 땅에 오셔서 흘리시는 눈물은 자기 백성의 슬픔을 대신 당할 눈물입니다. 사랑하는 자가 죽어서 흘리시는 눈물이 아닙니다. 사람들이 자신들을 믿지 않아서 흘리는 눈물도 아닙니다. 사람들은 죽은 나사로를 살리는 것이 예수님이 말만 하면 살리는 줄로 생각합니다.

우리들도 그런 생각을 갖습니다. 그러나 죽은 자의 부활은 반드시 예수님의 대신 죽으심이 있어야만 가능합니다. 왜냐하면, 나사로의 부활은 단순히 육체적 부활을 보여 주고자 하는 것이 아닙니다. 부활과 생명은 예수님이 십자가에 달려 죽으셔야만 나오는 능력입니다. 마르다와 마리아에겐 십자가가 없습니다. 예수님의 대신 죽으심이 없습니다. 그러니 함께 죽는 것도 없습니다. 부활과 생명은 예수님이 우리의 슬픔을 대신 당하셨기 때문에 주어지는 부활과 생명입니다. 그러나 유대인들은 예수님의 눈물을 두 가지로 평가합니다. 하나는 이것입니다.

"보라 그를 어떻게 사랑하였는가?"

또 하나는 이렇습니다.

"소경의 눈을 뜨게 한 이 사람이 그 사람은 죽지 않게 할 수 없었더냐."

이것이 인간이 예수님의 눈물에 대한 해석입니다. 그러니 대신 십자가에 달려 죽으신다는 사실은 상상조차 할 수 없습니다. 왜냐하면, 그들이 사는 세계는 이 세상밖에 없기 때문입니다. 예수님의 사랑은 사람들이 생각하는 그런 사랑이 아니라, 십자가의 사랑, 대신 죽으심의 사랑입니다. 예수님이 우리의 슬픔을 대신 담당하셨습니다. 질병도 담당하셨습니다. 그러니 우리가 당하는 슬픔, 질병은 가짜 슬픔, 가짜 질병임을 아시기를 바랍니다.

사람들은 자신에게 일어나는 일을 두고, 예수님이 주님이라면 나에게 이런 일을 일어나게 하면 안 된다고 생각합니다. 나를 슬프게 해서도 안 되고, 가난하게 해서도 안 되고, 병들게 해서도 안 된다는 겁니다. 이들에겐 대신 질병을 담당하시고, 대신 슬픔을 담당하신 주님이 없습니다. 대신 눈물을 흘리신 분이 없습니다.

♣ 예수님의 분노와 무덤

> 요 11:36-38
>
> 이에 유대인들이 말하되 보라 그를 어떻게 사랑하였는가 하며 그 중 어떤 이는 말하되 소경의 눈을 뜨게 한 이 사람이 그 사람은 죽지 않게 할 수 없었더냐 하더라 이에 예수께서 다시 속으로 통분히 여기시며 무덤에 가시니 무덤이 굴이라 돌로 막혔거늘.

사람들의 조롱은 예수님의 분노를 야기했습니다. 그런데 말입니다.
그 분노를 어디에 쏟을까요?
자기 자신에게 쏟습니다. 만일 주님의 분노를 자기 자신에게 쏟지 않으면 자기 백성은 만들어질 수 없습니다.

> 그가 찔림은 우리의 허물을 인함이요 그가 상함은 우리의 죄악을 인함이라 그가 징계를 받음으로 우리가 평화를 누리고 그가 채찍에 맞음으로 우리가 나음을 입었도다 우리는

다 양 같아서 각기 제 길로 갔거늘 여호와께서는 우리 무리의 죄악을 그에게 담당시키셨도다(사 53:5-6).

주님이 범죄한 사악한 자들을 위해 대신 찔리고 대신 상하시고 대신 징계를 받으셨고 채찍에 맞았습니다. 이 말은 곧 범죄한 사악한 자들이 당해야 할 진노를 대신 당하신 겁니다.

선악과를 따먹은 인간들이 지금 주님을 판단하고 조롱하고 있습니다. 이것은 주님의 분노로 심판받아 마땅합니다. 그런데 주님은 그 분노를 두 종류로 나누어 쏟으십니다. 먼저는 자기 백성들을 위해 자기 자신에게 그 분노를 쏟으십니다. 예수님의 사랑, 곧 마리아와 마르다와 나사로에 대한 사랑은 예수님이 이들이 받아야 할 진노를 자기 자신에게 쏟으심으로 말미암아 주신 사랑입니다.

그러나 이 사랑을 받지 못한 자들은 구더기도 타지 않는 불에 던지우게 됩니다. 문제는 당시 유대인들이나 마리아, 마르다는 이것을 모른다는 사실입니다. 이들은 예수님의 사랑과 진노를 보여주는 역할을 지금 하고 있습니다.

그러나 예수님이 분노하시면서 무덤으로 가신 이유를 저들은 알지 못합니다. 우리들이 보기에 예수님이 신적 능력을 보이시면서 저들의 코를 납작하게 하시기 위해서 가셨다고 생각할 수도 있습니다. 그러나 이들이 나사로가 다시 사는 것을 보더라도 여전히 이들이 가진 믿음은 마르다 마리아의 믿음 그 이상이 될 수가 없습니다.

왜냐하면, 나사로를 살리는 예수님을 보는 자도 자신이요, 그것에 대해 판단하는 자도 자기 자신이기 때문입니다. 그래서 그들 눈앞에 사건이 파노라마처럼 펼쳐져도 그 사건을 판단하는 자는 자기 자신입니다.

따라서 이들은 대신 진노를 당하신 분 앞에 죄인이 되어 감사하는 자가 아니라, '이제는 자신이 예수님이 부활이요 생명이심을 제대로 믿는다.'라고 할 것입니다. 이런 자는 예수님 안에 들어가 본 적이 없는 자들입니다.

♣ 믿음과 하나님의 영광

> 요 11:39-40
>
> 예수께서 가라사대 돌을 옮겨 놓으라 하시니 그 죽은 자의 누이 마르다가 가로되 주여 죽은지가 나흘이 되었으매 벌써 냄새가 나나이다 예수께서 가라사대 내 말이 네가 믿으면 하나님의 영광을 보리라 하지 아니하였느냐 하신대.

앞서 예수님과 마르다의 대화를 다시 봅시다. 22절입니다.

"그러나 나는 이제라도 주께서 무엇이든지 하나님께 구하시는 것을 하나님이 주실 줄을 아나이다."

그러자 예수님이 이렇게 말씀하셨습니다.

"네 오라비가 다시 살리라."

마르다가 이렇게 말합니다.

"마지막 날 부활에는 다시 살 줄을 내가 아나이다."

그러자 예수님이 이렇게 말씀하십니다.

"나는 부활이요 생명이니 나를 믿는 자는 죽어도 살겠고 무릇 살아서 나를 믿는 자는 영원히 죽지 아니하리니 이것을 네가 믿느냐?"

그러자 마르다가 이렇게 대답합니다.

"주여 그러하외다 주는 그리스도시요 세상에 오시는 하나님의 아들이신 줄 내가 믿나이다."

이 말을 하고 돌아가서 비밀스럽게 그 형제 마리아를 부릅니다.

그리고 지금 예수님이 "돌을 옮겨 놓으라"는 말씀에 이렇게 말합니다.

"주여 죽은 지가 나흘이 되었으매 벌써 냄새가 나나이다."

여러분, 인간이 믿는 믿음은 이 수준입니다.

왜 그렇습니까?

죄인이기 때문입니다. 예수님의 사랑을 받았다 하더라도, 그 사랑을 받은 자가 믿는 믿음은 절대 마르다의 믿음을 넘어 설 수가 없습니다. 만일 마르다의 믿음을 넘어 선 자가 있다면 그는 악마의 자식입니다.

왜 그럴까요?

40절을 봅시다.

예수께서 가라사대 내 말이 네가 믿으면 하나님의 영광을 보리라 하지 아니하였느냐 하신대.

마르다가 믿었습니까, 믿지 않았습니까?

분명 예수님이 이렇게 말씀하셨습니다.

"네가 믿으면 영광을 보리라 하지 아니하였느냐?"

그렇다면 마르다가 믿어야 하나님의 영광을 볼 것이 아닙니까?

그런데 우리가 볼 때 마르다는 예수님이 요구하는 믿음이 없습니다.

예수님의 말씀이 이상하지 않습니까?

사람들은 이 말씀을 이렇게 이해합니다.

마르다가 지금까지는 믿지 않았지만 예수님은 지금 마르다에게 확실한 믿음을 요구하고 계신다는 겁니다. 마르다가 예수님의 말씀을 확실히 믿어야 하나님의 영광을 볼 수 있다는 겁니다.

예수님의 말씀이 과연 이런 뜻입니까?

이들은 나사로의 부활을 하나님의 영광으로 보기 때문에 이런 식으로 해석을 합니다. 그러나 하나님의 영광은 십자가입니다. 지금 마르다의 믿음이야 말로, 불신으로 들어난 믿음이야 말로, 지식으로만 알고 있는 신앙고백이야 말로 십자가를 증거하는데 부족함이 없다는 말입니다.

그러나 목사들은 교인들에게 확실한 믿음을 요구합니다.

왜 그럴까요?

확실한 믿음만이 하나님의 영광을 본다고 예수님이 말씀하셨기 때문이랍니다. 오늘 본문에서 예수님이 그렇게 말씀하십니다. 그런데 말입니다.

상대가 누굽니까?

말씀하시는 분은 사랑할 수 있는 능력을 가지신 분입니다. 자기 목숨을 대속물로 내어 주신 분입니다. 그런데 그 말씀을 듣는 대상은 자기 사랑밖에 모릅니다. 예수님 사랑조차 자기 사랑일 뿐입니다. 따라서 예수님이 요구하는 믿음이 나올 수 없습니다.

만일 마르다가 예수님과 동등이라면, 어느 목사가 주장하는 것처럼 마르다가 하나님들 속에 포함된다면, 그리스도라면 이것이 가능합니다. 그러면 믿을 필요가 없습니다. 자신이 자기 오라비 살리면 되잖아요.

왜 예수님을 믿어야 합니까?

주님이 요구하는 믿음은 믿음 없음을 고백하는 믿음, 즉 십자가만 자랑하는 믿음입니다. 이런 믿음이 썩는 냄새가 진동하는 무덤 앞에서 썩은 믿음으로 드러났습니다. 예수님은 죄인을 부르러 오셨지 의인을 부르러 오신 것이 아닙니다.

♣ 예수님과 예수님의 아버지

> 요 11:41-42
>
> 돌을 옮겨 놓으니 예수께서 눈을 들어 우러러 보시고 가라사대 아버지여 내 말을 들으신 것을 감사하나이다 항상 내 말을 들으시는 줄을 내가 알았나이다 그러나 이 말씀 하옵는 것은 둘러선 무리를 위함이니 곧 아버지께서 나를 보내신 것을 저희로 믿게 하려 함이니이다.

오늘 본문을 보게 되면 예수님과 아버지와의 관계가 어떠한지를 말씀하시는 것 같습니다. 예수님이 아버지께 기도하셨고, 아버지께서 예수님의 말씀을 들으셨다는 사실을 말씀하시는 것 같습니다.

여러분이 보기에도 그러하지 않습니까?

그래서 사람들은 이 본문을 성부 하나님과 성자 하나님의 관계가 어떠한가를 설명하려고 합니다.

그런데 지금 예수님이 무슨 말씀을 하셨습니까?

사람들은 뒤에 말씀이 나옴에도 이 본문이 무슨 말씀을 하는지 못 알아봅니다. 왜냐하면, 삼위일체에 갇혀 있기 때문입니다. 성부의 주권도 인정해야 하고, 성자의 신성도 인정해야 하기 때문입니다. 그런데 이런 사람들은 자신이 성경을 연구해서 성부와 성자를 제대로 섬기고자 하는 태도에서 이러한 신앙을 갖습니다.

그러나 예수님이 아버지께 무엇을 청했습니까?

나사로를 살려 달라고 청했습니까?

아니면 예수님의 기도를 들어 달라고 청했습니까?

사람들은 예수님이 왜 이렇게 말씀하시는지를 모릅니다. 그래서 예수님이 알려 주십니다.

"이 말씀 하옵는 것은 둘러선 무리를 위함이니 곧 아버지께서 나를 보내신 것을 저희로 믿게 하려 함이니이다."

이것을 위해 예수님이 눈을 들어 우러러 보시고 이렇게 말씀하신 겁니다.

"아버지여 내 말을 들으신 것을 감사하나이다 항상 내 말을 들으신 것을 감사하나이다."

아직도 어렵지요.

이 말씀을 보면서 사람들은 예수님의 말씀을 또 문자대로 해석하려고 합니다. 예수님이 그렇게 말씀하심으로 말미암아 예수님이 하시는 일을 통해서 둘러선 무리가 아버지께서 예수님을 보내신 것을 믿게 하기 위함이라고 생각합니다. 예수님의 말씀대로라면 그러하지요.

그런데 나사로가 살아남을 본다고 해서 예수님을 믿을 수 있을까요?

앞서 날 때부터 소경된 자의 눈을 뜨게 하셨습니다.

그런데 그러한 것을 목격한 자들이 예수님을 믿습니까?
믿지 않고 도리어 예수님을 비웃습니다.
그렇다면 마르다와 마리아는 어떻습니까?
마찬가지입니다.
그러하다면 예수님이 왜 이렇게 말씀하셨을까요?
43절을 보겠습니다.
"이 말씀을 하시고 큰 소리로 나사로야 나오라 부르시니."
예수님의 이 말씀은 심판주의 말씀입니다.

> 아버지께서 아무도 심판하지 아니하시고 심판을 아들에게 맡기셨으니 이는 모든 사람으로 아버지를 공경하는 것 같이 아들을 공경하게 하려 하심이라 아들을 공경치 아니하는 자는 그를 보내신 아버지를 공경치 아니하느니라(요 5:22-23).

> 또 인자됨을 인하여 심판하는 권세를 주셨느니라 이를 기이히 여기지 말라 무덤 속에 있는 자가 다 그의 음성을 들을 때가 오나니 선한 일을 행한 자는 생명의 부활로 악한 일을 행한 자는 심판의 부활로 나오리라(요 5:27-28).

예수님이 심판주가 되심을 오늘 본문을 통해서 말씀하시는 겁니다. 그러니 우리가 오늘 본문을 보면서 예수님은 아버지 하나님, 곧 성부께서 보내신 성자이심을 믿겠다고 하는 자가 있다면 이 사람은 아버지를 공경치 않는 자입니다. 오늘 본문은 심판주가 바로 예수님 자신임을 말씀하고 계시는 겁니다. 그래서 다음과 같이 큰 소리로 외치신 겁니다.
"나사로야 나오너라."
따라서 예수님의 이 말씀은 무슨 뜻일까요?
"그러나 이 말씀 하옵는 것은 둘러선 무리를 위함이니 곧 아버지께서 나를 보내신 것을 저희로 믿게 하려 함이니이다."

이 말씀은 인간이 이루는 말씀이 아니라 십자가를 지신 주님이 친히 이루십니다. 십자가 지신 주님이 성령을 자기 백성에게 부어 주십니다.

♣ 나사로야 나오라

> 요 11:43-44
>
> 이 말씀을 하시고 큰 소리로 나사로야 나오라 부르시니 죽은 자가 수족을 베로 동인채로 나오는데 그 얼굴은 수건에 싸였더라 예수께서 가라사대 풀어 놓아 다니게 하라 하시니라.

예수님이 나사로를 살리신 것은 창조주의 능력이 아닙니다. 만일 창조주의 능력으로 죽은 나사로를 살리셨다면 예수님은 심판주가 될 수 없습니다. 심판주는 반드시 십자가에 못 박혀 죽으신 예수님, 곧 물로써 세례를 받으신 예수님만이 심판주가 되십니다.

많은 사람은 예수님이 죽은 나사로를 살리신 예수님의 능력에 주목합니다. 그리고 부흥사들이 이 구절을 흉내 많이 냈습니다. 그런데 예수님이 "큰 소리로 나사로야 나오라"고 하신 말씀은 예수님이 십자가에 달려 죽으시고 부활하셔서 주님이 되셔서 부르시는 부르심입니다. 즉 죽은 나사로가 다시 살아난 것은 십자가의 능력이지 창조주의 능력이 아니라는 말입니다.

사람들은 죽은 나사로가 살아나는 것을 두 눈으로 목격했습니다. 두 눈으로 목격했기 때문에 예수님이 하나님의 아들이심을 믿었습니다. 45절에 그렇게 나옵니다. 그럴 수밖에 없습니다. 우리 중 누구라도 그 곳에 있었다면 예수님이 아버지께 기도해서 나사로를 살리셨다고 믿었을 것이고, 예수님이 죽은 나사로를 살렸다고 믿었을 겁니다.

그런데 여기 어디에 십자가가 있습니까?

대신 죽으심이 있습니까?

대신 죽으심이 없습니다. 이 사건을 목격한 자들은 자신과 나사로를 살리신 예수님, 그리고 썩은 냄새 풀풀 풍기다가 다시 살아난 나사로를 직관했습니다. 문제는 그사이에 십자가가 없다는 사실입니다. 예수님을 믿는다고 했을 때 십자가가 없습니다. 그러니 교체없는 믿음을 갖는 겁니다.

무슨 교체냐고요?

나사로가 살아났을 때 사람들은 죽은 나사로가 다시 살아났다고 생각합니다. 그러나 여러분이 이 말씀을 갈라디아서 2:20의 말씀으로 해석해야 합니다. 나사로는 이미 죽었습니다. 이제 다시 사는 것은 나사로 안에 그리스도께서 사십니다. 나사로는 교체가 일어났습니다. 십자가를 경유했기 때문에 나사로는 십자가의 증인이 됩니다.

그런데 예수님이 죽은 나사로를 살린 것을 목격한 자들이 믿는 믿음은 이런 교체가 그 내부에 없습니다. 자신이 죽은 적이 없습니다. 그러니 자신이 믿음을 갖고 있고 자신이 구원을 얻는 겁니다. 지금 예수님을 믿는다고 하는 사람들과 동일합니다. 예수님을 믿는다고 하는 사람들은 자신이 구원 얻었다고 합니다. 그래서 천국도 자신이 간다고 좋아합니다.

그런데 천국은 내가 가는 곳이 아닙니다. 그리스도의 몸이 들어갑니다. 그래서 썩을 것으로 심고 썩지 않을 것으로 거둔다고 하신 겁니다. 십자가를 경유하지 않으니 자신의 몸이 썩지 않을 것으로 바뀐다고 생각하는 겁니다. 그래서 내가, 내 가족이 천국에서 영원히 괴로움 없이 즐겁고 행복하게 살 수 있다는 꿈에 부풀어 있습니다. 그리고 그 꿈을 먼저 이 땅에서 실현하려고 하는 겁니다.

성령을 받지 못했기에 하나님과 같이 된 인간은 신적 능력을 발휘합니다. 신은 죽었다고 주장하면서 자신을 신으로 주장하는 철학자 니체의 사상입니다. 유대인들이 이 사상을 갖고 있지요. 신학교까지 다녔는데 성경은 제대로 공부하지 않았던 모양입니다. 힘의 의지를 제대로 발휘하는 자들, 그야말로 초인의 모습을 제대로 보여주는 바리새인과 서기관들입니다. 그러하기에 심판주를 자신들이 심판해서 죽여 버린 겁니다.

십자가의 능력으로 교체작업이 일어나지 않은 자들에게서 나오는 것은 믿음밖에 없습니다.

♣ 죽었던 자가 걸어 다니다

> 요 11:44
>
> 죽은 자가 수족을 베로 동인채로 나오는데 그 얼굴은 수건에 싸였더라 예수께서 가라사대 풀어 놓아 다니게 하라 하시니라.

지금도 죽었다가 살아났다고 하는 자들이 적지 않습니다. 특히 그들이 본 천국과 지옥 이야기는 사람들로부터 인기를 끕니다. 여러분도 시간이 나시면 유튜브에 들어가서 검색을 한 번 해 보시고, 시간이 되면 그들의 이야기를 한 번 들어보시기를 바랍니다. 많은 사람이 그들의 이야기가 진짜라고 생각합니다. 그런데 말입니다. 그렇게 진짜라고 생각하는 자신이 가짜입니다. 자신이 가짜이니 그 진짜는 가짜일 수밖에 없습니다.

죽었다 살아났다고 하면서 천국과 지옥을 간증하는 자들의 문제가 무엇일까요?

그러한 간증을 귀 기울여 듣는 자들의 문제가 무엇일까요?

그들은 성경을 하나의 이야기로 본다는 사실입니다. 하나의 이야기면 얼마든지 그 하나의 이야기에 자신의 이야기를 보탤 수 있겠지요. 탈무드가 그렇다고 합니다. 지금도 랍비들이 부지런히 연구하여 자신의 해석을 그곳에 보태고자 부단히 노력하고 있다고 합니다.

죽었다가 살아난 자들도 마찬가지입니다. 그들은 계시를 새롭게 받았다는 겁니다. 성경을 흔히 하나님의 계시라고 하지요. 그렇게 신학교에서 가르치고, 그렇게 배우고, 그리고 교인들이 그렇게 듣습니다.

여기서부터 성경에 대한 오해가 시작됩니다. 성경은 십자가의 영을 받은 자들이 기록한 주님의 말씀입니다. 그러하기에 주님의 말씀은 주님만이 깨닫게 하십니다. 그리스도의 영을 주셔서 그렇게 하십니다. 그러니 주님이 말씀을 주셨고, 말씀을 하시고, 말씀을 깨닫게 하십니다. 여기에는 인간이 개입될 자리가 없습니다.

그런데 앞서 간증하는 자들은 성경 말씀을 단테의 신곡처럼 이해합니다. 단테가 지옥에 대해 아홉 종류로 묘사했습니다. 절간에 가더라도 지옥도를 쉽게 보실 수 있습니다. 그런데 기독교의 지옥이나 절간의 지옥이 차이가 없습니다.

여러분이 보기에 차이가 있습니까?

인간들이 생각하는 지옥은 자신이 고통받는 지옥입니다. 물론 성경도 그렇게 묘사하고 있습니다. 그런데 그 고통이라는 것이 십자가의 용서함을 받지 못했기에 받는 고통이라는 사실이 다른 종교의 지옥과 다릅니다. 성경에서는 지옥은 인간의 행위와 아무런 관계가 없습니다. 오로지 어린양의 피, 하나님 아들의 죽음만 관련이 있습니다.

아들의 죽음 속으로 들어간 자는 아들의 나라로 들어가지만, 아들의 죽음 속으로 들어가지 못한 자는 아들이 만든 지옥으로 들어갑니다.

아들이 만든 천국과 지옥은 인간의 행함이 들어갈 자리가 없습니다. 제가 왜 나사로가 살아남을 갖고 이런 말씀을 드리는지 알 것입니다.

우리가 그 자리에 있었다면 이렇게 질문했을 겁니다.

"나사로야, 너는 죽어서 어디에 갔었니?
그곳은 어떠했니?
천국이었니, 지옥이었니?
그곳에 한국 교회에서 유명한, 세계에서 유명한 목사들을 만났니?
천국에 들어가는 비법이 무엇이었니?"

이런 질문들이 나사로가 살았을 때 이루어질 겁니다.

유대 땅만 아니라 전 세계를 다니며 다시 산 간증을 해야 하지 않을까요?

그런데 주님은 말씀하시는 것이 너무 불친절합니다. 인간들이 궁금해하는 것은 아무것도 기록해 놓지 않았습니다.

성경 전체를 보아도 우리들의 호기심을 채워주기에는 부족합니다.

왜 그럴까요?

성경은 십자가 지신 하나님의 아들의 심판주 되심을 증거하는 책입니다. 그 아들이 만드는 지옥, 그 아들이 만드는 천국을 소개하는 것이 성경입니다. 따라서 육에 속한 자들은 아들이 만드시는 천국에는 처음부터 관심이 없습니다. 육에 속한 자들의 관심은 자신들이 꿈꾸는 천국에 관심이 있습니다.

그러니 천국 가기 위해서는 어디에 가지 않아야 합니까?

지옥에 가지 않아야 합니다. 그렇게 하려면 천국을 알고 지옥을 알아야 하겠지요.

지옥을 알아서 뭘 하겠다는 겁니까?

지옥을 알아서 지옥을 가겠다는 겁니까?

아니면 지옥을 가지 않고 천국 갈 방법을 찾겠다는 겁니까?

처음부터 이들은 자신이 심판주이기 때문에 아들의 심판을 받을 마음이 전혀 없습니다. 그래서 지금도 지옥 갔다 왔다고 주장하는 자들, 천국 갔다 왔다고 주장하는 자들로부터 자신의 주됨을 확인하면서 천국가기 위한 노력을 멈추지 않습니다. 간증을 하는 자들은 스스로 말씀을 부정하는 자들로 악마의 노리개로 십자가의 피 공로를 삭제하는 짓을 서슴지 않습니다.

♣ 믿은 자와 고발 하는 자

> 요 11:45-46
>
> 마리아에게 와서 예수의 하신 일을 본 많은 유대인이 저를 믿었으나 그 중에 어떤 자는 바리새인들에게 가서 예수의 하신 일을 고하니라.

오늘 본문을 보면 분명하게 믿은 자와 고발하는 자를 대조하는 것을 볼 수 있습니다. 그렇게 되면 제가 지금까지 말씀드린 것들이 문제가 있어 보입니다. 예수님이 하신 일을 본 많은 유대인이 저를 믿었다는 것을 이 본문에서는 긍정적으로 보고 있기 때문입니다.

저만 그렇게 보이는 걸까요?

여러분도 그렇게 보이지요?

그래서 성경이 어려운 겁니다. 왜냐하면, 성경 말씀 자체가 중층구조로 되어 있기 때문입니다.

마리아에게 와서 예수님이 하신 일을 본 많은 유대인이 저를 믿었다고 합니다. 당시 유대인들이 믿었다고 하는 믿음은 믿음이 아닙니다. 유일한 것은 육입니다. 그러니 자신들의 육적 눈으로 예수님이 행하신 일을 보았다고 해서 예수님을 믿는다는 것은 불가능합니다. 단지 그들은 육적 믿음을 가진 것입니다.

그런데 이 말씀을 동일하게 이천 년이란 시간 속에서 보아 온 사람들은 어떨까요?

여러분은 예수님이 나사로를 살리신 일을 목격하고 있습니까?

아니면 읽고 있습니까?

읽은 여러분은 믿음이 생깁니까?

당시 눈으로 목격한 사람들과 너무 큰 차이가 납니다.

저들은 눈으로 직접 목격했고, 우리는 문자로 된 이야기를 읽을 뿐입니다. 눈으로 보는 것으로 믿음이 생깁니까?

아니면 문자로 된 성경을 읽는 것으로 믿음이 생깁니까?

사람들의 오해는 여기에서 시작됩니다. 눈으로 직접 목격을 하는 것, 그리고 문자로 된 것을 읽는 이 모든 것은 육적입니다. 그런데 주님은 육적인 경험 속에서 영적인 일을 만드십니다. 주님이 친히 믿게 하시는 방식입니다. 마치 육적으로 나사로가 죽었고 살린 것을 두고 예수님의 죽으심과 다시 사심을 증거하는 것과 같은 방식입니다.

사실 나사로는 예수님의 죽으심과 다시 사심에 합류되었습니다. 그러나 육적인 자들은 그저 나사로가 죽었고, 예수님이 다시 살린 것밖에 보이지 않습니다. 이와 같이 이 사건을 보고 믿었다고 했을 때 그 믿음은 두 종류로 나누어집니다.

그 나눔을 오늘 본문에서는 믿은 자와 고발자로 나누는 방식입니다. 우린 성급하게 많은 유대인이 예수님이 하신 일을 보고 믿었다고 하니 그들의 믿음이야말로 진정한 믿음이라고 주장하고 싶을 겁니다. 오늘날 많은 사람이 그렇게 주장을 합니다. 그러나 이들의 믿음은 육적 믿음입니다. 결코, 구원을 가져오지 못하는 믿음, 곧 자신이 영생을 얻고자 하는 욕망에서 비롯된 믿음입니다.

그중 어떤 사람들은 바리새인들에게 가서 예수님이 하신 일을 말로 쏟아냈습니다. 이들은 예수님이 하신 일을 보고 믿지 않았습니다. 바리새인들 같습니다. 율법에 근거해서 예수님이 행하시는 일들을 판단하는 겁니다. 신명기 13장 말씀을 제대로 순종하는 자들로 볼 수 있습니다.

예수님을 죽여야 합니다.

누가 제대로 믿는 자들입니까?

예수님이 나사로를 살리신 것을 보고 예수님을 믿는 자들입니까,

아니면 신명기 13장 말씀에 순종하는 자들이 제대로 하나님을 믿는 자들입니까?

우리들은 이미 정답을 갖고 있습니다. 예수님을 믿는 많은 유대인이 제대로 된 믿음이라고 말입니다. 그러나 앞서 말씀드렸듯이 이들도 제대로 된 믿음이 아닙니다.

이렇게 되면 먼저 두 가지 모양의 가짜 믿음이 나옵니다.

첫째, 예수님이 행하신 일을 보고도 믿지 않고 바리새인에게 가서 고한 자들의 하나님을 믿는 믿음입니다.

둘째, 예수님이 행하신 일을 보고 예수님을 믿는 자들의 믿음입니다. 왜 이 모든 자들의 믿음이 가짜냐 하면 이들 믿음의 출발점이 자기 자신이기 때문입니다. 자기 몸에서 출발한 믿음은 언제나 자기 자신에게로 되돌아옵니다.

이들에게 십자가 사건은 자신들의 몸 외부에 있습니다. 그래서 십자가 사건을 믿는다고 합니다. 그러나 주님의 죽으심과 부활로 주신 성령을 받은 자들은 주님의 십자가 사건이 자신의 몸에서 일어납니다.

여러분, 우리들이 살펴본 요한복음 11장에서 이상한 것을 발견하셨습니까? 나사로의 믿음이 있습니까, 없습니까?

없습니다. 이와 달리 마르다, 마리아, 많은 유대인의 믿음이 마구 쏟아져 나옵니다. 죽은 자에겐 믿음이 필요치 않습니다.

죽은 자가 무슨 믿음을 내놓습니까?

살려 주면 살면 됩니다. 주님의 살과 주님의 피를 먹고 마셨기 때문에 살았음을 증거합니다. 그러니 자신의 믿음을 내놓을 이유가 없습니다. 이것이 진정한 믿음입니다.

♣ 한 사람의 죽음과 민족

> 요 11:47-50
>
> 이에 대제사장들과 바리새인들이 공회를 모으고 가로되 이 사람이 많은 표적을 행하니 우리가 어떻게 하겠느냐 만일 저를 이대로 두면 모든 사람이 저를 믿을 것이요 그리고 로마인들이 와서 우리 땅과 민족을 빼앗아 가리라 하니 그 중에 한 사람 그 해 대제사장인 가야바가 저희에게 말하되 너희가 아무것도 알지 못하는도다 한 사람이 백성을 위하여 죽어서 온 민족이 망하지 않게 되는 것이 너희에게 유익한 줄을 생각지 아니하는도다 하였으니.

유대의 최고 사법 의결기구 산헤드린이 소집되었습니다. 예수님이 많은 표적을 행하기 때문에 무엇인가 조치를 취해야 한다는 겁니다. 왜냐하면, 예수님을 그냥 그대로 둔다면 모든 사람이 저를 믿게 될 것이기 때문입니다. 그리고 갑자기 비약합니다.

모든 사람이 저를 믿게 되는 것과 로마인들이 성전이 있는 유대 땅과 유대민족을 멸망시키는 것이 어떤 관련이 있습니까?

우리들이 요한복음 6장을 기억한다면 이들의 염려가 어떤 염려인지 알 수 있습니다.

> 그 사람들이 예수의 행하신 이 표적을 보고 말하되 이는 참으로 세상에 오실 그 선지자라 하더라 그러므로 예수께서 저희가 와서 자기를 억지로 잡아 임금 삼으려는 줄을 아시고 다시 혼자 산으로 떠나가시니라 (요 6:14-15).

대제사장들과 바리새인들이 걱정한 것은 바로 이런 상황입니다. 예수님이 나사로를 살리신 일로 많은 유대인이 예수님을 믿었습니다. 그러니 이들의 걱정은 예수님을 죽이기 위한 핑계가 아닙니다. 이들에게 소중한 것은 성전이 있는 땅과 자기 민족입니다. 물론 이들이 권력의 자리에 있기 때문에 그것을 유지하고픈 마음이 있을 수도 있겠지만, 그것은 이들의 수준을 너무 얕잡아 보는 겁니다. 이들은 메시야를 기다리고 있습니다. 그들이 기다리는 메시야가 와서 세우는 나라는 반드시 유대 땅과 민족이 남아 있어야 가능한 일입니다.

따라서 이들에게는 무엇보다 유대 땅과 유대 민족이 중요합니다. 그러니 예수님으로 인해 로마인들이 와서 자신들의 땅과 민족을 멸망시킨다면 자신들이 기다리는 메시야 왕국은 더 이상 기대할 수 없게 됩니다. 따라서 이들은 합리적 판단을 내려야만 합니다. 예수님을 죽이는 것과 온 민족이 멸망당하지 않는 것을 맞바꾸는 겁니다.

얼마나 합리적입니까?

한 사람을 죽여서 온 민족을 살리는 것이 얼마나 중요한 일입니까?

우매한 민중은 자기 눈 앞에 펼쳐진 기적에 주목하지만, 대제사장들과 바리새인은 하나님의 약속과 유대 땅과 민족을 걱정하고 있습니다. 그러나 예수님을 믿는 많은 유대인도 이들과 다르지 않습니다.

예수님이 십자가에 달리실 때 그 많은 유대인은 어디로 갔습니까?

예수님의 제자들은 어디로 갔습니까?

그들이 믿은 예수님은 이 땅 위에서 절망에서 희망으로 바뀌게 해 주시는 예수님입니다.

얼마 전 강화도 마니산에 올라 참성단까지 산행을 했는데 그곳에 가니 어떤 두 사람이 제단을 향해 연거푸 절을 하고 있었습니다.

만일 그들의 수고한 대가가 없다면 그렇게 하겠습니까?

그 아래 내려오니 정수사라는 절이 있었는데, 그곳에 이런 글이 쓰여 있었습니다.

"학업 문제, 가정 문제, 사업 문제 등의 악재를 여러분의 공덕으로 해결됩니다."

물론 그 공덕이란 돈입니다. 연옥 문제를 돈으로 해결하고, 천국 문제를 돈으로 해결하겠다는 것은 인간이 갖는 신에 대한 의식입니다.

우상이란 인간이 자기 손으로 만들었습니다. 물론 해와 달과 일월성신, 돌, 나무 등이 있지만 이 모든 것도 인간이 지정한 신들입니다. 내가 지정하지 않으면 그것들은 신이 될 수가 없습니다.

결국, 인간의 확장이지요. 마치 차를 구입하면 내 차가 되고, 집을 사면 내 집이 되듯이 말입니다. 해와 달도 나의 신이 됩니다.

유대인들이 예수님이 행하시는 많은 표적을 보고 믿은 이유는 그들이 찾고 기다리는 메시야, 임금은 나의 임금이기 때문입니다.

요한복음 20:28을 보면 도마가 예수님이 "믿음 없는 자가 되지 말고 믿는 자가 되라"고 했을 때 이렇게 고백합니다.

"나의 주시며 나의 하나님이시니이다."

우린 도마의 이 고백을 긍정적으로 보고 싶을 겁니다. 그런데 말입니다. 요한복음은 보고 믿는 믿음은 믿음이 아니라고 합니다.

왜 그렇습니까?

육적이기 때문입니다.

그래서 예수님이 이렇게 말씀하셨습니다.

"너는 나를 본 고로 믿느냐 보지 못하고 믿는 자들은 복되도다."

주님이 왜 이렇게 말씀하셨을까요?

예수님의 부활을 보고 믿은 믿음은 나로부터 출발한 믿음이기에 그 믿음으로는 얼마든지 자신을 자랑할 수 있기 때문입니다.

그렇다면 도마의 고백이 문제가 있습니까?

아닙니다. 이 본문을 다시 해석해야 하겠지요. 보지 않고는 믿지 않는 도마에게 주님이 나타나셔서 예수님의 못에 박힌 손과 창에 찔린 옆구리에 네 손을 넣어 보고 믿음 없는 자가 되지 말고 믿는 자가 되라고 말씀하셨습니다.

이 말씀 하신 분이 믿음 없는 자를 믿음 있는 자로 바꾸어 버립니다. 그 능력이 어디에서 나옵니까?

바로 손에 못이 박히시고, 옆구리에 창으로 찔려 십자가에 물과 피를 십자가에서 다 흘려 죽으신 분이 주가 되셔서 성령을 보내주심으로 말미암아 믿는 자로 만드십니다.

주님은 골고다에서 일어난 십자가 사건을 자기 백성 내부에서 일어나게 하십니다. 그렇게 되면 십자가 사건은 내 몸에서 일어나는 사건이 됩니다. 사도행전을 보면 십자가 사건이 주님이 만드신 자기 백성의 몸에서 일어납니다. 그러하기에 이렇게 말씀합니다.

> 이는 내게 사는 것이 그리스도니 죽는 것도 유익함이니라(빌 1:21).

> 살든지 죽든지 내 몸에서 그리스도가 존귀히 되게 하려 하나니(빌 1:20).

자신의 몸 안에서 그리스도의 영광만 드러내는 겁니다.

여기에 '나'가 없습니다. 그리스도의 영광만 드러내는 몸만 있습니다. 이러한 모습이 바로 그리스도의 몸 된 지체들입니다. 그러나 오늘날 교회는 말로는 그리스도를 존경하나 그 몸은 자신이 영광 받기 위한 몸으로 간주합니다. 그래서 교회라는 참성단에서 기도와 헌금과 십일조와 봉사와 전도를 하는데 자기 몸을 아끼지 않는 겁니다.

이것은 자신의 몸이 자기 몸이라는 주장밖에 되지 않습니다. 이런 자를 두고 주님은 외식하는 자라고 합니다. 대제사장들과 바리새인들의 여호와 하나님 경외로 행하는 모든 행위가 외식이 되는 이유는 그 마지막 자리에 자신의 몸을 두기 때문입니다. 주님은 이 육적인 몸을 그리스도의 활동을 드러내는 몸으로 만드셨습니다.

♣ 단일 판단

> 요 11:49-52
>
> 그 중에 한 사람 그 해 대제사장인 가야바가 저희에게 말하되 너희가 아무것도 알지 못하는도다 한 사람이 백성을 위하여 죽어서 온 민족이 망하지 않게 되는 것이 너희에게 유익한 줄을 생각지 아니하는도다 하였으니 이 말은 스스로 함이 아니요 그 해에 대제사장이므로 예수께서 그 민족을 위하시고 또 그 민족만 위할 뿐 아니라 흩어진 하나님의 자녀를 모아 하나가 되게 하기 위하여 죽으실 것을 미리 말함이러라.

그 해 대제사장인 가야바(대제사장 안나스의 사위, A.D. 18-36)가 "한 사람이 백성을 위하여 죽어서 온 민족이 망하지 않게 되는 것이 너희에게 유익한 줄 생각지 아니하는도다"라고 말했습니다.

이것은 누가 보아도 정치적 결정입니다. 자기 자신의 대제사장 위치에 대한 위험이나 아니면 산헤드린 공회원들의 자리보전, 더 나아가 자신들이 기다리는 메시야 왕국의 도래를 위해서는 그들 눈에 위협적인 인물인 예수를 죽여야 합니다. 그 한 사람의 죽음만이 유대 땅과 유대 민족, 그 속에 포함된 자신들이 살길입니다.

트롤리 딜레마(Trolley dilemma)라는 것이 있습니다. 소수를 희생해서 다수를 구해야 하는지, 아니면 소수를 구하기 위해 다수를 희생해야 하는지에 대한 판단에 대한 것을 브레이크가 고장 난 트롤리 상황을 제시하는 겁니다.

> 레일 변환기를 바꾸지 않으면 다섯 명이 죽습니다. 그러나 레일 변환기를 바꾸면 한 명이 죽습니다.
> 여러분은 어떤 결정을 내리겠습니까?

이런 내용입니다. 이 문제는 영국의 윤리 철학자 필리파 푸트(Philippa R. Foot)가 제안한 겁니다. 응답자의 89퍼센트가 "방향을 바꾸어야 한다"고 응답했답니다. 여기에 미국 도덕 철학자인 주디스 톰슨(Judith J. Thomson)이 또 하나의 질문을 만들어 냅니다.

> 당신은 육교 위에서 트롤리가 달리는 모습을 지켜보고 있다. 브레이크가 고장 난 트롤리는 5명의 인부를 향해 달리고 있다. 무거운 것을 떨어뜨려 트롤리를 멈춰야 하는데, 육교에는 뚱뚱한 사람 한 명이 있을 뿐이다. 당신은 몸무게가 적어 육교에서 떨어져도 트롤리를 멈출 수 없고, 뚱뚱한 사람을 떠밀 경우 확실히 트롤리를 멈출 수 있다.
> 그렇다면 뚱뚱한 사람을 육교 아래로 떨어뜨려야 하는가?

이 질문에 대한 응답자 78퍼센트가 뚱뚱한 사람을 떠밀면 안 된다고 답변했다고 합니다. 두 가지 실험에서 응답자들의 대답이 서로 정반대로 나왔습니다. 그 이유로 먼저는 그것이 합리적 결정이었고, 그다음으로는 정서적, 즉 감정적 결정이었다는 겁니다.

그런데 예수님을 죽이는 일에는 단일성을 보입니다. 네저럼 이성이나 감성 필요 없습니다. 무조건 100퍼센트입니다. 온몸이 지지합니다. 산헤드린 공회원들의 마음이 곧 대제사장 가야바의 마음입니다. 이 마음은 곧 온 유대인들의 마음이요 온 세상 사람들의 마음입니다. 선악과를 따먹은 자들의 몸은 한마음과 한뜻으로 하나가 되어 있습니다.

우린 여기에서 얼마든지 이런 말을 할 수 있습니다. 그 당시 산헤드린 공회 구성원과 대제사장은 겁쟁이라서 그렇게 했다고 말입니다. 자신이 죽으면서까지 남을 구하는 일이 얼마나 많으냐고 말입니다. 그래서 대제사장을 비난합니다.

그러나 그러한 행동은 예수님을 흉내 내는 것에 불과합니다. 신이 되고자 하는 인간들은 예수님의 죽음까지 흉내를 냅니다. 그래서 사람들은 그 사람을 영웅으로 받들지요. 주의 자리에 그 사람을 앉히는 겁니다. 그러나 그 죽음이 영생을 주지합니다. 이처럼 인간들의 결정은 이미 확정되었습니다. 그 이유는 그들이 악마에게 장악당했기 때문입니다. 하나님처럼 되리라는 그 말에 휘감겨 있는 자들은 자기 자신을 어찌할 도리가 없습니다. 오로지 그것을 위해서만 전진할 뿐입니다. 내 목숨을 버리면서까지도 말입니다.

이것을 누가 조장합니까?

살아남은 자들이 조장합니다. 물론 악마가 그 배후에 있습니다.

이러한 마음의 표현을 지금 대제사장이 하는 겁니다. 그 한 사람을 죽여야 합니다. 그래야만 자신이 주의 자리에 앉을 수 있습니다. 그래서 예수님만은 반드시 제거해야 합니다. 십자가만은 반드시 삭제해야 합니다. 이것이 첫째 아담 안에 있는 자들의 본심입니다.

♣ 그 해에 대제사장이므로

> 요 11:51-52
>
> 이 말은 스스로 함이 아니요 그 해에 대제사장이므로 예수께서 그 민족만 위할 뿐 아니라 흩어진 하나님의 자녀를 모아 하나가 되게 하기 위하여 죽으실 것을 미리 말함이러라.

예수님을 죽이자고 안건을 낸 대제사장의 말은 대제사장이 자발적으로 말하는 것이 아니라고 합니다.

그런데 대제사장에게 한 번 질문해 보면 대제사장 가야바가 뭐라고 대답하겠습니까?

이것은 내가 자발적으로 말하는 것이 아니라 주님이 시켜서 하는 말이라고 할까요?

그렇지 않습니다. 대제사장은 분명 스스로 한 말입니다. 그런데 그는 대제사장의 기능을 하고 있었던 겁니다.

우리가 보기엔 성전도 헤롯 성전이며, 성전을 시장으로 만들었기에 그 기능들은 쓸데없는 것들이라고 생각할 수 있습니다. 그뿐만 아니라 대제사장 가야바는 로마가 세운 대제사장입니다. 빌라도 총독 이전 총독의 후원으로 대제사장이 되었다고 합니다.

대제사장은 본래 종신직이며 대대로 세습되는 직분입니다. 그런데 당시 대제사장은 로마 정권 입맛대로 세운 대제사장입니다. 그렇다면 본래 율법대로 세워진 대제사장이 아닙니다. 그런데 주님은 "그 해에 대제사장"으로 인정하고 있다는 사실입니다.

우리들 생각과 주님이 일하시는 방식이 너무 다릅니다. 제대로 된 대제사장이 예수님의 죽으심을 증거 해야 한다고 생각하는 것이 우리들 사고방식입니다. 그런데 주님은 그야말로 엉터리 대제사장을 통해 대제사장의 기능을 하도록 말을 하게 하셨습니다. 이것을 통해 우리들이 알 수 있는 것은 주님은 주님의 언약을 이루시는 데 관심이 있다는 사실입니다. 이것은 우리 인간들에게 충격적입니다. 자신의 뜻과 전혀 상관없이 주님은 대제사장 기능을 하도록 말하게 하셨습니다.

이 세상에 살아가는 모든 사람의 말이나 행동이 이러합니다. 대제사장은 예수님이 하실 일을 예언할 마음이 전혀 없었습니다. 오히려 자기 자신의 권력 유지 방법을 제시했을 뿐입니다.

오늘날 사람들은 각자 자기의 인생을 살고 자신이 하고 싶은 대로 살아갑니다. 그러나 그 어떤 인생도 자신이 원해서 그러한 인생을 사는 인생이 없다는 사실입니다. 우리 각자가 나의 인생을 산다고 생각하시는 분들은 그야말로 착각 속에 살고 있는 겁니다.

사도행전 4:27-28입니다.

> 과연 헤롯과 본디오 빌라도는 이방인과 이스라엘 백성과 합동하여 하나님의 기름 부으신 거룩한 종 예수를 거스려 하나님의 권능과 뜻대로 이루려고 이 성에 모였나이다.

제사장들과 성전 맡은 자와 사두개인의 위협을 두고 성도들이 한 마음으로 하나님의 권능과 뜻대로 이루려고 이 성에 모였다고 합니다.
정말 놀라운 관점이지 않습니까?
그렇다면 자신들이 위협받고 핍박받는 것도 역시 주님의 뜻 안에 놓여 있고 당하는 것입니다. 이 세상은 이렇게 돌아갑니다. 그러나 성령 받지 못한 자들은 세상이 이렇게 돌아감을 모릅니다. 십자가 지신 예수님이 주님 이심을 드러내기 위해서 모든 사람이 각자의 위치에서 각자의 말을 하게 하신다는 사실은 성령 받은 성도만 압니다.
하늘과 땅의 모든 권세는 십자가 지신 예수님이 가졌습니다. 그래서 주님은 이 세상에서 십자가의 피 공로만 남도록 지금도 친히 일을 하십니다.

♣ 광야 가까운 에브라임

> 요 11:53-54
>
> 이날부터는 저희가 모의하니라 그러므로 예수께서 다시 유대인 가운데 드러나게 다니지 아니하시고 여기를 떠나 빈들 가까운 곳인 에브라임이라는 동네에 가서 제자들과 함께 거기 유하시니라.

오늘 본문을 보게 되면 온 세상의 주도권을 유대인들이 가진 것 같습니다. 가진 것 같은 것이 아니라 가졌다고 말해도 무방합니다.
우리 인생의 주도권을 누가 갖고 있습니까?
내가 갖고 있다고 생각하지 않습니까?
그래서 주님은 사람들로부터 무시당하고 죽임당하는 겁니다.

오늘 본문을 보면 유대인들이 예수님을 죽이려고 계획한 것을 아시고 광야 가까운 에브라임 동네에 가서 제자들과 함께 거기서 유하셨습니다. 누가 봐도 죽음을 피하기 위해서 유대인들이 찾을 수 없는 곳으로 가서 숨었습니다. 이것이 우리들이 보는 시각입니다.

그런데 세상이 주님 중심이 되어 버리면 이 상황을 전혀 다르게 보아야 합니다. 세상은 인간들의 계획대로 돌아가는 것이 아니라 아버지와 아들의 언약대로 돌아갑니다. 처음부터 세상은 아들의 죽으심 중심으로 만들어졌습니다.

그러나 악마는 이 세상은 언제나 인간 '너 중심'이라고 가르쳤습니다. 그래서 예수님이 광야 가까운 에브라임으로 피하셨다고 생각하는 겁니다. 그러나 세상은 주님 중심으로 돌아가기에 광야 가까운 에브라임으로 피하신 겁니다.

사도행전 9:23-25입니다.

> 여러 날이 지나매 유대인들이 사울 죽이기를 공모하더니 그 계교가 사울에게 알려지니라 저희가 그를 죽이려고 밤낮으로 성문까지 지키거늘 그의 제자들이 밤에 광주리에 사울을 담아 성에서 달아내리니라.

예수님이 숨으신 것과 동일하게 사울에게도 일어났습니다.

여기를 보면 세상이 사울 중심입니까 아니면 유대인들 중심입니까?

사울 중심입니다.

왜 그렇습니까?

십자가 사건이 반복되고 있습니다. 사람들은 장렬히 죽임 당하는 것이야 말로 믿음이 좋은 사람이라 생각합니다. 그러나 이렇게 광주리 타고 도망가는 것이야 말로 제대로 된 믿음입니다. 자신의 믿음이 아니라 십자가 지신 주님의 믿음, 곧 주님이 자신의 생애를 사울 속에 반복하도록 하셨습니다. 이것을 위해 세상에 성도들이 뿌려졌습니다.

> 너희는 세상의 소금이니 소금이 만일 그 맛을 잃으면 무엇으로 짜게 하리요 후에는 아무 쓸데없어 다만 밖에 버려져 사람에게 밟힐 뿐이니라(마 5:13).

예수님이 사람에게 밟히셨습니다. 그리스도의 영을 받은 사도 바울이 사람들에게 밟혔습니다. 그야말로 예수님은 이 세상 사람들이 볼 때 아무 쓸데 없는 자였습니다. 아니 반드시 죽여야 하는 인물입니다. 성령 받은 사도 바울도 동일합니다. 예수님은 능동이지만 성도는 피동입니다. 성도는 언제나 세상 사람들이 제거할 계획 속에 놓여 있습니다.

♣ 자기를 성결케 하기 위하여

> 요 11:55
>
> 유대인의 유월절이 가까우매 많은 사람이 자기를 성결케 하기 위하여 유월절 전에 시골서 예루살렘으로 올라갔더니 저희가 예수를 찾으며 성전에 서서 서로 말하되 너희 생각에는 어떠하뇨 저가 명절에 오지 아니하겠느냐 하니 이는 대제사장들과 바리새인들이 누구든지 예수 있는 곳을 알거든 고하여 잡게 하라 명령하셨음이러라.

역대하 30:13 이하에 무교절을 지키기 위해 예루살렘에 많은 사람이 모였습니다. 그러나 아직 그곳에는 우상의 제단들과 분향단들이 남아 있었습니다. 그래서 이들은 예루살렘에 있는 우상 제단과 향단들을 모두 제하여 기드론 시내에 던졌습니다. 쓰레기 소각장에 버렸다는 말입니다. 그리고 2월 14일에 유월절 양을 잡았습니다. 레위인들이 부정한 사람을 위하여 유월절 양을 잡아 저희로 여호와 앞에 성결케 했습니다.

그런데 에브라임과 므낫세와 잇사갈과 스불론의 많은 무리는 자기를 깨끗하게 하지 않고 유월절 양을 먹었습니다. 규례를 어겼습니다. 그러니 이들에게 남은 것은 하나님의 저주, 재앙밖에 없습니다. 그러자 히스기야왕이 이들을 사해 달라고 여호와 하나님께 기도합니다. 그러자 하나님이 그들의 죄를 사하셨습니다. 그들을 고쳐 온전케 하셨습니다.

유대인들이 이 본문을 모를 리가 없습니다. 이 본문에 보면 성결케 되는 것이 죄 사함의 조건이 되지 못합니다. 도리어 히스기야왕이 규례를 어긴 자들을 위해 여호와 하나님께 기도를 하니 여호와께서 그들의 죄를 사하셨습니다.

그런데 유대인들은 이런 사건들을 예외적인 사건으로 간주합니다. 우리들도 이 본문을 보면 부정한 사람을 위해 유월절 양을 잡아 성결케 하고 유월절 양을 먹을 때 하나님의 진노가 임하지 않을 것이라 생각합니다. 이것이 출애굽기 12장의 유월절의 본래 정신이라 생각합니다. 그래서 히스기야왕의 기도에 유월절을 합류시키지 않고 유월절에 히스기야왕의 기도를 합류시킵니다.

오늘 본문에서 많은 유대인이 자신을 성결케 하기 위해서 유월절 전에 시골서 예루살렘으로 올라갔습니다.

이 많은 유대인이 왜 자신을 성결케 하기 위해서 유월절 전에 시골서 예루살렘으로 올라갔겠습니까?

이들은 유월절을 하나님이 명하신 법대로 지키면 하나님의 진노가 자신들에게 임하지 않는다고 생각합니다. 출애굽기 12장에서 그렇게 말씀하고 계시기 때문이지요. 죽음의 사자가, 저주의 사자가 자신과 사신의 집인을 넘어갈 것이라는 믿음을 갖고 유월절을 지키려고 하는 겁니다.

그러나 죄 용서는 우리 자신이 율법을 지켜서 죄 용서가 되는 것이 아닙니다. 성결케 되는 것이 아닙니다. 이 말은 인간 쪽에서 무엇을 드리거나 행하여서 죄 용서받을 길이 없다는 말입니다. 그런데 '나'라는 주인공은 언제나 '나'의 행함에 따라 천국과 지옥, 축복과 저주가 갈린다고 생각합니다. 그래서 "내"가 예수님을 믿으면 구원을 얻고, 재앙을 받지 않고 축복을 받을 것이라 생각합니다.

그래서 "내가" 주 예수를 믿어 나와 내 가정이 구원을 얻으려고 합니다. 축복을 받으려고 하는 겁니다. 유대인들이 이러한 믿음을 갖고 있습니다. 그래서 자신을 성결케 하기 위해 유월절에 올라와서 한 일이 무엇입니까?

예수님을 십자가에 못 박아 죽입니다.

나의 구원을 위해, 나의 축복을 위해 예수님을 믿은 내가 예수님을 십자가에 못 박아 죽였습니다. '나'의 몸에서 나오는 모든 것은 나의 구원과 축복을 위한 행위이며, 예수님을 십자가에 못 박아 죽이는 행위입니다.

> 그러므로 자기를 힘입어 하나님께 나아가는 자들을 온전히 구원하실 수 있으니 이는 그가 항상 살아서 저희를 위하여 간구하심이니라 (히 7:25).

♣ 성전에 서서 서로 말하되

요 11:56-57

> 저희가 예수를 찾으며 성전에 서서 서로 말하되 너희 생각에는 어떠하뇨 저가 명절에 오지 아니하겠느냐 하니 이는 대제사장들과 바리새인들이 누구든지 예수 있는 곳을 알거든 고하여 잡게 하라 명령하였음이러라.

자기를 성결케 하기 위해 유월절 전에 시골에서 예루살렘으로 올라온 사람들이 예수님을 부지런히 찾으면서 성전에 서서 서로 묻습니다.

"너희 생각에는 어떠하뇨 저가 명에 오지 아니하겠느냐?"

이들이 시골에서 예루살렘으로 올라왔기 때문에 공회의 결정을 아직 듣지 못했는지 모릅니다. 이들이 예수님을 찾는 목적이 예수님을 고발하기 위함이 아님을 알 수 있습니다. 만일 고발할 목적이었다면 서로 질문을 할 이유가 없겠지요.

그러나 대제사장들과 바리새인들은 다릅니다. 이들은 이미 결정을 내렸습니다. 예수님을 잡아 죽여야 한다고 말입니다. 이미 그들은 예수님을 로마법으로 사형할 결정을 내려놓고 있습니다. 그래서 이제는 잡기만 하면 됩니다. 이와 달리 비록 이들이 대제사장들과 바리새인들의 결정을 들었다

할지라도 여전히 예수님에 대한 기대감이 있음을 알 수 있습니다.

왜냐하면, 예수님이 행하신 기적과 말씀을 들어 보면 대제사장들과 바리새인들이 죽이기로 결정했다고 하더라도 얼마든지 그러한 위기를 넘길 수 있다고 생각한 것입니다.

이미 이러한 일들이 요한복음 8:59에서도 있었습니다.

> 저희가 돌을 들어 치려하거늘 예수께서 숨어 성전에서 나가시니라.

요한복음 12:12를 보게 되면 예수님이 예루살렘으로 오신다 하는 소식을 듣고 큰 무리가 종려나무 가지를 가지고 맞으러 나가 크게 외치는 장면이 나옵니다.

"호산나 찬송하리로다 주의 이름으로 오시는 이 곧 이스라엘의 왕이시여."

이들 속에 이들이 포함되었을 가능성이 상당히 높습니다.

그런데 예수님이 잡히시고 십자가에 못 박히실 때 큰 무리들은 모두 어디로 갔습니까?

흔적도 없습니다. 대제사장들과 바리새인들 속으로 모두가 다 녹아들어 갔습니다. 그 이유는 예수님이 그들이 기다리는 메시야 상이 아니었기 때문입니다.

예수님을 찾는 목적은 믿기 위함이 아닙니다. 자기 자신이 죽어야 믿음이 나오는데, 이들은 자신이 살아서 예수님을 찾습니다. 그리고 자신들을 살려 주는 메시야를 갈급하게 찾는 겁니다. 죽음의 위기를 거뜬하게 극복할 수 있는 메시야를 기다리는 겁니다.

그런데 그들이 지금 어디에서 이런 이야기를 하고 있습니까?

성전입니다. 성전은 죽는 곳입니다. 죽은 자만 사는 곳이 성전입니다.

대제사장의 죽음으로 이스라엘 백성들이 삽니다. 제물의 희생 피 속에 합류된 자들만이 다시 삽니다. 그러나 이러한 정보는 이들에겐 하나의 절차에 불과합니다. 순서일 뿐입니다. 과정을 거치게 되면 자신들의 죄가 용서된다는 겁니다. 이들은 죄 용서가 어디로부터 오는지를 모르는 자들입니다.

죄 용서는 십자가 지신 예수님만이 하실 수 있습니다. 제사를 드린다고 죄가 용서되는 것이 아닙니다. 그러니 죄 용서받은 자신, 죄 용서 받아 축복받는 자기 자신을 너무 사랑하기 때문에 시간을 바치고, 돈을 드려서까지 시골에서 예루살렘으로 올라온 것입니다. 제사 드린 자기 자신이 너무 사랑스럽습니다. 이렇게 사랑스런 자신들을 구원할 메시야를 만나고 싶은 겁니다. 그러나 그 메시야를 만나려면 메시야를 죽여야 합니다.

그렇게 죽임당하신 분이 자기 백성을 그 죽음과 함께 죽이시고 다시 살리시는 겁니다. 다시 살리셨다고 하니 우리 인간들은 이제 십자가를 과거로 돌리려고 합니다. 그렇게 되면 자신은 '살았다'가 됩니다. 자신이 살아 버리면 계속해서 산 자신의 흔적만 이 땅에 남기게 됩니다.

그러나 성도는 이미 죽었습니다. 주님이 그 안에 사십니다. 이렇게 되면 성도는 죽은 자가 됩니다. 그러면 죽은 자가 내어놓는 것은 죽은 흔적들만 내어놓게 됩니다. 살인의 흔적들만 내어놓습니다.

내가 살아 있기에 예수님을 찾고, 예수님이 나를 위해 어떠한 일을 이루실까를 기대하는 겁니다. 그러나 내가 이미 죽었다면 무엇을 해도 주님이 십자가에서 다 이루심을 증거하는 것이 됩니다. 주님을 위한 인생입니다.

♣ 명령

> 요 11:57
>
> 이는 대제사장들과 바리새인들이 누구든지 예수 있는 곳을 알거든 고 하여 잡게 하라 명령하였음이러라.

대제사장들과 바리새인들이 명령을 내리는 권리를 갖고 있습니다. 본래 율법서는 제사장 앞에 보관합니다. 곧 성소에 보관합니다(신 17:18; 왕하

22:8). 마태복음 23:2를 보면 서기관과 바리새인들이 모세의 자리에 앉았다고 합니다. 마태, 마가, 누가복음에서는 서기관이 적지 않게 언급됩니다.

그러나 요한복음에서는 딱 한 차례만 언급됩니다(요 8:3). 서기관은 율법사들입니다. 대제사장들도 마찬가지입니다. 이들이 돈을 주고 대제사장이 되었든 그렇지 않든 그것은 전혀 중요하지 않습니다. 헤롯 성전조차 주님은 이용하시는 분입니다. 따라서 율법 책을 간수하고 율법을 가르치는 제사장들과 율법의 의로는 흠이 없는 자들이 예수님 있는 곳을 알면 고하여 잡게 하라 명령을 내린 것입니다.

갈라디아서 4:29입니다.

> 그러나 그때에 육체를 따라 난 자가 성령을 따라 난 자를 핍박한 것 같이 이제도 그러하도다.

정말 놀라운 말씀이 아닙니까?
육체를 따라 난 자들은 율법 아래 있고자 하는 자들입니다(갈 4:21). 이들을 두고 계집종에게서 난 아들이라고 합니다. 이 아들은 육체를 따라 난 아들입니다. 계집종은 시내산으로부터 종을 낳은 하갈입니다.

율법을 어떻게 이런 식으로 폄하할 수 있습니까?
율법 아래 있고자 하는 자, 율법의 종노릇 하는 자를 하갈이 낳은 소생이라는 겁니다.

그러나 형제들은, 성도들은 이삭과 같이 약속의 자녀입니다. 약속의 자녀는 예수님밖에 없습니다.

그런데 여기서 왜 이삭과 같은 약속의 자녀라고 합니까?
그것은 성령을 따라 난 자들이기 때문입니다. 즉 성령을 따라 난 자들은 그리스도의 십자가 외에는 자랑할 것이 없습니다. 이런 자를 두고 약속의 자녀라 합니다.

이들이 누구처럼 핍박을 받습니까?

이삭처럼 종의 자식들로부터 핍박을 받습니다. 그 이유는 그리스도의 영이 그들을 이끌기 때문입니다.

예수님이 당하셨던 그 고난과 미움을 그대로 당하는 겁니다. 율법을 소유하고 있고 율법대로 살아가는 자들이 예수님을 잡아 죽였습니다. 이처럼 지금도 율법대로 살고자 하는 자들, 율법 아래 있고자 하는 자들이 성령을 따라 난 자들, 곧 십자가 외에는 자랑할 것이 없다고 하는 자들을 핍박합니다.

제가 이렇게 말하면 지금 예수가 어디 있는지 알면 고하라고 명령을 내린 대제사장들과 바리새인들은 외식하는 자들이기 때문에 예수님을 핍박했지만, 오늘날 하나님의 율법, 곧 도덕법을 지키려는 것은 결단코 예수님을 핍박하는 것이 아니라고 주장할 겁니다.

이들은 왜 십자가 외에는 자랑할 것이 없다고 말씀하시는지 도무지 깨닫지 못하는 자들입니다. 인간의 몸은 자신의 몸으로 나오는 모든 것을 자기 자랑으로 삼는 자들입니다. 그런 자들 속에 성령이 임해 버리면, 십자가 외에는 자랑할 것이 없는 자로 만들어 버립니다. 성령으로 따라 난 자의 모습이 이렇습니다. 그러니 성령을 따라 나지 않고 육을 따라 난 자들은 율법 아래 있고자 합니다. 육으로 난 것은 육이요 영으로 난 것은 영입니다 (요 3:6).

제2장
(요 12:1~요 12:49-50)

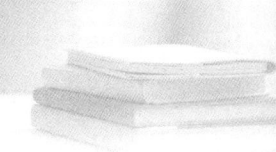

♣ 죽은 자들 가운데서

> 요 12:1
>
> 유월절 엿새 전에 예수께서 베다니에 이르시니 이곳은 예수께서 죽은 자들 가운데서 살리신 나사로가 있는 곳이라.

우리들이 볼 때 이 본문은 특별한 내용이 없어 보입니다. 그런데 여기에 아주 중요한 내용이 담겨 있습니다.

"예수께서 죽은 자 가운데서 살리신"

먼저, 제 성경에는 "죽은 자"가 단수로 되어 있습니다. 그러니 헬리어 성경을 보면 "죽은 자들"로 복수로 되었습니다. 공동번역이나 표준새번역은 복수로 되어 있습니다. 이 부분을 먼저 수정할 필요가 있습니다.

우리들이 보기에 이 말씀은 그냥 나사로도 다른 사람처럼 죽었고, 그 죽은 자들 가운데서 예수님이 살리셨다라고 생각할 수 있습니다. 그러나 예수님이 부활이요 생명입니다. 이 부활은 단순한 몸의 부활을 말하는 것이 아닙니다. 생명도 육신의 생명을 말하는 것이 아닙니다. 아들의 나라에서의 부활, 아들의 나라에서의 생명입니다. 그래서 오늘 본문이 매우 중요합니다.

골로새서 1:18입니다.

그는 몸인 교회의 머리라 그가 근본이요 죽은 자들 가운데서 먼저 나신 자니 이는 친히 만물의 으뜸이 되려 하심이요.

여기에서 "죽은 자들 가운데서 먼저 나신 자"라고 나옵니다.
예수님을 십자가에 못 박아 죽인 세상은 죽은 세상입니다. 죽은 세상에서 그 어느 누구도 다시 살아날 자가 없습니다. 구약에 에녹이 하나님과 동행하다 하나님이 데려가셨습니다. 사람들은 이것을 두고 죽지 않았다는 말 하고 싶어 할 겁니다. 그러니 육적입니다.
여기에 십자가를 경유하게 되면 어떻게 이 본문이 이해가 되겠습니까?
십자가 사건이 빠져 버리면 에녹은 지옥 갑니다. 하나님과의 동행과 하나님이 데려가심을 성령 받은 스데반에게, 그리고 사도 바울에게, 사도들에게 적용하면 됩니다. 이들은 죽음을 보지 않고 주님과 동행하다 주님이 데려가셨습니다. 왜 이렇게 봐야 하냐면 골로새서 1:18에서 말씀하시는 죽음은 육체가 죽는 죽음을 말하는 것이 아니기 때문입니다.
예수님이 십자가에 달려 죽으심은 우리 인간들이 보기엔 육체적 죽음이지요. 그런데 주님 입장에서는 아버지로부터 버림받는 죽음이요, 이 세상은 이미 죽었다는 것을 확인하는 죽음입니다. 그러니 인간들이 지금까지 죽어 왔던 그 죽음은 아들의 죽음을 보여 주기 위한 그림자에 불과합니다. 그러니 인간들은 '정녕 죽으리라'는 하나님의 말씀의 의미도 모른 채 죽어 왔고, 죽기를 무서워하며 일생에 매여 종노릇하고 있었던 겁니다.
예수님이 아버지의 저주를 받아 십자가에 못 박혀 죽으심으로 그 죽음의 실체가 이 세상에 드러났습니다. 그래서 예수님의 부활을 골로새서 1:18에서 "죽은 자들 가운데서 먼저 나신 자"라고 하는 겁니다. "먼저 나신"이라는 단어는 우리들이 구약에서 익숙하게 봐 왔던 "만물", "장자"라는 의미입니다.
정말 놀랍지 않습니까?
예수님이 십자가에 달려 죽으시고 부활하셔서 맏아들이 되셨습니다(롬 8:29). 그렇다면 나머지는 장자가 아니라 양자가 됩니다(롬 8:15). 이 양자들을 두고 골로새서에서는 교회라고 합니다.

오늘 본문에서 "죽은 자들 가운데서 살리신 나사로"는 이런 맥락에서 이해되어야 합니다. 그렇게 되면 나사로는 양자의 영을 받은 자 중 한 사람이 됩니다. 단순히 육신이 죽었다가 다시 살아난 나사로가 아니라는 말입니다. 죽음, 곧 지옥 백성에서 천국백성이 되었다는 말입니다. 이 말씀 안에는 예수님이 아버지로부터 버림받은 저주가 담겨 있고, 십자가에 달려 죽으심이 담겨 있고, 부활하심이, 하나님 우편의 자리, 곧 주의 자리가 담겨 있는 말씀입니다.

♣ 섬기는 일

> 요 12:2
>
> 거기서 예수를 위하여 잔치할 새 마르다는 일을 보고 나사로는 예수와 함께 앉은 자 중에 있더라.

사람들은 자꾸 주님을 위해 무엇을 하려고 합니다. 주님께 무엇을 드리려고 합니다. 그러나 주님은 그런 것 안 받습니다.

누가복음 10:38-42입니다.

> 저희가 길 갈 때에 예수께서 한 촌에 들어가시매 마르다라 이름 하는 한 여자가 자기 집으로 영접하더라 그에게 마리아라 하는 동생이 있어 주의 발아래 앉아 그의 말씀을 듣더니 마르다는 준비하는 일이 많아 마음이 분주한지라 예수께 나아가 가로되 주여 내 동생이 나 혼자 일하게 두는 것을 생각지 아니하시나이까 저를 명하사 나를 도와주라 하소서 주께서 대답하여 가라사대 마르다야 마르다야 네가 많은 일로 염려하고 근심하나 그러나 몇 가지만 하든지 혹 한가지만이라도 족하니라 마리아는 이 좋은 편을 택하였으니 빼앗기지 아니하리라 하시니라.

여기에 나오는 마리아와 마르다가 바로 요한복음 11-12장에 나오는 마리아와 마르다입니다. 요한복음에서는 마르다, 나사로, 마리아와 가룟 유다가 대조가 됩니다. 그러나 누가복음에서는 마르다와 마리아가 대조가 됩니다.

누가복음에서 마르다는 예수님을 영접하기 위한 준비로 마음이 번잡합니다. 그러나 동생 마리아는 손 하나 까딱 하지 않고 주님 발아래 앉아 주의 말씀을 듣습니다. 예수님 영접 준비에 바쁜 마르다는 화가 났습니다. 그래서 주님께 그 불편한 심기를 드러냅니다.

> 주여 내 동생이 나 혼자 일하게 두는 것을 생각지 아니하시나이까 저를 명하사 나를 도와주라 하소서 (눅 10:40).

마르다는 예수님에게 그 책임을 돌리고 있습니다. 주제 파악을 못한 겁니다. 자신이 어떠한 형편에 있는지 전혀 모르고 있습니다. 주님의 사랑을 받기만 하면 되는데, 자신이 주님을 영접할 자라고 생각한 겁니다.

성도는 주님 사랑을 받고만 살면 됩니다. 자신이 강도만난 자임을 아는 자만이 주님의 사랑을 받고만 삽니다. 주님을 섬길 생각하지 마시고 그 십자가 사랑을 받고 사시면 됩니다.

♣ 지극히 비싼 향유를 예수의 발에 붓고

요 12:3

> 마리아는 지극히 비싼 향유 곧 순전한 나드 한 근을 가져다가 예수의 발에 붓고 자기 머리털로 그의 발을 씻으니 향유냄새가 집에 가득하더라.

우리들이 만일 이 자리에 있었다면 마리아의 이런 행위에 대해 어떤 말을 하겠습니까?

믿음이 좋은 우리들은 아마 마리아가 한 행위를 칭찬할 겁니다. 왜냐하면, 우리들은 이미 예수님의 칭찬을 알고 있기 때문입니다. 그런데 본문을 자세히 보게 되면 열 달치 노동의 가치를 한 순간에 예수님의 발에 붓고 예수님의 발을 씻는데 사용했습니다.

그래도 우리들이 마리아의 행동을 칭찬할까요?

사도행전 17:25입니다.

> 또 무엇이 부족한 것처럼 사람의 손으로 섬김을 받으시는 것이 아니니 이는 만민에게 생명과 호흡과 만물을 친히 주시는 자이심이라.

사도 바울이 아테네 아레오바고에서 한 설교입니다. 인간들이 생각하는 신은 사람의 손으로 섬김을 받습니다. 오늘날 교회가 이러한 사상으로 장악당해 있습니다. 그래서 오늘 본문 같은 경우가 나오면 주를 위한 희생, 헌신을 강조하는 본문으로 이용합니다.

그래서 가룟 유다를 비난합니다.

> 제자 중 하나로서 예수를 잡아 줄 가룟 유다가 말하되 이 향유를 어찌하여 삼백 데나리온에 팔아 가난한 자들에게 주지 아니하였느냐 하니 이렇게 말하면 가난한 자들을 생각함이 아니요 저는 도적이라 돈 궤를 맡고 거기 넣는 것을 훔쳐 감이러라 (요 12:4-6).

성경에 이렇게 친절하게 기록해 놓았으니 얼마나 설교하기 쉽습니까?

그런데 문제는 사도행전 17:25 말씀처럼 주님은 인간의 손으로 섬김을 받는 분이 아닙니다. 사람들은 이 본문을 읽어도 깨닫지 못합니다. 왜냐하면, 눈이 밝아진 인간 본성이 생각하는 신은 자신의 손으로 얼마든지 섬길 수 있는 분이요, 자신의 섬김을 받는 분이라 생각하기 때문입니다. 그러니 가룟 유다의 태도를 보면서도 자신이 어떤 자라는 것을 전혀 깨닫지 못하는 겁니다.

왜 주님이 "제자 중 하나로서"라는 표현을 하는지 알아야 하는데 알아차리지를 못합니다.

나머지 열한 명의 제자는 마리아의 행위를 어떻게 생각했을까요?

가룟 유다의 말에 다 담겨 있습니다. 6절에서 가룟 유다가 가난한 자들을 생각함이 아니라고 해 놓았습니다. 그렇다면 나머지 열한 제자는 도적이 아니니 가난한 자들을 생각했다는 것이 됩니다. 왜냐하면, 돈 궤를 맡지 않았기 때문이지요. 그렇다면 마찬가지로 나머지 열한 제자의 생각도 마리아의 이런 행위는 그야말로 허비라고 생각했다는 것이 됩니다.

예수님의 뜻을 펼치는 데 사용하고, 이웃 사랑을 해야지 왜 예수님의 발을 씻는 데 허비하느냐는 겁니다. 누가 봐도 마리아의 행위는 허비입니다.

여러분은 그렇지 않다고 할 겁니다. 그러면 제가 물어보겠습니다.

여러분이 하는 헌금, 여러분이 주일마다 예배드리는 것, 여러분이 봉사하는 것이 허비라고 생각합니까?

아니면 가치 있는 일이라고 생각합니까?

헌금을 허비라고 생각하는 사람은 없을 겁니다. 은혜를 알기 때문에 헌금하는 것이요, 은혜를 받기 위한 헌금이라 생각하지요. 그런데 말입니다. 주님은 사람의 손으로 섬김을 받지 않습니다. 여러분이 하는 일들은 허비하는 일입니다. 그런데 여러분은 허비하는 일이라 생각하지 않잖아요. 그러니 가룟 유다의 안목입니다.

제가 이렇게 말하면 이제 헌금하지 않고, 교회 오지 않고, 성경 읽지 않겠다고 하는 분들도 적지 않을 겁니다. 만일 그러하다면 본인이 지금껏 해 온 것이 주님을 섬기는 일이 아니었다는 것을 스스로 자인하는 것밖에 되지 않습니다. 그런데 말입니다.

우리가 하는 모든 일은 그야말로 허비하는 일입니다. 가룟 유다의 안목에 우리 모두가 합류하지 않으면 천국과 상관없는 자들입니다. 사실 이 땅의 모든 인간은 가룟 유다의 안목과 동일합니다. 내가 주를 위해 하는 행위들은 의미 있는 일이 되어야 된다고 말입니다.

마리아는 그렇지 않았을까요?

자신이 하는 행위가 허비하는 행위라 생각했을까요 아니면 주님을 사랑하는 행위라 생각했을까요?

당연히 주님을 사랑하는 행위라 생각했습니다. 그런데 보세요.

예수님은 이 행위를 어떻게 해석합니까?

주님을 장사할 날을 위한 향유 준비였고 그 향유를 지금 예수님 발에 부어 씻겼다는 겁니다.

마리아가 이것을 알았을까요?

몰랐습니다. 이것은 예수님의 일방적 해석입니다. 그러니 마리아의 행위를 통해 인간들의 관심이 어디에 있는지가 다 들통나는 겁니다. 인간들은 자신이 하는 일이 허비한다고 생각하면 아무것도 하지 않는 인간들입니다. 그런데 성령을 받게 되면 마리아의 행위는 그야말로 허비하는 행위, 곧 십자가를 증거하는 행위가 됩니다. 십자가를 증거하는 행위라는 말은 나의 하는 어떠한 행위도 주께 드릴 수 없고, 주님을 섬길 수 없다는 고백의 행위라는 말입니다.

로마서 12:11에 이런 말씀이 있습니다.

"부지런히 게으르지 말고 열심을 품고 주를 섬기라."

사람들은 이 말씀을 가룟 유다 식으로 해석합니다. 허비하지 말라는 식으로 말입니다.

예레미야 10:3-5를 보면 열방들이 섬기는 우상에 대한 말씀이 나옵니다. 우상의 특징은 철저하게 사람에게 매여 있습니다.

> 열방의 규례는 헛된 것이라 그 위하는 것은 삼림에서 벤 나무요 공장의 손이 도끼로 만든 것이라 그들이 은과 금으로 그것에 꾸미고 못과 장도리로 그것을 든든히 하여 요동치 않게 하나니 그것이 갈린 기둥 같아서 말도 못하며 걸어 다니지도 못하므로 사람에게 메임을 입느니라 그것이 화를 주거나 복을 주지 못하나니 너희는 두려워 말라 하셨느니라.

자기를 위해 하는 모든 행위는 우상 숭배입니다. 우상 숭배는 자신의 행위를 허비하는 자들이 아니라 자신의 행위를 가치 있게 여기는 자들입니다. 가룟 유다가 요구하는 것이 바로 이것입니다. 가룟 유다의 요구를 오늘날 교회와 목사가 다음과 같이 요구하고 있습니다.

"여러분이 예수님을 믿는다면 주님을 위해 가치 있는 일을 행하십시오."

그러니 가룟 유다가 값비싼 향유를 허비하는 마리아를 책망하는 책망만 가득합니다. 그러니 교회에는 죄인들이 모여 있는 것이 아니라 의인들만 가득 모이게 됩니다. 주님은 철저하게 이들에게 메여 있습니다.

♣ 제자 중 하나 가룟 유다

> 요 12:4-5
>
> 제자 중 하나로서 예수를 잡아 줄 가룟 유다가 말하되 이 향유를 어찌하여 삼백 데나리온에 팔아 가난한 자들에게 주지 아니하였느냐?

사실 여기에서 꼭 이렇게 가룟 유다를 설명하지 않아도 됩니다. 왜냐하면, 이미 성경책을 읽는 사람들이라면 누구나 가룟 유다가 예수님을 잡아 줄자임을 다 알고 있기 때문입니다.

그런데 왜 이렇게 가룟 유다를 "제자 중 하나로서 예수를 잡아 줄 가룟 유다"라고 말할까요?

그것은 가룟 유다를 사도 요한이 자신과 다른 사람으로 보지 않기 때문입니다. 예수님이 열둘 중 하나인 가룟 유다가 자신을 팔 자이심을 아셨지만 가룟 유다나 다른 제자들에게 대하는 태도는 차별이 없었습니다. 도리어 6절을 보면 가룟 유다가 돈 궤를 맡았다는 것을 볼 때, 다른 제자들의 신임이 두터웠음을 알 수 있습니다. 모임을 하게 되면 항상 가장 신임이 가는 사람에게 돈을 맡기지요. 물론 그 맡은 자가 돈을 갖고 사라지는 경우도 종종 있습니다마는 사라지기 전까지는 그 사람을 신뢰합니다.
　가룟 유다도 마찬가지라 보시면 됩니다. 우린 자꾸 선입견을 갖고 성경을 읽기 때문에 가룟 유다에 대해서 색안경을 끼고 봅니다. 그러나 지금부터는 그 색안경을 끼고 다른 제자들도 함께 보시기 바랍니다. 물론 자신도 그렇게 보시기 바랍니다. 성령 받은 사도 요한의 안목이 이런 안목입니다.
　주님이 눈을 뜨게 해 주셨기 때문에 "제자 중 하나"로 표현하는 겁니다. 마태복음 26:8에서는 가룟 유다만 분개한 것이 아니라 제자들이 향유를 허비하는 것에 대해서 분노 했다고 기록하고 있습니다.
　그렇다면 왜 요한복음에서는 가룟 유다를 지목해서 말했을까요?
　사람들의 생각은 언제나 자신은 예수님을 잡아 넘긴 자가 아닐 것이라고 생각합니다. 그래서 제자들이라고 하게 되면 인간들은 그 제자들 중 베드로는 아닐 것이라고 생각할 가능성이 다분히 높습니다. 항상 나는 아니지요라는 생각을 갖고 있습니다.
　마태복음 26:22에 보면 제자들이 이렇게 말합니다.

　　저희가 심히 근심하여 각각 여짜오되 주여 내니이까?

　공동번역이 잘 번역했습니다. 이 말씀에 제자들은 몹시 걱정이 되어 저마다 "주님, 저는 아니겠지요" 하고 물었다.
　헬라어 성경이 이렇게 되어 있습니다.
　제자들 각자가 자신은 아닐 것이라 확신하여 물은 겁니다.
　마태복음 26:25에서는 가룟 유다가 예수님께 질문을 합니다.
　역시 마찬가지입니다.
　"랍비여 저는 아니지요"라고 묻습니다.
　그러니 가룟 유다 조차도 자신이 예수님을 팔지 않을 것이라 확신합니다.
　그러면 언제 예수님을 팔 마음을 확정하게 됩니까?

예수님과 함께 유월절 떡을 먹을 때 예수님이 빵 한 조각을 식초에 찍어 주신 후입니다.

사도 요한이 이러한 사실을 다 알고 있습니다. 이 내용은 요한복음 13:27에 기록되어 있습니다. 그러니 오늘 본문은 가룟 유다를 지목하기 위함이 아님이 더욱 분명합니다.

제자 중 하나라고 표현함으로 말미암아 마태복음 표현처럼, 제자들 중 한 사람도 빠짐없이 가룟 유다와 동일한 마음을 품었다는 겁니다. 값비싼 향유를 그렇게 예수님의 발에 부어 예수님의 발을 씻기는 것은 그야말로 허비한 것에 불과하다는 겁니다. 그러니 분노할 수밖에 없는 겁니다.

성령을 받아 제자에서 사도가 된 자들은 이러한 분노를 받고 살아갑니다. 그들의 인생은 그야말로 허비하는 인생이 되었습니다. 여러분도 이 땅에서 맘껏 허비하면서 성령 받지 못한 자들의 분노를 사시기를 바랍니다.

♣ 삼백 데나리온과 가난한 자들

> 요 12:5-6
>
> 이 향유를 어찌하여 삼백 데나리온에 팔아 가난한 자들에게 주지 아니하였느냐 하니 이렇게 말함은 가난한 자들을 생각함이 아니요 저는 도적이라 돈 궤를 맡고 거기 넣는 것을 훔쳐 감이러라.

삼백 데나리온이 있다면 당연히 가난한 자들에게 나누어 주어야 된다는 것이 제자들의 생각입니다. 왜냐하면, 천국 복음은 가난한 자들의 복음이기 때문입니다.

주의 성령이 내게 임하셨으니 이는 가난한 자에게 복음을 전하게 하시려고 (눅 4:18).

가난한 자에게 복음은 무엇입니까?

돈이 복음입니다. 가난한 자들에게 십자가 피를 전해 보세요.

그들이 뭐라고 할까요?

그래서 목사들이나 선교사들이 하는 말이 가난한 자를 물질로 도우면서 복음을 전해야 한다고 말합니다. 들어보면 설득력이 있습니다. 그래서 오늘날 가난한 자들을 돕고, 어려운 사람을 도와주는 목사는 사람들로부터 인정받습니다. 손가락질을 당하지 않습니다.

가난한 곳에, 먹고 살기 힘든 곳에 가서 사람이 떡으로 사는 것이 아니라 예수님의 피로 산다고 전한다면 그들이 뭐라고 하겠습니까?

"당신은 하나님을 믿는 사람이 아닙니까?

그러니 그 사랑을 우리에게 보여 주세요."

아마도 이렇게 말할 겁니다. 그들이 먼저 하나님을 압니다. 왜냐하면, 가난한 자가 찾고 믿고 아는 하나님은 가난을 해결해 주는 하나님밖에 없습니다.

그들이 그 가난 가운데, 굶어 죽어 가는 가운데서도 감사가 나올까요?

가룟 유다는 예수님이 메시아이시기 때문에 당연히 가난한 자들을 위해 돈을 써야 된다고 생각한 겁니다. 물론 우리 성경에는 가룟 유다의 본심을 담아 놓았습니다.

"이렇게 말함은 가난한 자들을 생각함이 아니요 저는 도적이라 돈궤를 맡고 거기 넣은 것을 훔쳐 감이러라."

그런데 말입니다.

예수님은 왜 가룟 유다의 본심을 지적하지 않고 다른 말씀을 하실까요?

가룟 유다의 본심을 몰라서일까요?

만일 우리 같으면 가룟 유다의 본심을 공격할 겁니다.

그렇지 않습니까?

"가룟 유다야, 네가 그렇게 말하는 것은 돈을 훔쳐 가려고 하는 말이지."

어차피 자신을 팔 자니 이렇게 말해야 하지 않을까요?

아니면 회개할 기회를 주시기 위해서 가룟 유다가 지금까지 돈을 훔친 짓을 회개할 기회를 직접적으로 제공해 주셔야 하지 않을까요?
그러니 예수님은 우리들의 기대와 전혀 다른 말씀을 하십니다.

그렇다면 왜 성령을 받은 사도 요한은 여기에 가룟 유다의 마음을 기록해 두었을까요?
예수님이도 말씀하지 않은 말을 왜 여기에 기록했을까요?
예수님은 왜 주님이 되셔서 이렇게 가룟 유다의 본심을 말씀하실까요?

이 사건에서는 엄청난 돈이 등장했습니다. 푼돈이 아니라 목돈입니다. 이러한 돈이 등장함으로 말미암아 모든 인간들이 무엇을 사랑하는지가 드러납니다. 여기에서 삼백 데나리온은 모든 인간이 자신의 본심을 드러낼 액수의 돈입니다. 나는 돈을 사랑하지 않는다는 사람들이 있지요. 그러나 그런 사람 이 세상에 한 사람도 없습니다.
왜 그럴까요?
한 사람이 두 주인을 섬길 수 없기 때문입니다. 예수님을 사랑하지 않는 자는 모두가 다 돈을 사랑하는 자입니다.
그래서 예수님이 하신 말씀은 이런 의미를 담고 있는 겁니다. 사람들이 이 본문을 보면서도 이 본문의 의미가 뭔지를 모릅니다.
가룟 유다라고 알까요?
제자들이라고 할까요?
모릅니다.
성령을 받게 되니 모든 인간, 첫째 아담 안에 있는 모든 인간들은 성경 말씀을 빙자하여 자신의 탐욕을 감추는 자들임을 알게 됩니다. 그러니 십자가 사건이 그들 전 인생을 장악하고 있어야 하는데, 인간들에게는 가난한 자들이 그들과 항상 함께 있다는 겁니다. 그러니 죽을 때까지 돈을 사랑하는 자로 살아가는 자들임을 주님이 지금 말씀하고 계신 겁니다.

그러니 삼백 데나리온을 예수님 발 씻는데 다 사용했다는 자체는 그야 말로 허비한 겁니다. 새로운 창조를 만들어 낼 수 있는 액수인데 그 창조를 할 능력을 완전히 박살내 버렸다는 겁니다. 주님이 허비하게 만드시는 그 허비에 참예하는 즐거움이 성도에게 있습니다. 오늘도 십자가 피만을 자랑케 하시기 위해 헛된 인생, 허비하는 인생을 살게 하신 주님께 감사하는 자로 성도는 살아갑니다.

♣ 저는 도적이라

> 요 12:6
>
> 이렇게 말함은 가난한 자들을 생각함이 아니요 그는 도둑이라 돈궤를 맡고 거기 넣는 것을 훔쳐 감이러라.

말라기 3:9입니다.

> 사람이 어찌 하나님의 것을 도적질하겠느냐 그러나 너희는 나의 것을 도적질하고도 말하기를 우리가 어떻게 주의 것을 도적질 하였나이까 하도다 이는 곧 십일조와 헌물이라 너희 곧 온 나라가 나의 것을 도적질하였으므로 너희가 저주를 받았느니라 만군의 여호와가 이르노라 너희가 온전한 십일조를 창고에 들여 그것으로 나의 집에 양식이 있게 하고 그것으로 나를 시험하여 내가 하늘 문을 열고 너희에게 복을 쌓을 곳이 없도록 붓지 아니하나 보라(말 3:8-10).

너무나 유명한 말씀입니다. 그러나 이 말씀을 보면서 자신이 도적이라고 생각하는 사람은 아무도 없습니다. 물론 십일조를 하지 않아서 도적이라 생각할 수는 있습니다. 그래서 목사들이 이 본문을 갖고 성도들을 힘들게 합니다. 십일조 하지 않는 자는 도적이라고 말입니다.

사실 말라기 본문에서 사용된 단어가 도적질이라고도 읽을 수 있지만 '강탈하다'는 의미도 있습니다. 그러니 여호와 하나님의 분노가 어느 정도인지 짐작할 수 있습니다. 이미 그 분노가 이스라엘 백성 가운데 저주로 임했습니다. 문제는 저주가 저주임을 모른다는 것입니다.

그러나 예수님 당시 바리새인들은 소득의 십일조 정도가 아니라 박하와 회향과 근채의 십일조까지 했습니다. 집에서 양념으로 해 먹는 몇 포기 안 되는 향신료까지도 십일조를 했습니다. 이들은 말라기에서 말씀하는 주님 말씀의 의미를 육으로 읽고, 육으로 해석한 겁니다. 이들은 율법의 의미를 전혀 모릅니다. 그래서 오늘날 목사들은 마태복음 23:23을 갖고 유대인들보다는 훨씬 수준 높게 해석해서 적용합니다.

예수님이 율법의 중한바 의와 인과 신을 버렸다고 하니 의와 신과 인을 포함한 온전한 십일조를 하라고 족칩니다. 아마 여러분은 의아해하실 겁니다. 이것이 오늘 본문과 무슨 상관이 있느냐고 말입니다. 오늘 본문에 도적이 나옵니다.

누구를 두고 도적이라 합니까?

가룟 유다를 두고 도적이라 합니다. 그런데 좀 더 깊이 들어가 봅시다.

지금까지 가룟 유다가 누구의 돈을 도적질 하고 있었습니까?

사람들이 누구 때문에 연보했습니까?

예수님 때문이지요. 가룟 유다는 예수님의 돈을 관리하고 있었고, 그 돈을 도적질 한 겁니다. 우리가 오늘 본문을 보면서 이것을 놓치게 되면 오늘 본문이 본래 하고자 하는 말씀의 의미를 완전히 놓치게 되고, 엉뚱한 해석을 하게 됩니다.

예수님이 말씀하시는 것은 실제로 가룟 유다가 예수님의 돈을 도적질 한 것을 두고 도적이라고 하십니다.

그렇다면 다른 나머지 제자들은 도적이 아닙니까?

이 물음에 답변해 보시기 바랍니다. 사람들은 나머지 제자들을 도적이라 생각하지 않습니다. 이것이 바로 악마에게 속한 자들의 안목입니다. 그래서 예수님을 믿는 자신은 도적이 아니라고 생각합니다. 십일조를 하고 있기 때문에 도적이 아니라고 생각합니다.

그런데 말입니다. 박하와 회향과 근채의 십일조를 바친 자들이 예수님을 죽였습니다. 제가 이렇게 말하면 우리는 저들과 달리 의와 인과 신을 포함한 십일조를 드렸다고 주장할 겁니다. 그래서 나는 도적이 아니라고 할 겁니다. 그러니 도적입니다. 눈이 감겼기 때문에 성경을 읽어도 도무지 깨닫지 못하는 자들입니다.

지금 성령 받은 사도 요한이 말하는 도적이라는 의미는 가룟 유다가 단순히 돈을 훔쳐갔기 때문에 도적이라는 말이 아닙니다. 십자가의 용서함을 모르기 때문에 도적이라는 말입니다. 십일조 했기 때문에 도적이 된다는 것을 저들은 전혀 알지 못합니다. 성경 말씀이 어떤 원리로 돌아가는지 전혀 모르는 자들입니다. 성경은 새 언약으로 돌아갑니다. 그런데 저들은 옛 언약을 그대로 유지하고자 합니다.

그러니 도적이지요. 도적질하지 말라는 십계명 말씀을 성령을 받기 전에는 자신이 도적질하지 않았기 때문에 그 율법을 지켰다고 생각한 자가 성령 받기 전 사울이었습니다. 그런데 성령을 받게 되니 그 도적질하지 말라는 말씀을 시킴 사세가 도직질하세 만드는 밀씀이있음을 깨닫게 되있습니다. 도적질하지 않은 자신이 예수님을 핍박하고 예수님을 십자가에 못 박아 죽였습니다.

성령을 받지 못했으니 그의 안목은 철저하게 선악과 구조에 매여 있는 인생이었습니다. 오늘날 대부분의 목사나 교인들이 이러한 안목을 갖고 있습니다. 자신이 도적임을 모릅니다. 자신이 연보하는 도적임을 알지 못하고, 십일조 하는 도적임을 알지 못합니다.

십자가의 영을 받지 못했으니 그들에게서 무엇이 나오겠습니까?
악한 것들만 나올 수밖에 없습니다. 연보 했고, 십일조 했고, 감사 헌금 했다는 자신의 행위만 나오는 겁니다. 이들에게서는 십자가를 찾을 수가 없습니다. 주님의 공로, 십자가에서 피 흘리신 그 공로를 강탈하는 자야말로 진짜 도적입니다.

♣ 예수님의 해석

> 요 12:7
>
> 예수께서 가라사대 저를 가만 두어 나의 장사할 날을 위하여 이를 두게 하라.

예수님이 마리아가 값비싼 향유를 발에 부어 씻은 사건을 예수님의 장사할 날을 위한 행위로 말씀하셨습니다. 예수님이 마리아의 행위에 대한 해석은 그 어느 누구도 납득하기 힘든 해석입니다.

값비싼 향유를 예수님 발에 붓고 그 발을 머리털로 씻기는 것과 예수님의 장사와 어떻게 관련을 지을 수 있습니까?

차라리 누가복음 7:36 이하에 나오는 말씀처럼 많은 죄가 사하여졌기에 많이 사랑하는 행위라고 말씀하시면 누구나 쉽게 받아들일 수 있습니다. 그런데 요한복음에서는 예수님이 마리아의 행위를 자신의 장사할 날을 위해서 한 행위라고 하셨습니다. 예수님이 이렇게 말씀하셨기 때문에 사람들은 그 누구도 반대하지 못하고, 예수님의 말씀에 동의를 합니다. 그런데 왜 그렇게 말씀하셨는지 그 이유를 전혀 모릅니다.

누가복음 7:36 이하에 오늘 본문과 다른 사건이지만 이와 흡사한 사건이 나옵니다. 여기에서 향유를 붓는 행위가 나옵니다. 오늘 본문과 다른 점은 누가복음에서는 죄인이 여자라고 규정되어 있습니다. 동네 죄인 여자의 행위는 예수님으로부터 많은 죄를 용서 받았기 때문에 나온 사랑이라는 겁니다. 예수님이 이렇게 말씀하시니 사람들은 받은 사랑을 내어놓으라고 말합니다.

받은 사랑을 어떻게 내어놓을까요?

헌금 하라는 겁니다. 돈이 없으면 몸으로 때우라는 것입니다. 말이야 주님을 위해서라고 하지만 교회를 위해서 그렇게 하라는 겁니다. 그러니 누가복음 본문을 제대로 이해하지 못한 자들입니다.

우리들이 보기에 누가복음이 하고자 하시는 말씀과 오늘 본문이 하고자 하시는 말씀이 다르다고 생각할 수 있습니다. 그러나 그렇지 않습니다. 누가복음 7장이나 오늘 본문은 동일하게 십자가를 증거하는 본문입니다. 십자가를 달리 표현하면 사랑입니다. 성도는 십자가 사랑을 받은 자들입니다. 누가복음 7장에 나오는 동네 죄인 여자도 마찬가지입니다. 그 사랑을 내어놓는 겁니다. 그러니 그 여자의 사랑은 십자가를 증거하는 사랑입니다.

오늘 본문도 마찬가지입니다. 사람들은 자신이나 타인이 하는 행위를 십자가와 관련지어 해석할 줄 모릅니다. 그래서 만일 어떤 사람이 헌금했으면 그 헌금을 헌금으로 봅니다. 기도했으면 기도로 보고, 무엇을 행해도 그 행한 행위를 말합니다. 그래서 교회에서는 행함만 가득합니다. 교인들끼리 모여 보세요. 십자가가 나오는 것이 아니라 자신이 행한 행위들만 그 입으로 쏟아냅니다. 그래서 행위를 많이 한 자들은 고개를 쳐들고, 행위를 적게 한 자들은 고개를 푹 숙입니다.

그렇다면 오늘 본문에 나오는 마리아는 고개를 쳐들고 다녀야 할 겁니다. 그런데 말입니다. 예수님은 그 행위를 자신의 장사를 위한 것이라고 말씀하셨습니다.

누가 보아도 마리아가 예수님을 사랑하고 있고, 그뿐만 아니라 오라버니 나사로도 살려 주셨으니 감사와 사랑의 표현이 아닙니까?

그런데 예수님은 그런 사랑, 그런 감사 안 받습니다. 도리어 자신의 목숨을 마리아를 위해 내어놓습니다. 십자가에 달려 죽으심의 결과로 마리아의 행위가 나오게 되었다는 말입니다. 물론 마리아는 지금은 모릅니다. 그러나 성령을 받게 되면 자신의 행위가 십자가를 증거하게 하신 주님의 능력이었음을 고백하게 됩니다.

성령이 오게 되면 자신에게 일어난 모든 과거의 사건과 현재의 사건, 미래의 사건이 십자가 사건 뒤쪽으로 밀려나게 됩니다. 십자가 사건이 먼저고 그 사건을 증거하기 위한 인간들의 사건이라는 말입니다. 그래서 우리들이 구약을 볼 때 이러한 안목으로 보는 겁니다.

여러분!

주님이 우리 성도들의 행위를 이렇게 보심을 감사하시기 바랍니다. 무엇을 하더라도 하나님의 영광을 위해서 하는 행위라는 말입니다. 즉, 십자가를 증거하는 행위가 된다는 말입니다. 이것이 그리스도 안에 있는 자들이 누리는 축복입니다. 내가 알아서 그렇게 해석하는 것이 아닙니다. 십자가 지신 주님이 십자가만 증거하는 행위를 하게 하신 겁니다.

그러니 헌금을 하든지, 기도를 하든지, 공부를 하든지, 돈을 벌든지, 결혼을 하든지, 결혼을 하지 않든지, 먹든지, 마시든지 무엇을 하더라도 십자가만 자랑하는 자로 주님께 살게 하시는 자가 주님의 백성이요 성도입니다. 주님의 해석은 해석만 하시는 것이 아닙니다. 그렇게 살게 하셨기 때문에 그렇게 해석하시는 겁니다.

♣ 가난한 자들은 항상 너희와 함께

> 요 12:8
>
> 가난한 자들은 항상 너희와 함께 있거니와 나는 항상 있지 아니하리라 하시니라.

이 본문을 대할 때 사람들은 예수님이 곧 이 세상을 떠날 것을 아시기 때문에 이런 말씀을 하셨다고 생각합니다. 그래서 예수님이 지금 하시는 말씀이 가난한 자들에 대한 구제를 결코 가볍게 여기지 않으셨다고 예수님을 변론합니다.

> 네 하나님 여호와께서 네게 주신 땅 어느 성읍에서든지 가난한 형제가 너와 함께 거하거든 그 가난한 형제가 너와 함께 거하거든 그 가난한 형제에게 네 마음을 강퍅히 하지 말며 네 손을 움켜쥐지 말고 반드시 네 손을 그에게 펴서 그 요구하는 대로 쓸 것을 넉넉히 꾸어주라 삼가 너는 마음에 악념을 품지 말라 곧 이르기를 제 칠년 면제년이 가까왔

다 하고 네 궁핍한 형제에게 악한 눈을 들고 아무것도 주지 아니하면 그가 너를 여호와께 호소하리니 네가 죄를 얻을 것이라 너는 반드시 그에게 구제할 것이요 구제할 때에는 아끼는 마음을 품지 말 것이니라 이로 인하여 네 하나님 여호와께서 네 범사와 네 손으로 하는바에 네게 복을 주시리라 땅에는 언제든지 가난한 자가 그치지 아니하겠으므로 내게 네게 명하여 이르노니 너는 반드시 네 경내 네 형제의 곤란한 자와 궁핍한 자에게 네 손을 펼지니라 (신 15:7-11).

사실 예수님이 신명기 15:11을 인용하셔서 하신 말씀입니다. 그런데 말입니다. 이 말씀은 모세 율법입니다. 요한복음 5:45-47을 보겠습니다.

내가 너희를 아버지께 고소할까 생각지 말라 너희를 고소하는 이가 있으니 곧 너희의 바라는 자 모세니라 모세를 믿었더라면 또 나를 믿었으리니 이는 그가 내게 대하여 기록하였음이라 그러나 그의 글도 믿지 아니하거든 어찌 내 말을 믿겠느냐 하시니라.

가난한 자가 약속의 땅에서 그치지 않을 것이라고 말씀하셨습니다. 그런데 그 가난한 자가 형제들이라는 사실입니다. 약속의 땅에 들어가기도 전에 여호와 하나님이 그 땅에서는 가난한 자들이 그치지 않을 것이라고 말씀하신 겁니다. 그런데 놀라운 것은 가난한 자들을 도와 줄 때 아끼지 않고 도와주어도 가난한 자가 없어지지 않고 계속 있을 것이라고 말씀하십니다.

이렇게 되면 과연 신명기 15:7-11에 나오는 말씀을 어느 누가 지킬 수 있겠습니까?

율법은 처음부터 지키라고 준 것이 아닙니다. 물론 유대인들은 지키라고 주셨다고 생각합니다.

그런데 과연 지켰습니까?

도리어 자신들이 어떠한 자들인지 들통났을 뿐입니다.

가난한 자들을 향해 마음이 인색해지고, 가난한 자로 인해 돈을 더 움켜잡게 됩니다. 어쩌면 이렇게 우리 마음을 잘 표현하실까요?

나도 가난해 지면 안 되잖아요. 그리고 제 칠 년 면제년이 가까이 온다는 이유로 궁핍한 형제에게 악한 눈을 들고 아무것도 주지 않습니다.

왜 그렇습니까?

곧 면제 년이 되니 이제 가난한 것을 벗어날 수 있지 않느냐는 겁니다.

7년마다 돌아오는 안식년에는 빚이 면제되기 때문에 가난한 자가 없을 것이라고 여호와 하나님이 먼저 말씀하셨습니다. 그런데 인간들은 이 말씀을 이용해서 가난한 자를 도와주지 않는 겁니다. 그리고 구제할 때는 돈이 너무 아깝습니다. 그야말로 율법은 인간의 죄를 끄집어내는 율법입니다. 돈을 사랑하는 바리새인임이 들통났습니다. 잠자는 거인을 깨우는 것이 아니라 잠자는 죄를 깨우는 율법입니다. 제가 지금 지어내어 제 마음대로 하는 말이 아닙니다. 이것이 바로 율법의 본래 기능입니다.

그런데 목사들이나 교인들은 자꾸 율법을 지키려고 합니다. 말로야 율법을 지켜서 의롭게 되는 것이 아니라고 주장합니다. 그래서 오늘 본문을 갖고 예수님이 구약 율법을 버리신 것이 아니라고 하는 겁니다. 하지만 이들의 근본 문제는 율법을 그 어느 인간도 지킬 수 없다는 주님의 말씀을 근본적으로 부정하는 것입니다.

그뿐만 아니라 율법이 탐내지 말라 하지 않았으면 내가 탐심을 알지 못했다고 사도 바울이 말합니다. 율법으로 말미암지 않고는 죄를 모릅니다. 물론 성령을 받은 사람만이 고백하는 내용입니다. 성령을 받지 못했을 때는 율법을 지킬 수 있다고 생각했고, 지켰고, 율법의 의로는 흠이 없는 자라고 생각했습니다. 그런데 성령을 받게 되니 죄가 율법으로 말미암아 온갖 탐심을 일으킵니다. 죄를 살려 내는 것이 율법입니다. 성령 받은 사도 바울의 율법에 대한 해석과 성령 받지 못했을 때 사울의 율법해석이 너무나 다릅니다.

이러함에도 불구하고 사람들은 오늘 예수님이 하신 말씀에서 가난한 자들은 항상 너희와 함께 있다는 율법을 지속시키려고 합니다. 그래서 구제해야 한다는 겁니다. 그러니 성령 받지 못했음을 스스로 증거하고 있습니다.

예수님이 이 땅에 오신 목적이 가난한 자에게 복음을 전하기 위해서 오셨습니다. 그렇다면 누가 가난한 자입니까?

가룟 유다나 나머지 제자들은 누가 가난한 자인지를 모릅니다. 왜 그런가 하면 그들이 아는 가난이란 물질적 가난으로 생각하기 때문입니다. 율법이 그들 속에 담겨 있기 때문입니다. 그들은 그 율법이 그들 속에 잠자던, 돈을 사랑하는 마음과 하나님의 율법을 멸시하는 마음을 끄집어내는 율법임을 알지 못합니다. 성령이 없기 때문이지요.

예수님이 가난한 자들은 항상 너희와 함께 있다는 말씀의 의미는 신명기 15장 말씀과 연결 지어 이해해야 하는 말씀입니다. 안식일의 주인이 예수님이라면 안식년의 주인도 예수님입니다. 따라서 모든 인간들은 가난한 자들입니다. 이들에게 필요한 것은 십자가 사랑입니다. 성령을 받게 되니 자신이 가난한 자임을 비로소 알게 됩니다. 인간에게 필요한 것은 돈이 아니라 주님의 십자가 사랑입니다. 가룟 유다는 자신이 가난한 자임을 모릅니다. 그러니 자살해 버립니다.

그렇다면 다른 제자들은 자신이 가난한 자임을 알았습니까?

몰랐습니다. 사랑을 받아 보니, 성령을 받아 보니 비로소 자신이 가난한 자임을 알았습니다. 이런 자가 심령이 가난한 자입니다. 그러니 이들에게 채울 수 있는 것은 십자가 사랑밖에 없습니다. 이들은 떡으로 사는 자가 아니라 사랑으로 사는 자들입니다.

그래서 주님이 가난한 자는 너희와 항상 함께 있다고 하신 겁니다. 성령을 받은 십자가 증인들이 세상을 보는 안목입니다.

이러한 안목이 없으니 요한일서에서 어떤 사건이 벌어집니까?

누가 이 세상 재물을 가지고 형제의 궁핍함을 보고도 도와줄 마음을 막으면 하나님의 사랑이 어찌 그 속에 거할까보냐 자녀들아 우리가 말과 혀로만 사랑하지 말고 오직 행함과 진실함으로 하자 이로써 우리가 진리에 속한 줄을 알고 또 우리 마음을 주 앞에서 굳세게 하리로다 (요일 3:17-19).

요한일서 3:16에서는 이렇게 말씀합니다.

> 그가 우리를 위하여 목숨을 버리셨으니 우리가 이로써 사랑을 알고 우리도 형제들을 위하여 목숨을 버리는 것이 마땅하니라.

마치 신명기 15장이 반복되는 것 같습니다.
그렇지 않습니까?
그래서 사람들은 십자가로 갔다가 다시 율법으로 가는 겁니다.
왜 요한 일서에서 이런 말씀을 하실까요?
요한복음과 연결 지어야 하지요. 그런데 제가 가난을 영적으로 설명을 했습니다. 그런데 요한 일서에서는 가난이 영적이 아니라 실제입니다.
그러면 제가 잘못 설명했습니까?
그런 것이 아닙니다. 주님은 물질적으로 가난한 형제를 곁에 배치해서 가난한 자인가를 물으시는 겁니다. 요한복음 12:5에도 주님은 가난한 자를 직접 말씀하셨습니다. 보이는 것을 가지고 보이지 않는 것을 끄집어내시는 겁니다. 마치 값비싼 향유를 예수님의 발에 붓는 것을 두고 예수님의 장례를 위한 것이라고 말씀하시는 방식과 같은 방식입니다. 물론 그 장례는 세상 죄를 지고 가는 장례입니다.
가난한 자가 실제로 곁에 있는데 말과 혀로만 사랑합니다. 그래서 행함과 진실함으로 하자고 합니다.
행함과 진실함이 무엇입니까?
여기에서 말하는 진실함은 진리입니다. 물론 진실함의 의미도 담고 있습니다. 그러나 본문을 더 자세히 보면 행함과 진리 안에서 하자고 합니다. 진리란 그리스도라는 사실을 모르는 사람은 없을 겁니다. 19절에 바로 나옵니다. 그러면 여기서 간단하게 말과 혀로만 사랑하지 말고 진리 안에서 하자라고 하면 될 일을 왜 행함을 집어넣었느냐는 말입니다.

사람들은 '진리 안에서'라고 해 버리면 보이는 것이 없다고 생각해 버립니다. 무슨 이야기인가 하면 믿음이라는 것도 보이지 않는 것이잖아요. 그러니 사랑도 말과 혀로만 사랑하면 된다는 겁니다. 행위 자체를 삭제해 버립니다. 그런데 주님이 일하시는 방식은 반드시 보이는 행위를 통해서 보이지 않는 것을 끄집어내는 방식입니다.

예수님이 육신을 입고 이 땅에 오셔서 고난받으시고 십자가에 달려 죽으시고 부활하셔서 주님이 되셨습니다.

그러나 보이는 행위를 했다고 해서 보이지 않는 것이 나오는 것은 아닙니다. 이것이 지금도 살아계신 십자가 지신 주님의 능력입니다. 십자가 지신 주님 홀로 일하심을 증거하는 방식이 이런 방식입니다. 말과 혀로 사랑하는 자들은 자신들이 사랑을 할 수 있는 주체라 생각하는 자들입니다.

이와 반대로 행함과 진실함으로 사랑하자고 하는 자들도 마찬가지입니다. 이 두 부류에게서는 죄가 나오지 않습니다. 성령 받은 사도 요한의 말과 그 말을 따라 하는 자의 말은 다릅니다.

♣ 큰 무리

> 요 12:9
>
> 유대인의 큰 무리가 예수께서 여기 계신 줄을 알고 오니 이는 예수만 위함이 아니요 죽은 자 가운데서 살리신 나사로도 보려 함이러라.

유대인의 큰 무리가 예수님이 베다니에 계심을 알고 예수님과 죽은 자 가운데서 살리신 나사로도 보기 위해서 왔습니다. 요한복음 11:56을 보면 시골에서 자기를 성결케 하기 위해 올라온 많은 사람이 예수님을 찾았다고 합니다. 이들의 무리도 여기에 포함이 되었을 수도 있습니다. 죽은 자들 가운데서 살리신 나사로도 보기 위해 왔다는 설명을 덧붙임으로 큰 무리들이 예수님에 대해 적대적인 사람들이 아님을 알 수 있습니다.

이미 예수님을 잡아 죽이기로 결정된 상태에서 죽은 자들 가운데서 예수님이 살리신 나사로까지 보기 위해 베다니에 올 이유가 없기 때문입니다. 사람들이 예수님을 찾는 이유가 무엇일까요?

사람들이 왜 교회에 나올까요?

한을 풀어 달라는 겁니다. 한 맺힌 원한을 풀어 달라고 예수님을 믿고 찾습니다.

교인들이 하는 기도내용을 보면 한을 풀어 달라고 하지 않습니까?

돈을 많이 벌고 싶었던 한, 가족들이 화목하게 살고 싶었던 한, 자식이 공부 잘하는 한, 사업 성공하는 한, 천국도 사실은 한풀이가 제대로 되는 천국입니다. 이들은 죽어본 적이 없는 자들입니다.

오늘 본문을 읽고 연구합니다. 그런데 예수님이 죽은 자들(단수가 아니고 복수) 가운데서 살리신 나사로가 어떤 의미를 담고 있는 줄을 모릅니다. 왜냐하면, 예수님과 함께 죽었고 죽은 자들 가운데서 다시 살리심을 받아봤어야 자신의 죄가 드러납니다.

성령께서는 자기를 부인하고 주님을 따르게 합니다. 자기를 부인하게 되면 주님이 십자가로 다 이루신 세계가 보이게 됩니다. 그러나 성령을 받지 못하면 자기부인이 일어나지 못합니다. 그렇게 되면 주님이 십자가로 다 이루신 세계가 자신을 위한 세계가 되어 버립니다. 그러한 천국은 오늘 본문에서 큰 무리가 예수님을 찾는 목적과 동일합니다.

'죽은 자들 가운데서 살리신 나사로도 보려 함이라'는 말이 예수님을 찾는 목적과 같다고 보시면 됩니다. 그러니 눈이 있어도 보지 못하는 겁니다.

우리들이 이 본문을 얼마나 많이 읽었습니까?

죽은 자들 가운데서 살리신 나사로를 읽었지만 우린 육체가 죽었다가 살아난 것으로만 봅니다. 그런데 주님은 보이는 것을 통해 보이지 않는 세계를 보여주십니다. 영으로 난 자들만이 볼 수 있는 세계입니다. 육으로 난자들은 결코 볼 수 없는 세계가 아들의 나라입니다.

그래서 이들이 추구하는 나라는 자신의 한을 완벽하게 풀어주는 나라, 그런 나라를 이루어주시는 예수를 찾고 믿는 겁니다. 그런 예수는 우상 예수입니다.

♣ 나사로까지 죽이려고 결정

> 요 12:10-11
>
> 대제사장들이 나사로까지 죽이려고 모의하니 나사로 까닭에 많은 유대인이 가서 예수를 믿음 이러라.

대제사장들이 나사로까지 죽이려고 결정을 내렸습니다.
요한복음 11:53에서 다음과 같이 말씀합니다.

> 이날부터는 저희가 예수를 죽이려고 모의하니라.

예수님이 당하신 십자가 사건은 예수님 홀로 끝나는 사건이 아닙니다. 이 사건은 예수님이 죽은 자들 가운데서 살리신 자들이 이 땅에서 어떻게 살게 될 것인가를 미리 보여주는 사건입니다.
성도는 그리스도의 영을 받은 사람들입니다. 그러니 이들은 십자가를 증거합니다. 죽었다가 살아난 나사로 그 자체가 십자가의 능력을 증거합니다. 그래서 대제사장들이 그를 죽이기로 결정한 것입니다.
나사로 까닭에 많은 유대인이 그곳에 가서 예수를 믿었습니다. 보고 믿는 믿음은 믿음이 아닙니다. 보지 않고 믿는 믿음도 믿음이 아닙니다. 이 두 가지 믿음이 모두 육에서 나왔기 때문입니다. 자아에서 나왔기 때문입니다. 자기로부터 나온 믿음은 믿음이 아닙니다. 선물이 아닙니다.

예수님을 믿는 자들이 보기에 죽었던 나사로를 예수님이 살렸다는 겁니다. 그래서 예수님을 믿습니다. 그런데 예수님은 나사로를 죽은 자들 가운데서 살렸습니다. 예수님이 죽은 자들 가운데서 살아나셨고, 그렇게 살아나신 분이 죽은 자들 가운데서 나사로를 살리셨습니다. 이러한 일을 저들이 알 리가 없습니다. 그들이 아는 것은 죽었던 나사로가 다시 살아났다는 사실입니다. 보이는 것에서 보이지 않는 것을 보지 못합니다.

그러니 예수님을 믿지 않을 이유가 없습니다.

그런데 문제는 예수님이 죽은 자들 가운데서 살리신 나사로는 어떻습니까?

대제사장들이 나사로를 죽이기로 결정을 내렸습니다. 한쪽은 예수님을 믿겠다고 하고 다른 한쪽은 이제 살해될 것이 확정되었습니다.

여기에서 우린 죽은 나사로를 살리신 예수님을 믿는 자들에게 질문을 하나 던져 봅시다.

"왜 예수님을 믿습니까?

나사로처럼 되기 위해서입니까?"

오늘날 교회 다니는 사람들에게 물어보세요. 이 본문을 보면 매우 좋아합니다. 죽은 나사로를 예수님이 살렸기 때문이요 많은 사람이 예수님을 믿었기 때문입니다.

그런데 왜 그들은 대제사장들이 나사로를 죽이기로 결정했다는 말에는 주목하지 않을까요?

그 이유는 그들이 생각하는 복음은 사람을 기쁘게 하고, 사람을 좋게 하는 복음이기 때문입니다. 죽어 썩는 냄새가 풀풀 나는 나사로를 살렸다면 계속 살도록 해야 하고, 행복하게 살게 해야 한다는 것이 인간들이 갖고 있는 본성입니다. 사람들은 행복해지기 위해 엄청난 노력을 합니다. 그런데 어떤 사람들은 이런 이야기를 합니다. 행복해지려고 하는 마음이 오히려 행복을 망친다고 말입니다. 그래서 그냥 살라고 합니다.

결국, 이 말도 행복해지기 위해 하는 말이지요. 그런데 예수님이 우리를 죽은 자들 가운데서 살리신 이유는 주님을 위해 죽게 하기 위함입니다. 그러니 나의 행복을 위한 복음은 처음부터 없었습니다. 내 가족을 위한 복음도 없습니다.

죽은 자들 가운데서 살리심을 받았습니까?

그렇다면 여러분의 인생은 나사로처럼 이 세상이 죽이기로 결정한 인생입니다.

♣ 주의 이름으로 오시는 이스라엘의 왕

> 요 12:12-13
>
> 그 이튿날에는 명절에 온 큰 무리가 예수께서 예루살렘으로 오신다 함을 듣고 종려나무 가지를 가지고 맞으러 나가 외치되 호산나 찬송하리로다 주의 이름으로 오시는 이 곧 이스라엘의 왕이시여 하더라.

나사로 때문에 많은 유대인이 베다니로 가서 예수님을 믿었습니다. 그 믿음의 실체가 오늘 본문에서 드러납니다. 유월절을 지키러 온 큰 무리가 예수님이 예루살렘으로 오신다고 하는 소식을 들었을 때 그들은 종려나무 가지를 가지고 예수님을 맞으러 나갔습니다. 왜 종려나무 가지냐고 물으신다면 뒤에 그 이유가 나오지요.

이스라엘의 왕을 환영하고 찬송하기 위함입니다.

이 본문은 요한계시록 7:9-10과 흡사합니다.

> 이 일 후에 내가 보니 각 나라와 족속과 백성과 방언에서 아무도 셀 수 없는 큰 무리가 흰옷을 입고 손에 종려가지를 들고 보좌 앞과 어린 양 앞에 서서 큰 소리로 외쳐 가로되 구원하심이 보좌에 앉으신 우리 하나님과 어린 양에게 있도다 하니.

유월절을 지키러 온 많은 유대인이 고대한 왕은 주의 이름으로 오시는 왕입니다. 이 부분은 시편 118:25-26에 나옵니다.

> 여호와여 구하옵나니 이제 구원하소서 여호와여 우리가 구하옵나니 이제 형통케 하소서 여호와의 이름으로 오는 자가 복이 있음이여 우리가 여호와의 집에서 너희를 축복하였도다.

유대인들이 시편 118:25-26을 어떤 식으로 이해했는지를 분명히 알 수 있는 대목입니다. 그들은 시편 118:22-24에 나오는 "건축자의 버린 돌이 집 모퉁이의 머릿돌이 되었나니 이는 여호와의 행하신 것이요 우리 눈에 기이한 바로다 이날은 여호와의 정하신 것이라 이날에 우리가 즐거워하고 기뻐하리로다"라는 말씀을 예수님이 이스라엘 왕으로 오셔서 자신들이 즐거워하고 기뻐하는 날로 만들 것이라는 기대를 표현하고 있는 겁니다.

왜냐하면, 이 모든 내용은 자신들이 고통 중에서, 열방이 에워싼 상황에서 주께서 자신들에게 어떻게 응답하시는가를 보여주는 내용이기 때문입니다. 우린 건축자의 버린 돌이 예수님이라고 당연히 여기지만 유대인들 입장에서는 고통 중에 있고, 로마 지배하에 있는 자기 자신들의 형편으로 생각할 수밖에 없습니다. 그래서 지금 자신들의 오랜 기도가 응답되는 순간이라고 여기고 있는 겁니다.

드디어 주의 이름으로 오시는 이, 곧 이스라엘의 왕, 자신들을 억압에서 해방시켜 주고, 그 고통을 다 없애주는 왕이 오셨다는 겁니다. 그 왕은 죽은 자도 살리고 물고기 두 마리와 보리떡 다섯 개로 장정 오천 명을 먹이신 왕입니다. 이런 예수님이라면 주의 이름으로 오시는 이스라엘의 왕이 틀림없다는 겁니다. 그래서 이들은 종려나무 가지를 손에 들고 왕을 환영하는 행사를 벌이고 있는 겁니다.

얼마나 가슴이 벅차오르겠습니까?

그렇게 기다리고 기다리던 주의 이름으로 오시는 이스라엘의 왕이 오셨으니 말입니다.

우리들은 이런 유대인들을 비난할 겁니다.

왜 시편 118편을 그런 식으로 해석하느냐고 말입니다.

그렇다면 달리 해석할 방법이 있습니까?

달리 해석할 방법이 있다는 겁니다. 그래서 사람들은 예수님이 십자가에 달려 죽으시고 부활하셔서 왕이 되시는 내용을 시편 118편에 예언해 놓았다는 겁니다.

그런데 문제는 그렇게 해석해서 결국 예수님을 어떤 분으로 대우합니까?

어떤 분으로 믿습니까?

예수님을 주님이라고 부르는데 어떤 주님입니까?

많은 유대인이 종려나무 가지를 들고 환영한 그 예수, 그 주가 아닙니까?

그러니 오늘 본문이 있어도 인간들은 여전히 시편 118편을 자기중심으로 해석하는 겁니다. 나를 위한 주님이라는 겁니다.

예수님을 믿는 이유가 이것 외에 다른 이유가 있을까요?

없습니다. 그런데 요한계시록을 보게 되면 이 사건의 본래 의미를 말씀해 놓았습니다. 보좌에 앉으신 우리 하나님과 어린양이 나옵니다. 지금까지 요한복음을 제대로 읽어 오셨다면 이 말씀의 의미는 분명합니다. 어린양은 죽임당한 어린양입니다. 죽임당한 어린양이 목자라는 말입니다.

왕이요 심판주라는 말입니다. 그렇다면 누구에게 죽임을 당했습니까?

종려나무 가지를 들고 주의 이름으로 오시는 이스라엘의 왕을 찬송하는 자들에 의해 죽임을 당한 어린양입니다. 그 어린양이 심판주가 되셨다는 겁니다. 그 어린양이 이들의 목자가 되셨다는 겁니다.

요한계시록 7:9를 보면 여기에 큰 무리가 나옵니다.

> 이 일 후에 내가 보니 각 나라와 족속과 백성과 방언에서 아무라도 셀 수 없는 큰 무리가.

요한복음 12:12에서 사용한 단어와 똑같습니다. 이들은 흰옷을 입었습니다. 오늘 본문에 나오는 자들과 다르지요. 오늘 본문에서는 흰옷이 없습니다. 흰옷을 입었다는 것은 13-14에 나옵니다.

> 장로 중에 하나가 응답하여 내게 이르되 이 흰옷 입은 자들이 누구며 또 어디서 왔느뇨 내가 가로되 내 주여 당신이 알리이다 하니 그가 나더러 이르되 이는 큰 환난에서 나오는 자들인데 어린 양의 피에 그 옷을 씻어 희게 하였느니라.

왜 장로 중 하나가 요한에게 이렇게 물을까요?
"이 흰옷 입은 자들이 누구며 또 어디서 왔느뇨?"
그리고 왜 사도 요한은 이렇게 대답했을까요?

"내 주여 당신이 알리이다" 여기에 호칭이 "주"라고 되어 있다는 사실에 주목해야 합니다. 왜 그런가 하면 장로가 질문을 하지만 그 질문은 주님의 질문이기 때문입니다. 그러니 주님만이 답을 하실 수 있습니다.
흰옷 입은 자들에 대한 설명을 이렇게 합니다. 큰 환난에서 나오는 자들이라고 합니다. 현재 분사형입니다. 이들은 이미 어린양의 피 안에서 그를 희게 하였고, 그의 옷을 씻은 자들입니다. 어린양의 피 안에서 죄 용서함을 받지 않았다면 큰 환난에서 나오는 자들이 될 수 없다는 말입니다.
그렇다면 이 본문이 오늘 본문과 무슨 관련이 있을까요?
예수님을 주의 이름으로 오시는 이스라엘의 왕으로 환영하며 찬송하는 자들은 어린양의 피 밖에 있는 자들입니다. 그러니 이들은 큰 환난에서 나올 마음이 전혀 없는 자들입니다. 주님은 이런 자들을 어린양의 피 안에서 그들의 옷을 씻어 주셨고, 그들을 희게 하셨습니다.

이렇게 말하니 사람들은 큰 환난에서 나오는 자들이 죄 없는 자들이라 생각합니다. 물론 죄 없는 자들이 맞습니다. 그런데 그 죄 없는 자들이라는 말의 뜻은 어린양의 피 안에 있기에 죄 없고, 희게 되었고, 그들의 옷을 씻었다는 의미입니다. 어린양의 피 안에 있다는 말은 외부는 온통 어린양의 피로 덮여 있다는 말입니다. 그렇다면 그 내부는 죄만 가득 담겨 있다는 말입니다. 그래서 이들이 이 세상에서 환난을 당하는 겁니다.

살기 위해, 구원받기 위해 주의 이름으로 오시는 이스라엘 왕을 큰 소리로 찬송했던 자가 주의 이름으로 오신 이스라엘 왕의 피를 증거하는 인생으로 바뀌어 버렸습니다.

♣ 어린 나귀를 찾아 타신 예수님

> 요 12:14
>
> 예수는 한 어린 나귀를 만나서 타시니.

스가랴 9:9입니다.

> 시온의 딸아 크게 기뻐할찌어다 예루살렘의 딸아 즐거이 부를찌어다 보라 네 왕이 네게 임하나니 그는 공의로우며 구원을 베풀며 겸손하여서 나귀를 타나니 나귀의 작은 것 곧 나귀새끼니라.

우리가 만일 이 본문만을 본다면 예수님이 나귀 새끼를 찾아서 타신 이유가 겸손하셔서 그렇게 하셨다고 생각할 수 있습니다. 그러나 스가랴 9:9 앞뒤를 보면 그 겸손의 의미가 좀 달라집니다.

9:8을 보면 이렇습니다.

내가 내 집을 둘러 진을 쳐서 적군을 막아 거기 왕래하지 못하게 할 것이라 포학한 자가 다시는 그 지경으로 지나지 못하리니 이는 내가 눈으로 친히 봄이니라.

9:10입니다.

내가 에브라임의 병거와 예루살렘의 말을 끊겠고 전쟁하는 활도 끊으리니 그가 이방 사람에게 화평을 전할 것이요 그의 정권은 바다에서 바다까지 이르고 유브라데 강에서 땅 끝까지 이르리라.

이 정도 내용만 보더라도 겸손하여 나귀를 타는 왕이 어떠한 왕인지를 짐작할 수 있습니다. 종려나무 가지를 가지고 예수님을 주의 이름으로 오시는, 이스라엘의 왕이라고 환영하는 자들은 더 큰 확신이 들었을 겁니다. 요한복음 12:16을 보면 제자들은 처음에 이 일을 깨닫지 못하였다고 합니다. 이 말은 제자들조차 예수님을 환영하는 큰 무리 속에 합류되어 있다는 말입니다.

예수님이 영광을 얻으신 후에야 이것이 예수님에 대해 기록된 것임과 사람들이 예수님에게 이같이 한 것인 줄 생각났더라고 하는 것은, 제자들이 스가랴 9:9의 말씀을 몰랐다는 말이 아닙니다. 예수님이 영광을 얻으신 후에야 큰 무리가 예수님께 행한 일과 스가랴 9:9 말씀의 참된 의미를 알게 되었다는 겁니다.

예수님이 영광을 얻으셨다는 말은 곧 예수님이 십자가에 달려 죽으시고 부활하셔서 하나님 우편의 자리, 곧 주의 자리에 앉으셨다는 말입니다. 성령 받았기에 이러한 사실을 알게 된 것입니다. 성령 받은 입장에서 보니 말씀대로 이루어지기 위한 두 층이 동시에 발생되었다는 사실을 알게 된 겁니다. 말씀을 이루시기 위해 인간의 욕망이 작동하며, 그 욕망의 작동 속에서 예수님은 아버지 뜻을 이루시기 위해 나귀 새끼를 찾아 타셨습니다. 이것은 큰 무리의 믿음을 더 확고하게 만드는 일이 되었습니다.

구약 예언의 말씀이 왜 이렇게 지저분하게 성취되는가에 대한 의문을 인간들은 가질 수밖에 없습니다.

하나님이 미리 말씀하신 예언이라면 그 예언대로 깔끔하게, 인간의 죄가 개입되는 것이 없이 그 예언대로 성취되어야 하지 않을까요?

그런데 예언과 성취 사이에 인간의 죄가 꽉 차 있습니다. 구약 예언과 그 예언의 성취 사이에 죄가 들어가지 않는 것이 없습니다. 나귀를 타셨다는 말은 문자적으로 말씀대로 예수님이 예언을 성취하시는 것 같지만 실은 그 어느 누구도 나귀를 찾아 타신 것이 십자가 지는 일(겸손)이라고는 생각지 못합니다.

도리어 문자적으로 나귀를 타심으로 말미암아 인간들이 품고 있는 욕망이 더 극대화되고, 그 욕망이 예수님을 십자가에 못 박아 죽입니다. 이렇게 십자가에 못 박혀 죽으신 분이 주의 이름으로 오신 이스라엘의 왕이십니다.

따라서 이 죽음에 합류하지 못한 자들은 어린 나귀를 타신 예수님을 자기 욕망을 위해 믿는 자들일 뿐입니다. 이들에게 십자가는 자랑거리가 아니라 도리어 수치거리가 됩니다. 그래서 지금도 이들은 십자가를 걸어 내고, 자신들의 꿈을 이루어주시는 예수님을 종려나무 가지를 가지고 열렬히 환영합니다.

♣ 목격한 무리와 들은 무리

> 요 12:17-18
>
> 나사로를 무덤에서 불러내어 죽은 자 가운데서 살리실 때에 함께 있던 무리가 증거한지라 이에 무리가 예수를 맞음은 이 표적 행하심을 들었음이러라.

우리 번역은 끝까지 "죽은 자"로 번역하는 것 같습니다.

"죽은 자들"입니다. 사도 요한이 이렇게 표현하는 이유는 예수님이 죽은 자들 가운데서 살아 나셨고, 부활의 첫 열매가 되셨고, 그래서 성도들도 죽은 자들 가운데서 살리심을 입게 되었습니다. 이것이 성령 받은 사도 요한이 보는 나사로의 부활사건입니다. 그런데 성령 받지 못한 무리들이 볼 때 이 사건은 이 세상에서 일어난, 나사로를 무덤에서 불러내어 죽은 자들 가운데서 살리신 일로 봅니다.

이것은 창조주의 능력, 하나님의 능력입니다. 무리들이 기다렸던 메시야, 주의 이름으로 오시는 이스라엘의 왕은 이런 왕입니다. 군중들이, 무리들이 예수님을 맞은 이유도 이 표적 행하심을 들었기 때문입니다. 예수님이 나사로를 살리신 일을 본 자들이나 이 소식을 들은 자들은 예수님이 행하신 일을 표적, 곧 기적으로 보고 있습니다. 즉 이스라엘 왕이라는 징표로 그러한 기적을 행했다는 겁니다.

그러니 다른 무슨 증거를 원하겠습니까?

그뿐만 아니라 나귀새끼를 찾아서 타셨으니 자신들이 기다리는 이스라엘의 왕이 틀림없습니다. 그러나 이들에겐 십자가가 없습니다. 오늘도 길을 가는데 어떤 교회에서 나와 이렇게 말합니다.

"예수 믿고 천국 갑시다."

천국 가기 정말 쉽습니다. 예수 믿으면 천국 간다는 겁니다. 사실 거꾸로 말해야 하지요. "예수 믿으면 지옥 갑니다"라고 말입니다.

지금 유대인의 큰 무리가 예수님을 이스라엘의 임금으로 믿지 않습니까? 믿습니다. 그래서 지옥 가는 겁니다. 천국은 우리가 원한다고 해서, 가고 싶다고 해서, 기다린다고 해서 들어갈 수 있는 곳이 아닙니다.

천국의 주인공이신 십자가 지신 주님이 친히 구원하십니다. 그 구원은 십자가만을 자랑하도록 하기 위한 구원입니다. 그 구원을 받은 자가 죽은 자들 가운데서 살림을 받은 나사로입니다. 그러나 이것을 눈으로 목격한 자들은 죽은 자들 가운데서 살림을 입어 본 적이 없습니다. 자신들은 한 번도 죽지 않았습니다. 지금도 살아 있습니다. 그러니 예수님을 임금으로 맞이하여 더 행복한 삶을 이루어 보겠다는 겁니다.

오늘날 교회는 이런 욕망덩어리들로 가득 차 있습니다. 그래서 이들은 십자가 복음을 듣기를 원치 않습니다. 그래서 이들이 환영하는 예수는 자신들의 기도를 들어주시고, 꿈을 이루어 주시고, 행복을 가져다주시고, 천국에 넣어 주시는 예수입니다. 지금도 오늘 본문은 반복되면서 십자가 사건이 발생되고 있습니다.

♣ 온 세상이 저를 좇는도다

> 요 12:19
>
> 바리새인들이 서로 말하되 볼지어다 너희 하는 일이 쓸데없다 보라 온 세상이 저를 좇는도다 하니.

온 세상이 예수님을 좇는 이유는 표적을 본 까닭이 아니요 떡을 먹고 배부른 까닭입니다(요 6:26). 예수님이 헬라어 단어인 세메이온(*shmei'on*)을 이렇게 두 가지 의미로 나누었습니다. 세메이온의 뜻은 이적, 기적, 표적으로 번역되고 있습니다. 그러나 예수님은 이 단어의 의미를 쪼개어 버립니다. 예수님이 행하신 표적이 육으로 난 자와 영으로 난 자를 갈라 버립니다. 그러나 이 세상에는 영으로 난 자가 하나도 없습니다.

그래서 이들이 본 표적은 예수님을 이 세상 임금이 되기에 충분했습니다. 십계명을 보게 되면 "나 외에 다른 신을 섬기지 말라"고 하셨습니다. 첫째 아담 안에 있는 자들은 이 계명을 자신에게 적용해 버립니다.

"온 세상이 저를 좇는다"라고 했을 때 온 세상이 예수님을 주님으로 믿는다는 말이 아닙니다. 이 말의 의미는 온 세상을 위한 왕이라는 말입니다. 이 세상을 살아가는데 필요한, 도움을 줄 수 있는 왕이라는 말입니다.

신앙생활 하는 즐거움이 여기에 있는 것이 아닙니까?

나를 위한 예수님이기에 우린 언제나 나에게 폭풍이 일어나면 감사하기 보다는 왜 나에게 이런 일을 일으키느냐고 불만을 토해 냅니다. 이런 모습은 오늘 본문에 나오는 예수님을 좇는 온 세상과 다를 바 없는 모습입니다.

우리들이 보기엔 바리새인들보다 예수님을 좇는 온 세상이 믿음이 있어 보일 겁니다. 그러나 이 둘이 힘을 합쳐 예수님을 십자가에 못 박아 죽입니다. 바리새인들이 서로 자신들의 계획이 틀어졌다고 말은 하지만 그들은 결코 포기하지 않습니다. 왜냐하면, 이들은 오로지 자기 자신만이 유일신이기 때문입니다.

민수기 13장을 보면 여호와께서 모세에게 말씀하셨습니다. 이스라엘 자손에게 주는 가나안 땅을 족장 된 사람들을 보내어 정탐하라고 하십니다. 이들이 사십 일간 정탐한 후 돌아왔습니다.

이 말씀 자체가 모순을 갖고 있습니다.

이스라엘 자손에게 주는 가나안 땅이라면 정탐군을 보낼 필요가 있을까요?

없습니다. 그런데 왜 여호와께서 정탐군을 보내라고 하십니까?

이 땅은 이스라엘 자손에게 주는 가나안 땅입니다. 그런데 정탐을 다녀온 후 이들은 모세와 아론을 원망합니다. 여호수아와 여분네의 아들 갈렙만이 이렇게 말합니다.

> 우리가 두루 다니며 탐지한 땅은 심히 아름다운 땅이라 여호와께서 우리를 기뻐하시면 우리를 그 땅으로 인도하여 들이시고 그 땅을 우리에게 주시리라 이는 과연 젖과 꿀이 흐르는 땅이니라 오직 여호와를 거역하지 말라 또 그 땅 백성을 두려워하지 말라 그들은 우리 밥이라 그들의 보호자는 그들에게서 떠났고 여호와는 우리와 함께하시느니라 그들을 두려워 말라(민 14:7-9).

우리야 믿음이 좋아 여호수아와 여분네의 아들 갈렙의 말에 동의할 겁니다. 그러나 이스라엘 모든 자손은 그들을 돌로 치려고 했습니다. 오늘날 믿음이 있다고 하는 자들이 이런 모습입니다. 왜 나에게 이런 어려움과 내가 원치 않는 일들이 일어나느냐고 말입니다. 그래서 "주님이 십자가로 승리하셨음을 알게 하기 위한 자기 백성을 위한 환경조성입니다"라고 말하면 화를 냅니다.

그러면서 이렇게 말합니다.

"내가 기도하지 않으니 기도하게 하셔서 이 어려움을 극복해 나가게 하시고 더 큰 축복을 주시기 위해서 이러한 환경을 주셨다"고 합니다.

그야말로 우상 예수입니다. 그러니 온 세상이 예수를 좇는 겁니다.

오늘 저 멀리 서울 외곽에 다녀올 일이 있었는데, 저녁이 되었는데도 전도지를 나누어 주고 있었습니다. 저는 어떤 분과 말씀을 나누는 중이었는데 처음에는 전도지인지 몰랐습니다. 표지를 보니 '변화와 행복을 주는 교회 교육 프로그램 4Step'라고 쓰여 있는 것을 보고 알았습니다.

들어보니 어떻습니까?

그 안을 보면 더 놀랍습니다. 담임 목사가 '이곳을 찾는 모든 분들이 재능을 발견하고 행복을 얻으며 기쁨을 누릴 수 있는 공간이 되도록 최선의 노력을 다하겠습니다. 하나님의 크신 은총이 함께하기를 기원합니다'라고 썼습니다.

창기가 따로 없지요. 그리고 '노래로 배우는 중국어 교실, 축구 동아리, 사고력과 창의력을 키워주는 책 읽기, 우리 아이의 창의력 향상, 새로운 놀이 문화, 맛있게 먹으면 되지, 책을 말하다(독서 모임).' 그야말로 신도시에 맞는, 이 시대가 원하는 복음을 전하는 교회이지요.

이런 복음을 전하지 않고 십자가의 피를 전하면 돌로 쳐 죽입니다. 왜냐하면, 온 세상이 떡을 먹여 주고 배부르게 해 주는 예수를 찾기 때문입니다. 십자가의 피로 죄 용서 해 주신 사랑은 받기를 거절합니다. 그러나 주님은 이렇게 거절하는 자를 침노해서 사랑을 심어 버립니다. 그런 자가 자랑하는 것은 십자가입니다.

♣ 헬라인과 인자의 영광

> 요 12:20-21
>
> 명에 예배하러 올라온 사람 중에 헬라인 몇이 있는데 저희가 갈릴리 벳새다 사람 빌립에게 가서 청하여 가로되 선생이여 우리가 예수를 뵈옵고자 하나이다 하니.

요한복음에서 예배라는 단어는 요한복음 4장과 9장과 여기에서 사용되었습니다. 요한복음 4장에서는 22-24에서 나옵니다.

> 아버지께 참으로 예배하는 자들은 신령과 진정으로 예배할 때가 오나니 곧 이 때라 아버지께서는 이렇게 자기에게 예배하는 자들을 찾으시느니라 (요 4:23).

예수님은 분명 아버지께서는 이렇게 자기에게 예배하는 자들을 찾으신다고 하셨는데, 요한복음 4장에서 사마리아 여자를 찾으신 분은 예수님입니다. 예수님이 자신의 피로 자기 백성을 친히 찾으십니다. 사마리아 여자가 찾은 것이 아닙니다. 요한복음 9:38에도 이 단어가 나옵니다.

> 가로되 주여 내가 믿나이다 하고 절하는지라.

여기에서 '절하는지라'는 단어가 예배(proskunevw)라는 단어입니다. 이 단어가 요한복음 4:22-24에 사용된 단어와 같은 단어입니다. 여기서도 예수님이 찾으셨습니다. 명절에 예배하러 올라온 사람 중에 헬라인 몇이 빌립에게 예수를 뵙고자 합니다. 헬라인들이 왜 빌립에게 청했느냐고 물으면 그 이유를 빌립이라는 이름이 헬라식 이름이기 때문이라고 청했다고 하는데, 그것 보다 중요한 것은 이 과정을 통해 예수님이 하실 일을 증거하신다는 사실입니다.

그런데 여기에서는 요한복음 4장이나 9장과 달리 헬라인들이 예수님을 뵙기를 원한다는 사실입니다. 그런데 이들이 예수님을 만났다는 이야기가 없습니다. 예수님이 예배하는 자들을 찾아야지 자신들이 찾아서는 만날 수가 없습니다. 제가 본문을 20-21절만 보고 있습니다.

만일 여러분이라면 명절에 예배하러 올라온 헬라인 몇이 빌립에게 예수님 뵙기를 청하는 것을 어떻게 해석하겠습니까?

헬라인 몇이 예수님 뵙기를 원하는 것을 두고 예수님은 "인자가 영광을 얻을 때가 왔도다"라고 하셨습니다. 그야말로 동문서답입니다. 헬라인 몇이 예수님 뵙기를 청하면 만나겠다, 만나지 않겠다 하셔야 하는데, "인자가 영광을 얻을 때가 왔도다"라고 하십니다. 아마 우리들이 그 자리에 있었다면 화를 냈을 겁니다.

여러분이 헬라인이나 빌립이라면 예수님의 말씀을 어떻게 받아들이겠습니까? 예수님을 미친 사람이라고 생각하지 않겠습니까?

예수님은 명절에 예배하러 올라온 헬라인 몇을 만나겠다고 하지 않습니다. 도리어 십자가에 달려 죽으시고 부활하셔서 주님이 되시는 말씀을 하고 계십니다. 이렇게 말하면 사람들은 예수님이 십자가에 달려 죽으심은 유대인들만 위한 것이 아니라 이방인들도 위함이라고 해석을 할 겁니다. 물론 이 해석이 맞습니다. 그런데 틀렸습니다.

왜냐하면, 이 해석 안에는 누구를 집어넣습니까?

예수님을 뵙기를 청하는 헬라인을 집어넣고 나를 집어넣습니다. 그런데 예수님은 그들의 요청을 예수님 자신이 십자가로 다 이루실 일이 무엇인지를 보여주는 도구로 사용해 버립니다. 여기에 헬라인 몇 사람의 구원이 들어 있지 않습니다. 인자가 영광을 받을 때가 왔음을 증거할 뿐입니다.

말씀이 너무 급변합니다. 그리고 우리가 기대하는 식으로 말씀이 진행되지 않습니다. 그 이유는 예수님이 우리를 위해 이 땅에 오신 것이 아니라 예수님 자신을 위해서 이 땅에 오셨기 때문입니다.

앞서 지극히 비싼 향유를 예수님의 발에 붓고 머리털로 예수님의 발을 씻은 것을 두고 예수님의 장사할 날을 위한 것이라고 해석하셨습니다. 우리들이야 인정할 겁니다.

성경이니 어쩌겠습니까?

그런데 이 세상에서 일어나는 모든 일이 십자가에서 다 이루신 주님을 증거하는 일이라고 해도 인정하겠습니까?

자신에게 형통한 일이나, 즐거운 일이나, 행복한 일들에 대해서는 다 주님의 영광을 위한 것이라고 인정합니다.

그러나 어려운 일이나, 답답한 일이나, 내가 기대하지 않았던 일들을 만나면 어떻습니까?

그것도 주님이 홀로 영광 받으시기 위해 일으키신 일이라고 보느냐 말입니다. 헬라인 몇 사람은 그야말로 흔히 말하는 지나가는 행인입니다. 그런데 주님은 그 행인을 인자가 영광을 얻을 때가 왔음을 증거하는 자로 사용해 버립니다. 이들은 여기가 끝입니다. 인자가 영광을 얻을 때를 위해 이 세상은 돌아갑니다. 나를 위한 때는 없습니다. 나의 행복, 나의 영광을 위해 이 세상이 돌아가지 않습니다.

그러나 인간들은 이 세상은 오로지 나의 행복, 나의 영광을 위해 돌아가야 된다고 생각합니다. 그래서 범사에 감사하는 것이 아니라 범사에 불만과 불평입니다.

왜 내 청을 들어주지 않습니까?

그러나 성령 받은 자는 주님의 안목을 가진 자입니다. 범사에 일어나는 모든 일이 십자가에서 다 이루신 일과 연관되어 있음을 아는 자입니다.

♣ 증인이 있어야 하는 이유

> 요 12:22
>
> 빌립이 안드레에게 가서 말하고 안드레와 빌립이 예수께 가서 여짜온대.

요한일서 2:27입니다.

> 너희는 주께 받은바 기름 부음이 너희 안에 거하나니 아무도 너희를 가르칠 필요가 없고 오직 그의 기름 부음이 모든 것을 너희에게 가르치며 또 참되고 거짓이 없으니 너희를 가르치신 그대로 주 안에 거하라.

이 말씀에 근거하면 그의 기름 부음이 너희 안에 거한다면 그 어느 누구도 성도를 가르칠 필요가 없다는 말씀입니다. 달리 말하면 그 누구로부터도 배울 필요가 없다는 말씀입니다. 기름 부음이란 성령을 부어 주셨다는 겁니다. 성령 받은 사람은 누구로부터도 배울 필요가 없다는 말씀입니다. 이 내용을 갈라디아서 1:1에서 사도 바울이 말합니다.

> 사람들에게서 난 것도 아니요 사람으로 말미암은 것도 아니요 오직 예수 그리스도와 및 죽은 자들 가운데서 그리스도를 살리신 하나님 아버지로 말미암아 사도된 바울은.

사도행전 9장에서 이 사건이 나옵니다. 사울은 예수님을 믿을 마음이 전혀 없습니다.

> 사울이 주의 제자들을 대하여 여전히 위협과 살기가 등등하여 대제사장에게 가서 다메섹 여러 회당에 갈 공문을 청하니 이는 만일 그 도를 좇는 사람을 만나면 무론남녀하고 결박하여 예루살렘으로 잡아 오려 함이라 (행 9:1-2).

하나님의 율법에 따라 예수 믿는 자를 처단하는 것을 의롭게 여겼습니다. 그래서 그 일을 위해 다메섹으로 가는 중에 예수님을 만나게 된 것입니다. 사울이 예수님을 믿고 싶은 마음은 일도 없었습니다. 그 누구도 복음을 가르쳐 주지 않았습니다. 주님이 직접 나타나셔서 가르쳤습니다.

사실 다른 열한 제자도 마찬가지입니다. 제자들의 욕망과 예수님의 부르심이 마주한 자리가 제자들의 자리입니다. 이것은 대척 관계입니다. 그래서 그 욕망을 따라 예수님을 십자가에 못 박아 죽였습니다. 이런 자를 주님이 찾아오셨고, 이들에게 성령을 부어 주셨습니다. 사복음서를 유심히 읽어 보면, 예수님을 찾아오는 자와 예수님이 찾아가는 자가 마구 혼재해 있습니다. 그러나 그 모든 사람을 제자 속에 집어넣고, 이 모두를 사울 속에 집어넣으면 구원이 어떻게 이루어지는지가 분명해집니다.

그런데 문제는 예수님이 마태복음 28:20에서 하신 말씀입니다.

> 내가 너희에게 분부한 모든 것을 가르쳐 지키게 하라 볼찌어다 내가 세상 끝날까지 너희와 항상 함께 있으리라.

예수님이 제자들에게 분부한 것을 가르쳐 지키게 하라고 하셨습니다. 그렇다면 요한일서 2:27과 충돌이 됩니다.

그래서 오늘날 교회는 두 부류로 나누어집니다. 한쪽은 요한일서 말씀에 근거하여 성경도 배울 필요가 없고, 주님이 주시는 가르침을 따라 살면 된다고 주장하는 부류입니다. 물론 이들은 성경을 언급은 하지만 최종 판단은 자신이 성령을 통해 계시받은 것을 앞장세우는 자들입니다.

또 한 부류는 가르치고 지키게 하는 부류입니다. 사실 이 부류가 오늘날 교회의 대다수를 이룹니다. 특히 이단들은 여기에 더 목을 맵니다. 그뿐만 아니라 개혁주의 교회도 마찬가지입니다. 모든 것을 가르치는 것으로 끝장을 보려고 합니다. 그래서 이들은 성령의 음성을 듣는 자들을 사이비라고 하고, 그 비판을 듣는 자들은 하나님의 음성을 듣지 못한 악한 자들이라고 비난을 합니다. 말씀이 정말 무섭습니다. 다 찔러 쪼개어 냅니다. 아담 안에 있는 자들의 속성을 저 심층까지 파냅니다.

이들의 공통점이 무엇입니까?

자기 부인이 없습니다. 이미 자신은 성령 받은 자라는 전제하에서 말하고 있습니다. 그런데 성령을 받게 되면 무엇을 증거합니까? 십자가를 증거합니다. 참으로 독특하지요. 특히 사도행전을 보면 사도 바울 외에는 예수님이 직접 만난 사람이 없습니다. 물론 고넬료가 나오지만 베드로가 고넬료에게 복음을 전한 후에 성령이 임했습니다. 그리고 이것은 주님이 땅끝까지 이르러 내 증인이 되라고 하신 말씀에 부합되는 말씀입니다.

그렇다면 베드로가 고넬료에게 복음을 전하는 과정을 통해 주님이 뽑아내고자 하는 것을 알아야 합니다. 베드로는 부인되고 십자가 지신 주님이 친히 고넬료와 함께 한 사람들을 성령을 통해 구원하심을 보여주는 겁니다. 이것이 사도행전 전체의 흐름입니다.

주님은 이 땅에 사람을 구원하러 십자가 지신 것이 아닙니다. 십자가로 통일되게 하시기 위해서 이 땅에 오신 겁니다. 그래서 구원이라는 것도 십자가를 돋보이게 하는, 증거하는 구원입니다. 그래서 주님이 사람을 통해 복음을 선하게 하시면서 최종 고백은 십자가 지신 주님이 진하게 했고, 주님이 구원하셨습니다. 물론 그 앞에는 자기 부인이 담겨 있습니다.

오늘 본문과 이 내용이 무슨 관련이 있느냐고 물으신다면, 예수님이 영광 받으셔서 주님이 되시면 복음이 예루살렘과 유다와 사마리아와 땅끝까지 전파됩니다. 그 과정의 역순으로 본문이 나와 있습니다. 반드시 이 과정이 있어야 십자가가 증거됩니다. 어떤 분이 저에게 이런 질문을 했습니다.

성경을 몰라도 구원을 얻을 수 있나요?
여러분은 어떻게 생각합니까?
너무 흔한 질문인데 대답하기 어렵지 않나요?

성경을 알아서 구원되는 자는 아무도 없습니다. 십자가 지신 주님이 친히 구원하십니다.

그 사람이 왜 그런 질문을 했을까요?

성경에서 벗어나고 싶은 겁니다. 그런데 말입니다. 성경에서 벗어날 인간 아무도 없습니다. 왜냐하면, 성경 자체가 십자가 지신 주님이 홀로 일하시고 홀로 영광 받으시는 내용을 증거하기 때문입니다. 사실 성경 읽기 싫다는 뜻일 수도 있습니다.

♣ 이방인과 유대인

> 요 12:23
>
> 예수께서 대답하여 가라사대 인자의 영광을 얻을 때가 왔도다.

인자가 십자가에 못 박혀 죽으심으로 말미암아 이방인조차 십자가를 증거하는 자로 합류하게 됩니다.

에베소서 2장을 보겠습니다.

> 그러므로 생각하라 너희는 그때에 육체로는 이방인이요 손으로 육체에 행한 할례당이라 칭하는 자들에게 무할례당이라 칭함을 받는 자들이라 그 때에 너희는 그리스도 밖에 있었고 이스라엘 나라밖의 사람이라 약속의 언약들에 대하여 외인이요 세상에서 소망이 없고 하나님도 없는 자이더니 이제는 전에 멀리 있던 너희가 그리스도 예수 안에서 그리스도의 피로 가까워졌느니라 그는 우리의 화평이신지라 하나를 만드사 중간에 막힌 담을 허시고 원수 된 것 곧 의문에 속한 계명의 율법을 자기 육체로 폐하셨으니 이는 이 둘로 자기 안에서 한 새 사람을 지어 화평하게 하시고 또 십자가로 이 둘을 한 몸으로 하나님과 화목하게 하려 하심이라 원수 된 것을 십자가로 소멸하시고 또 오셔서 먼데 있는 너희에게 평안을 전하셨으니 이는 저로 말미암아 우리 둘이 한 성령 안에서 아버지께 나아

감을 얻게 하려하심이라 그러므로 이제부터 너희가 외인도 아니요 손도 아니요 오직 성도들과 동일한 시민이요 하나님의 권속이라 너희는 사도들과 선지자들의 터 위에 세우심을 입은 자라 그리스도 예수께서 친히 모퉁이 돌이 되셨느니라 그의 안에서 건물마다 서로 연결하여 주 안에서 성전이 되어가고 너희도 성령 안에서 하나님이 거하실 처소가 되기 위하여 예수 안에서 함께 지어져 가느니라(엡 2:11-22).

이 본문을 교회 다니는 사람들에게는 꽤 유명한 말씀입니다. 이 말씀이 바로 오늘 우리들이 보는 요한복음 12:20-23의 말씀을 제대로 풀어 놓은 말씀입니다. 인자가 영광을 얻는 것이 최종목적입니다.

그렇다면 인자가 영광을 얻게 되면 어떤 사건이 일어나게 됩니까?

그 내용을 에베소서 2:10 이하에 말씀해 놓으셨습니다.

이 본문을 읽어 보면 주인공이 누구인 것 같습니까?

물론 여러분은 예수님이라고 할 겁니다. 그러나 본문을 자세히 보게 되면 그리스도의 피, 십자가, 모퉁이 돌, 예수 안이라는 표현이 나옵니다.

그리스도의 피가 무슨 기능을 했습니까?

먼저 이방인들을 어떠한 자들이라고 규정합니까?

손으로 육체에 행한 할례당이라 칭하는 자들에게 무할례당이라 칭함을 받는 자들입니다. 또한, 그리스도 밖에 있었습니다. 여기에서 그리스도는 약속된 메시야를 말합니다. 지금 이야기하는 것은 철저하게 유대인들의 입장, 즉 구약성경에 근거해서 이방인을 규정하는 말씀입니다. 이스라엘 나라 밖의 사람입니다. 약속의 언약들에 대해서는 외인입니다. 세상에서 소망이 없고 하나님도 없는 자입니다.

이렇게 이방인을 규정하는 것은 손으로 육체에 할례를 행한 할례당이 보는 이방인, 곧 구약성경적 입장에서의 이방인입니다. 그런데 이들이 그리스도 예수 안에서 그리스도의 피로 가까워졌다는 겁니다.

도대체 누구와 가까워 졌다는 겁니까?
유대인과 가까워졌다는 겁니까?
할례당과 가까워졌다는 겁니까?

그 가까워졌음에 대해서는 뒤에 한 몸이 창조될 때 가까워졌다는 말씀의 의미가 밝혀집니다. 성급하게 하나님과 가까워졌다고 하는 사람들이 많습니다. 말은 맞는 것 같은데 그렇지 않습니다. 왜냐하면, 이 본문은 아버지와 아들의 언약의 최종 지점을 말씀하기 때문입니다. 그런 식으로 구원론으로 해석할 본문이 아닙니다. 이유대인들은 이방인과 다릅니다.
그렇다면 유대인들은 가깝습니까?
앞선 그러한 요건들이 있다고 해서 가까워졌습니까?
전혀 아니라는 사실입니다.
그래서 이방인과 유대인 사이에 14절을 끼워 놓았습니다.

> 그는 우리의 화평이신지라 둘로 하나를 만드사 중간에 막힌 담을 허시고.

여기에 우리가 등장합니다. 이 둘은 중간에 막힌 담을 헐었기 때문에 만들어진 둘로 하나가 된 우리입니다. 우리지만 하나입니다. 그러면서 유대인들이 어떻게 가까워졌는지를 말씀합니다.
어디에 가까워집니까?
하나에 가까워진다는 겁니다. 둘 중 나머지 하나를 보겠습니다.
15절 상반절입니다.

> 원수 된 것 곧 의문에 속한 계명의 율법을 자기 육체로 폐하셨으니.

자기 육체는 곧 그리스도의 피입니다. 그리스도의 피로 율법을 폐하셨다는 겁니다. 이렇게 되어 버리면 앞서 이방인들이 갖지 못했던 요소가 한꺼번에 폐해져 버립니다. 만일 그것이 살아 있다면 이방인은 결코 하나로 가까워질 수 없기 때문입니다.

여기에서 우리들이 알 수 있는 것은 유대인들도 결코 가까워질 수 없었는데 그리스도의 육체, 그리스도의 피로 율법을 폐하셨기 때문에 그리스도의 피가 작동한 둘, 곧 이방인과 유대인 이 둘로 자기 안에서 한 새사람을 지어 화평하게 하셨습니다. 하나이니 화평한 것은 당연합니다.

그러니 유대인이나 이방인이나 그리스도의 피로 덮으신 겁니다. 이 둘이 하나가 되게 한 것은 그리스도의 피입니다. 이 피를 증거하기 위해 하나님이 유대인을 만드시고 율법을 주셨고, 율법에 근거한 이방인을 만드신 겁니다. 이 둘을 예수님 안에서, 그리스도의 피 안에서 새로운 한 새사람을 창조하신 겁니다.

이것은 또한 십자가 안에서 원수된 것을 소멸하시고 십자가를 통해서 이 둘을 한 몸 안에서 하나님과 완전히 화목하게 하려 하심입니다. 여기에서 우리들의 관심은 단연코 하나님과의 화목입니다. 그래서 사람들이 성경을 오해하는 겁니다. 하나님과 화목은 새롭게 창조된 한 몸과 하나님과의 화목입니다.

여기에서는 구원파들이 주장하는 것처럼 개인적인 하나님과의 화목이 아닙니다. 개인 구원은 없습니다. 내가 구원받는 것은 없습니다. 우린 하나님과 화목하게 하신 것, 원수 된 것을 소멸케 한 십자가를 빨리 제거해 버리고 싶어 합니다. 그러나 성경은 십자가를 제거할 뜻이 전혀 없습니다.

17절입니다.

> 또 오셔서 먼데 있는 너희에게 평안을 전하고 가까운데 있는 자들에게 평안을 전하셨으니.

여기에서도 중심은 그리스도의 피입니다. 18절을 보면 이렇습니다.

> 이는 저로 말미암아 우리 둘이 한 성령 안에서 아버지께 나아감을 얻게 하려 하심이라.

구원론으로 이 본문을 보게 되면 '성령께서 하시는 일이 아버지께 나아감을 얻게 하려 하는 것이다'가 됩니다. 그런데 성령 안에서를 달리 표현한 내용이 앞에 있습니다. 십자가 안에서, 그리스도 예수 안에서라는 표현이 나옵니다. 성령은 그리스도의 피를 증거합니다. 그리스도의 피 안에서 아버지께 나아감을 얻는다는 말입니다. 19-20절 입니다.

> 그러므로 이제부터 너희가 외인도 아니요 손도 아니요 오직 성도들과 동일한 시민이요 하나님의 권속이라 너희는 사도들과 선지자들의 터 위에 세우심을 입은 자라.

여기에서 "너희"는 누구를 말합니까?
주체가 십자가 안에서 소멸되고 새로운 한 몸을 말합니다. 앞서 이미 그리스도의 피 안에서 둘이 하나가 되었다고 했는데 다시 "너희"를 이 속에 두지 못하고 달리 이해한다면 "너희"에서 배제된 자들입니다. 사도들과 선지자들의 터라는 말을 달리 하면 그리스도 피 안에서라는 말입니다. 그래서 그 뒤에 "그리스도 예수께서 친히 모퉁이 돌이 되셨느니라"고 하는 겁니다.
그러니 그리스도의 피 위에 쌓여진 것들이 무엇이겠습니까?
만일 그리스도의 피 외에 다른 것을 올리면 어떻게 되겠습니까?
21절입니다.

> 예수 안에서 건물마다 서로 연결하여 주 안에서 성전이 되어 가고.

성전이라고 하니 자꾸 건물로 떠올리는데 예수 안을 달리 표현하면 그리스도의 피 안입니다. 그리스도의 피 안에서 어떻게 건물이 연결되느냐면 피로 연결됩니다. 여기에 새롭게 합류되는 사람은 "너희"입니다.

> 너희도 성령 안에서 하나님의 거하실 처소가 되기 위하여 예수 안에서 함께 지어져 가느니라.

지금 그러하다는 겁니다.

결국, 하나님이 거하실 처소는 십자가로 둘을 하나로 만든 한 몸입니다. 그런데 이 몸이 지어져 가고 있다는 겁니다. 십자가의 피만을 자랑하는 하나님의 거하실 처소입니다.

♣ 한 알의 밀알과 죽음

> 요 12:24
>
> 내가 진실로 진실로 너희에게 이르노니 한 알의 밀이 땅에 떨어져 죽지 아니하면 한 알 그대로 있고 죽으면 많은 열매를 맺느니라.

한 알의 밀이 땅에 떨어져 죽으면 많은 열매를 맺는다는 사실은 이 땅에 사는 사람이라면 누구나 다 아는 사실입니다. 과학적으로 증명이 가능합니다. 그런데 한 사람의 범죄로 인하여 많은 사람이 죽는다거나, 한 사람 예수 그리스도의 죽음으로 많은 사람이 생명을 얻는다는 논리는 인간세계에는 적합하지 않은 논리입니다. 이것은 과학적으로 증명이 불가능합니다.

그래서 인간 세계에 적합한 논리는 한 알의 밀이 땅에 떨어져 죽지 않으면 한 알 그대로 있고 죽으면 많은 열매를 맺는다는 사실입니다. 그러나 한 사람이 순종치 않았기에 많은 사람이 죄인이 되었고, 한 사람의 순종하심으로 많은 사람이 의인이 된다는 논리는 확인할 길이 없습니다. 과학적으로 증명이 불가능합니다. 그뿐만 아니라 아들의 죽음으로 만드시는 세계는 인간이 알 수가 없습니다.

예수님은 인간을 납득시키기 위해, 믿으라고 이 말씀을 하신 것이 아닙니다. 한 알의 밀알이 땅에 떨어져 썩지 않음으로 한 알 그대로 있고, 썩으로 많은 열매를 맺는 그 일은 예수님이 자기 자신의 죽음으로 많은 사람이 생명을 얻게 되는 일을 보여주는 역할을 했다라고 일방적으로 선언하시는 겁니다.

제자들은 예수님이 하신 이 말씀의 문자적 의미는 알았습니다. 그러나 성령을 받기 전에는 예수님의 죽음으로 많은 사람이 생명을 얻게 된다는 사실을 모릅니다. 단지 이들이 아는 것은 이 땅에서 보이는 한 알의 밀알의 썩음과 많은 열매에 대한 것입니다.

이 세상 사람들은 한 알의 밀알이 땅에 떨어져 죽지 않으면 한 알 그대로 있고, 죽으면 많은 열매를 맺는 것은 눈으로 목격합니다. 그러나 그 밀알이 예수님의 죽으심과 그 능력을 증거하는 것임을 모릅니다.

> 창세로부터 그의 보이지 아니하는 것들 곧 그의 영원하신 능력과 신성이 그 만드신 만물에 분명히 보여 알게 되나니 그러므로 저희가 핑계치 못할지니라(롬 1:20).

사람이 아무리 만물을 연구해도 예수님의 죽으심과 그 열매가 나오지 않습니다. 그들이 발견하는 것은 한 알의 밀이 땅에 떨어져 썩지 않으면 한 알 그대로 있고, 죽으면 많은 열매를 맺는다는 사실만 알 뿐입니다. 육에서 영으로 넘어갈 길은 없습니다. 아무리 예수님을 연구해도, 아무리 성경을 연구해도 육으로 난 것은 육일뿐입니다.

예수님의 죽으심이 영의 사람을 창조합니다.

♣ 자기 사랑과 자기 미움

> 요 12:25
>
> 자기 생명을 사랑하는 자는 잃어버릴 것이여 이 세상에서 자기 생명을 미워하는 자는 영생하도록 보존하리라.

한 알의 밀이 땅에 떨어져 죽어 많은 열매를 맺었습니다. 여기에서 우리들이 주목해야 하는 부분은 "땅"입니다. 땅에서 죽습니다. 땅은 저주받은 곳입니다. 저주받은 땅에서 죽음으로 많은 열매를 맺습니다. 예수님이 죽으시는 곳이 이 땅, 곧 이 세상입니다. 그런데 24절과 25절은 완전히 다른 이야기를 하시는 것 같습니다.

> 모세가 광야에서 뱀을 든 것 같이 인자도 들려야 하리니 이는 저를 믿는 자마다 영생을 얻게 하려 하심이니라 (요 3:14-15).

이 세상은 예수님을 이 땅에서 추방해 버립니다. 그 방식이 십자가에 매다는 방식입니다. 자신들과 함께 이 땅에 산다는 것을 절대 용납할 수 없습니다. 예수님과 이들의 공존은 불가능합니다. 그래서 예수님을 이 땅에서 죽입니다. 그런데 예수님이 이 땅에서 죽임을 당하신 일은 홀로 죽으신 죽음이 아니라 많은 열매들, 곧 자기 백성들을 위한 죽임입니다. 그뿐만 아니라 자기 백성들도 함께 죽는 죽음입니다. 예수님과 함께 죽고 함께 살아났습니다.

이렇게 말하면 사람들은 자신의 육신에는 아무런 죽음도 일어나지 않을 것이라고 생각합니다. 왜냐하면, 주님의 말씀이 함께 죽고 함께 살아났다는 말씀이 관념적으로 들리기 때문입니다. 저를 믿는 자마다 영생을 얻게 하려 하심이라고 하니 사람들은 예수님을 믿어 자기 구원을 챙기려고 합니다. 오늘 본문은 자기 구원 챙기는 것은 원천 차단되었음을 말씀하시는 내용입니다.

예수님을 믿음으로 구원을 얻고자 하는 자체가 벌써 자기 생명을 사랑하는 데서 출발한 믿음이기에 이런 자는 그 생명을 잃게 됩니다. 여기에서 생명이라는 단어를 한 번밖에 사용하지 않습니다. 그런데 한 번 사용된 생명은 전혀 다른 두 가지 의미를 담습니다. 자기 생명을 사랑하는 자라고 했을 때 그 생명은 육신의 생명입니다. 자기 몸을 사랑한다는 말입니다. 그렇게 사랑하는 자는 잃어버릴 것이라고 하십니다.

여기에서 무엇을 잃는다는 겁니까?

육신의 생명을 잃는다는 겁니까?

스데반 집사님이 육신의 생명을 잃었습니다. 그러니 여기에서 잃는다는 말씀은 육신의 생명을 잃는다는 말씀이 아니라 지옥에 간다는 말입니다. 영생을 얻지 못한다는 말씀입니다. 문제는 이 세상에 사는 사람치고 자기 생명을 사랑하지 않는 사람이 어디에 있습니까?

그러나 예수님을 죽인 이 세상에 사는 자는 생명을 잃을 자들뿐입니다. 악마의 자식들입니다. 그런데 예수님은 이어서 이렇게 말씀하십니다.

> 이 세상에서 자기 생명을 미워하는 자는 영생하도록 보존하리라.

이 세상에서 자기 육신의 생명이 미운 사람이 있다는 겁니다. 그런 자만 영생하도록 보존하실 것을 말씀하십니다.

그렇다면 왜 자기 육신의 생명이 미울까요?
여러분은 여러분 자신이 밉습니까?
좋습니까?

예수님을 믿는 사람치고 자기 생명이 밉다고 하는 사람 찾아보기 매우 힘듭니다. 그런데 예수님은 자기 생명을 미워하는 자만이 영생하도록 보존하신다는 겁니다. 성령을 받게 되면 자기 생명이 미워집니다. 그 이유는 그 생명이 살고자 하여 예수님을 십자가에 못 박아 죽였기 때문임을 알게 되었기 때문입니다. 육신의 생명은 이 땅에서 절대 죽으면 안 된다고 생각합니다.

그러니 얼마나 자기 생명을 사랑하겠습니까?

그 자기애가 십자가 사건을 일으킨 겁니다. 그런데 성령을 받게 되니 자기 생명이 미워지는 겁니다. 이런 자만이 영생하도록 보존할 것입니다.

여기에서 잠시 동사의 시제를 살펴보겠습니다.

맨 먼저 나오는 동사가 "사랑하는"입니다. 이 동사는 현재분사능동태입니다. 이어서 나오는 동사는 "잃어버릴 것이요"입니다. 이 동사도 현재분사능동태입니다. 세 번째 나오는 동사는 "미워하는"입니다. 이 동사는 현재분사능동태입니다. 마지막으로 나오는 동사는 "보존하리라"입니다. 이 동사는 미래능동태입니다.

주님이 왜 이렇게 시제를 사용하셨을까요?

그 이유는 "이 세상에서" 때문입니다. 천국은 이 세상에서 결정된다는 말씀입니다. 놀라운 것은 지옥 갈자는 이 세상에서 곧장 결정이 나버립니다. 현재 자기 생명을 사랑하는 자는 현재 영생을 잃은 자입니다. 그러나 현재 자기 생명을 미워하는 자는 미래에 영생하도록 보존됩니다.

우리들이 보기에 매우 불합리하지 않습니까?

차라리 "또 미리 정하신 그들을 부르시고 부르신 그들을 또한 의롭다 하시고 의롭다 하신 그들을 또한 영화롭게 하셨느니라"(롬 8:30)는 말씀처럼 십자가에서 단숨에 다 이루셨음을 말씀하셨다면 지옥 가는 자와 천국 가는 자와의 형평성이 있다고 생각됩니다. 그런데 오늘 본문에서는 형평성을 잃었습니다. 그래서 사람들은 오늘 본문을 방금 언급한 본문으로 해석하려고 합니다. 그래야만 자기 생명을 미워하는 사틀에게 유리하기 때문입니다.

그러나 오늘 본문과 로마서 8장 본문은 동일한 주님의 말씀입니다. 이렇게 말하면 우린 동일한 말씀이니 이 말씀을 통합시키고 싶은 욕망이 발생합니다. 왜냐하면, 이 세상의 사고방식은 포괄적인 의미 속에 부분적인 것을 얼마든지 집어넣을 수 있기 때문입니다.

그러나 주님은 결코 그런 방식으로 말씀을 하시지 않습니다. 그 이유는 만일 인간 구원 중심이면 얼마든지 포괄적인 의미 속에 부분적인 것을 집어넣어 버리면 됩니다. 그러나 십자가 중심이기 때문에 각각의 말씀들은 십자가를 증거하기에 충분하다는 사실입니다.

따라서 오늘 본문은 요한복음을 읽으면서 자기 생명을 사랑하여 구원 얻고자 하는 자들을 완벽하게 차단합니다. 또한, 자기 생명을 미워해서 구원을 얻고자 하는 자들도 완전 차단합니다. 이 둘 다 자기를 사랑하기 때문입니다. 그뿐만 아니라 자기 생명을 한 순간 미워했다고 해서 영생이 된다는 보장도 하지 않습니다. 왜냐하면, 그 이후 이 세상에서 자기 생명을 사랑해 버리면 지옥이기 때문입니다. 그러나 오늘 본문은 어느 누구도 지킬 수 없습니다.

그러면 왜 예수님이 이런 말씀을 하셨을까요?

지키라고 주신 것이 아니라 십자가만 자랑토록 하시기 위함입니다. 따라서 오늘 본문 말씀은 철저하게 성령 받은 자들만이 알아들을 수 있는 말씀이며 성령 받은 자들에게만 나타나는 현상입니다.

구원론에 미쳐 있는 자들은 오늘 본문을 둘로 쫙 나눌 겁니다. 그래서 자신은 자기 생명을 미워하기 때문에 영생하도록 보존될 것이라 확신합니다. 주님이 이 세상에서 십자가에 달려 죽으심이 인간 구원을 위한 죽으심이라면 그들의 주장이 옳습니다. 그러나 주님이 이 땅에서 죽으심은 모든 무릎이 예수의 이름에 꿇게 하는 죽으심입니다. 그렇다면 모든 인간은 십자가 앞에서 죄인이 되어 버립니다.

따라서 자기 생명을 미워해서 자신은 의로워졌고, 그래서 영생을 얻었나고 생각하는 자들은 이 세상에서 죽으신 예수님의 이름에 무릎을 꿇는 자가 아니라, 잠시 무릎을 예수님 이름 앞에 꿇었다가 다시 주님을 자신의 이름 앞에 무릎 꿇게 하는 자들입니다. 이런 자들은 예수님과 함께 죽은 적이 없는, 예수님의 죽으심을 이용하는 자들입니다.

따라서 영생 얻도록 보존되는 자들은 십자가 지신 분이 새롭게 창조한 자들뿐입니다.

♣ 나를 섬기려면

> 요 12:26
>
> 사람이 나를 섬기려면 나를 따르라 나 있는 곳에 나를 섬기는 자도 거기 있으리니 사람이 나를 섬기면 내 아버지께서 저를 귀히 여기시리라.

예수님의 표현이 참 독특합니다. 어떤 사람이든지 예수님을 섬기려면 예수님을 따르라고 하십니다. 사람들은 이런 말씀을 너무 쉽게 봅니다.

왜냐하면, 사람이 예수님을 섬길 수 있다고 생각하기 때문입니다.

사람이 예수님을 섬길 수 있을까요?

사도 바울이 예수 그리스도의 종이라고 하니 사람들은 자신들도 얼마든지 예수 그리스도의 종이 되어 예수님을 섬길 수 있다고 생각합니다. 예수님이 사람이라면 얼마든지 섬길 수 있을지 모르지만 예수님은 십자가에 못 박혀 죽으시고 부활하신 주님이 되십니다. 주님을 사람이 섬긴다는 것은 불가능합니다. 왜냐하면, 격이 맞지 않습니다.

지옥 갈 자들이 어떻게 주님을 섬길 수 있겠습니까?

그런데 사람들은 오늘 말씀을 읽고 예수님을 따라 예수님을 섬기려고 합니다. 자기희생을 통해 예수님이 말씀하신 것들을 지키려고 합니다.

그런데 그것이 과연 예수님을 따르고, 예수님을 섬기는 것일까요?

예수님이 가시는 곳에 함께 가야만 예수님을 따라 예수님을 섬길 수 있는데 인간이 무슨 수로 예수님을 따라 예수님을 섬길 수 있겠습니까?

인간은 예수님이 말씀하신 "나 있는 곳에 나를 섬기는 자도 거기 있으리라"는 말씀이 탐이 나기 때문에 마음을 다하고 뜻을 다하고 힘을 다하여 예수님을 섬기려 하고 섬깁니다. 그러니 이들은 예수님 말씀 속에 합류해 본 적이 없는 사람들입니다.

예수님이 하신 말씀은 그런 의미가 아닙니다. 주님이 이렇게 만드신다고 하시는 겁니다. 내 쪽에서 따르고 섬겨서 예수님 계신 곳에 함께 할 수 있는 그러한 자격이나 능력이 없습니다. 왜냐하면, 인간은 십자가의 원수이기 때문입니다.

자기 이름과 자기 영광과 자기 구원을 포기 못하는 인간입니다. 그러니 이러한 인간이 자기 목숨을 예수님처럼 십자가에 못 박아 죽는다 한들 그 죽음은 결코 예수님을 따르는 것이 아닙니다. 왜냐하면, 여기에서는 자기 부인이라는 것이 없기 때문입니다.

예수님을 따르고 예수님을 섬기는 자는 사울처럼 예수님을 만난 자밖에 없습니다. 자신이 예수님을 핍박하는 자임을 인식하는 자야 말로 예수님을 따르는 자요 예수님을 섬기는 자입니다.

우린 사도 바울이 그 순간만 그렇게 인식했다고 생각할 겁니다. 그러나 그가 주님의 영에 이끌려 살아가는 인생 자체가 이 속에서 살아가는, 달리 말하면 십자가 안에서 사는 인생이었습니다. 그래서 사도 바울은 십자가 외에는 자랑할 것이 없다고 합니다. 그러니 예수님이 계신 곳에 그가 함께 있는 겁니다. 이 사람이 바로 예수님을 섬기는 자요 예수님의 아버지께서 귀히 여기시는 자입니다.

그러니 하나님을 잘 섬긴다는 것은 우상 숭배가 됩니다. 하나님을 경외하고 섬기는 자들, 제가 일전에 어떤 개혁교회 목사님의 신앙고백 강의를 본 적이 있습니다. 그런데 그 내용은 고사하고 그 뒤에 쓰인 글귀가 눈에 확 들어왔습니다. "여호와를 경외하라"는 글귀였습니다.

여러분은 이 글귀에 대해 어떤 생각이 듭니까?
악마적인 글귀라고 생각합니까?
아니면 성경적이라고 생각합니까?

아마 한국 교회에 다니는 모든 사람은 성경적이라고 생각할 겁니다. 그런데 오늘 본문을 보시기 바랍니다.

어떤 사람을 귀히 여깁니까?

예수님의 피 공로를 높이는 자들을 귀히 여깁니다.

그러나 한국 교회는 하나님의 교회로 다 바뀌었습니다. 그 이유가 물론 사도행전 20:28이라고 우기는 집단도 있습니다. 유월절을 지키는 집단입니다.

> 너희는 자기를 위하여 또는 온 양떼를 위하여 삼가라 성령이 저들 가운데 너희로 감독자로 삼고 하나님이 자기 피로 사신 교회를 치게 하셨느니라.

분명 하나님이 자기 피로 사신 교회라고 했음에도 불구하고 인간들은 하나님의 교회라고 우깁니다. 물론 이렇게 우기는 이유는 예수교라고 해 놓고 최종적으로 믿는 분은 하나님이기 때문이요, 모든 인간의 종교성이 그것을 지향하기 때문에 우겨도 어느 누가 시비 걸지 않습니다. 물론 다른 교리로 시비를 걸지만, 근본적으로 하나님의 교회가 되어 버리면 인간 긍정이 되어 버립니다.

그러나 하나님이 자기 피로 사신 교회, 즉 아들의 피로 사신 교회가 되어 버리면 인간이 믿는 하나님은 오늘 본문에서처럼 우상이 됩니다. 그래서 교회를 하나님이 자기 피로 사신 교회라고 하는 겁니다. 교회는 하나님의 아들, 예수 그리스도의 피로 자신을 위해서 얻으신 교회입니다. 그러니 교회는 피의 공로를 자랑하는 곳입니다.

피의 공로의 대척점에는 인간의 행위가 자리 잡고 있습니다. 마귀는 인간에게 끊임없이 행위를 통한 구원, 행위를 통한 축복, 행위를 통한 성도다움을 부추깁니다. 끊임없이 너 자신의 행실을 보라고 부추깁니다. 이렇게 해서 아들을 섬기지 못하게 하고, 결국 아버지께서 저를 귀히 여기지 않는 자로 만들어 버립니다. 이렇게 마귀는 자신의 역할을 충실히 합니다.

♣ 예수님의 동요와 기도

> 요 12:27
>
> 지금 내 마음이 민망하니 무슨 말을 하리요 아버지여 나를 구원하여 이때를 면하게 하여 주옵소서 그러나 내가 이를 위하여 이 때에 왔나이다.

예수님은 지금 자신의 마음이 걷잡을 수 없도록 동요하고 있습니다. "민망하니"(보기에 답답하고 딱하여 안타깝다. 낯을 들고 대하기가 부끄럽다)는 헬라어로 타랏소(tarassw)입니다. 왜 "민망"으로 번역했는지는 잘 모르겠습니다. 민망으로 번역함으로 말미암아 본문 내용이 이상해졌습니다.

왜 이렇게 번역했을까요?

예수님의 마음이 십자가 앞에서 동요한다는 것은 있을 수 없다는 생각을 하지 않았을까입니다. 공동번역을 한 번 읽어 드리겠습니다.

> 내가 지금 이렇게 마음을 걷잡을 수 없으니 무슨 말을 할까?
> 아버지 이 시간을 면하게 하여 주소서 하고 기원할까?
> 아니다. 나는 바로 이 고난의 시간을 겪으러 온 것이다.

표준새번역은 이렇습니다.

> 지금 내 마음이 괴로우니 내가 무슨 말을 하여야 할까?
> 아버지, 이 때를 벗어나게 하여 주십시오 하고 말할까?
> 아니다. 내가 바로 이 일을 위하여 이 때에 왔다.

이 두 번역은 민망이라는 단어는 본래 의미를 잘 살렸다고 볼 수 있습니다. 그런데 문제는 "그러나"라는 역접접속사를 빼 버렸습니다. 역접접속사가 있음으로 말미암아 치열한 싸움의 자리, 곧 십자가의 의미를 제대로 보여 줍니다. 그런데 역접접속사를 빼 버림으로 말미암아 십자가의 의미가 상실된 느낌입니다.

분명 지금 예수님은 동요하고 있습니다. 그래서 "무슨 말을 쏟아낼까" 라고 하시는 겁니다. 이런 상황에서는 두 가지가 쏟아져 나옵니다.

하나는 "아버지여 이때로부터 나를 구원하여 주소서."
또 하나는 "내가 이것 때문에 이 때 속으로 왔습니다."

둘 사이에 '그러나'가 들어갑니다.
"아버지여 이때로부터 나를 구원하여 주소서 그러나 내가 이것 때문에 이때 속으로 왔습니다."

우린 예수님이 "이때로부터 나를 구원하여 주소서"라는 기도를 하지 않을 것이라 생각합니다. 그러나 오늘 본문에는 분명히 그렇게 기도하고 있습니다.

> 조금 나아가사 얼굴을 땅에 대시고 엎드려 기도하여 가라사대 내 아버지여 만일 할만하시거든 이 잔을 내게서 지나가게 하옵소서 그러나 (plhvn) 나의 원대로 마옵시고 아버시의 원대로 하옵소서 하시고 (마 26:39).

우리의 관심은 십자가 지심으로 말미암아 우리에게 얻어지는 결과물입니다. 그러나 주님의 관심은 십자가 자체입니다. 십자가 지지 말라는 것은 바로 악마의 소리입니다. 악마, 곧 인간이 생각하는 하나님의 아들이란 십자가에 달려 죽으면 안 됩니다. 물로 포도주 만들고, 38년 된 병자를 고치고, 물고기 두 마리와 보리떡 다섯 개로 장정 오천 명을 먹이고, 소경의 눈을 뜨게 하고, 죽은 자를 살리는 능력을 가지고 행하는 자야말로 진짜 하나님의 아들답다는 겁니다.

인간들은 십자가에 달려 죽는 것은 하나님의 아들이 아니라고 판단합니다. 아버지 하나님으로부터 버림을 받고 저주받는 자는 하나님의 아들이 될 수 없습니다. 그러나 그렇게 저주받은 자야말로 진짜 심판주가 됩니다. 진짜 하나님의 아들입니다. 예수님이 자신의 동요와 기도 속에 모든 인간을 집어넣습니다. 예수님은 자신이 받으신 저주 속에 모든 인간을 집어넣습니다. 그 저주 속에서 구원이 나옵니다.

> 그러므로 내가 한 법을 깨달았노니 곧 선을 원하는 나에게 악이 함께 있는 것이로다 내 속 사람으로는 하나님의 법을 즐거워하되 내 지체 속에서 한 다른 법이 내 마음의 법과 싸워 내 지체 속에 있는 죄의 법 아래로 나를 사로잡아 오는 것을 보는도다 오호라 나는 곤고한 사람이로다 이 사망의 몸에서 누가 나를 건져내랴 우리 주 예수 그리스도로 말미암아 감사하리로다 그런즉 내 자신이 마음으로는 하나님의 법을 육신으로는 죄의 법을 섬기노라(롬 7:21-25).

우린 악마와 싸워 이길 수 없습니다. 백전백패입니다. 사망의 몸임을 확인할 뿐입니다. 그러니 우리 주 예수 그리스도로 말미암아 감사하는 겁니다.
그러나 사람들은 예수님처럼 흉내 내려고 합니다. 그래서 마귀와 싸워 이기려고 합니다. 예수님께 기도해서 승리하려고 합니다.
그래서 승리했다고 하는 자들이 무엇을 자랑하고 있습니까?
아버지 하나님으로부터 저주받으신 예수님을 자랑합니까?
자신들의 행위를 자랑합니다. 그러나 성도는 이길 필요가 없습니다. 반드시 지게 됩니다. 십자가 지신 우리 주 예수 그리스도 때문입니다. 그분의 피 공로를 증거하기 위해 저주 속에서 만들어진 주님의 백성입니다. 따라서 저주받아 마땅함이 드러날 때 우리 주 예수 그리스도로 말미암아 감사하게 됩니다.

♣ 아버지의 이름

> 요 12:28 상
>
> 아버지여 아버지의 이름을 영광스럽게 하옵소서.

예수님의 기도입니다. 주님이 가르치신 기도를 떠올리게 하는 말씀입니다.

하늘에 계신 우리 아버지여 이름이 거룩히 여김을 받으시오며(마 6:9).

'아버지의 이름'이 무엇일까요?
 지금까지 여러분이 요한복음을 성령으로 읽어 오셨다면 아버지의 이름이 무엇인지 분명히 알 것입니다. 그러나 요한복음을 육으로 읽어 오셨다면 아버지의 이름을 두고 딴소리 할 것이 분명합니다.

나는 내 아버지의 이름으로 왔으매 너희가 영접지 아니하나 만일 다른 사람이 자기 이름으로 오면 영접하리라 (요 5:43).

예수께서 대답하시되 내가 너희에게 말하였으되 믿지 아니하는도다 내가 내 아버지의 이름으로 행하는 일들이 나를 증거하는 것이어늘 (요 10:25).

종려나무 가지를 가지고 맞으러 나가 외치되 호산나 찬송하리로다 주의 이름으로 오시는 이 곧 이스라엘의 왕이시여 하더라 (요12:13).

나는 세상에 더 있지 아니하오나 저희는 세상에 있사옵고 나는 아버지께로 가옵나니 거룩하신 아버지여 내게 주신 아버지의 이름으로 저희를 보전하사 우리와 같이 저희도 하나가 되게 하옵소서 (요 17:11).

> 내가 저희와 함께 있을 때에 내게 주신 아버지의 이름으로 저희를 보전하고 지키었나이다 그중에 하나도 멸망치 않고 오직 멸망의 자식 뿐이오니 이는 성경을 응하게 하려 함이니이다(요 17:12).

그런데 아버지의 이름이 이제 예수님의 이름으로 바뀝니다.

> 너희가 내 이름으로 무엇을 구하든지 내가 시행하리니 이는 아버지로 하여금 아들을 인하여 영광을 얻으시게 하려 함이라 내 이름으로 무엇이든지 내게 구하면 내가 시행하리라(요 14:13-14).

여기에서는 예수님의 이름으로 무엇이든지 예수님께 구하면 예수님이 시행하리라고 하십니다. 그런데 요한복음 15:16에서는 예수님의 이름으로 아버지께 무엇을 구하든지 다 받게 하려 함이니라고 하십니다(요 16:23).

우리들이 기본적으로 알고 있는 상식입니다. 요한복음 14:13-14와 다릅니다. 성령도 아버지께서 예수님의 이름으로 보내셔서 예수님이 가르치신 것들을 가르치시고 예수님이 말씀하신 것을 생각나게 하십니다(요 14:26).

요한복음 17:11-12에서는 예수님께 주신 아버지의 이름으로 저희를 보전하여 지키었다고 하십니다. 아버지의 이름과 예수님의 이름이 혼재되어 있고, 그뿐만 아니라 예수님의 이름으로 아버지께 구하면 아버지께서 주신다는 것과, 예수님의 이름으로 예수님께 구하면 예수님이 주신다는 내용도 함께 있습니다.

예수님이 왜 깔끔하게 말씀하시지 않을까요?

그 이유는 예수님의 문제가 아니라 예수님의 말씀을 듣는 자들이 육이기 때문입니다. 예수님이 하신 모든 일들이 아버지의 이름으로 행한 일입니다. 그 일들을 한 단어로 표현하면 십자가입니다. 십자가가 아버지의 이름입니다. 요한복음 17:11-12만 보아도 아버지의 이름이 십자가임이 분명합니다.

"아버지의 이름으로 저희를 보전하여 지키었다"라고 하십니다. 십자가 사랑으로 자기 사람들을 끝까지 사랑하여 지켰습니다.

그래서 사도 바울이 아버지의 이름을 증거하지 않습니다. 예수님의 이름을 전합니다. 그리고 예수님의 이름이 하신 일, 곧 십자가만을 자랑하고 십자가만을 전합니다.

인간들은 아버지의 이름, 예수님의 이름이라고 하면 자신이 믿을 수 있다고 생각합니다. 그뿐만 아니라 자신이 그 이름을 소유할 수 있다고 생각합니다. 그래서 "예수 이름"이 부적이 되어 버린 겁니다. 자신에게 오는 액운을 물리치는 부적 말입니다. 그러나 예수님의 이름은 부적이 될 수 없습니다. 왜냐하면, 우리를 위한 예수님의 이름이 아니기 때문입니다. 아들의 영광을 위한 예수님의 이름, 곧 십자가입니다. 이것이 바로 아버지의 이름을 영광스럽게 하는 일입니다.

"아버지여 아버지의 이름을 영광스럽게 하옵소서"라는 기도는 십자가에서 다 이루십니다. 십자가에 달려 죽으시고 부활하셔서 주님이 되시는 것이 바로 아버지의 이름을 영광스럽게 하는 일입니다. 그래서 성령 받은 자들은 아버지의 이름인 십자가를 전하는 겁니다.

그런데 인간들은 아버지의 이름을 영광스럽게 하기 위해 도덕법을 시키겠다고 하고, 헌금을 하고, 십일조를 하고, 전도를 하고, 봉사를 하겠다고 합니다. 아니면 요즘 유튜브를 보면 십일조 하면 지옥 간다고 하는 사람도 있습니다. 교회 봉사하면 지옥 간다고 하는 사람도 있습니다. 십일조 안 하는 것이 아버지의 이름을 영광스럽게 하는 것이고, 교회 봉사 안 하는 것이 아버지의 이름을 영광스럽게 하는 것이라고 주장하는 겁니다.

그런데 십자가에서 보게 되면 이 모든 것은 자기 영광을 구하는 것에 불과합니다. 하나님 아들의 죽음 앞에 자신의 행위를 들이미는 겁니다. 이들은 십자가의 공로의 자리에 자신이 행위를 하는 것과 행위를 하지 않는 것들을 집어넣었습니다. 결국, 이들이 이렇게 말하는 최종목적은 아버지의 이름을 영광스럽게 하는 것이 아니라 자기 이름을 영광스럽게 하는 것입니다.

예수님은 죄인을 부르러 오셨지 의인을 부르러 오신 것이 아닙니다. 이들은 어떻게든 자신의 행위를 통해서 의인이 되겠다는 겁니다. 십일조 해서 의인이 되겠다고 하고, 십일조 하지 않아서 의인 되겠다는 겁니다. 자기 마음에 드는 교회를 만들어 보겠다는 겁니다. 얼마나 자기 이름을 사랑하는지 모릅니다. 예수님의 기도는 결코 실패하지 않습니다.

♣ 하늘에서 난 소리

요 12:28 하-31

이에 하늘에서 소리가 나서 가로되 내가 이미 영광스럽게 하였고 또 다시 영광스럽게 하리라 하신대 곁에 서서 들은 무리는 우레가 울었다고도 하며 또 어떤 이들은 천사가 저에게 말하였다고도 하니 예수님이 대답하여 가라사대 이 소리가 난 것은 나를 위한 것이 아니요 너희를 위한 것이니라 이제 이 세상의 심판이 이르렀으니 이 세상 임금이 쫓겨나리라.

곁에 서서 들은 무리들이 우레가 울었다고도 하며 떠 어떤 이들은 천사가 저에게 말하였다고도 합니다.
그렇다면 우린 하늘에서 난 소리 곧 "내가 이미 영광스럽게 하였고 또 다시 영광스럽게 하리라"는 말씀이 어떻게 들립니까?
예수님은 이 소리를 이렇게 해석합니다.

이 세상 심판이 이르렀으니 이 세상 임금이 쫓겨나리라 (요 12:31).

예수님이 행하신 모든 일들이 이 세상을 심판하시는 일이었고, 이 세상 임금을 쫓아내는 일이었다는 겁니다. 그런데 예수님이 이 말씀을 하시기 전에 이렇게 말씀하십니다.

"이 소리가 난 것은 나를 위한 것이 아니요 너희를 위한 것이니라."

이 말씀을 하신 후에 이 세상의 심판을 말씀하셨습니다. 이 세상이 심판받는 일, 곧 이 세상 임금이 쫓겨나는 일은 십자가로 이루어집니다. 그 십자가 안에서 자기 백성이 만들어 집니다. "너희"가 만들어집니다.

이들은 본래 세상 임금과 함께 심판받을 자들입니다. 그런데 "너희"는 십자가 안에서 둘째 사망이 없습니다. 그러니 하늘에서 난 소리는 그야말로 "너희"를 위한 소리가 됩니다.

♣ 이 세상 임금이 쫓겨나리라

> 요 12:31
>
> 이제 이 세상의 심판이 이르렀으니 이 세상 임금이 쫓겨나리라.

이 세상 임금이 쫓겨났습니다. 물론 오직 성도에게만 그러한 현상이 일어납니다. 이 세상 임금이 쫓겨나지 않은 자들의 모습을 보면 오로지 자신의 이름을 위한 인생을 살게 됩니다. 제자들이 예수님을 따르는 이유는 자신의 이름을 하나님 나라의 높은 자리에 올리고 싶어서입니다.

그래서 교회에서도 자신의 이름이 나는 것을 매우 좋아합니다. 자신이 만물의 찌끼처럼 여겨진다면 그러한 교회는 언제든지 떠날 준비가 되어 있습니다. 그래서 자신을 인정해 주고, 자신을 무시하지 않는 교회는 얼마든지 다닐 마음이 있지만, 자신을 인정하지 않고, 자신을 무시한다면 언제든지 자신의 이름을 높일 수 있는 곳으로 갑니다.

사람들이 활동하는 동선을 보면 자신이 뭉개지는 자리, 자신이 부인되는 자리는 가지 않습니다. 그래서 사람을 만날 때도 철저하게 이것을 고려해서 만납니다.

그러니 십자가가 얼마나 싫겠습니까?

하나님의 이름이 영광을 받는다는 말씀은 좋습니다. 물론 그 속에 자신의 이름도 영광을 받을 수 있다는 전제로 말입니다. 만일 자신의 이름은 뭉개지고 예수님 이름만 높임을 받게 된다면 이 세상 살맛이 사라질 겁니다. 이것이 바로 세상 임금의 지배를 받는 인간들의 모습입니다.

> 너희가 피차 송사함으로 너희 가운데 이미 완연한 허물이 있나니 차라리 불의를 당하는 것이 낫지 아니하며 차라리 속는 것이 낫지 아니하냐 (고전 6:7).

공동번역을 읽어 드리겠습니다.

> 여러분이 서로 법정에 고소한다는 것은 벌써 여러분이 완전히 지고 들어가는 것입니다.
> 차라리 억울한 일을 그대로 당하는 것이 어떻습니까?
> 또 사기를 그대로 당하는 것이 어떻습니까?

왜 그렇게 하지 못합니까?"
우린 억울한 일을 당하거나 사기를 당하면 어떤 반응을 하게 됩니까?

지금 고린도 교회 안에서 이러한 일이 일어났는데 벌써 서로 법정에 고소했습니다. 그래서 벌써 실패했습니다.
이미 실패 했는데 왜 이런 편지를 씁니까?
지금 편지를 읽는 당사자들이 서로 법정에 고소한 자들이 아닙니까?
이렇게 말하면 서로 법정에 고소하지 않은 자들은 이 말씀을 피해 갈 것이라 생각합니다. 그래서 자신은 법정에 고소하지 않았으니 이 말씀과 상관이 없다고 생각합니다. 이런 자들이 바로 세상 임금에게 지배받는 모습입니다. 많은 사람은 서로 법정에 고소했기 때문에 실패했고, 그러하기에 교회답지 못하다고 하면서 교회는 세상 법정에 서로 고소하면 안 된다고 주장합니다.

그러나 말씀은 어떤 인간도 억울한 일을 당할 때 그냥 당하고만 있지 않다는 것을 말씀하며, 사기를 당할 때 그냥 당하고만 있지 않는다고 하시는 겁니다. 이것이 이 땅에 살아가는 모든 인간의 모습입니다.

그렇다면 왜 사도 바울은 이런 이야기를 하는 겁니까?

이런 질문을 하기 전에 우린 먼저 주님의 피로 세우신 교회라면 이런 일들이 교회 안에서 일어나지 않도록 미연에 방지하셔야 하지 않느냐고 할 사람들도 있을 겁니다. 사람들이 생각하는 교회관이 이렇습니다.

그런데 하나님의 피로 세우신 교회이기에 예수 그리스도의 피를 증거할 때 교회가 됩니다. 그래서 주님이 억울한 일을 당하게 하셔서 송사할 일을 만드셔서 법정에 고소하게 하신 겁니다. 억울한 일을 당할 때 참을 수 있는 것은 참을 수가 있습니다.

그러나 억울함을 그대로 당할 수 없는 상황을 주님이 일으키신 겁니다. 사기를 여러 번 당하더라도 그냥 넘어갈 수 없는 사기가 있습니다. 지금 일어난 상황이 그런 상황입니다. 주님이 교회를 이렇게 만드시는 이유는 피를 증거하는 교회로 세우시기 위한 주님의 조치입니다.

세상 임금은 십자가의 피 공로를 제거하는 것에 그 목적이 있습니다. 하나님 아들의 죽으심을 무용지물로 만드는 것이 세상 임금이 노리는 지점입니다. 그래서 세상 임금은 끊임없이 성경 말씀을 갖고 와서 말씀대로 살라고 합니다.

네가 하나님의 자녀가 되었다면 예수님의 말씀을 듣고 지켜야 하지 않느냐고 속삭입니다. 성령 받지 못한 자들은 언제나 이 말에 귀를 기울입니다. 이런 자들이 내세우는 것은 자신의 선한 행위요 자신의 믿음입니다.

그러나 성도는 자신으로부터 나오는 그 어떤 것도 죄라는 것을 십자가 앞에서 들통나게 됩니다. 고린도전서 5:7의 말씀이 그 기능을 합니다. 사람들은 이 본문을 권면으로 보든지 아니면 이렇게 살아야만 한다고 생각합니다. 그러니 하나님의 말씀은 살아서 운동력이 있습니다. 좌우에 날선 어떤 검보다도 예리하여 찌릅니다. 찌르게 되면 그 사람이 그리스도 안에 있는지, 그리스도 밖에 있는지 드러납니다.

죽었다가 다시 사신 분이 주님이 되셔서 친히 이러한 일을 이 땅에 펼치시는 겁니다. 이러한 일들이 일어나는 자체가 바로 이 세상 임금이 심판을 받았다는 증거입니다.

♣ 표적을 보이시다

> 요 12:32-33
>
> 내가 땅에서 들리면 모든 사람을 내게로 이끌겠노라 하시니 이렇게 말씀하심은 자기가 어떠한 죽음으로 죽을 것을 보이심이러라.

이 세상 임금이 쫓겨나는 때는 예수님이 땅에서 들릴 때입니다. 땅에서 들릴 때 이 세상 임금이 쫓겨납니다. 여기에서 높이 들린다는 의미는 곧 십자가에 달려 죽으심입니다. 왜냐하면, 33절을 보게 되면 "자기가 어떠한 죽음으로 죽을 표적을 보이셨다"고 합니다. 십자가의 표적을 보이셨습니다. '보이심이러라' 헬라어 단어가 세마이노(shmainw)입니다. 세메이온(shmei'on)의 동사형입니다.

십자가에 달려 죽으시는 죽음을 표적으로 보이신 겁니다. 그런데 문제는 "내가 땅에서 들리면 모든 사람을 내게로 이끌겠노라"고 하셨습니다.

그렇다면 예수님이 택한 자들은 모두 어디로 이끌겠다고 하시는 겁니까? 바로 십자가입니다. 이렇게 되면 뭔가 이상한 부분이 있습니다.

예수님이 죽으시고 부활하셔서 주님이 되셔야 자기 백성들을 십자가로 이끌 수 있지 않습니까?

그런데 예수님은 마치 십자가에서 모든 사람을 이끌겠다고 하시는 것 같습니다. 사실 그렇습니다. 왜냐하면, 십자가에서 다 이루었기 때문입니다. 십자가에서 다 이루셨기 때문에 부활하셔서 주님이 되신 겁니다. 그래서 부활하시고 승천하셔서 주님이 되신 인자는 자기 백성들을 십자가로 이끄십니다.

정말 실망스럽지 않습니까?

인자가 십자가에 달려 죽으시고 부활하셔서 주님이 되셨다면 자기 백성들은 십자가를 경유하지 않고 곧장 하나님 우편의 자리로 가게 하셔야 좋지 않습니까?

사람들이 믿는 예수가 이런 예수입니다.

십자가에 달려 죽으신 그분이 죄를 용서하시고 천국으로 이끌어 주시는 예수님, 이런 예수님을 찾고, 이런 예수를 믿습니다. 그러니 이들은 모두 지옥에 갑니다. 그 이유가 여기에 나옵니다. 예수님이 자기 백성들을 이끄시는 곳은 십자가입니다. 정말 다릅니다. 우린 교회에서 많이 속았습니다.

예수님이 우리를 이끄시는 곳은 천국이라고 말합니다. 그런데 예수님이 우리들을 이끄시는 곳은 자신이 죽으신 그 자리, 십자가입니다. 이 세상 임금이 쫓겨났으니 이제 내가 원하는 천국, 내가 원하는 세상이 될 것이라고 생각하는 자들은 성령을 받지 못한 자들입니다.

날 때부터 소경된 자나 아니면 간음하다 현장에서 잡힌 여자, 베데스다 연못가의 38년 된 병자들을 이끄시는 자리는 십자가입니다. 우리들은 병이 나았으니 좋겠다고 생각하고 죄 용서받았으니 좋겠다고 생각합니다. 그러나 인자되신 예수님이 이들을 이끄는 자리는 높이 들린 십자가입니다. 나를 위한 십자가는 없습니다. 십자가로 이끄시기 위한 십자가입니다.

♣ 질문하는 이유

> 요 12:34
>
> 이에 무리가 대답하되 우리는 율법에서 그리스도가 영원히 계신다 함을 들었거늘 너는 어찌하여 인자가 들려야 하리라 하느냐 이 인자는 누구냐.

예수님의 말씀을 들은 무리들은 구약성경을 잘 알고 있는 자들입니다. 그들이 구약성경을 근거로 기다리는 그리스도는 영원히 계시는 그리스도입니다. 높이 들리는 그리스도가 아닙니다. 물론 이들은 예수님이 십자가에 달려 죽으신다고 생각지 못합니다.

그러나 예수님이 땅에서 들리면 모든 사람을 내게로 이끌겠노라 하셨고, 요한복음 3:14-15에서 "모세가 광야에서 뱀을 든 것 같이 인자도 들려야 하리니 저를 믿는 자마다 영생을 얻게 하려 하심이니라"고 하셨기 때문에 그리스도와 인자가 다르지 않을까 생각해서 질문을 하는 겁니다. 사람들은 이들이 이렇게 질문을 하는 이유가 구약성경을 제대로 보지 않았기 때문이라고 합니다. 분명 사도행전 3:18에서 말씀합니다.

> 그러나 하나님이 모든 선지자의 입을 의탁하사 자기의 그리스도의 해 받으실 일을 미리 알게 하신 것을 이와 같이 이루셨느니라.

한글 개역성경이 어렵습니다. 공동번역을 읽어 드리겠습니다.

> 하나님께서는 모든 선지자들의 입을 빌어 그리스도가 고난을 받을 것이라고 말씀하셨는데 그 말씀이 미리 예언하신대로 이루어진 것입니다.

이 말씀에 의하면 모든 선지자의 입이 외친 것이 그리스도의 고난이었습니다.

그런데 유대인들은 이것을 알지 못했을까요?

사람들은 아주 쉽게 이렇게 말합니다. 그들은 너무 자기중심으로 성경을 편식했기 때문이라고 말입니다. 들어보면 옳은 말 같지요. 그런데 이 말이 문제가 있습니다. 이 말의 의미는 성령이 없어도, 십자가의 영이 없어도 성경을 제대로 보게 되면 사도행전 3:18의 말씀처럼 볼 수 있다는 주장이 됩니다.

과연 그러한 주장이 복음적입니까?

아닙니다. 그러한 주장은 결국 제대로 된 지식이 구원을 가져온다는 선악과를 따먹은 띠를 내는 것에 불과합니다.

유대인들이 몰랐던 이유는 성령을 받지 않았기 때문입니다.

그런데 문제는 이 본문을 읽고 제 설교를 듣는 여러분은 어떻습니까? 성령 받지 않아도 본문의 유대인들처럼 질문을 할까요, 하지 않을까요?

질문하지 않습니다. 이미 예수님이 하신 말씀이 무엇인지 다 알고 있는데 그러한 질문을 한다는 자체가 말도 안 되지요. 그렇다면 이젠 성령이 없어도 성령 받아야만 아는 내용을 알게 되었습니다.

이것을 알면 구원이 됩니까?

구원이 안 됩니다. 앎을 통한 구원은 없습니다. 구원은 오로지 십자가의 피 능력밖에 없습니다. 십자가의 피가 구원합니다. 그런데 시금 유대인들은 알아서 구원을 얻고자 합니다. 알면 믿겠다는 겁니다. 안다는 것이나 믿는다는 것이나 모두 자신의 능력입니다. 이들은 자기 부인할 능력이 없습니다.

오늘날 예수님을 믿는다고 하는 사람들의 경향과 다르지 않습니다. 정확하게 복음을 알아서 믿겠다는 겁니다. 그래서 끊임없이 질문을 해서 답을 얻습니다. 물론 이렇게 하는 것은 인간의 본성입니다. 질문해서 답을 얻어도 됩니다. 그러나 그 답이 믿음을 만들지 못합니다. 그럼에도 사람들은 정답을 아는 것을 두고 믿음을 가졌다고 생각합니다.

그러나 십자가 안에 들어간 자는 그 아는 것이 가장 악마적임을 압니다.

마태복음 7:22 이하를 보면 주의 이름으로 선지자 노릇을 하고, 주의 이름으로 귀신을 쫓아내고, 주의 이름으로 많은 권능을 행한 자들이 나옵니다. 그런데 주님은 이들을 도무지 알지 못한다고 하십니다. 주의 이름으로 살아온 자들 입장에서는 받아들일 수가 없습니다.

왜 주님은 이들을 모른다고 하시고 불법을 행하는 자들이라고 하실까요?

이들은 말씀을 배운 자들입니다. 이들에겐 그리스도의 영이 없습니다. 그러니 이들이 자랑하는 것은 십자가가 아니라 주의 이름으로 행한 것들입니다. 좀 더 깊이 들어가게 되면 십자가만 자랑한다는 정보도 소유해서 심판 날에 이렇게 말할 겁니다.

'주님 저는 십자가만 자랑했습니다!'

그렇게 해도 주님은 모른다고 하십니다. 왜냐하면, 주님이 십자가에 달리실 때 주님은 자기 백성을 십자가로 이미 이끄셨기 때문입니다. 그러니 이들에게서 나오는 십자가는 지식이 아니라 주님이 그 안에 사시기 때문에 나오는 자랑입니다. 세상이 감당할 수 없습니다. 지식으로 배운 자들은 결국 자신이 살고자 하지만 주님이 그 안에 사시는 자들은 주님이 친히 그를 십자가로 이끄십니다. 이렇게 끌려다니는 축복이 있기를 바랍니다.

♣ 빛의 아들

> 요 12:35-36
>
> 예수께서 가라사대 아직 잠시 동안 빛이 너희 중에 있으니 빛이 있을 동안에 다녀 어두움에 붙잡히지 않게 하라 어두움에 다니는 자는 그 가는 바를 알지 못하느니라 너희에게 아직 빛이 있을 동안에 빛을 믿으라 그리하면 빛의 아들이 되리라.

질문을 할 자격도 없는 그 아비가 마귀인 자들에게 예수님의 답변은 도무지 알아듣지 못하는 말씀으로밖에 들리지 않습니다.

그렇다면 마귀가 그 아비인 자들이 예수님의 말씀을 어떻게 들을까요?

예수님의 명령을 들어야 한다고 합니다. 예수님을 믿을 기회가 있을 때 그 기회를 붙잡아야 한다고 말합니다. 아직 빛이 있을 동안에 빛을 믿으면 빛의 아들이 된다고 하셨으니 이렇게 해석하는 것이 그야말로 지극히 당연합니다. 그러나 이렇게 해석하는 것이 어두움에 다닌다는 증거입니다.

예수님의 말씀은 예수님이 친히 그렇게 이루십니다. 인자가 누구냐고 질문한 자들에게 십자가 지신 인자가 어두움에 다니는 자와 빛의 아들을 친히 만드신다는 말씀입니다. 그런데 유대인들이나 인간들은 이미 그 마음속에 구원 얻고자 하는 욕망이 자리를 잡고 있습니다.

그러니 예수님의 말씀이 어떻게 들리겠습니까?

자신이 무엇을 결심하고 행동을 해야 된다고 생각합니다. 예수님은 유대인들의 질문 의도에 맞게 답변을 하신 겁니다. 육으로 난 자들은 육으로 이해하게 되고, 영으로 난 자들은 영으로 받습니다. 성도는 십자가에서 다 이루신 그 혜택을 받은 자입니다. 자신은 어둠에 다니는 자이기에 그 가는 길을 전혀 알지 못했습니다.

그러나 십자가 지신 주님이 찾아오시니 빛 가운데 행하게 됩니다. 이 행함은 자신이 원하지도 않았습니다. 빛의 아들이 되는 것이 소원이 아니었습니다. 십자가 지신 주님이 주신 은혜입니다. 신물입니다. 빛의 아들이 된 자는 독특하게도 십자가만을 자랑합니다. 이것이 바로 빛 가운데 행하는 빛의 아들의 모습입니다.

♣ 빛을 믿으라

> 요 12:36 상
>
> 너희에게 아직 빛이 있을 동안에 빛을 믿으라 그리하면 빛의 아들이 되리라.

로마서 9:17-18입니다.

성경이 바로에게 이르시되 내가 이 일을 위하여 너를 세웠으니 곧 너로 말미암아 내 능력을 보이고 내 이름이 온 땅에 전파되게 하려 함이로라 하셨으니 그런즉 하나님께서 하고자 하시는 자를 긍휼히 여기시고 하고자 하시는 자를 강퍅케 하시느니라.

바로의 자리를 유대인들이 꿰찼습니다. 유대인들은 믿음에 의지하지 않고 행위에 의지했습니다. 유대인들이 행위에 의지했다는 말은 모든 인간이 자신의 행위에 의지했다는 말이 됩니다. 본디오 빌라도의 말입니다.

빌라도가 가로되 그러면 그리스도라 하는 예수를 내가 어떻게 하랴 저희가 다 가로되 십자가에 못 박혀야 하겠나이다 빌라도가 가로되 어찜이뇨 무슨 악한 일을 하였느냐 저희가 더욱 소리 질러 가로되 십자가에 못 박혀야 하겠나이다 하는지라 빌라도가 아무 효험도 없이 도리어 민란이 나려는 것을 보고 물을 가져다가 무리 앞에서 손을 씻으며 가로되 이 사람의 피에 대하여 나는 무죄하니 너희가 당하라 (마 27:22-24).

빌라도는 예수님이 십자가에 못 박아 죽이는 것에 대해 자신은 무죄하다는 겁니다. 이런 무죄한 행위를 통해 자신은 저주 받을 일이 없다는 겁니다. 왜냐하면, 그 아내가 이렇게 말했습니다.

옳은 사람에게 아무 상관도 하지 마옵소서 오늘 꿈에 내가 그 사람을 인하여 애를 많이 썼나이다 (마 27:19).

도대체 빌라도의 아내가 왜 꿈을 꾸게 되었을까요?
다니엘서를 보게 되면 느부갓네살왕이 꿈을 꾸게 된 것은 주께서 그렇게 하셨기 때문입니다. 빌라도의 아내도 마찬가지입니다.
그러면 그 아내의 꿈이 무슨 기능을 합니까?
바로 이방인들이 십자가 앞에서 자신의 행위가 의롭다는 것을 들추어내기 위한 주님의 조치였습니다. 실제로 모든 이방인은 예수님을 죽인 유대인들과 다르다고 생각합니다. 그러니 이들도 자신의 행위에 의지한 겁니다.

유대인이든 이방인이든 모두가 다 자신의 행위를 의지하는 자, 곧 강퍅케 된 바로왕과 같은 마음입니다. 출애굽기를 인용해 로마서에서 말씀하시는 이유는 그 모든 것이 주님의 조치였다는 겁니다. 역시 복합 구조입니다.

그래서 유대인이든 이방인이든 모두가 다 부딪힐 돌에 부딪혔습니다. 그러니 어느 누구도 구원받을 자가 없습니다. 주님의 조치입니다.

주님의 조치에서 누가 빠져 나올 수 있습니까?

이들이 바로 어두움에 다니는 자요 그 가는 바를 알지 못하는 자입니다. 이 세상 모든 사람이 강퍅한 자들입니다. 하나님의 아들이신 인자되신 예수님이 이 땅에 오심으로 말미암아 이 세상은 자신들의 행위를 마음껏 뽐내어 예수님을 이 땅에서 제거해 버립니다. 추방해 버립니다. 십자가에 못 박아 죽입니다.

> 그가 거룩한 피할 곳이 되시리라 그러나 이스라엘의 두 집에는 거치는 돌, 걸리는 반석이 되실 것이며 예루살렘 거민에게는 함정 올무가 되시리니 그들 가운데 많은 사람이 그로 인하여 거칠 것이며 넘어질 것이며 부러질 것이며 걸릴 것이며 잡힐 것이니라 (사 8:14-15).

> 그러므로 주 여호와께서 가라사대 보라 내가 한 돌을 시온에 두어 기초를 삼았노니 곧 시험한 돌이요 귀하고 견고한 기초 돌이라 그것을 믿는 자는 급절하게 되지 아니하리로다 (사 28:16).

우린 이런 말씀들을 보면서 관람하려는 습성이 있습니다. 관람자가 돼버리면 이 말씀은 유대인들을 공격하는 말씀밖에 되지 않습니다. 그러나 주님은 자기 백성을 말씀에 합류시킵니다. 그렇게 되면 자신이 바로 올무에 걸린 자요, 행위를 의지하는 자요, 날아온 돌에 의해 박살 난 자임을 인정합니다.

십자가와 만나게 해 주시니 자신이 바로 어둠의 권세에 매여 예수님을 죽인 당사자임을 확인하게 됩니다. 성소 되신 그분을 제대로 증거하는 자가 됩니다.

♣ 떠나가서 숨으심

요 12:36 하

예수께서 이 말씀을 하시고 저희를 떠나가서 숨으시니라.

"너희에게 아직 빛이 있을 동안에 빛을 믿으라 그리하면 빛의 아들이 되리라"고 하셨다면 그다음에 예수님이 어떻게 행동하셔야 할까요?
빛으로 믿을 만한 증거를 보여주셔야 하지 않을까요?
그런데 그들로부터 떠나가 숨어 버렸습니다.
이제 예수님의 말씀이 어떤 의미이신지 감이 오시나요?
말씀의 주체는 언제나 인자가 되시는 예수님입니다. 그런데 우리들은 말씀을 우리 자신이 지킬 수 있다고 생각합니다. 여호와 하나님이 히브리 민족을 유월절 어린양의 피로 출애굽 시킨 후 그들에게 율법을 주셨습니다.
유월절 어린양의 피로 구원받았다면 유월절 어린양의 피 공로를 자랑케 하기 위해 주신 율법으로 보아야 하는데, 저들은 자기 구원 중심으로 율법을 해석했습니다. 창세기를 보는 관점도 마찬가지입니다.
선악과를 따먹지 말라고 하셨을 때 아담과 여자가 여호와 하나님의 말씀을 순종할 능력이 있을까요?
사람들은 순종할 능력이 있다고 생각합니다. 하나님의 형상을 따라 지음을 받았기에 얼마든지 말씀을 순종할 수 있다고 생각합니다. 그러나 하나님의 형상은 그리스도 예수님입니다. 예수 그리스도만이 말씀에 순종할 능력이 있습니다. 그러니 인간은 처음부터 말씀을 지킬 능력이 없는 자로 만들어진 겁니다. 그런데 사람들은 아담과 여자가 선악과를 따먹은 부분을 매우 아쉬워합니다. 왜 그런 생각을 할지 생각해 보시기 바랍니다.

십자가 사랑을 받아 본 적이 없기 때문입니다. 십자가 사랑은 반드시 아담과 여자가 선악과를 따먹어야만 발생하는 사건이기 때문입니다. 달리 표현하면 십자가를 증거하기 위해서는 반드시 선악과를 따먹어야 하고 뱀의 유혹을 받아야 했던 겁니다.

그러니 얼마나 감사한 일입니까?

아쉬울 게 뭐가 있습니다. 주님이 보내 주신 성령을 받지 못했기 때문에 십자가만 자랑하는 것이 왠지 하나님께 미안한 감이 드는 겁니다. 그래서 마음속 깊은 곳에서부터 솟아나는 본성을 따라 자신의 행위를 가미하려고 하는 겁니다.

예수님이 빛을 믿으라고 하셔놓고 그 말씀을 들은 자들로부터 떠나가서 숨어버렸습니다. 이렇게 행하심은 저들이 믿지 못하게 하시기 위함입니다. 인간 행위를 보태지 못하게 하시기 위함입니다. 달리 말하면 저들은 예수님의 말씀을 듣고 빛을 믿을만한 능력이 없다는 말입니다.

십자가에 달려 죽으시고 부활하신 주님이 성령을 보내 주신 자들만 빛의 아들이 됩니다. 이들만이 예수님이 그들모두디 띠니서 숨은 이유를 압니다.

♣ 많은 표적과 불신

> 요 12:37
>
> 이렇게 많은 표적을 저희 앞에서 행하셨으나 저를 믿지 아니하니.

요한복음 여러 곳에서(2:11; 4:53; 8:31; 10:42) 표적을 보고 예수님을 믿은 그 믿음이 가짜 믿음이라는 것을 여기에서 밝혀집니다. 물론 이들의 믿음의 유발 요인은 기적을 보았기 때문입니다. 그러나 그 기적 속에 담긴 표적은 보지 못했습니다.

육으로 난 자들에게서 나오는 믿음은 기적을 보고 믿는 믿음밖에 없습니다. 예수님이 그렇게 많은 표적을 행하심으로 말미암아 육으로 난 자들임이 선명하게 드러났습니다. 여기에는 하나님의 아들이 이 땅에 찾아오심도 포함되어 있습니다. 눈으로 보고, 손으로 만지고, 귀로 듣는다고 해서 생길 수 있는 믿음이 아닙니다.

설교자들이나 전도하는 자들이 자신들의 설교나 전도를 통해 사람을 구원할 수 있다고 생각합니다.

예수님도 실패한 구원을 무슨 수로 인간이 할 수 있다는 말입니까?

사람들은 자기 자신을 몰라도 너무 모릅니다.

하나님의 아들이 십자가에 달려 죽으셨다는 말은 육을 부정하는 말씀입니다. 육으로 난 자들이 눈으로 예수님을 목격하고, 예수님의 말씀을 직접 듣는다 해도 그것은 오히려 자신이 어둠임이 더 밝히 드러날 뿐입니다. 아무리 믿는다고 하더라도 그 믿음은 믿음이 아닙니다.

복음을 제대로 전하면 구원을 얻게 할 수 있을까요?
그러면 예수님은 제대로 된 복음을 전하지 않아서 사람들이 믿지 않았습니까?
예수님이 행하신 기적을 보여주면 믿음이 생길까요?
그렇다면 예수님이 기적을 보여 주지 않아서 사람들이 믿지 않았습니까?
기적 행하신 수가 작아서 믿지 않았습니까?

인간들의 오만이 하늘을 찌릅니다.
그런데 왜 사람들은 자꾸 더 정확한 진리, 진리 체계를 요구하고, 더 정확한 설교를 요구할까요?
육이기 때문입니다. 십자가는 모든 이론을 파합니다.

그러나 육은 끊임없이 외모를 요구합니다. 외모를 요구하는 이유는 그들이 육으로 났기 때문입니다. 외모로 접근하게 되면 결국 육으로 마칩니다. 주님이 친히 믿지 못하게 하신 일을 인간의 지식과 행위로 믿을 수 있다는 생각이야말로 악마의 생각입니다.

♣ 주의 영광

> 요 12:38-41
>
> 이는 선지자 이사야의 말씀을 이루려 하심이라 가로되 주여 우리에게 들은 바를 누가 믿었으며 주의 팔이 뉘게 나타났나이까 하였더라 저희가 능히 믿지 못한 것은 이 까닭이니 곧 이사야가 다시 일렀으되 저희 눈을 멀게 하시고 저희 마음을 완고하게 하셨으니 이는 저희로 하여금 눈으로 보고 마음으로 깨닫고 돌이켜 내게 고침을 받지 못하게 하려 함이니라 하였음이더라 이사야가 이렇게 말한 것은 주의 영광을 보고 주를 가리켜 말한 것이라.

사람들의 관심은 주의 영광에 있는 것이 아니라 자기 구원에 있습니다. 그래서 성경을 읽으면서 예수님이 행하신 표적과 말씀은 자기 구원을 가져오기에 충분하다고 생각합니다. 그런데 주님의 입장은 다릅니다. 주의 영광을 위해 주님이 행하신 표적은 사람들이 눈을 멀게 하고, 마음을 완고케 하기 위함입니다.

사람들은 눈으로 보고 귀로 들으면 마음으로 깨달아 고침을 받을 수 있다고 생각합니다. 지금도 그러합니다. 사람들은 언제나 눈으로 보기를 원하고 귀로 듣기를 원합니다. 몸으로 체험하면 마음으로 깨달아 믿음이 생길 수 있다고 생각합니다. 주님은 이러한 사실을 다 알고 계십니다. 그래서 눈으로 보고 마음으로 깨닫지 못하게 하기 위해 표적을 주셨다는 겁니다. 표적을 보여 주심으로 말미암아 눈은 멀게 되고 마음은 완악하게 하신 겁니다. 인간이 하는 모든 구원 시도를 부정해 버립니다.

　인간이 이렇게 자신의 몸으로부터 구원 시도를 하는 이유는 자기 영광 받기 위해서입니다. 그러나 오늘 본문에서는 말씀 성취, 곧 주의 영광만으로 족하다는 겁니다. 여기엔 인간 영광이 들어갈 자리가 없습니다. 주님의 심판주 되심을 드러내는 것만으로도 충분하다는 겁니다. 인간이 구원되지 않아도 주님의 영광은 전혀 손상 받지 않고 오히려 더 돋보인다는 겁니다.

　인간들 입장에서 자기 구원 빼고 주님의 영광을 생각할 수 있을까요?

　없습니다. 그 이유는 선악과를 따먹은 후 정녕 죽으리라는 주님의 말씀 속에 자리를 잡고 있기 때문입니다. 죽기를 무서워하고 있기 때문입니다. 그러니 자기 구원이 빠진 주님의 영광은 상상하지 못하는 겁니다.

　그래서 오늘날 개인 구원을 확보해 주는 집단이 인기를 얻는 겁니다. 이름은 교회지만 실은 절간과 다를 바 없습니다. 자기 이름이 부인되는 교회는 그 어느 누구도 가기를 원치 않습니다. 자신을 인정해 주는 교회, 자신의 영광을 높여 주는 설교자가 있는 곳을 찾아갑니다. 설교마다 내 이름이 생명책에 기록되어 있다는 것을 확인해 주는 설교자를 원합니다. 예수님처럼 눈을 멀게 하고, 마음을 완고케 하는 설교를 하는 자는 용납지 않습니다. 이들은 주의 영광엔 관심이 없고 오로지 자기 영광에만 관심이 있습니다.

♣ 사람의 영광과 하나님의 영광

> 요 12:42-43
>
> 이사야가 이렇게 말하는 것은 주의 영광을 보고 주를 가리켜 말한 것이라 그러나 관원 중에도 저를 믿는 자가 많되 바리새인들을 인하여 드러나게 말하지 못하니 이는 출회를 당할까 두려워함이라 저희는 사람의 영광을 하나님의 영광보다 더 사랑하였더라.

우리들이 납득하기 어려운 말씀입니다. 주의 영광을 위해 눈을 멀게 하셨고, 마음은 완고하게 하셨다면 인간은 이 말씀에 근거하여 수동성이 되어야 됩니다. 관원 중에 예수님을 믿는 자가 많았지만 바리새인들을 인하여 드러나게 말하지 못하는 자들이 있습니다. 이들이 드러나게 말하지 못하는 이유는 출회를 당할까 두려워하기 때문입니다.

우리들 생각엔 인간의 피동성이 나와야 하는데 인간의 능동성이 나옵니다. 이렇게 한 층에 두 겹이 있는 겁니다. 그래서 사람들은 어느 장단에 맞출까를 생각하는 겁니다. 수동성이 되면 끝까지 수동성이 되든지, 능동성이 되면 능동적으로 행동해야 한다고 생각합니다. 그러나 주님이 눈을 멀게 하시니 인간들은 자신의 능동성을 발휘하는 겁니다.

그러나 인간들 입장에서는 오로지 인간의 능동성만 보일 뿐입니다. 왜냐하면, 주님이 눈을 멀게 하셨다는 사실을 인간의 눈으로 확인할 수 없기 때문입니다. 단지 인간의 눈에는 인간의 능동성만 보입니다. 예수님을 믿지만 드러나게 말하지 못하는 모습만 확인할 수 있습니다.

당시 출회를 당한다는 것은 모든 것을 잃어버리는 것과 같습니다. 약속에서 끊어진다는 것은 모든 것을 잃어버리는 겁니다. 예수님을 믿지만 이들은 여전히 약속에서 끊어지기를 원치 않습니다. 사회공동체에서 배척받는 것이 두렵습니다. 그래서 드러나게 말하지 못합니다.

그런데 본문이 여기까지만 있다면 이들의 믿음을 인정해 줄 수도 있습니다. 그러나 그다음에서 이들이 이렇게 행동하는 이유를 말씀합니다.

> 저희는 사람의 영광을 하나님의 영광보다 더 사랑하였더라 (요 12:43).

결국 이들은 이 세상에서 자기 생명을 사랑하는 자로 드러났습니다. 그러니 이들은 이 세상에서 자기 생명을 잃는 것이 아니라 영생을 잃어버리게 되었습니다(요 12:25).

> 이제 내가 사람들에게 좋게 하랴 하나님께 좋게 하랴 사람들에게 기쁨을 구하랴 내가 지금까지 사람의 기쁨을 구하였다면 그리스도의 종이 아니니라 (갈 1:10).

예수님이 이렇게 말씀하셨습니다.

> 너희는 세상의 빛이라 산위에 있는 동네가 숨기우지 못할 것이요 사람이 등불을 켜서 말 아래 두지 아니하고 등경 위에 두나니 이러므로 집안 모든 사람에게 비취느니라 이같이 너희 빛을 모든 사람에게 비취게 하여 저희로 너희 착한 행실을 보고 하늘에 계신 너희 아버지께 영광을 돌리게 하라 (마 5:14-16).

착한 행실이 결국 출교로 이어집니다. 주의 영광입니다. 주의 영광은 구원도 있지만 심판도 있습니다. 모든 사람에게 비춰게 하기 위한 세상의 빛입니다. 그러나 자신의 영광, 자신의 기쁨을 위한 자들은 이 빛을 비추기를 원치 않습니다. 그 이유는 핍박을 면하려 하기 때문입니다. 놀라운 것은 이 또한 주님의 영광입니다. 주님의 피로 생산된 자들이 아니면 결국 주님의 영광을 위해 자신의 영광을 구하는 자로 드러납니다.

이 세상은 주님의 영광을 드러내는 곳이지 인간이 영광을 받는 곳이 아닙니다. 주님의 영광은 십자가로 드러납니다. 죄인이 되지 않는 인간은 모두 다 자신의 영광을 위해 사는 자입니다.

♣ 주의 영광과 분노

> 요 12:43
>
> 저희는 사람의 영광을 하나님의 영광보다 더 사랑하였더라(요 12:43).

'죽어 가는 중에 하나님께 기도를 했다. 살려만 주신다면 하나님을 믿고, 교회에 충성하겠다고. 그래서 지금은 십일조도 내고, 감사 헌금도 하고, 교회 일에 열심을 낸다'고 간증하는 사람에게 이렇게 말했다.

' 우상 숭배입니다. 어느 인간이든 우상 숭배자입니다. 자신을 위해 살지 않는 자가 없습니다. 그러나 우상 숭배자가 십자가 지신 주님을 만납니다. 그렇게 되면 자신이 우상 숭배자임이 발각됩니다.

주님이 이것을 위해 당신의 기도를 들어주셨다고 했습니다. 인간이 예수님을 향해 살려 달라는 간절한 기도가 자신을 위한 것이기에 우상 숭배입니다. 그런 믿음 위에 주님의 믿음을 주셨습니다. 그렇게 주님의 영을 받게 된 자는 죄인이 되고 십자가만 자랑합니다.

세 시간 동안 아멘 하면서 겸손히 십자가 복음을 열심히 듣습니다. 그러나 난 그 사람의 눈빛을 보지 않았습니다. 마지막 즈음에 나에게 물었습니다.

어떻게 살아야 할까요?
버리기 위해서 묻는 질문일까요?
나를 시험하기 위한 질문일까요?

그것은 중요치 않습니다. 말씀은 말씀대로 밀어붙이십시오.
'다음 날 시간이 되면 한 번 더 뵐까요?'

이 질문에 자신의 일정이 있다고 합니다. 십자가 복음이 보석이 아닙니다. 모든 것을 팔아 살만한 가치가 없다는 것입니다.

세 시간 동안 얼마나 참았을까요?

분노가 치밀어 올랐는데. 그리고 이틀 후, 어떤 분을 찾아가 그 분노를 쏟아 놓았다고 합니다. 자신의 행위가 의롭고 가치가 있는 일이라고.

인간의 자기 사랑은 죽어 가는 자를 살려 주어도 멈추지 않습니다. 아니 죽어 가면서도 자신을 사랑합니다. 그래서 십자가로 찔러 버리면 버럭 화를 내고 분노합니다. 십자가로 찌르기 전에는 너무나 유순한 사람입니다. 천사 같은 사람입니다. 죽었다가 살았으니 모든 것이 감사하다고 했습니다. 그러나 십자가 피를 들이 밀어 보니 그것은 자기 사랑이었습니다.

> 저희는 사람의 영광을 하나님의 영광보다 더 사랑하였더라 (요 12:43).

이 말씀은 지금도 이렇게 위력을 떨칩니다.

'하나님의 영광을 가장한 자기 영광 챙기기'라는 명제 앞에서 어느 누가 여기에서 벗어날 수 있을까요?

십자가의 능력입니다. 십자가의 능력이 임하는 축복은 창세전에 그리스도 안에서 택함을 받은 자뿐입니다.

♣ 예수님의 외침

> 요 12:44-45
>
> 예수께서 외쳐 가라사대 나를 믿는 자는 나를 보내신 이를 믿는 것이며 나를 보는 자는 나를 보내신 이를 보는 것이니라.

예수님이 큰 소리로 말씀하셨습니다.

나를 믿는 자는 나를 보내신 이를 믿는 것이며 나를 보는 자는 나를 보내신 이를 보는 것이니라.

예수님의 외침은 육에 속한 자들에게는 소리 나는 꽹과리에 불과했습니다. 그 이유는 사람들이 사람의 영광을 하나님의 영광보다 더 사랑하기 때문입니다.

그렇다면 지금은 어떻습니까?

누구든지 예수님의 외침을 읽을 수 있습니다. 그래서 수많은 사람이 예수님의 외침을 읽고 "나는 예수님을 믿는다"고 합니다. 그러니 "나는 예수님을 보내신 이를 믿는 것이다"라고 합니다. 예수님을 믿는다는 말을 하고 예수님을 보내신 분을 믿는다고 할 때 사람들은 그 사람이 예수님을 믿는다고 생각합니다. 예수님의 외침에 호응한다고 생각합니다.

그런데 이 말씀에 이어지는 말씀은 인간이 절대 따라 붙을 수가 없습니다. 예수님은 예수님을 믿는 것과 예수님을 보는 것을 동일하게 말씀하고 계신다는 사실입니다. 예수님이 공생애 기간 사람들에게 직접 자신의 몸을 보이셨습니다. 그런데 예수님을 본 사람들 중 그 어느 누구도 예수님의 아버지를 보았다고 하는 사람이 없다는 사실입니다.

사복음서에는 예수님을 믿는다는 사람들은 많습니다. 그런데 아버지를 보았다는 사람은 없습니다. 요한복음도 마찬가지입니다. 왜냐하면, 예수님을 믿는다고 했을 때 그 믿음은 인간이 원하면 얼마든지 믿을 수 있는 믿음이기 때문입니다.

지금도 그렇습니다.

"예수님을 믿으면 영생을 얻습니다"라고 전도하면 사람들이 얼마든지 믿는다고 할 수 있습니다. 그런데 그 사람에게 이렇게 물어보면 엄청나게 당황할 것입니다.

"예수님을 보았습니까?"

사람들은 오늘 본문을 보면서 앞부분에 나오는 예수님을 믿는 내용은 취하면서 뒷부분에 나오는 예수님을 본다는 말씀은 삭제해 버립니다.

여러분은 예수님을 믿습니까?

그렇다면 예수님을 보았습니까?

예수님 당시 이 질문에 대해 사람들은 이렇게 답변할 겁니다.

"나는 예수님은 믿지 않지만, 예수님을 보았다."

오늘날은 어떻게 대답할까요?

"나는 예수님은 믿지만, 예수님을 본 적은 없습니다."

사람들은 믿는 것과 보는 것을 육적으로 이해를 합니다. 그러니 오늘날 예수님을 믿는다고 하는 사람들이 예수님을 본 적이 없다고 하는 겁니다. 예수님 당시 유대인들과 제자들을 보시기 바랍니다. 그들은 육적으로 예수님을 믿었고 예수님을 보았습니다. 그러나 예수님은 그 믿음을 인정하지 않습니다. 그뿐만 아니라 그들 스스로 예수님을 보았지만 볼 수 없었습니다. 이것을 두고 "저들은 사람의 영광을 하나님의 영광보다 더 사랑하였더라"고 하십니다.

사람의 영광을 하나님의 영광보다 더 사랑하는 자들은 예수님의 외침이 꽹과리 소리로 들립니다. 지금도 마찬가지입니다. 십자가에서 다 이루셨다고 외쳐도 사람들은 이 복음을 육으로 듣습니다. 그러하기에 예수님을 믿는다고는 하지만 예수님을 본 적이 없다는 겁니다. 왜 이런 대답이 나오는가 하면 자기 영광을 더 사랑하기 때문입니다.

사도행전 16:19 이하를 보면 빌립보 감옥의 간수가 구원을 얻는 사건이 나옵니다. 바울과 실라가 빌립보 감옥에서 기도하고 하나님을 찬양하는 중에, 갑자기 지진이 나서 옥터가 움직이고 옥문이 곧 다 열렸습니다. 그뿐만 아니라 사람을 맨 것들이 다 풀렸습니다. 이상한 지진입니다. 간수가 자다가 깨어 옥문들이 열린 것을 보고 죄수들이 도망한 줄 생각하고 검을 빼어 자결하려 합니다.

왜 자결하려 할까요?

사람이 자결하는 이유는 딱 한 가지입니다. 자기를 사랑하기 때문입니다. 이 사람이 평소 어떠한 인생을 살았는가가 이 대목에서 확인할 수 있습니다. 가룟 유다도 마찬가지입니다. 자기 사랑이 얼마나 대단한가를 자살로 보여줍니다. 자신은 스스로 죽어서라도 자기 영광을 받겠다는 겁니다.

그런데 그때 바울이 크게 소리 질러 말합니다.

> 네 몸을 상하지 말라 우리가 다 여기 있노라 (행 16:28).

그러자 간수가 등불을 달라고 하며 뛰어 들어가 무서워 떨며 바울과 실라 앞에 부복하고 저희를 데리고 나가 이렇게 말합니다.

도대체 무엇이 간수를 이런 행동을 하게 만들었습니까?

바울이 우리가 다 여기 있다는 말을 듣고 그것을 확인했기 때문일까요?

그것이 원인이 되어 부복한 것이 아닙니다. 엎드린 것이 아닙니다.

"선생들아 내가 어떻게 하여야 구원을 얻으리이까?"

바울과 실라가 죄수인데 간수가 왜 갑자기 죄인이 되었습니까?

"주 예수를 믿으라 그리하면 너와 네 집이 구원을 얻으리라."

그러자 그와 그의 온 집이 하나님을 믿었습니다.

분명 주 예수를 믿으라고 했는데 왜 성경은 하나님을 믿었다고 표현합니까?

성령을 받았기 때문입니다. 그런데 여기 어디에 예수님을 보았다는 말이 나옵니까?

그런데 예수님을 만났습니다. 보았습니다. 제가 이렇게 말하면 보았다는 말이 어디에 있느냐고 따질 분들이 많겠지요.

오늘 본문에 나오는 예수님의 말씀 속에 간수와 그 집이 휘말렸습니다. 사람들은 간수가 죄인이 된 이유를 바울과 실라가 감옥에 남아 있고 다른 죄수들도 다 남아 있었기 때문이라고 생각합니다마는 그런 식으로 죄인이 될 수 없습니다. 그런데 주님은 그런 식으로 죄인 만들었습니다.

예수님의 외침이 공허한 꽹과리 소리가 되었듯이 지진으로 인한 바울과 실라의 외침은 간수에게 예수님이 외치신 말씀이 사건으로 발생해 버렸습니다. 이러한 사건에 휘말린 자가 성도입니다. 오늘도 말씀 앞에 죄인으로 드러나신다면 예수님의 말씀 사건에 휘말린 자입니다.

♣ 어두움에 다니지 않는 자

> 요 12:46
>
> 나는 빛으로 세상에 왔나니 무릇 나를 믿는 자로 어두움에 다니지 않게 하려 함이로라.

사람들이 언제 분노를 낼까요?
책망 당할 때입니다. 지적당할 때 사람들은 화를 냅니다.
요한일서 2:27입니다.

> 너희는 주께 받은바 기름 부음이 너희 안에 거하나니 아무도 너희를 가르칠 필요가 없고 오직 그의 기름부음이 모든 것을 너희에게 가르치며 또 참되고 거짓이 없으니 너희를 가르치신 그대로 주 안에 거하라.

사람들은 이 말씀을 아주 좋아합니다. 그 이유는 남들로부터 배울 필요가 없다는 말 때문입니다. 사람들은 각자가 신이기 때문에 타인이 자신을 가르치는 것을 좋아하지 않습니다. 물론 그 가르침이 자신이 신이 되고자 하는 바에 이바지한다면 그 가르침은 거절하지 않습니다. 돈을 들고 가서라도 배우려고 합니다. 그래서 요한일서 2:27-28을 읽을 때 기분이 좋은 겁니다.
사람들이 설교를 듣는 이유가 무엇일까요?
마찬가지입니다. 뭔가를 배우기 위해서입니다. 성경을 읽는 이유도 그렇습니다. 하나님의 뜻이 무엇인지, 하나님이 기뻐하시는 일이 무엇인지 알아서 하나님께 기쁨이 되고자 하여 성경을 상고합니다.

그런데 오늘 본문을 보면 예수님이 말씀하십니다.

"나는 빛으로 세상에 왔다."

이 말씀은 이 세상 사람들이 배우기엔 저절로 거부할 수밖에 없는 말씀입니다. 예수님이 빛으로 세상에 오셨다는 말씀은 곧 이 세상은 어두움이라는 겁니다. 어두움이라는 것은 마귀가 장악한 세상에서 마귀의 종으로써 마귀의 일을 하고 있다는 말입니다. 따라서 이 세상에서 사람들이 하는 모든 일들은 마귀의 일입니다. 지금 예수님은 이것을 지적하고 계십니다. 제가 지적한다고 하니 기분나빠할 사람들이 많을 겁니다. 왜냐하면, 인간은 자신이 신이기 때문에 지적받는 것은 싫습니다.

자신을 책망하지 않고 가르쳐 준다면 기분 나쁘지 않게 받겠지만, 자신의 문제를 지적할 그뿐만 아니라 다 틀렸다고 하시면 어느 누가 기분 좋게 듣겠습니까?

그래서 사람들이 예수님을 십자가에 못 박아 죽여 버립니다. 기름 부음이 너희 가운데 거하신다는 말은 곧 성령이 성도 가운에 거하신다는 말입니다. 달리 말하면 주님이 자기 백성과 동행하신다는 말입니다. 주님이 동행하기 때문에 오늘 말씀처럼 우리를 선면직으로 부정하시면서 십자가로 인도하시는 겁니다.

어두움에 거하지 않게 하려 하신다는 말씀은 언제나 십자가로 책망 받는 자가 된다는 말씀입니다. 언제나 죄를 짓는 자가 된다는 말입니다.

그러나 예수님이 빛으로 세상에 오셨다는 말씀이 마귀의 종노릇 하는 자들에게는 두 귀를 막고 돌을 던져 죽이고 싶은 말씀입니다. 자기를 부인한다는 것, 자기 이름이 부인된다는 것을 이 세상에 속한 자들은 용납하지 않습니다. 자기가 자신을 책망하고 부인하는 것은 얼마든지 수용하겠지만, 타인이 자신을 지적 하면서 들어오는 것은 용납할 수 없습니다.

그래서 세상은 절대로 성령을 받을 수 없습니다. 주님과 동행할 수 없습니다. 기름 부음이 너희 가운데 거하신다고 하니 사람들은 오해를 합니다.

기름 부음이 자기 속에 있으니 어느 누구도 자신을 건드리지 말라는 겁니다. 그런데 사도 바울의 입장은 다릅니다. 하나님을 사랑하는 자 곧 그 뜻대로 부르심을 입은 자들에게는 모든 것이 합력하여 선을 이룬다고 하십니다. 성령이 있는 자에게만 해당되는 말씀입니다.

사람들은 환난, 곤고, 핍박, 기근, 적신, 위험이나 칼은 얼마든지 받을 수 있습니다. 그런데 자기 이름을 무시하면 견디지 못합니다. 그래서 십자가 사건이 발생합니다. 오늘 본문은 사람을 좋게 하는 말씀이 아닙니다. 십자가 피 공로만을 높이기 위해 어두움에 거하지 않는 자를 만드십니다. 피 공로를 높이기 위해 오늘도 주님은 우리를 죄인 만드시고, 책망하십니다.

♣ 심판 속의 세상 구원

> 요 12:47
>
> 사람이 내 말을 듣고 지키지 아니할지라도 내가 저를 심판하지 아니하노라 내가 온 것은 세상을 심판하려 함이 아니요 세상을 구원하려 함이로라.

모든 사람은 주님의 심판 아래 놓였습니다. 왜냐하면, 그 어느 누구도 예수님의 말씀을 듣고 지킬 자가 없기 때문입니다. 그렇다면 이 세상 사람들 가운데 구원받을 자는 한 사람도 없습니다. 모두가 다 예수님의 심판을 받아야 합니다. 그런데 예수님은 "내가 온 것은 세상을 심판하려 함이 아니요 세상을 구원하려 함이로라"고 하십니다.

자신이 영생 얻기를 소원하는 자들에게는 예수님의 이 말씀이 매우 반가울 겁니다. 그런데 예수님의 말씀은 영생 얻기를 소원하는 자들을 위해서 이렇게 말씀하신 것이 아닙니다. 구원받는 세상이 어떤 세상인가를 말씀하시는 겁니다. 하나님이 세상을 이처럼 사랑하사 독생자를 주셨다는 말씀과 동일한 말씀으로 보시면 됩니다. 하나님이 사랑하시는 세상이 어떻게 만들어지는지를 말씀하시는 겁니다. 하나님이 사랑하시는 세상은 심판 속에서 만들어지는 세상입니다. 곧 아들의 나라입니다. 아들의 나라는 아들의 죽음으로 만듭니다. 그러나 "내가 온 것은 세상을 심판하려 함이 아니요"라는 말씀은 예수님 자신이 심판을 받으시고 구원의 세상을 만드시겠다는 말씀입니다.

그렇다면 성도는 심판을 받지 않습니까?

그렇지 않습니다. 아들의 나라에는 주님이 받으신 그 심판을 함께 받은 자들만이 들어갈 수 있습니다. 문제는 그 심판은 원한다고 해서 받을 수 있는 심판이 아닙니다. 그러니 구원을 내가 원한다고 해서 받을 수 없습니다. 아들의 나라는 가고 싶다고 해서 들어갈 수 있는 나라가 아닙니다.

오직 심판 받으신 주님이 자신의 주 되심을 증거하기 위해 긍휼의 그릇으로 택한 자들만 아들의 나라에 들어갈 수 있습니다. 사람들이 생각하는 천국은 심판이 없는 천국입니다. 내가 없는 천국은 가고 싶은 마음이 없습니다. 그런데 천국은 내가 죽고 그 속에 그리스도가 사는 자들만 가는 곳입니다.

주님이 만드시는 세상에는 "내가" 없는 세상이요, 주님이 만드신 "새로운 나"만 있는 세상입니다. 그곳은 그리스도의 피만 자랑하는 나라입니다. 이미 이 땅에서 시작되었습니다. 그래서 날마다 자신이 없어지고, 날마다 새롭게 주님의 피로 만드신 "나"로 사는 겁니다.

♣ 예수님의 말씀과 심판

> 요 12:48
>
> 나를 저버리고 내 말을 받지 아니하는 자를 심판할 이가 있으니 곧 나의 한 그 말이 마지막 날에 저를 심판하리라.

예수님을 배척하고 예수님의 말씀을 받지 않았기 때문에 심판을 받는다면 이 세상은 심판을 피할 길이 없습니다. 그래서 사람들은 오늘 말씀을 예수님을 영접하고, 예수님의 말씀을 받아야 심판을 면할 수 있다고 말합니다. 지옥 가는 판결을 피할 수 있다는 겁니다.

만일 그렇게 된다면 십자가의 피로 구원하신다는 말씀과는 배치가 됩니다. 따라서 예수님의 말씀은 요한복음 5장과 연결해서 이해해야 합니다. 요한복음 5:27을 보게 되면 인자됨을 인하여 심판하는 권세를 주셨는데 선한 일을 행한 자는 생명의 부활로 악한 일을 행한 자는 심판의 부활로 나오리라고 하십니다.

따라서 예수님을 배척했기 때문에, 예수님의 말씀을 받지 않았기 때문에 지옥의 판결을 받아야 한다면 그 어느 누구도 예외가 없습니다. 그것이 악한 일이 되기 때문입니다. 그렇게 되면 천국 갈 자는 아무도 없습니다. 그러나 악한 일과 선한 일의 출처는 죽임당한 어린양에게 있습니다. 받은 사랑이 있느냐, 없느냐에 따라 선한 일을 했는지, 악한 일을 했는지 구별됩니다.

따라서 천국과 지옥은 예수님을 배척하고 예수님의 말씀을 받아들이는 것과 상관없이 인자됨을 인하여 심판하는 권세를 가지신 분에 의해 나누어집니다.

그런데 왜 사람들은 예수님의 말씀을 십자가로 읽지 않고 법으로 읽을까요?

마귀의 종이기 때문입니다. 자신의 행위를 통해 의롭게 되려고 하는 겁니다. 자기 의를 내세우고 싶은 겁니다. 그래서 천국 가게 된 이유도 자신의 의로움 때문이라고 하고 싶은 겁니다. 그래서 결국 자기 영광을 취하겠다는 겁니다.

자기 영광을 취하겠다는 말은 자신의 것, 자신을 잃기 싫다는 말입니다. 자신과 자신의 것을 잃고 싶은 사람은 이 세상에 아무도 없습니다. 그런데 주님은 자신과 자신의 것을 잃도록 만들어 버립니다. 주님의 영광을 사람의 영광보다 더 사랑하는 자로 만드십니다. 주님이 만드신 자들이 이렇게 출몰됩니다. 바로 주님의 죄인 만들기입니다.

♣ 명령이 영생

> 요 12:49-50
>
> 내가 자의로 말한 것이 아니요 나를 보내신 아버지께서 나의 말할 것과 이를 것을 친히 명령하여 주셨으니 나는 그의 명령이 영생인줄 아노라 그러므로 나의 이르는 것은 내 아버지께서 내게 말씀하신 그대로 이르노라 하시니라.

예수님은 예수님 마음대로 행하시고 말씀하신 것이 아니라 아버지께서 지시하신 대로 행하고 말을 했다고 합니다.

그런데 그 지시가 무엇입니까?

영생이라는 겁니다. 도대체 무엇이 영생입니까?

십자가입니다. 영생은 십자가에서 나옵니다.

십자가 지신 인자가 주님이 되셔서 영생을 주십니다. 따라서 아버지께서 예수님께 말씀하신 그대로 말씀하신 내용은 십자가입니다.

사람들은 이 본문을 어떻게 받아들이려고 할까요?

예수님의 말씀이 곧 하나님이 지시하신 말씀이요 행농이라고 추상할 섭니다.

그러면 제가 질문하겠습니다. 그것 믿으면 천국 갑니까?

예수님이 영생이라고 하셨습니다.

그렇다면 예수님이 말씀하시고 행하신 것들이 아버지의 지시에 따라 하신 것이라고 믿으면 영생을 얻습니까?

영생은 십자가 지신 주님에게서 나옵니다. 그렇다면 예수님의 말씀은 십자가에서 출발해서 예수님의 말씀을 이해해야 그 의미가 분명해지는 겁니다. 그래서 제가 처음부터 십자가를 증거 한 것입니다.

지식을 좋아하는 인간들은 성경을 통해 올바른 지식, 곧 진리를 찾아내려고 합니다. 그러나 진리는 찾는다고 찾아지는 것이 아니라 진리가 자유

케 한 자를 만듭니다. 새롭게 창조합니다.

따라서 예수님의 말씀과 행위가 아버지의 지시를 따라 하신 것이요 그것이 영생이라는 말씀을 인정해서 영생을 얻고자 하는 자들은 성령을 받지 못했기 때문입니다.

아들 되신 예수님이 아버지의 지시대로 십자가에 달려 죽으시고 부활하셔서 주신 영생입니다. 아버지와 아들의 언약 때문에 만들어진 새로운 피조물입니다. 이들을 만드신 이유는 영생을 주기 위해 만드신 것이 아닙니다. 생명을 주신 분의 증인이 되게 하려고 생명을 주셨습니다. 십자가의 피 공로를 증거하라고 생명을 주셨습니다.

그런데 교인들은 십자가의 피 공로를 자랑하는 것이 아니라 받은 생명을 자랑하고 있습니다. 구원 얻은 자신을 증거하고 있습니다. 성도는 자기 뜻대로 사는 자가 아닙니다. 예수님이 아버지의 지시대로 사셨듯이, 성도는 주님의 지시대로 사는 자입니다. 즉, 성령을 따라 사는 자입니다. 주님이 성도와 동행하고 계십니다. 그렇다면 주님의 피 공로를 자랑하는 성도여야 한다는 것은 자명합니다.

그런데 주님과 동행한다고 하면서 자기 의를 챙기려고 하고, 자기 자존심 챙기려고 합니다. 죄인으로 만들어져야 동행하는 분이 돋보입니다. 주님이 동행하시기에 가능한 일입니다. 사랑이 나옵니다.

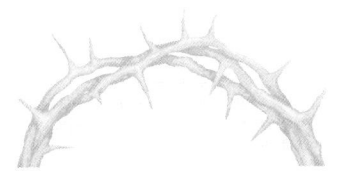

제3장
(요 13:1~요 13:38)

♣ 끝까지 사랑

> 요 13:1
>
> 유월절 전에 예수께서 자기가 세상을 떠나 아버지께로 돌아가실 때가 이른 줄 아시고 세상에 있는 자기 사람들을 사랑하시되 끝까지 사랑하시니라.

"하나님이 세상을 이처럼 사랑하사 독생자를 주셨으니 이는 저를 믿는 자마다 멸망치 않고 영생을 얻게 하려 하심이니라"(요 3:16)는 말씀이 오늘 본문에서 더 명확히 그 의미가 드러나고 있습니다. 세상에 있는 자기 사람들을 사랑하셨기 때문에 독생자를 주셨습니다. 독생자가 유월절 어린양이 되셨습니다. 예수님이 사랑하신 사랑은 유월절 어린양의 보배로운 피로 하신 사랑입니다.

그렇다면 보배로운 피를 왜 흘려야 합니까?

죄 때문입니다. 누구의 죄 때문입니까?

세상에 있는 자기 사람들의 죄 때문입니다. 따라서 세상에 있는 자기 사람들이라는 표현을 한 이유가 여기에 있습니다. 세상은 어둠입니다. 어둠은 자신이 심판주를 믿거나 거부할 능력이 없습니다. 도리어 세상은 보배로운 피를 증거하는 역할을 부여 받았습니다. 오늘 본문에서는 세상에 있는 예수님의 사람들이 등장합니다.

예수님의 사람들인데 이들은 세상에 있다고 합니다. 흔히 구원론적 입장에서 세상에서 우리를 구원하신다는 의미에서 세상이라고 생각하면 오늘 본문을 곡해하는 겁니다. 철저하게 주님을 증거하기 위한 세상입니다. 그래서 세상과 대척점에서 사랑을 말씀하시는 겁니다.

예수님의 사랑은 자기 목숨을 대속물로 내어 주신 사랑입니다. 그렇다면 그 사랑을 받으려면 반드시 죄인이 되어야 합니다. 죄인이 되지 않는 자는 그 사랑을 받을 자격이 없습니다. 문제는 주님이 보시기에 세상은 어둠이라고 하셨지만 그 어느 누구도 자기 스스로 자신이 죄인임을 알 자가 없다는 사실입니다. 그러나 세상에 있는 예수님의 사람들은 그 사랑을 증거하기 위한 주님이 만드신 죄인들입니다. 주님이 만드신 세상에 있는 죄인들만 예수님의 영원한 사랑을 받습니다.

그런데 오늘 본문에서 왜 "예수님이 세상을 떠나 아버지께로 돌아가실 것을 아시고"라는 말씀을 하실까요?

우리의 상식으로는 '예수님이 세상을 떠나 아버지께로 가실 때를 아셨기 때문에 세상에 있는 자기 사람들을 끝까지 사랑하셨다'라고 생각할 수 있습니다. 마치 아버지가 죽어 가면서 끝까지 자기 자식을 사랑했다는 식 말입니다. 그런데 그런 사랑 아닙니다. 주님은 이 세상에 주님의 사랑을 남기기 위한 영원한 사랑을 하셨습니다.

사람들은 '제자들은 예수님의 영원한 사랑을 받아서 좋겠다'고 생각할 수 있습니다. 그런데 그 받은 영원한 사랑이 어떠함을 안다면 이 세상에 사는 그 어느 누구도 그 사랑을 받지 않으려고 할 겁니다. 물론 주님의 사랑은 내가 거부한다고 해서 거부되는 것은 아닙니다.

주님이 사랑하시면 그 사랑을 받아야 합니다. 아무리 예수님을 미워하고, 핍박하더라도 주님의 사랑이 덮치면 받아야 합니다. 그런데 그 사랑은 더 이상 자신을 위해 살지 못하게 하는 사랑입니다. 십자가의 피만을 자랑케 하는 사랑입니다. 그 인생을 예수님의 공생애를 살도록 만드시는 사랑입니다.

> 나를 인하여 너희를 욕하고 핍박하고 거짓으로 너희를 거스려 모든 악한 말을 할 때에는 너희에게 복이 있나니 기뻐하고 즐거워하라 하늘에서 너희의 상이 큼이라 너희 전에 있던 선지자들을 이같이 핍박하였느니라(마 5:11-12).

예수님의 말씀 속으로 휘말리게 하는 사랑입니다. 그 사랑은 멈추는 사랑이 아니라 끝없는 사랑입니다. 죽도록 충성케 하는 사랑입니다. 영생을 받아 챙기겠다는 자들은 도무지 견딜 수 없는 사랑입니다.

그러나 주님은 세상에 있는 자기 사람들을 끝까지 사랑합니다. 그렇게 끝없는 사랑을 받은 자는 이 세상에서 끝까지 십자가 피를 자랑하는 죄인이 됩니다.

♣ 마귀와 가룟 유다

> 요 13:2
>
> 마귀가 벌써 시몬의 아들 가룟 유다의 마음에 예수를 팔려는 생각을 넣었더니.

저녁 먹는 중에 마귀가 벌써 시몬의 아들 가룟 유다의 마음에 예수를 팔려는 생각을 넣었습니다. 마귀는 하나님의 종입니다. 욥기 1:6을 보면 하나님의 아들들과 사탄이 여호와 앞에 섰다고 합니다.

여호와께서 사단에게 말씀합니다.

"네가 어디서 왔느냐?"

여호와께서 몰라서 물으시는 것이 아닙니다.

사단이 대답합니다.

"땅에 두루 돌아 여기저기 다녀왔나이다."

사단이 땅에 두루 돌아 여기저기 다녀서 무엇을 했을까요?

사단이 땅에 두루 돌아 여기저기서 무슨 일을 했는지 욥을 통해 알려 줍니다.

여호와께서 사단에게 묻습니다.

> 네가 내 종 욥을 유의하여 보았느냐 그와 같이 순전하고 정직하여 하나님을 경외하며 악에서 떠난 자가 세상에 없느니라 (욥 1:8).

사단은 여호와의 말씀이 무슨 뜻인지 모릅니다. 도리어 여호와 말씀의 의미가 어떠한 의미인지를 밝혀 주기 위한 역할에 돌입합니다.

그래서 사단이 이렇게 말합니다.

> 욥이 어찌 까닭 없이 하나님을 경외하리이까 주께서 그와 그 집과 그 모든 소유물을 산울로 두르심이 아니니이까 주께서 그 손으로 하는 바를 복되게 하사 그 소유물로 땅에 널리게 하셨음이니이다 이제 주의 손을 펴서 그의 모든 소유물을 치소서 그리하시면 정녕 대면하여 주를 욕하리이다 (욥 1:9-11).

우린 사단의 이 말에 주목할 필요가 있습니다. 욥이 하나님을 경외하는 이유가 있다는 겁니다. 그 이유는 그가 손으로 하는 일을 복되게 하셨기 때문이라는 겁니다. 사실 사단의 이 논리는 이 세상 사람들이 갖고 있는 논리입니다. 까닭 없이 여호와를 경외할 수 없다는 겁니다. 축복을 받기 위해서 여호와를 경외하고, 축복을 받았기 때문에 여호와를 경외한다는 겁니다. 실제로 욥도 그렇게 생각했던 것이 분명합니다.

욥기 1:5를 보면 이렇게 말씀합니다.

> 그 잔치 날이 지나면 욥이 그들을 불러다가 성결케 하되 아침에 일어나서 그들의 명수대로 번제를 드렸으니 이는 욥이 말하기를 혹시 내 아들들이 죄를 범하여 마음으로 하나님을 배반하였을까 함이라 욥의 행사가 항상 이러하였더라.

주변 사람들이 욥을 보더라도 욥이 축복을 받은 이유가 분명히 있다고 생각할 수밖에 없는 행위입니다. 하나님께 범죄 하지 않았기 때문에 축복을 받았다고 생각할 수밖에 없습니다. 여호와를 경외하는 이유도 여기에 있다고 생각할 수밖에 없습니다. 사단의 생각이 우리 사람들의 생각이라는 점을 놓치면 안 됩니다.

그래서 사단이 욥의 소유물을 모두 제거해 버립니다. 일곱 명의 아들들과 세 명의 딸, 그리고 칠천의 양과 삼천의 약대, 오백 겨리의 소, 암나귀 오백 마리를 한꺼번에 제거합니다. 사단의 실력이 보통이 아니지요. 예수님을 시험한 사단의 말이 허풍이 아닙니다.

> 이 모든 권세와 그 영광을 내가 네게 주리라 이것은 내게 넘겨준 것이므로 나의 원하는 자에게 주노라 (눅 4:6).

자신이 원하는 자에게 모든 권세와 그 영광을 줄 수 있다는 말은 곧 그 권세와 영광을 뺏을 수도 있다는 말이 됩니다. 그러니 이 모든 일들은 철저하게 중보자 되신 예수님을 증거하기 위한 역할입니다.

사단의 생각이 무엇입니까?

까닭 없이 여호와를 섬기지 않는다는 사상입니다. 그런데 욥이 여호와를 경외하는 것은 까닭 없는 경외입니다. 중보자를 증거하기 위한 여호와 경외입니다.

어떤 철학자는 여호와를 경외하는 것이 인간이 유약해서라고 합니다. 이런 주장을 욥에게 그대로 적용한 겁니다. 그들은 성경을 아주 싫어합니다. 왜냐하면, 인간은 홀로 살 수 있다는 겁니다. 달리 말하면 자신이 하나님이라는 말이지요. 노골적으로 말은 하지 않지만 성경적으로 말하면 바로 자신이 하나님과 같이 되어 선악을 분별할 줄 안다는 겁니다.

그러니 자신은 그 어느 누구에게도 의지하지 않고 살 수 있다는 주장입니다. 그래서 신을 죽여야 한다는 겁니다. 그런데 욥이 여호와를 경외하는 이유는 욥이 유약해서가 아닙니다. 십자가를 증거하기 위한 여호와 경외입니다. 먼저 사랑을 받았습니다.

그런데 왜 철학자들은 인간이 유약해서 신을 찾는다고 할까요?

그 이유는 그들이 사단의 앞잡이기 때문입니다. 저들은 그리스도의 영을 받아 본 적이 없기 때문에 까닭 없이 예수님을 믿는 이유를 모릅니다.

욥기 1장에 나오는 사단의 말과 똑같습니다. 까닭이 있어서 여호와를 경외한다는 말은 자신이 유약하기 때문에 신을 찾는다는 말과 동일한 의미를 담고 있습니다. 욥기 1:8을 보면 여호와께서 먼저 사단에게 욥을 자랑하셨고 사단을 욥에게 보냅니다. 사단이 열 명의 자녀들과 재산을 모두 제거하도록 하셨고, 욥의 몸에 악창이 나게 하셨습니다. 사단의 힘이 이 정도입니다. 이 세상에 사는 인간들이 구하는 것은 사실 사단이 다 갖고 있습니다. 다 갖고 있기 때문에 십자가 사랑을 돋보이게 합니다.

사단이 시몬의 아들 가룟 유다의 마음에 예수를 팔려는 마음을 넣었습니다. 이미 이 세상은 사단의 세력에 사로잡혀 있습니다. 그러니 가룟 유다는 당연히 사단의 지시에 따를 수밖에 없습니다. 사실 이 세상 모든 사람이 사단의 지시대로 살아가는 자들입니다. 그래야만 십자가의 피만을 돋보이게 할 수 있습니다. 그러니 오늘 본문을 읽으면서 우린 가룟 유다처럼 시험에 들지 않게 노력을 해야 한다는 소리를 한다면 그 사람이야말로 사단의 앞잡이입니다.

가룟 유다가 사단을 이길 힘이 있을까요?

이길 힘이 없습니다. 그러니 가룟 유다는 시키는 대로 예수님을 팔아야 합니다. 이것이 십자가 지신 주님을 증거하기 위한 사단의 역할입니다. 진노의 그릇은 진노의 그릇 노릇을 제대로 해야 합니다. 긍휼의 그릇은 이 진노의 그릇 안에 만들어졌습니다. 그래서 십자가의 피만 자랑합니다.

♣ 예수님과 동행한 가룟 유다

> 요 13:2
>
> 마귀가 벌써 시몬의 아들 가룟 유다의 마음에 예수를 팔려는 생각을 넣었더니.

가룟 유다는 예수님과 삼 년이나 함께 동행 했습니다. 우리들은 가룟 유다가 예수님을 팔 것이라고 알고 있습니다. 왜냐하면, 가룟 유다의 결말이 성경에 나와 있기 때문입니다. 그러나 가룟 유다와 함께 한 다른 제자들 그 어느 누구도 가룟 유다가 예수님을 팔 것이라고 의심하는 사람은 없었습니다.

한 번 생각해 봅시다. 어떤 사람이 주님과 삼 년 동안 동행했습니다. 예수님의 가르침을 받았습니다. 예수님이 행하시는 기적을 가까이에서 직접 목격했습니다. 그뿐만 아니라 자신도 악령을 제어하고, 질병을 고치면서 하나님 나라를 전했습니다.

이 정도 요건이 되면 하나님 나라 들어가기에 충분한 조건이 아닐까요? 아니 이런 조건이 아니라 예수님이 가룟 유다와 동행하셨다면 예수님이 그를 마귀에게 내어 주시면 더더욱 안 되는 것 아닙니까?

사랑이 많으신 주님이 아닙니까?

그런데 예수님 자신이 부르셨고, 자신과 함께 하나님 나라를 전한 가룟 유다를 마귀에게 내어 줍니다. 아버지의 이름이라는 것은 주의 이름입니다. 권능의 이름입니다. 심판하는 이름입니다. 그 이름으로 오신 그분이 가룟 유다는 왜 지키지 못하느냐는 겁니다.

천국과 지옥이 예수님과 동행하느냐 하지 않느냐로 나누어졌다면 사람들은 얼마든지 수긍할 만합니다. 그런데 예수님과 동행하는 자들 가운데 천국 갈 자와 지옥 갈 자가 나누어진다는 겁니다. 공생애 기간에 이 사건을 보이신 이유는 앞으로 어디에서 심판이 이루어지게 되는가를 말씀하시기 위함입니다.

마태복음 25장을 보면 열 처녀, 달란트, 양과 염소의 비유가 나옵니다. 열 처녀 비유에서나 달란트 비유, 양과 염소의 비유에서 모든 사람이 주님을 너무나 잘 알고 있고, 주님을 기다리고 있고, 주님을 위해 열심을 내는 자들이라는 사실입니다. 마치 예수님이 공생애 동안 가룟 유다를 포함한 제자들과 동행하시는 것과 전혀 다르지 않습니다. 다른 점은 예수님은 가룟 유다를 자신을 팔 자로 선택하셨다는 사실입니다.

그러나 열 처녀 비유와 달란트 비유, 그리고 양과 염소의 비유를 보면 누가 가룟 유다의 위치에 있는지 알기가 쉽지 않습니다. 만일 열 처녀 비유를 해석해서 기름을 준비하자고 해석합니다. 아니면 깨어 있자고 해석을 해서 그렇게 살자고 한다면, 양과 염소의 비유에서는 깨어 있는 자가 염소 편이 됩니다. 지옥 갑니다. 아니면 기름을 준비하자고 해석해도 마찬가지입니다. 기름이 준비되었다는 것은 왕이 심판 하실 때 할 말이 많다는 겁니다.

아니면 충성된 자로서 많은 달란트를 남기는 자가 칭찬을 듣는다고 해석을 한다면 이 역시 세 번째 비유에서 부정을 당하게 됩니다. 자신이 남긴 달란트를 모를 자가 없기 때문입니다. 게을러도 마찬가지입니다. 그것은 악한 겁니다.

사람들은 가룟 유다와 다른 제자들이 확실히 구별된다고 생각합니다. 그러나 주님만이 심판주가 되십니다. 그 심판은 십자가에서 나옵니다. 십자가의 피를 증거하기 위한 가룟 유다의 멸망과 다른 제자들의 구원입니다. 주님의 피 공로를 돋보이게 하기 위한 주님의 심판입니다. 그야말로 출몰입니다. 우발성입니다.

그런데 사람들은 성경을 읽으면서 자기 구원을 절대 포기할 수가 없습니다. 그래서 주님은 모든 자들을 말씀 속으로 밀어 넣습니다. 말씀 기계 속으로 들어가 십자가의 피가 나온다면 그는 긍휼의 그릇이지만, 말씀 기계 속으로 들어가 자기 구원이 나온다면 그는 저주의 그릇입니다. 말씀이 주도권을 갖고 있습니다. 심판주는 십자가 지신 인자뿐입니다.

♣ 모든 것을 예수님 손에

> 요 13:3
>
> 저녁 먹는 중 예수는 아버지께서 모든 것을 자기 손에 맡기신 것과 또 자기가 하나님께로부터 오셨다가 하나님께로 돌아가실 것을 아시고.

본문을 보게 되면 두 가지 이야기를 하는 것 같습니다. 그러나 한 가지 이야기입니다. 아버지께서 모든 것을 자기 손에 맡기신 것은 곧 하늘과 땅의 모든 권세를 죽으시고 부활하신 인자에게 주셨다는 겁니다. 이것을 달리 표현해 "아버지에게서 오셨고 아버지께로 돌아가신다"입니다. 아버지께로 돌아가는 자리는 죽으시고 부활하셨기 때문에 아버지 품속이 아니라 아버지 우편의 자리, 곧 주의 자리입니다.

하늘과 땅의 모든 권세를 예수님이 가지셨다면 십자가에 달려 죽으실 필요가 없었습니다. 물론 우리들이 아는 순서로는 십자가에 달려 죽으시고 부활하신 분이 하늘과 땅의 모든 권세를 가지시게 됩니다. 그런데 오늘 본문에서는 아버지께서 모든 것을 예수님 손에 맡기신 것을 아셨습니다. 여기에서 맡겼다는 것은 과거형입니다.

그런데 아버지께로 돌아가시는 것은 언제입니까?

미래이지요. 표현이 놀랍지 않습니까?

인간들의 상식과 논리로는 도무지 따라서 갈 수 없습니다. 안 맞습니다.

앞서 말씀드렸지만 하늘과 땅의 모든 권세를 가지려면 반드시 죽으시고 부활하셔서 승천하셔야 합니다. 그런데 아직 일어나지도 않았는데 아버지께서 모든 것을 예수님 손에 주셨다고 하는 겁니다.

이렇게 말씀하시는 이유가 무엇일까요?

십자가 사건 때문입니다.

인간들의 본심은 자신이 구원 얻는 것에 있습니다. 제가 이렇게 말하면 어떤 똑똑한 자들은 이렇게 말할 겁니다. '난 구원 같은 것 필요 없다. 구원을 필요로 하는 자들은 겁쟁이다. 나는 그들과 같은 겁쟁이가 아니다.'

다른 말로 하면 내가 바로 구원을 베풀기도 하고 지옥을 보내기도 하는 신이라는 말입니다.

사실 구원 얻고자 하는 유약한 자들이나 이들이나 똑같은데 왜 이들은 스스로 유약하지 않다고 하냐면 악마에게 사로잡혀 있기 때문입니다. 신께 의존하는 자들도 말이 신께 의존하는 것이지만 신을 이용해 먹겠다는 겁니다. 주인공이 자신입니다. 부처가 하는 이야기나 유대교가 하는 이야기가 같습니다.

모든 권세를 누가 가졌다는 거냐면 자신이 가졌다는 겁니다.

이렇게 권세를 가진 자들이 예수님을 십자가에 못 박아 죽입니다. 문제는 이 세상에 남겨진 예수님의 사람들, 예수님이 사랑하는 자들입니다.

그들은 이 세상에서 어떻게 살아갈까요?

하늘과 땅의 모든 권세를 예수님이 가지셨기에 예수님이 사랑하시는 자들이 그 권세를 휘두르면서 살까요?

많은 사람이 이런 생각을 갖고 있습니다.

오늘날 예수님을 믿는다고 하는 사람들이 갖는 생각 아닌가요?

예수님처럼 이 세상에서 힘없이 밀침을 당하는 것이 하늘과 땅의 모든 권세를 가지신 분이 동행하는 삶이라고 생각할까요?

성령을 받지 않고는 이런 생각을 할 수가 없습니다.

그래서 오늘 본문에서 예수님의 주 되심을 두 가지로 말씀하시는 겁니다. 사람들이 생각하는 주 되심, 곧 아버지 우편의 자리에 가시는 것은 누구나 받아들일 수 있고 공감할 수 있습니다. 문제는 그 자리에 가신 분이 십자가에 달려 죽으신다는 겁니다. 무슨 말도 안 되는 이야기를 하냐고 말씀하실 분들이 많지요.

주와 선생이 되어 제자들의 발을 씻기시는 장면이 바로 이 내용을 말씀하시는 겁니다. 제자들이 생각하는 주와 예수님이 말씀하시는 주가 이렇게 대척점에 있습니다. 제자들이 생각하는 주는 느부갓네살왕처럼 권세를 행사하는 주입니다. 자신들도 그렇게 행세하고 싶은 겁니다.

그러나 성령이 임하면 이들이 행세하는 권세는 그리스도의 피 권세입니다. 그래서 이 세상으로부터 예수님이 당하셨던 그 대우를 그대로 당합니다. 이 세상은 예수님의 피를 원하는 것이 아니라 이 세상에서 힘을 발휘할 수 있는 권세를 원합니다. 죄 용서 하는 주님의 피 권세는 이 세상에서 아무런 도움이 되지 않습니다. 그래서 십자가에 달려 죽으실 때 사람들이 예수님을 향해 조롱한 것입니다. 예수님의 영원한 사랑을 받은 자들만 이 세상에서 조롱받는 십자가만 자랑합니다.

♣ 이제는 알지 못하나 이 후에는 알리라

> 요 13:4-7
>
> 저녁 잡수시던 자리에서 일어나 겉옷을 벗고 수건을 가져다가 허리에 두르시고 이에 대야에 물을 담아 제자들의 발을 씻기시고 그 두르신 수건으로 씻기기를 시작하여 시몬 베드로에게 이르시니 가로되 주여 주께서 내 발을 씻기시나이까 예수께서 대답하여 가라사대 나의 하는 것을 네가 이제는 알지 못하나 이 후에는 알리라.

예수님이 제자들의 발을 씻기셨습니다. 그러나 지금은 발을 씻기심의 의미를 알지 못하지만, 이후에는 알게 될 것이라고 하십니다.

오늘 본문을 보는 예수님을 믿는다고 하는 사람들은 예수님이 제자들의 발을 씻기신 의미가 무엇인지를 안다고 자부할 겁니다. 그런데 안다는 것이 문제가 됩니다. 성경을 연구하면 예수님이 제자들의 발을 씻겨 주시고 수건으로 닦아 주신 것은 예수님의 십자가 사랑을 말씀하시는 것이며, 그 받은 사랑을 실천하라고 예수님이 제자들의 발을 씻겨 주시고 닦아 주셨다는 사실을 알게 됩니다. 물론 그 사랑의 실천은 십자가의 증인이라는 사실도 알 수 있습니다. 이런 것은 성령을 받지 않아도 알 수 있습니다.

이렇게 되면 성령을 빼고 성경 공부 열심히 하면 됩니다. 그러나 성경은 성령을 받은 자들에 의해 기록된 말씀입니다. 예수님의 말씀은 주님의 말씀입니다. 그렇다면 성령을 받지 않으면 예수님이 하신 말씀을 알 수 없습니다.

그렇다면 성령을 받게 되면 어떻게 될까요?

> 내가 그리스도와 함께 십자가에 못 박혔나니 그런즉 이제는 내가 산 것이 아니요 오직 내 안에 그리스도께서 사신 것이라 이제 내가 육체 가운데 사는 것은 나를 사랑하사 나를 위하여 자기 몸을 버리신 하나님의 아들을 믿는 믿음 안에서 사는 것이라(갈 2:20).

베드로는 상상도 못 했습니다. 왜냐하면, 십자가에 못 박히신 분은 예수님밖에 없습니다. 그런데 성령을 받게 되니 자신이 예수님과 함께 십자가에 못 박혔습니다. 그러니 예수님과 함께 죽었다는 말입니다. 두 번째 사망을 당했다는 겁니다. 그러니 나는 죽었습니다. 심판받았습니다. 이제는 내가 살지 않습니다. 내 안에 그리스도가 삽니다.

내 안에 그리스도가 산다는 의미는 내가 육체 가운데 살아감으로 말미암아 나를 사랑하사 자기 몸을 버리신 하나님의 아들을 믿는 믿음 안에서 사는 겁니다. 여기에서 '나'라는 주어가 계속 등장하는 것에 주목해야 합니다.

이미 십자가에 못 박혀 죽었다면 더 이상 '나' 라는 주어가 나오지 않아야 하지 않습니까?

그런데 '나' 가 계속 나옵니다. 그 이유는 '나'를 사랑하사 자기 몸을 버리신 하나님의 아들을 증거하기 위해서는 반드시 '나'가 나와야 합니다.

정말 이 세상 사람들의 사고방식으로는 도무지 납득할 수 없는 논리입니다. 내가 그리스도와 함께 십자가에 못 박혀 죽었다면 더 이상 살아 있는 '나'가 나오지 않아야 합니다.

하지만 "내"가 육체 가운데 살아가야만 "내"가 사는 것이 아니라 "내" 속에 그리스도께서 사신다는 것을 증거 할 수 있습니다. 여기에서 육체라고 하는 단어는 'sarrx'입니다. 육체 가운데 산다는 말은 죄만 나온다는 말입니다. 그 예가 갈라디아서 2:11 이하에 나오는 게바의 외식입니다.

게바는 주님이 발을 씻겨 주심 속에 휘말렸습니다. 예수님이 이후에는 알리라는 말씀은 게바 자신이 이후에 스스로 아는 것이 아니라 주님이 휘말리게 해서서 당하게 됩니다. 이것은 자신이 원해서가 아니라 부르신 분이 그렇게 다루시는 겁니다. 그러니 십자가만 자랑하지 않을 수 없는 상황에 처하게 됩니다.

그러나 악마의 종들인 선악을 알게 된 자들은 이후에는 '알리라'는 말씀 속에 모두가 갇혀 절대 빠져나올 수 없습니다. 이들은 자신들이 '알았다'는 것이 선이 되어 자신을 구원할 수 있다고 생각합니다. 그래서 베드로가 이후에 안 것은 자신도 알려고 하여 성경을 부지런히 연구하는 겁니다. 그러나 이들은 십자가 안이 아니라 십자가 밖에서 구경하는 구경꾼입니다. 그러니 이들은 자신의 구원을 자랑하고, 자신이 아는 것을 자랑합니다.

♣ 씻어 주심과 분깃 1

> 요 13:8
>
> 베드로가 가로되 내 발을 절대로 씻기지 못하시리이다 예수께서 대답하시되 내가 너를 씻기지 아니하면 네가 나와 상관이 없느니라.

베드로는 '주님 되신 예수님이 절대로 자신의 발은 씻기지 못합니다.'라고 합니다. '절대로'라는 단어는 '영원히'라고도 번역이 됩니다. 이 세상 사람들의 사고방식으로는 지극히 당연합니다. 주님이 종의 발을 씻긴다는 것은 있을 수 없는 일입니다. 달리 말하면 자신이 주님의 발을 씻겨야 하지 어떻게 주님이 종인 자신의 발을 씻기시느냐는 겁니다.

여기에 대해 예수님이 뭐라고 하십니까?

"내가 너를 씻기지 아니하면 네가 나와 상관이 없느니라"고 하십니다.

여기에서 "상관"이라는 단어는 헬라어로 메로스(*meros*)입니다. 분깃이라는 의미도 됩니다. 분깃이라고 하니 훨씬 의미가 와 닿지요. 예수님이 베드로의 발을 씻기지 않으면 예수님과 함께할 분깃이 없다는 겁니다. 예수님과 함께 분깃을 받으려면 반드시 예수님이 발을 씻기셔야 합니다. 그런데 베드로는 고집을 부립니다. 영원히 자신의 발은 씻길 수 없다는 겁니다. 베드로의 이 말은 첫째 아담 안에 있는 자들의 마음을 표현하는 겁니다.

베드로는 자기 주제를 파악하지 못하고 있습니다. 예수님과 자신이 사람 대 사람의 관계로 보는 겁니다. 그러니 자신이 얼마든지 예수님을 섬길 수도 있고, 예수님의 섬김을 거부할 수도 있다고 생각합니다.

죄인이 되었다면 그저 주시는 사랑을 받기만 하면 된다는 사실을 알 것인데, 자신이 죄인이 아니라 주님 앞에 예의를 차릴 수 있는 그런 인간이라고 생각한 겁니다. 복음을 안다고 하더라도 사람들의 마음은 언제나 예의 차릴 준비가 되어 있습니다. 그래서 오늘 말씀을 우리에게 주시는 겁니다.

주님의 사랑을 받아 버리면 예의 차릴 이유가 없어집니다.

그런데 왜 우리들은 주님께 예의를 차리려고 할까요?

주님이 발을 씻지 않으면 주님과 함께 분깃을 받을 수 없습니다. 씻겨 주시면 그냥 받으면 됩니다. 물론 씻겨 주신다는 말은 언제나 우리는 씻김을 받아야 하는 죄인이라는 것입니다.

♣ 씻겨 주심과 분깃 2

> 요 13:8
>
> 베드로가 가로되 내 발을 절대로 씻기지 못하시리이다 예수께서 대답하시되 내가 너를 씻기지 아니하면 네가 나와 상관이 없느니라.

알미니안 주의 다섯 가지 주장을 한 번 보겠습니다.

첫째, 비록 인간의 본성이 아담의 범법으로 인해 타락해서 심각한 영향을 받았을지라도 인간이 영적 도움을 받지 못하는 상태에 남아 있게 되지는 않았다. 하나님이 모든 죄인이 회개하여 믿게 하실 수는 있으나 그분이 인간의 자유를 간섭하지는 않는다. 각 죄인은 자유 의지를 가지고 있으며 그의 영원한 운명은 그가 자기 자유 의지를 어떻게 사용하느냐에 달렸다.

인간의 자유는 영적으로 악보다 선을 택할 수 있는 능력에 있는 것이다. 즉 인간의 의지는 그의 죄를 짓는 본성에 노예화되어 있지 않다는 것이다. 죄인은 하나님의 성령에 동조(협조)히여 재생힐 수 있는 권능이 있고 또 하나님의 은사를 거절하여 멸망될 수 있는 권능도 소유하고 있다.

타락된 죄인은 성령의 도움이 필요하나 그가 믿기 전에 성령으로 다시 태어나지 않아도 된다. 왜냐하면, 신앙이란 인간이 행한 것이며, 다시 태어나기 전에 신앙이 있어야 하기 때문이다. 신앙은 죄인이 하나님께 드리는 선물이며, 그것은 곧 인간이 구원의 길에 이바지한 셈이 되는 것이다.

둘째, 하나님이 개인을 선택하셔서 구원을 받게 함은 인간이 하나님의 부름에 순응하리라는 그 분의 예견에 그 기초를 두고 있다.

거리낌 없이 복음을 받아들이는 사람들만을 선택하셨다. 따라서 '선택'이란 사람이 하는 바에 따라서 결정된다. 하나님이 미리 아시는 신앙과 그로부터 하나님의 선택이 기초를 두고 계신 신앙은 하나님이 죄인에게 주시는 것이 아니라 오직 인간의 자유 의지에서 초래되는 것이다.

또한, 하나님을 알고 구원받게 되는 것은 전적으로 각 인간에게 달려 있다. 인간의 자유 의지로 그리스도를 선택하는 자를 하나님은 선택하신다. 따라서 궁극적인 구원은 하나님이 죄인을 선택하시는 것이 아니라 죄인이 그리스도를 선택함으로 이루어진다.

셋째, 그리스도의 속죄로 모든 사람이 구원을 받을 수 있게 되나 실제로 어떤 사람의 구원을 보증하지는 않는다.

그리스도가 만인을 위하여 죽임을 당하셨으나 오직 그리스도를 믿는 사람들만이 구원받는다. 인간들이 그분을 믿는 조건 하에서 예수의 대속으로 하나님이 죄인을 용서하실 수 있다. 그러나 그 사람의 죄가 실제로 없어지는 것은 아니다. 인간이 복음을 받아들이기로 선택할 때만 그리스도의 대속은 효과를 보게 된다.

넷째, 성령은, 인간들의 복음 초대에 의하여 외면으로 불려오는 모든 자들을 내면으로 불러들인다.

그분은 모든 죄인이 구원받기 위하여 그가 할 수 있는 모든 것을 한다. 그러나 인간은 자유 의지가 있기 때문에 성령의 부름에 저항할 수 있다. 성령은 죄인이 믿을 때까지 그를 중생시킬 수 없다. 새로이 탄생되기 전에 신앙이 있게 되며 신앙으로 새로운 탄생이 가능하게 된다.

이와 같이 인간의 자유 의지는 그리스도의 구조작업에 있어 성사의 역할을 제한시킨다. 성령만이 하나님에게 동조하는 자를 그리스도에게 이끌 수 있다. 죄인이 순응할 때까지 성령은 생명을 줄 수 없다. 따라서 하나님의 은사는 정복할 수 있다. 하나님의 은사는 인간이 저버릴 수도 있고 왜곡시킬 수도 있다.

다섯째, 믿고 구원받기로 된 사람들도 신앙을 잃으면 구원을 받지 못하게 된다.

모든 알미니안주의자들은 이점에 있어 의견이 일치하지 않는다. 어떤 사람들은, 믿는 자들이 그리스도에게서 영원히 보증받는다고 주장한다.

즉 죄인이 다시 태어나면 반드시 구원받게 된다는 것이다.

인간이 하나님에게 순응하는 것이 그 결정적 요소가 되므로 주도력을 쥐고 계신 하나님과 하나님께 순응하는 인간과의 공동 노력을 통해 구원이 이룩될 수 있다는 것이다. 모든 사람이 구원을 받도록 하나님이 그 길을 예비하여 놓으셨으나 구원이란 곧 인간의 자유 의지로서 하나님의 은사를 받아들이고 하나님과 협력하기로 선택한 사람들에게만 그 효과를 보게 된다.

인간의 자유 의지가 그 결정적인 역할을 하게 된다는 것이 그 핵심이 되는 것이다. 따라서 구원의 은사를 받아들이는 힘은 하나님이 아니고 곧 인간의 힘이다. 인간에게 자유 의지가 있다는 겁니다. 오늘 본문에서 베드로가 그러한 주장을 펼치는 겁니다.

도대체 누구 앞에 인간이 자유 의지가 있다는 겁니까?

상대가 십자가 지신 주님이라는 사실을 모릅니다. 상대가 자신과 동일한 인간이라면 자유 의지를 주장할 수 있지만 상대가 십자가 지신 주님입니다. 이들은 주님이 발을 씻어 준 적이 없기 때문에 이런 주장을 펼치는 겁니다.

♣ 발, 손, 머리도 씻겨 주옵소서

> 요 13:9
>
> 시몬 베드로가 가로되 주여 내 발 뿐 아니라 손과 머리도 씻겨 주옵소서.

주님과 함께 분깃을 받을 것이라는 말에 베드로는 발뿐 아니라 손과 머리도 씻겨 달라고 합니다. 탐심이 작용하지 않는 곳이 없습니다. 분깃이라는 말에 베드로에게 있던 악마성이 돌출됩니다. 천국, 축복, 행복을 준다고 하면 인간 속에 숨겨진 악마성은 화산이 폭발하듯이 폭발합니다. 부처가 되었든, 예수가 되었든, 나무가 되었든, 돌이 되었든, 그런 것이 중요한 것이 아닙니다.

나에게 주어질 분깃이 있다면 그 어떤 것도 아끼지 않습니다. 베드로는 예수님의 말씀을 구약과 연결 지어 생각한 것입니다. 자신이 기다리던 하나님 나라, 온 유대인들이 기다리던 메시야 왕국을 꿈꾸고 있었습니다. 그 꿈을 한시라도 잊어 본 적이 없습니다.

자신 앞에 계신 분은 주님입니다. 영생의 말씀되시는 분입니다. 심판주가 되십니다. 이분과 함께 분깃을 받는다는 것은 자신은 적어도 주님의 우편 아니면 좌편의 권력을 차지할 수 있을 것이라 생각한 겁니다.

오늘날 사람들이 왜 주일날 교회로 갈까요?
왜 설교를 들을까요?
왜 성경을 읽을까요?

달리 표현해 보겠습니다.

왜 출근할까요?
왜 열심히 운동을 할까요?
분깃이 없다면 그런 일을 하겠습니까?
내 수고를 통하여 나에게 돌아올 분깃이 있기에 열심을 내지 않을까요?

만일 나의 수고와 희생과 헌신이 나에게 돌아올 분깃을 가져다주지 않는다면 이 세상 모든 사람들은 자신의 행위를 멈출 겁니다.

그런데 베드로는 자신의 수고와 헌신과 희생이 아니라 예수님의 섬김으로 자신에게 돌아올 분깃이 있다는 것을 알았습니다. 그러니 그 분깃을 받으려면 예수님이 자신을 씻어 주셔야 한다는 사실을 알게 되었습니다. 그래서 발그뿐만 아니라 온 몸을 씻어달라고 하는 겁니다.

육에 속했기 때문에 예수님이 하시는 말씀을 육으로 이해한 것입니다.
오늘날 이런 신앙인이 얼마나 많습니까?

주님과 함께 분깃을 받기 위해 자신을 들이밀면 그 분깃을 받을 수 있다고 생각합니다.

주님은 자기 백성만 자신의 피로 죄 용서 해 줍니다. 그런데 인간들은 그 피를 자기 탐욕을 채우기 위한 도구로 생각합니다. 그래서 자신이 알아서 예수님의 피로 들어갑니다. 마치 나아만 장군이 요단강에 자신의 몸을 넣는 식입니다. 그렇게 하면 죄 용서가 될 줄로 생각합니다. 이들은 예수님이 베드로의 발을 씻어 주는 이유를 모르는 자들입니다.

예수님은 죄 용서 하시기 위해서 이 땅에 오신 것이 아닙니다. 주님이 되시기 위해 이 땅에 오셨습니다. 그래서 주님으로부터 죄 용서함을 받은 자들은 주님을 위해 주님의 죽음 속으로 합류하게 됩니다.

♣ 발을 씻는 것과 이미 목욕한 자

> 요 13:10 상
>
> 예수께서 가라사대 이미 목욕한 자는 발 밖에 씻을 필요가 없느니라 온 몸이 깨끗하니라

사람들은 오늘 본문을 통해 비록 구원받았다고 하더라도 죄로 오염된 이 세상 가운데서 살아가는 한 자신이 범한 죄를 회개하는 일을 계속 반복해야 된다고 합니다. 이미 목욕했기 때문에 계속해서 발은 씻어야 한다는 겁니다.

과연 그런 의미일까요?

예수님이 베드로의 발을 씻어 주시는 이유는 이미 목욕했기 때문이라는 겁니다. 온 몸이 이미 깨끗합니다. 정결합니다. 따라서 발을 씻어 주시는 것은 이미 깨끗해졌다는 증거입니다.

중요한 것은 이 모든 일들이 예수님의 일방적 선언이요 일방적 행위라는 사실입니다. 베드로에게 그 어떤 것도 묻지 않습니다. 동의를 구하지도 않습니다. 심지어 베드로는 예수님이 하시는 말씀의 의미를 전혀 깨닫지 못합니다.

그런데 사람들은 오늘 본문을 보면서 세례 받으면 구원 얻었다는 증거요, 회개 하면 구원 얻은 증거라고 주장합니다.

만일 그런 식의 주장이라면 베드로는 예수님이 베드로의 발을 씻어 주셨기 때문에 자신은 이미 목욕한 자요 깨끗해진 자라는 사실을 얼마든지 받아들일 수 있습니다. 본문을 보면 베드로가 충분이, 제자들이 충분이 그렇게 생각했을 수 있습니다. 그런데 그 깨끗함, 목욕이라는 것이 그리스도의 피로 되어진다는 것을 육에 속한 자가 무슨 수로 알 수 있겠습니까?

교회 다니는 사람들은 예수 그리스도의 피로 깨끗하게 되었다는 사실을 모르는 사람이 없습니다. 그런데 만일 그렇게 된다면 성령이 없어도, 내가 회개하고, 내가 세례 받으면 얼마든지 나는 이미 그리스도의 피로 깨끗하게 함을 입은 자라고 주장할 수 있습니다. 사실 오늘날 교회가 이런 신앙인들로 가득 차 있습니다.

그러니 십자가의 피가 필요 없는 겁니다. 십자가의 피가 필요 없다는 말은 성령이 필요 없다는 말입니다. 그러니 나의 믿음, 나의 회개, 나의 세례만 필요합니다.

구원받기 얼마나 쉽습니까?

이들로부터는 십자가만 자랑한다는 소리를 들을 수 없습니다. 그 이유는 그들은 오늘 본문 말씀을 자기 구원용으로 이해하고, 구원 확신용으로 받아들이기 때문입니다.

십자가의 피로 깨끗하게 된 자는 십자가의 피를 자랑합니다. 많은 사람이 오늘 본문을 해석할 때, 이미 구원받았지만 살아가면서 짓는 죄는 회개해야 한다고 주장합니다. 말이 맞는 것 같지요. 그런데 이렇게 주장하는 이유를 잘 생각해 보세요. 회개하면 깨끗해진다는 논리를 갖고 그렇게 주장하는 겁니다. 그래서 사람들이 열심히 회개합니다. 회개한 사람들은 자신이 깨끗하다는 겁니다. 그러니 십자가를 자랑하는 것이 아니라 자신의 회개와 자신의 깨끗함을 자랑하는 겁니다.

성도는 이미 주님이 깨끗하게 하셨습니다. 죄 용서하셨습니다. 그래서 깨끗합니다. 그래서 죄인으로 드러나고 십자가의 피를 자랑하는 겁니다. 이 세상에서 생각하는 깨끗함과는 너무나 다른 의미를 담고 있습니다.

출애굽한 이스라엘을 여호와 하나님이 자신의 아들, 장자라 합니다. 그런데 그 장자의 꼴을 한 번 보시면 여호와께서 강퍅케 하신 바로왕과 다른 것이 하나도 없습니다. 애굽의 속성을, 바로의 속성을 그대로 담고 있는 여호와 하나님의 아들입니다. 이것이 바로 유월절 어린양의 피를 돋보이게 하는 여호와 하나님 아들의 진면목입니다.

성도는 그리스도의 영을 받은 자입니다. 양자의 영을 받았습니다. 그렇다면 이제 본격적으로 십자가의 피를 돋보이게 하는 행보를 하게 됩니다. 구약 이스라엘을 예로 든다면, 성깔대로 사는 겁니다. 출애굽한 이스라엘을 보시면 조금의 인내, 조금의 겸손, 조금의 감사도 없습니다. 원망과 원망의 연속입니다. 불평과 불평으로 가득 차 있습니다. 물론 여호와 하나님이 친히 그러한 환경으로 인도하신 겁니다. 성도의 광야 길도 마찬가지입니다.

깨끗하게 사는 길로 인도하시는 것이 아니라 깨끗하게 하신 십자가의 피를 증거하는 길로 인도하시는 겁니다. 그러니 사실 성도가 어떻게 할 수 있는 것은 아무것도 없습니다. 광야 이스라엘을 보시면 그들이 갇혀 있음을 알 수 있습니다. 주님이 우리를 광야에 가두심이 도리어 십자가의 사랑의 깊이를 알아가는 환경이 됩니다.

이미 깨끗해졌기에 주어진 환경입니다.

♣ 너희가 깨끗하나 다는 아니니라

> 요 13:10-11
>
> 예수께서 가라사대 이미 목욕한 자는 발 밖에 씻을 필요가 없느니라 온 몸이 깨끗하니라 너희가 깨끗하나 다는 아니니라 하시니 이는 자기를 팔 자가 누구인지 아심이라 그러므로 다는 깨끗지 아니하다 하시니라.

사람들은 진리에 관심이 있습니다. 그래서 진리가 어떤 가치를 지향하고 있고, 어떤 효과를 내는가를 알기 위해서 연구합니다. 그리고 그 진리가 어떤 방식으로 작동하며, 어떠한 효과를 야기하는지도 찾아냅니다.

유대인들이 성경을 연구하는 이유도 마찬가지입니다. 진리가 어떤 방식으로 작동하며, 어떠한 효과를 자신에게, 자기 민족에게 야기하는지를 알았습니다. 물론 철저하게 구약성경에 근거한 것입니다.

예수님의 말씀은 이렇게 접근하는 자를 화염검으로 막아 버립니다. 그런데 사람들은 오늘 본문을 그렇게 읽지 않습니다. 왜냐하면, 앞서 언급한 니체와 같은 사고방식을 담고 있기 때문입니다. 니체가 특별한 사람이 아니라 아담입니다. 그러니 그의 주장은 선악과를 따먹은 아담의 주장이지요. 니체가 어쩌면 그렇게 잘 예수님을 십자가에 못 박은 유대인들의 사고방식을 잘 표현 했는지요.

이 세상은 나를 위해 존재해야 한다는 사상, 예수님도 마찬가지입니다.

오늘 말씀에서 이미 깨끗한 자가 있고, 깨끗지 않은 자가 있다고 하십니다. 이렇게 말씀하시면 사람들은 먼저 숫자를 셉니다. 인간에게 있어 확률이 높다는 것은 매우 중요한 문제입니다. 11:1입니다. 열한 명은 이미 깨끗하게 된 자이며, 다른 한 명은 깨끗지 않는 자입니다. 그래서 오늘 본문을 읽을 때 이미 깨끗하게 된 자 속에 읽는 자신을 집어넣습니다. 이미 무슨 힘이 내부에서 작용했습니다. 자신도 모르는 내부의 힘, 그것은 어떤 고정

된 형태를 가진 것이 아닙니다. 오늘 본문 말씀을 접속하는 순간 내부에서 치밀고 나옵니다.

그러니 자신이 어떻게 통제할 수가 없습니다. 그런데 문제는 오늘 본문에서 누가 이미 깨끗함을 입은 자인지, 그렇지 않은 자인지 구별이 되어 있지 않습니다. 성경을 알고 있는 우리들이야 가룟 유다와 나머지 제자로 구별할 수 있지요. 예수님을 믿고, 성경을 읽은 사람 대부분이 이런 사고방식을 갖고 있습니다. 그러니 성경을 엉터리로 읽는 겁니다. 글을 읽은 기본도 안 된 목사들이 너무 많습니다. 제가 이렇게 말하는 이유는 목사들이나, 교인들은 니체의 사고방식을 하고 있다는 겁니다. 악마의 사고방식이지요. 악마는 자신을 주의 자리에 세우는 겁니다.

예수님만이 주님이십니다. 예수님만이 십자가의 피로 깨끗하게 하실 자와 깨끗하게 하지 않을 자를 만드십니다. 따라서 이미 깨끗한 자와 그렇지 않은 자는 오직 십자가 지신 주님만이 아십니다.

그런데 우리는 주님도 아니면서 안다고 나대는 겁니다. 그러니 악마적 사고방식이라는 겁니다. 열두 제자 중 누가 깨끗함을 입었고 그렇지 않은 자인지 그들 어느 누구도 모릅니다. 그렇게 하시는 이유는 바로 깨끗함을 입었다고 했을 때, 그 깨끗함의 바탕이 깨끗하지 않음을 끼고 있기 때문입니다.

그 이유는 십자가 때문입니다. 예수님이 이 말씀을 통해 하시고자 하시는 말씀은 십자가에 피 흘려 죽으시고 부활하신 예수님 자신이 주님 되심을 증거하는 말씀입니다. 그렇게 만들어지는 자들이 바로 깨끗함을 입은 자와 그렇지 않은 자입니다.

중요한 것은 깨끗함을 입지 못한 자는 아무것도 모르는 자입니다. 소경입니다. 그러니 오늘 말씀은 깨끗함을 입은 자에게만 들려주시고 보여주시는 말씀입니다.

마태복음 13:47-50입니다.

> 또 천국은 마치 바다에 치고 각종 물고기를 모으는 그물과 같으니 그물에 가득하매 물가로 끌어내고 앉아서 좋은 것은 그릇에 담고 못된 것은 내어 버리느니라 세상 끝에도 이러하리라 천사들이 와서 의인 중에서 악인을 갈라내어 풀무 불에 던져 넣으리리 거기서 울며 이를 갈이 있으리라.

만일 예수님의 죽으심이 인간을 위한 죽으심이라면 인간을 풀무 불에 던져 넣는 일은 하지 않아야 합니다.

그뿐만 아니라 의인이 누군지, 악인이 누구인지 확실히 알려 주셔야 하지 않을까요?

그런데 주님은 그것을 알려 주시지 않습니다. 단지 천국이란 심판이 있는 곳이요 의인과 악인을 갈라내는 십자가 지신 주님을 증거하는 곳이라는 말씀만 하시는 겁니다.

함께 모여 있기에 누가 의인인지 누가 악인인지 구별하기가 어렵습니다. 그러나 이미 천국이 왔기 때문에 가룟 유다와 나머지 열한 제자를 구별하셨듯이 이 땅에서도 십자가의 피가 구별해 내십니다.

그런데 사람들은 자신들 스스로 의인이 됩니다. 자기 스스로 깨끗한 자가 됩니다.

왜 그렇습니까?

말씀에 접속하니 그 내부에 자리 잡고 있던, 그를 장악하고 있던 악마가 꿈틀거리면서 그 욕망을 발산하는 겁니다. 그래서 십자가 사건이 십자가 피를 전하는 자들 속에서 반복되어 일어납니다.

♣ 예수님의 헛수고

> 요 13:11
>
> 이는 자기를 팔자가 누구인지 아심이니라.

존 웨슬리라는 사람이 있습니다. 이 사람은 감리교의 창시자입니다. 그가 유난히 싫어한 것이 칼빈의 예정론이랍니다.

왜 예정론을 싫어했을까요?

만일 예정한 자만 구원한다면 설교라는 것이 헛되기 때문이라는 겁니다. 하나님의 은혜와 인간의 순종이 결합 해야만 구원이 이루어진다는 입장입니다. 그래야만 설교자의 설교가 의미가 있게 되고, 인간의 모든 행위가 의미가 있어지기 때문입니다.

그런데 예수님은 자신을 팔자가 누구인지를 아시고 가룟 유다를 열두 제자 중 하나로 택하셨습니다. 물론 열두 제자들 중 그 어느 누구도 가룟 유다가 예수님을 팔기 위해 선택되었는지는 모릅니다. 왜냐하면, 예수님이 열두 제자 모두에게 동일한 사랑을 베풀어 주셨기 때문입니다. 심지어 가룟 유다의 발도 씻어 주셨습니다.

웨슬리 논리라면 예수님은 3년 동안 헛일을 하셨습니다. 3년 동안 데리고 다니면서 말씀을 가르치셨고, 여러 권능을 보여 주셨습니다.

그런데 가룟 유다에게만 그것이 헛된 것이었습니까?

열두 제자 모두에게 예수님의 교육은 헛된 가르침이었습니다. 존 웨슬리가 좋아하는 체험도 엄청나게 많이 경험하게 했습니다. 이들은 예수님과 함께 다니면서 기도, 성경 공부, 심지어 성찬도 함께 참석했습니다.

그런 그 모든 것이 헛되었습니다. 그 어느 누구도 예수님을 믿지 않았습니다.

그래서 십자가의 피 공로만 높일 수 있는 조건이 된 것입니다. 그러나 그 피 공로의 혜택은 십자가 지신 주님이 주신 선물을 받은 자에게만 주어집니다. 따라서 주님의 선물을 받은 자는 그 피 공로를 자랑하기 위한 인생을 살게 됩니다. 먹어도 마셔도, 어떤 일을 해도 하나님의 영광을 위한 행위가 됩니다. 그 이유는 그리스도의 피를 드러내는 행위이기 때문입니다.

사도행전을 보면 사도들이나 집사님들이 그야말로 헛된 수고를 펼치고 있습니다. 그들의 그 어떤 수고도 구원의 결실을 가져오지 못했습니다. 오직 주님이 택하신 자들만 주님이 주님의 피로 구원을 하십니다. 이처럼 피 흘리신 분이 주님이심을 증거하기 위해서 성령 받은 성도들은 헛된 수고를 하신 예수님의 인생을 이 땅에서 반복하게 됩니다.

♣ 주님의 아심과 뻑사리 인생

> 요 13:11
>
> 이는 자기를 팔자가 누구인지 아심이라 그러므로 다는 깨끗지 아니하다 하시니라.

사람들은 모든 일들은 자신의 예상대로, 계획대로 일들이 일어났고, 일어날 것이라 생각합니다. 이것은 첫째 아담 안에 있는 자들이라면 누구나 갖고 있는 사고방식입니다. 유대인들의 사고방식이 첫째 아담의 사고방식을 대표합니다.

구약성경을 보게 되면 세상은 우연히 발생하는 사건은 아무것도 없습니다. 심지어 천국과 지옥도 우연히 가게 되는 것이 아니라 여호와 하나님의 선택과 순종 여하에 따라 결정됩니다.

여기에는 어떤 질서가 있습니다. 마치 아주 긴 기차라고 할까요? 대륙을 달리는 기차는 한국에서 달리는 기차 량과는 비교가 되지 않습니다. 그러나 아무리 길어도 아주 질서 정연하게 움직입니다. 물론 약간의 굴

곡이 생길지라도 그 질서는 무너지지 않습니다.

유대인들의 사고방식은 분명 성경에 근거한 사고방식입니다. 그 이유는 그들이 함정에 빠졌기 때문입니다. 그들은 여호와 하나님이 이스라엘 혈통을 선택해서 구원하신다는 생각을 전제로 하고 있습니다. 그런데 여호와 하나님은 처음부터 하나님의 형상이신 인자되신 예수님을 겨냥하고 있었습니다. 그러나 표면적으로 나타나신 여호와 하나님의 활동에 근거하면 죽으시고 부활하신 주님을 절대 만날 수 없게 되어 있습니다.

도리어 그들의 본성, 곧 선악과를 따먹은 자들의 본성만이 여호와 하나님의 활동을 통해 노출될 뿐입니다. 그 사고방식이 바로 이스라엘 혈통 구원이며 이방인들은 약간의 지분을 받는 구조입니다. 이러한 질서는 절대 무너질 수 없습니다. 그 이유는 여호와 하나님의 약속이기 때문입니다.

그러나 구약성경을 보면 그 질서에 삑사리 나는 것이 한두 번이 아닙니다. 혈통의 단절이 마태복음에서는 네 번씩이나 일어납니다. 그러나 그들은 그 삑사리를 자기 혈통을 보전하기 위한 삑사리로 이해를 합니다. 그 이유는 정녕 죽으리라는 말씀 속에 살아가기에 알지 못하는 두려움 속에 사로잡힌 인간들은 안정을 추구합니다. 그러니 말씀 속으로 자신이 휩쓸리는 것이 아니라 틀어지는 부분을 비로 잡는 방식으로 그 부분을 처리합니다.

예수님의 등장은 유대인들 입장에서는 그야말로 삑사리 정도가 아니라 자신들의 노선과 다른 철로를 달리는 기차였습니다. 사실 가나안 여자 다말, 기생 라합, 모압 여자 룻, 헷 사람 우리아는 다른 노선을 말씀하시는 것이었습니다.

오늘 본문을 보게 되면 이미 긍휼의 그릇과 진노의 그릇은 확정되었습니다. 그래서 사람들은 유대인들처럼 안정을 추구하기에 그 확정 속에 자신을 쏙 집어넣으려고 합니다. 어떠한 삑사리도 용납하지 않겠다는 겁니다. 그 어떠한 우발성도 확정성 속으로 집어넣겠다는 인간 본심을 포기하지 않습니다.

그런데 주님은 그들이 전혀 예상치 못한 방식으로 이 세상에 오셨습니다. 십자가에 달려 죽으시는 분으로 오셨습니다. 십자가의 완료성은 인간의 완료성을 깨는 방식으로 활동합니다. 그래서 주님은 십자가 사건이 매일 성도의 삶에서 일어나도록 조치하시는 것입니다.

> 아무든지 나를 따라 오려거든 자기를 부인하고 날마다 제 십자가를 지고 나를 좇을 것이니라 (눅 9:23).

십자가 사건은 이 세상과 다른 노선입니다. 이것은 우발성입니다. 뻑사리입니다. 그런데 전혀 다른 노선에서의 우발성입니다. 매일 십자가 사건을 발생시키시기 위해 인간을 영토화 하게 하시고 탈 영토화 하게 하여 재 영토화 하도록 조치를 하시는 겁니다. 영토는 언제나 십자가 사건만을 보여 주기 위한 것입니다. 육입니다. 이미 십자가에서 완료하셨다는 것을 증거하기 위한 육, 그래서 이 육은 언제나 낯선 사건을 만날 수밖에 없습니다. 주님이 그렇게 조치를 하십니다. 그래서 우리의 인생은 언제나 뻑사리 나는 인생을 사는 겁니다.

뻑사리 나는 인생이야 말로 십자가의 피와 만나는 유일한 길입니다.

이것은 오직 주님이 깨끗하게 하신 자들에게만 일어나는 사건입니다. 이것은 그 어떤 신나는 모험보다 신나고 감사한 여정입니다.

♣ 선생과 주

> 요 13:12-13
>
> 저희 발을 씻기신 후에 옷을 입으시고 다시 앉아 저희에게 이르시되 내가 너희에게 행한 것을 너희가 아느냐 너희가 나를 선생이라 또는 주라 하니 너희 말이 옳도다 내가 그러하다.

예수님이 제자들에게 다음과 같이 물으신 이유가 무엇일까요?

내가 너희에게 행한 것을 너희가 아느냐(요 13:12).

지금 제자들은 예수님을 선생님으로, 주님으로 인정하고 따르고 있습니다. 제자들은 예수님이 행하신 일은 자신들에게 본을 보이신 일이라 생각할 겁니다.

예수님도 본을 보였다고 15절에서 말씀하십니다.

그런데 문제는 예수님의 언어와 제자들의 언어가 일치하느냐는 겁니다. 예수님의 행위와 제자들의 행위가 하나가 될 수 있을까요?

단순히 예수님이 제자들의 발을 씻어주신 그 사건만을 두고 예수님이 하시는 말씀이 아닙니다. 제자들이 예수님을 선생님으로, 주님으로 인정하고 따르는 이유는 예수님이 지금까지 행하신 표적과 말씀들이 선생님의 자격, 주님의 자격으로 부족함이 없기 때문입니다.

여기에 대해서 예수님이도 그렇다고 맞장구를 쳐 주시는 것 같습니다. 그런데 과연 너희들이 생각하는 선생, 너희들이 생각하는 주라는 의미가 어떤 의미냐는 겁니다.

우리들이 생각하는 선생님, 우리들이 생각하는 주는 어떤 의미입니까?

선생님은 가르치는 일이 기본입니다.

무엇을 가르치냐면 말씀을 가르칩니다.

말씀만 가르치면 되나요?

선생님의 행위를 통해 제자들에게 본을 보여야 합니다.

그렇다면 주는 어떻습니까?

섬김을 받는 자리입니다. 주님은 섬김을 받는 자리이지 섬기는 자리가 아닙니다. 그러니 예수님이 말씀하신 "내가 행한 것을 너희가 아느냐"라는 말씀은 제자들의 얇은 악마적인 앎이라는 겁니다.

이 세상에서 선생님과 주는 죽는 자리가 아닙니다. 자신을 낮추는 것은 가능합니다. 그뿐만 아니라 선생이 제자를 위해서 죽는 것도 가능합니다. 그러나 영생을 가져다주는 죽음은 없습니다. 이들의 죽음은 제자들을 살리고자 하는 죽음입니다. 그러나 주님의 죽으심은 제자들도 함께 죽이는 죽음입니다. 주님의 죽으심에 합류된 자들만이 영생을 얻은 자가 됩니다.

이에 반해 제자들은 죽기 위해서 예수님을 선생님으로, 주님으로 믿고 따르는 것이 아닙니다. 예수님이 선생님으로, 주님으로 말씀하시고 행하신 모든 기적들은 자신들을 살리기 위한 가르침이요, 모범이요, 기적입니다.

십자가는 이 모든 것을 삼켜 버립니다. 그래서 더 이상 예수님을 선생님으로, 주님으로 믿지 못하게 만들어 버립니다. 죄인으로 만들어 버립니다.

♣ 빚진 자(opfeilw) – 옳으니라

> 요 13:14
>
> 내가 주와 또는 선생이 되어 너희 발을 씻겼으니 너희도 서로 발을 씻기는 것이 옳으니라.

이 말씀을 듣고 예수님의 말씀대로 서로 발을 씻기자고 하고, 서로 섬기고자 하는 자들이 대부분입니다.

그렇게 되면 어떤 결과가 도출될까요?

예수님의 말씀을 순종한 내가 최종적으로 남게 됩니다. 이들은 주님의 사랑을 받은 적이 없는 자들입니다. 주님이 남기고자 하시는 것은 피입니다. 인간의 행위를 남기고자 하시는 것이 아닙니다.

본문에서 "옳으니라(opfeilw)"는 "빚지다"라는 의미를 담고 있습니다. 로마서 13:8에서 이렇게 말씀합니다.

> 피차 사랑의 빚 외에는 아무에게든지 아무 빚도 지지 말라 남을 사랑하는 자는 율법을 다 이루었느니라.

오늘 본문과 동일한 말씀입니다.

로마서 15:3입니다.

> 그리스도께서 자기를 기쁘게 하지 아니하셨나니 기록된 바 주를 비방하는 자들의 비방이 내게 미쳤나이다 함과 같으니라.

이 말씀이 정말 어렵습니다. 왜냐하면, 주를 비방하는 비방이 내게 미쳤다는 말씀 때문입니다. 십자가에 달려 죽으심을 말씀합니다. 모든 사람이 십자가에 달린 예수님을 조롱했습니다. 그 조롱은 본래 주를 비방하는 조롱이었다는 겁니다. 조롱을 당하시고 십자가에 달려 죽으심을 두고 그리스도께서 자기를 기쁘게 하지 아니하셨다고 하는 겁니다. 그래서 그리스도께서는 주님이 되셨습니다.

그런데 주님은 성도를 자신의 죽음 속에 합류 시켰습니다. 이러한 상태를 두고 빚진 자라고 하는 겁니다. 더 이상 자기를 기쁘게 하지 않는 자로 만들어 버렸습니다. 성도는 더 이상 자기를 위해 사는 자가 아니라 주를 위해 사는 자가 되었습니다.

주님은 성도를 그리스도께서 이 땅에서 자신을 기쁘게 하지 아니하신 자리, 곧 주를 비방했던 그 비방의 자리에 집어넣습니다. 주님이 그러한 환경을 조성하십니다.

나를 위한 구원은 처음부터 없었습니다. 받은 긍휼, 받은 사랑을 증거하기 위한 사랑이요 구원입니다.

받은 사랑이 나오려면 죄가 나와야 합니다. 그래서 죄가 유발되는 상황을 주님이 항상 조성하시는 겁니다. 그래야만 십자가만 자랑하게 되고, 그래야만 주님이 받으신 비방을 받게 됩니다. 십자가 안에 있는 자에게만 일어나는 사건입니다.

♣ 본을 보였노라

> 요 13:15
>
> 내가 너희에게 행한 것 같이 너희도 행하게 하려하여 본을 보였노라.

제자들은 예수님이 행하신 것을 두 눈으로 목도했습니다. 그러하기에 예수님이 이렇게 말씀하신다고 사람들은 생각합니다. 그래서 사람들은 오늘 본문을 예수님처럼 살아야 한다는 말씀으로 이해를 합니다.

제자들은 과연 예수님이 행하신 이 일이 무슨 의미인지 알았을까요?

만일 십자가 사건이 없다면 오늘 본문은 얼마든지 문자대로 받아들이면 됩니다.

많은 사람들은 오늘 본문을 십자가 사건 없이 보려고 합니다. 십자가 사건 없이 본다는 말은 자신이 살아 있다는 전제를 갖고 이 말씀을 대한다는 말입니다. 이 말은 곧 예수님과 자신을 동등으로 여긴다는 말과 같습니다. 사람들이 성경을 대하는 태도가 다 이렇습니다.

고린도전서 11:1입니다.

> 내가 그리스도를 본받는 자 된 것 같이 너희는 나를 본받는 자 되라.

사도 바울이 그리스도를 어떻게 본받았습니까?

그는 예수님을 핍박했습니다. 그는 그리스도를 본받을 마음이 일도 없었습니다. 자신이 핍박하던 주님이 그를 찾아 오셨습니다. 십자가 사건 속에 함몰시켜 버렸습니다. 더 이상 자신이 사는 것이 아니라 그 안에 그리스도께서 사시게 되었습니다. 자신이 원치 않는 것이었습니다.

자신은 주님과 함께 이미 죽었고, 주님과 함께 다시 살았습니다. 그가 증거하는 것은 십자가의 피 밖에 없습니다. 그리스도를 본받는 자가 되었습니다.

그런데 사람들은 누구를 본받으려고 합니까?

예수님을 본받으려고 합니다. 그리스도를 본받아 사는 것은 예수님처럼 사는 것입니다. 그런 책 제목도 있지요. 그리스도를 본받아 살아버리면 십자가가 나오지 않습니다. 자신의 의로운 행위만 나오게 됩니다.

희생하고 봉사하는 인생, 섬기는 인생, 얼마나 아름답습니까?

사람들은 오늘 본문을 이런 식으로 적용합니다.

이 세상 사람들이라면 모두가 다 이런 삶을 꿈꾸지 않을까요?

그렇습니다. 하나님처럼 높아지고자 하는 욕망은 이런 모습으로 돌출됩니다. 마귀는 이 말씀을 갖고 성도를 고소합니다. 예수님을 본받는 삶을 살아야 한다고 말입니다. 그 딴 식으로 살지 말라고 합니다. 그렇게 막 살면 안 된다고 합니다. 행동을 똑 바로 하라고 합니다. 죄인이 되면 안 된다는 겁니다.

이렇게 하는 설교가 사람들에게 먹힙니다. 인간은 악마의 종이기 때문에 스스로 악마 밑으로 기어 들어가려고 합니다. 이들은 자신의 행위를 자랑하고 싶어 합니다.

그러니 십자가 지신 주님이 친히 찾으신 자만 오늘 말씀에 풍덩 빠지게 됩니다. 내가 원하지 않았는데 말씀 속으로 쑥 집어넣어버렸습니다.

♣ 알고 행하면

> 요 13:16-17
>
> 내가 진실로 진실로 너희에게 이르노니 종이 상전보다 크지 못하고 보냄을 받은 자가 보낸 자보다 크지 못하니 너희가 이것을 알고 행하면 복이 있으리라.

예수님의 말씀은 천지를 창조하는 말씀입니다.

세상은 어둠입니다. 어둠에 속한 자들의 특징은 자기 자신의 행위를 먼저 끄집어냅니다. 이들은 말씀이 먼저라는 사실을 알지 못합니다.

그래서 오늘 본문도 자신의 행위를 앞장세우기 위한 말씀으로 받아들입니다. 예수님의 말씀이 있고, 그 앞에 자신이 있는 겁니다. 그래서 자신은 예수님의 말씀을 알고 행하겠다는 겁니다. 물론 그 행위의 최종목적은 복을 받는 겁니다. 사람들은 행복을 원하지 불행을 원치 않습니다. 그런데 종이 상전보다 크지 못하고 보냄을 받은 자가 보낸 자보다 크지 못하다고 하셨으니, 종의 인생, 보냄을 받은 자의 인생은 최소 십자가의 길입니다. 이러한 사실을 이들은 알고 있습니다. 알고 있기에 십자가의 길을 담대히 걸어가겠다는 겁니다. 그 불행한 길도 기꺼이 걸어 복을 쟁취하겠다는 것이 어둠에 속한 자들입니다.

이들에겐 성령이 없습니다. 성령이 없다 보니 자신을 산 자로 생각하는 겁니다. 산자에서 산자로 지속되기를 원합니다.

주님의 말씀은 주님이 성령을 부어 주심으로 그 말씀을 실행하십니다. 그렇게 되면 성도는 자기를 부인하게 됩니다. 물론 십자가 앞에서 말입니다. 이것은 인간의 힘으로는 불가능 합니다. 왜냐하면, 이미 악마의 권세에 매여 있기 때문에 인간은 자신이 인정받지 못하는 것은 용납할 수 없기 때문입니다.

십자가 사건은 십자가의 길을 걷고자 하는 자에 의해서 발생됩니다. 주님의 말씀이 이런 식으로 이 땅에 출몰됩니다.

♣ 내 떡을 먹는 자가 내게 발꿈치를 들었다

> 요 13:18
>
> 내가 너희를 다 가리켜 말하는 것이 아니라 내가 나의 택한 자들이 누구인지 앎이라 그러나 내 떡을 먹는 자가 내게 발꿈치를 들었다 한 성경을 응하게 하려는 것이니라.

요한복음 6:70-71입니다.

예수께서 대답하시되 내가 너희 열둘을 택하지 아니하였느냐 그러나 너희 중에 한 사람은 마귀니라 하시니 이 말씀은 가룟 시몬의 아들 유다를 가리키심이라 저는 열 둘 중의 하나로 예수를 팔 자러라.

이 말씀에 근거하면 예수님을 팔 자는 가룟 시몬의 아들 유다밖에 없습니다. 그렇다면 다른 열한 제자들은 예수님을 팔 자가 아니라는 말이 됩니다. 오늘 본문도 마찬가지입니다.

"내가 너희를 다 가리켜 말하는 것이 아니다"라는 말씀을 따르자면, 17절에 "너희가 이것을 알고 행하면 복이 있으리라"는 말씀에서 '너희'는 가룟 유다를 제외한 너희로 보입니다. 예수님은 분명 자신이 택한 자들을 알고 있습니다. 물론 그중 하나는 예수님을 팔 가룟 유다입니다. 그런데 문제는 세 번째 문장입니다.

그러나 내 떡을 먹는 자가 내게 발꿈치를 들었다 한 성경을 응하게 하려는 것이니라.

예수님을 팔아 먹는 자는 가룟 유다가 맞습니다. 그렇다면 나머지 제자들은 어떠했느냐는 겁니다.

그들은 예수님 편에 섰습니까?

그렇지 않습니다. 나머지 열한 제자도 가룟 유다 편에 서 있습니다. 그렇지 않다면 이들에겐 십자가의 피가 필요 없게 됩니다. 그야말로 잘난 열 한 제자가 됩니다.

사도 바울이 어떻게 사도가 되었습니까?

예수님 믿는 것이 소원이었던 자가 아닙니다. 예수님을 찾은 자도 아닙니다. 예수님을 핍박한 자였습니다. 주께서 그러한 자를 십자가만 자랑하는 자로 만드신 겁니다. 열한 제자도 마찬가지입니다. 열두 제자 모두가 예수님께 발꿈치를 든 자들입니다. 베드로가 그 모습을 보여줍니다.

요한복음 18:17을 보면 문지키는 여종이 베드로에게 "너도 이 사람의 제자 중 하나가 아니냐"라고 말할 때 베드로가 "나는 아니라"고 대답합니다. 갑자기 훅 밀고 들어오니 베드로의 본심이 드러납니다. 요한복음 18:25에는 사람들이 베드로에게 "너도 그 제자중 하나가 아니냐"라고 물었습니다. 그러자 베드로가 부인하여 가로되 "나는 아니라"고 합니다. 그리고 귀를 베어 버린 사람의 일가가 "네가 그 사람과 함께 동산에 있던 것을 보지 아니하였느냐?"고 하니 베드로가 또 부인했고 곧 닭이 울었습니다.

따라서 시편 41:9 말씀은 열두 제자 모두를 두고 하시는 말씀입니다.

> 그러나 내 떡을 먹는 자가 내게 발꿈치를 들었다 한 성경을 응하게 하려는 것이니라.

누가 십자가의 원수입니까?
열두 제자가 십자가의 원수입니다. 유대인들이 그러합니다.
이스라엘이 어떤 나라입니까?
양자됨과 영광과 언약들과 율법을 세우신 것과 예배와 약속들이 있는 자들입니다(롬 9:4). 심지어 육신으로 하면 그리스도가 저희에게서 나셨습니다. 그런데 그들이 예수님을 십자가에 못 박아 죽였습니다. 열두 제자는 이스라엘을 대표합니다. 이들은 예수님의 떡을 먹었던 자들입니다. 이들이 예수님을 십자가에 못 박아 죽였습니다. 그러니 그 어느 누구도 예수님의 말씀을 알고 행할 자들은 없습니다.

그런데 예수님의 종이 되고 보냄을 받는 자로 살아갈 자가 있다는 겁니다. 그들은 주님의 피로 만든 자들입니다.

우린 자꾸 열 한 제자들을 연속적으로 보려고 합니다. 예수님을 따라 다닌 것이 성령을 받게 될 조건이라도 되는 듯이 생각합니다. 그것은 성령을 받을 조건이 아닙니다. 오히려 단을 말씀하시기 위해서 열두 제자들을 선택하신 겁니다.

단 된 자리에 십자가가 들어갑니다. 예수님이 열두 제자를 선택하신 이유는 십자가 지신 예수님이 주님이심을 증거하기 위해서입니다. 열두 제자들은 몰랐습니다. 가룟 유다는 영원히 모릅니다. 그러나 열한 제자는 성령을 받게 되니 비로소 알게 되었습니다. 나를 위한 예수님의 선택이 아니라 십자가의 피를 자랑케 하기 위한 주님의 선택이었음을 말입니다.

십자가 사건이 이 세상에서 발생했다는 것은 의인은 하나도 없다는 겁니다. 그런데 선악과를 따먹은 인간들은 여기에 동의하지 않습니다. 어떻게 이 세상에 의인이 하나도 없느냐고 말입니다. 예수님의 떡을 먹는 자 중에 예수님을 배반한 자는 가룟 유다 한 사람밖에 없지 않느냐고 합니다.

성령이 임하면 무조건 '우리가 어찌할꼬?'가 터져 나옵니다. 그러나 주님이 보내신 성령을 받지 않았기 때문에 조건적 죄인을 주장하는 겁니다. 베드로는 가룟 유다에 비하면 상대적으로 괜찮은 자라고 말합니다.

성경을 읽으면서 그런 생각 들지 않습니까?

"내 떡을 먹는 자가 내게 발꿈치를 들었다 한 성경을 응하게 하려는 것이라"는 말씀은 지금도 여전히 유효합니다. 주님의 사랑을 받고 사는 성도만 이 말씀 속으로 빨려 들게 됩니다.

얼마나 큰 사랑을 받고 살아갑니까?

십자가의 피 공로로 우리에게 모든 것을 주셨습니다. 그럼에도 불구하고 우린 얼마나 불평하고, 짜증내고, 분을 냅니까?

범사에 감사하지 않고 살아갑니까?

지금 예수님의 떡을 먹는 자가 이렇게 하는 겁니다. 그러니 십자가밖에 자랑할 것이 없는 겁니다. 괜찮은 인간되라고 구원하신 것이 아닙니다.

그런데 교인들은 난 주님의 떡을 먹는 자이기에, 다시는 주님을 배반하지 않겠다고 합니다. 이러한 사고가 악마가 심어준 사고방식입니다. "너의 선한 행위를 보여라"는 겁니다. 그래서 십자가의 피 공로를 흔적도 없이 제거해 버립니다.

그러나 주님이 자기 백성을 통해 뽑아내고자 하는 것은 어린양의 피 입니다. 그래서 주님은 우리를 광야 길로 인도하시는 겁니다. 이 세상 속에 살아간다는 자체가 광야 길입니다. 특별한 광야 길은 없습니다. 성도가 걸어가는 모든 길은 주님이 인도하시는 광야 길입니다. 불과 구름 기둥이 아니라 성령께서 영원히 함께하시며 인도하십니다.

그래서 "내 떡을 먹는 자가 내게 발꿈치를 들었다"는 말씀은 지금도 성도에게 일어나는 사건입니다.

♣ 예수님의 말씀

> 요 13:19
>
> 지금부터 일이 이루기 전에 미리 너희에게 이름은 일이 이룰 때에 내가 그인 줄 너희로 믿게 하려 함이로라.

모세가 죽을 기한이 가까웠을 때 여호와께서 모세에게 여호수아를 데리고 회막으로 나아오라고 하신 후 여호수아에게 명령을 내리셨습니다. 노래 가사는 여호와께서 지어주십니다. 여호와께서 지어주신 노래를 이스라엘 자손에게 가르쳐서 그 입으로 노래를 부르게 하라고 하십니다. 그 이유는 이 노래로 여호와를 위하여 이스라엘 자손에게 증거가 되도록 하기 위함입니다.

그 노래를 한 번 들어 보시기 바랍니다. 신명기 31:16-18입니다.

> 여호와께서 모세에게 이르시되 너는 너의 열조와 함께 자려니와 이 백성은 들어가 거할 그 땅에서 일어나서 이방신들을 음란히 좇아 나를 버리며 내가 그들과 세운 언약을 어길 것이라 그 때에 내가 그들에게 진노하여 그들을 버리며 내 얼굴을 숨겨 그들에게 보이지 않게 할것인즉 그들이 삼킴을 당하여 허다한 재앙과 환난이 그들에게 임할 그 때에 그들

이 말하기를 이 재앙이 우리에게 임함은 우리 하나님이 우리 중에 계시지 않은 까닭이 아니뇨 할 것이라 그들이 돌이켜 다른 신을 좇는 모든 악행을 인하여 내가 그 때에 반드시 내 얼굴을 숨기리라.

아직 약속의 땅에 들어가지도 않았습니다. 그런데 벌써 이스라엘 백성들이 열조에게 맹세하신 젖과 꿀이 흐르는 땅으로 그들을 인도하여 들이신 후를 말씀하고 계십니다. 그들이 먹어 배부르고 살찌면 돌이켜 다른 신들을 섬겨 여호와를 멸시하고 여호와의 언약을 어길 것을 말씀하시는 겁니다. 언약을 어겼기에 재앙과 환난을 당할 것이고, 그 때에 그들의 자손이 부르기를 잊지 아니한 이 노래가 그들 앞에 증인처럼 될 것이라고 하십니다.

여호와께서는 이스라엘 백성들이 무엇을 상상하고 있는지를 알고 계십니다. 이스라엘 백성들은 자기가 자신을 모릅니다. 여호와께서 먹고 배부르고 살찌면 돌이켜 다른 신들을 섬길 것이라고 하십니다. 이 말씀의 의미를 우리들이 잘 아셔야 합니다. 광야 생활에서는 그들에게 먹을 만큼만 공급하셨습니다. 그들이 어찌할 수 없는 기간입니다. 더 욕심을 부릴 수 없는 기간이 광야기간이었습니다. 일종의 다이어트 기간입니다. 그러나 약속의 땅에 들어가는 순간 더 욕심을 부려도 문제가 없습니다. 자신의 몸이 원하는 만큼 마음껏 먹을 양식들이 제공됩니다. 배불리 먹을 수 있습니다. 그러니 당연히 살이 찌겠지요.

이것이 무엇과 연결됩니까?

우상 숭배와 연결이 됩니다.

광야를 인도하신 여호와는 욕심을 부릴 수 없도록 양식을 주셨습니다. 일용할 양식이었습니다. 약속의 땅은 이와 다릅니다. 내가 욕망하는 대로 마음껏 가질 수 있는 땅입니다.

사사기 17장을 보면 에브라임 산지에 사는 미가라 이름 하는 집안이 등장합니다. 아주 부자입니다. 부자라는 말은 먹고 배부르고, 살이 쪘다는 말입니다. 당연히 우상을 섬겼습니다. 여호와 우상, 드라빔 우상 등을 섬깁니다. 살이 더 찔 수 있다면 더 많은 우상을 섬길 수 있습니다. 이러한 마음은 단 지파도 마찬가지입니다.

그런데 우리들이 궁금한 것은 이미 모세가 죽기 전에 여호수아를 통해 노래로 이렇게 되실 것을 말씀하셨습니다.

그렇다면 약속의 땅에 들어간 자들이 그 노래를 기억하지 못해서 이러한 짓을 했을까요?

그렇다면 예수님 당시 유대인들은 어떻습니까?

그들은 모세 율법을 잘 알고 있고 기억하고 있습니다. 여호와께서 모세가 죽기 전에 여호수아에게 가르친 노래를 어떻게 해석할까요? 자기 조상들에게 적용하겠지요.

그 말씀을 자신들에게 적용했을까요?

적용했다면 자신들은 예수님 앞에 우상 숭배자임을 자인해야 할 것입니다. 그러나 그들은 의롭다고 생각했습니다.

여호와의 말씀은 말씀을 듣고 대비하라는 말씀이 아닙니다. 언약의 하나님을 증거하기 위한 노래입니다. 그렇다면 반드시 여호와의 말씀대로 되어져야 한다는 말입니다. 말씀 속에 이스라엘이 휘말려 살아간다는 말입니다. 그들의 구원이 목적이 아닙니다. 언약이 목적입니다.

그러나 유대인들은 이러한 과거를 바라보면서 자신을 구원하기 위한 말씀으로 이 본문을 해석합니다. 그러니 우상 숭배하지 않고 말씀대로만 살아갑니다. 그렇게 살아도 부자가 될 수 있었습니다. 사복음서를 보시면 우상 숭배하는 유대인들이 등장하지 않습니다. 예수님이도 그러한 것을 지적하신 것이 아닙니다. 예수님 자신을 믿지 않는 것을 문제 삼았습니다. 그러니 유대인들이 예수님을 죽이지 않을 수 없는 겁니다. 예수님을 하나님과 동등한 분으로 믿게 된다면 우상 숭배가 됩니다. 그렇게 되면 자신들은 마지막 날에 재앙을 당할 것(신 31:29)이라 생각하는 겁니다. 이렇게 됨으로 말씀대로 언약의 하나님만 오롯이 남게 된 것입니다.

말씀을 읽는다고, 안다고, 이해한다고 해서 그 말씀을 내가 적용할 수 없습니다. 그 말씀을 내가 적용하는 순간 십자가의 원수가 됩니다. 주님은 십자가 지신 예수님 한분밖에 없습니다. 그 분이 말씀하신 말씀은 그분 홀로 다 이루십니다. 그래서 성도는 말씀 속에 합류당하는 자가 됩니다. 언약의 완성인 십자가를 증거하도록 말씀을 주셨습니다. 따라서 주님이 성령을 주시지 않은 자들은 자신의 행위를 내밉니다. 완성된 것을 받지 못했기에 자신의 선한 행위를 보입니다.

성도는 여호와께서 여호수아에게 가르치신 노래를 날마다 신나게 부르면서 십자가를 자랑합니다.

♣ 영접의 단계

> 요 13:20
>
> 내가 진실로 진실로 너희에게 이르노니 나의 보낸 자를 영접하는 자는 나를 영접하는 것이요 나를 영접하는 자는 나를 보내신 이를 영접하는 것이니라.

이 세상 속에 살고 있는 사람들의 관심은 자기 구원입니다. 자신이 구원되지 않는 천국은 천국이라 인정치 않습니다. 예수님의 말씀은 이런 욕망에 사로잡힌 자들에게 큰 함정이 됩니다.

오늘 말씀을 읽은 사람들은 구원받는 방법이 매우 간단하다고 생각합니다. 하나님을 영접하는 방법은 예수님을 영접하는 것이고, 예수님을 영접하는 방법은 예수님이 보내신 자를 영접하면 된다는 논리를 갖습니다. 이것을 예수님 말씀 순으로 돌리면, 예수님을 영접하라고 전하는 자를 영접하는 것이, 예수님을 영접하는 것이요, 예수님을 보내신 하나님을 영접하는 것이 된다고 생각합니다.

그렇다면 먼저 전제가 있어야 합니다. 복음을 전하는 사람이 예수님이 보낸 사람이라는 증거가 있어야 하겠지요. 그래야만 예수님을 영접한 것이 되고, 아버지 하나님을 영접한 것이 되기 때문입니다.

그런데 무슨 수로 복음을 전하는 사람을 예수님이 보낸 사람이라고 확증하겠습니까?

예수님은 십자가에 달려 죽으시고 부활하셔서 승천하셨습니다. 인간들 세상에서는 예수님은 이미 죽은 자입니다.

그렇다면 예수님이 보내신 사람이라는 것을 어떻게 확인합니까?

그 방식이 바로 성경을 연구하는 방식입니다. 이미 예수님은 지상에 계시지 않고, 남긴 것은 말씀이기 때문에 성경을 제대로 연구해서 알게 된 사람이야 말로 예수님이 보내신 사람이라는 겁니다.

오늘날 이단들이 유혹하는 것이 바로 이런 방식입니다. 물론 이런 방식은 기존 교회에서 다 배운 것들입니다.

예수님이 분명히 세상 끝날까지 함께하시겠다고 하셨음에도 불구하고 이들은 예수님의 말씀을 허풍으로 듣습니다. 이들은 성령의 일을 자신들의 일로 다 바꾸어 버립니다. 눈에 보이는 것은 오로지 사람밖에 없기 때문에 모든 신앙의 출발점을 사람에게서 출발합니다.

그래서 끄집어낸 것이 믿음입니다. 이들은 예수님을 믿는 자들입니다. 이들은 예수님과 하나가 되어 본 적이 없습니다. 그래서 그 믿음을 견지하라고 합니다. 그 믿음을 잃지 않으려고 합니다. 이미 믿음을 소유했다고 합니다. 이들로부터는 십자가 사랑이 나오지 않습니다. 이들에게 나오는 것은 오직 자신의 믿음과 신앙고백입니다.

예수님의 말씀은 주님이 친히 성령을 주셔서 자기 백성을 구원하시겠다는 말씀입니다. 물론 예수님이 보내신 자를 통해서 말입니다. 예수님이 보내신 자가 그를 구원하는 것이 아니라 주님이 직접 그 사랑을 부어 주셔서 구원하십니다. 예수님의 말씀에는 단절이 있습니다.

하나님으로부터 저주를 받아 죽임을 당하신 예수님, 이 저주 속에 모든 인간들이 합류되었습니다.

그러니 무슨 수로 이 저주를 인간이 풀 수 있습니까?

십자가 지신 주님이 자기 백성을 저주 속에 함께 집어넣으시고, 함께 다시 살리셔서 구원하십니다.

이렇게 구원하심을 주님이 보내신 자를 통해서 증거하게 하시는 겁니다. 따라서 보냄을 받은 자는 이 단, 곧 십자가를 증거하는 역할을 부여 받은 겁니다. 그 어떤 인간도 구원받을 자격이 없습니다. 오로지 주님의 주 되심을 증거하기 위해 십자가에 피 흘리신 주님만이 구원하십니다.

그래서 성도는 감사하는 자입니다. 자신의 믿음으로 구원받지 않았기에 감사가 넘치는 겁니다. 그런데 이 세상은 자신이 구원받을 만해서 구원받았다고 생각하는 사람들이 가득합니다. 이들에게는 감사가 나오는 것이 아니라 불만과 불평만 가득합니다. 이들에게 예수님의 죽으심은 그저 환상세계에 불과합니다. 그러니 이들에게 십자가는 구원용으로만 적합하지 현실에서는 아무런 영향을 미치지 못하는 꿈입니다.

그러나 성도에게는 세상 모든 사람이 환상, 꿈에 불과하다고 여기는 십자가가 현실입니다. 그 현실이 이 세상의 꿈을 덮쳐버립니다. 요셉의 형세들은 요셉의 꿈이 현실인지 상상도 못했습니다. 자신들의 현실이 거짓이었다는 사실을 요셉의 죽음 속에서 알게 됩니다. 십자가는 날마다 전복 사건을 일으킵니다. 이 사건 속에 휘말리지 않는다면, 그 현장 속으로 강제로 끌려 들어가지 않는다면 인간은 언제나 불평과 불만만 토로할 뿐입니다. 악마는 "네가 사는 세계가 유일한 현실이야"라고 날마다 속삭입니다.

♣ 예수님의 증거

요 13:21

예수께서 이 말씀을 하시고 심령이 민망하여 증거하여 가라사대 내가 진실로 진실로 너희에게 이르노니 너희 중 하나가 나를 팔리라 하시니.

요한복음에서 증거라는 단어가 상당히 많이 나옵니다. 세례 요한이 예수님에 대하여 증거 했습니다. 예수님은 사람의 증거를 받으실 필요가 없다고 하셨습니다. 예수님은 자신이 듣고 본 것을 증거하셨습니다. 아버지께서도 아들에 대해 증거하셨습니다. 예수님은 자신이 인자되신 분으로서 모세가 광야에서 뱀을 든 것 같이 들리셔서 심판주가 되심을 증거하셨습니다.

그런데 오늘 본문에서는 다른 증거를 말씀하십니다.

많은 사람들은 오늘 본문에서 '예수님의 민망'에 대해 주목을 합니다. '민망'(타랐소, tarassw)이라는 단어는 요한복음 11:33(민망히 여기사), 12:27(민망하니), 그리고 오늘 본문, 14:1(근심하지 말라), 14:27(근심)에 예수님이 사용하셨습니다. 이 단어는 부들부들 떠는 의미도 담고 있습니다. 평정이 깨어졌다는 말입니다.

'민망하다'는 의미는 겸연쩍고 부끄럽다는 의미입니다. '겸연쩍다'라는 의미는 쑥스럽거나 미안하여 부끄럽고 어색하다는 의미입니다. 국어 시간도 아닌데 이런 이야기를 하는 이유가 있습니다. 물론 공동번역은 '몹시 번민하셨다', 새번역은 '마음이 괴로우셔서', 현대인의 성경은 '몹시 괴로워하시며'라고 번역을 했습니다.

사람들은 오늘 본문을 보면서 삼년동안 함께 했던 제자의 배신을 두고 예수님의 괴로움을 담았다고 생각할 가능성이 아주 높습니다. 번역들을 보면 그러한 느낌을 지울 수 없습니다.

우리가 '타랏소'의 의미를 이해하려면 그다음에 나오는 단어 '증거하여'라는 단어에 주목해야 합니다. 예수님이 도대체 무엇을 증거하신 겁니까?

"내가 진실로 진실로 너희에게 이르노니 너희 중 하나가 나를 팔리라"라고 하시니 사람들은 가룟 유다를 곧장 지목하려고 합니다. 그렇게 보기 때문에 예수님의 마음을 읽지 못하는 겁니다.

창세기 6:6-8입니다.

> 땅위에 사람 지으셨음을 한탄하사 마음에 근심하시고 가라사대 나의 창조한 사람을 내가 지면에서 쓸어버리되 사람으로부터 육축과 기는 것과 공중의 새까지 그리하리니 이는 내가 그것을 지었음을 한탄함이니라 하시니라 그러나 노아는 여호와께 은혜를 입었더라.

이 본문이 오늘 본문의 본래 의미를 제대로 보여주는 말씀입니다. 예수님의 사랑은 심판 속에서의 사랑입니다. 그러니 진노를 모르는 자는 사랑을 모릅니다. 십자가 없는 사랑을 생각하기 때문에 오늘 본문을 인간 구원(사랑) 중심으로 보게 되는 겁니다.

여호와 하나님의 심판 속의 구원을 "그러나 노아는 여호와께 은혜를 입었더라"고 말씀하십니다. 노아도 사람입니다. 그러니 심판을 빚아야 합니다. 심판 없는 은혜는 없습니다. 그래서 노아가 번제를 드린 겁니다. 먼저 은혜를 받아 놓고 그 받은 은혜가 무엇인지 증거 했습니다. 은혜를 증거하기 위해 은혜를 주신 겁니다.

예수님이 지금 무엇을 증거하십니까?

제자들 중 하나가 예수님을 팔 것을 증거합니다.

그런데 이 증거가 왜 예수님의 심령을 요동치게 합니까?

제자들의 배신 때문일까요?

아닙니다. 예수님은 자신의 십자가를 증거하고 계십니다. 아버지로부터 버림받는 것을 두고 하시는 말씀입니다. 창세기 6:7의 말씀은 이것을 두고 하신 말씀입니다. 언약을 이루시기 위한 아버지로부터 버림을 받는 아들의 죽으심을 두고 하시는 말씀입니다.

이렇게 되면 제자들 중 하나가 예수님을 팔 것이라는 말씀은 모든 제자들을 두고 하시는 말씀이 됩니다. 그러나 제자들은 예수님의 말씀의 의미를 파악 못하고 있습니다. 자신이 예수님을 팔지 않으면 되기 때문입니다. 그런데 예수님을 팔지 않고 구원 얻을 길이 있습니까?

구원은 십자가에서 나옵니다. 주님과 함께 십자가에 못 박혀 죽고 주님과 함께 다시 살지 않으면 구원받지 못합니다.

예수님의 말씀은 모든 인간은 아버지와 아들의 약속에 관심이 없고 오직 아버지와 약속을 하신 아들 되신 예수님 홀로 십자가로 다 이루심을 말씀하시는 겁니다.

그러니 우린 예수님의 증거를 받아야 됩니다.

'내가 예수님을 판 자'(벧전 4:13)라고 말입니다. 이런 자만이 그리스도의 고난에 참예하는 것으로 즐거워합니다.

♣ 서로 의심

> 요 13:22
>
> 제자들이 서로 보며 뉘게 대하여 말씀하시는지 의심하더라.

예수님이 제자들 중 하나가 예수님을 팔 것이라는 말씀은 제자들 마음속으로 들어가지 않습니다. 왜냐하면, 그들은 육으로 난 자들입니다. 육으로 난 자들은 자신이 예수님을 팔아야만 자신이 예수님을 판 자라고 인정합니다. 예수님을 팔지 않았다면 자신은 예수님을 판 자가 아닙니다.

이 세상의 판단 기준이 그렇습니다. 내 행동이 선하면 그것이 선한 것이요, 내 행동이 악하면 악한 것입니다. 내 행동이 말씀대로 살았다면 선한 행위고, 내 행동이 말씀대로 순종하지 않았다면 악한 행위가 됩니다. 실상 율법이 이렇게 말씀하시는 것 같습니다. 육으로 보게 되면 그렇게 밖에 볼 수가 없습니다. 그 이유는 선악과를 따먹은 후 눈이 밝아졌기 때문입니다.

사람들의 모든 판단 기준은 눈에 보이는 것입니다. 문제는 그 눈이 감겼다는 겁니다. 소경입니다. 그러니 보이는 대로 판단한다는 자체가 소경 짓이 됩니다. 소경이 소경을 인도한 바리새인들이 그러합니다.

기독교인이나 비기독교인이나 바리새인에 대해서 아주 부정적으로 생각합니다. 그러나 오늘날 바리새인처럼 사는 사람이 있다면 그를 성자라 부를 겁니다. 왜냐하면, 소경이 소경을 판단할 때, 소경의 모습을 보이는 것이 가장 의롭고 선하기 때문입니다.

오늘 본문을 읽는 우리들도 마찬가지입니다. 성령을 받은 자와 받지 못한 자가 오늘 본문을 읽는 방식이 다릅니다. 성령이 침노해 버린 자는 자신이 예수님을 판 자가 되며, 자신이 예수님을 핍박한 자가 됩니다. 이것은 배워서 되는 문제가 아닙니다. 물론 배워서 나는 그런 사람이라고 인정할 수는 있습니다. 그러나 그렇게 한 사람들은 자신을 더 이상 죄인으로 인정하지 않습니다. 자신을 부인할 거리가 없습니다.

성령은 오직 십자가 지신 예수님을 증거합니다. 그러니 성령의 침노 속에 휘말린 자만이 십자가만 자랑하게 됩니다. 그러나 육에 속한 자들은 언제나 자신의 행위를 통해 모든 것을 판단합니다.

우리들이 흔히 듣는 불만은 이런 겁니다.

"내가 예수님을 십자가에 못 박아 죽이지 않았습니다. 내가 선악과를 따먹지 않았습니다."

이렇게 말하는 이유는 이들은 죄의 출발을 자기 행위에서 찾기 때문입니다. 이들은 십자가를 증거하기 위한 죄인 만들기에 나선 주님을 모릅니다. 죄인 만들기 위해 선악과를 만드셔서 모든 사람들을 죄 아래 가두셨음을 알지 못합니다. 물론 이론적으론 동의를 할 수 있지만, 현장성이 없습니다. 주님이 친히 일하시는 것이 아니라 자신이 알고 믿는다는 말입니다.

오늘 과거에 권투 좀 하신 목사님으로부터 권투를 배웠습니다. 화면으로만 보던 것들이 눈에 다가 왔고, 실제로 기본적인 기술을 배웠습니다. 십분도 지나지 않아 온 몸이 땀으로 젖었습니다. 현장에 갔을 때와 듣는 것은 전혀 다릅니다. 욥도 그러했습니다. 듣는 것과 만나는 것은 전혀 다른 세계입니다. 듣기만 했을 때는 할 말이 많았습니다. 그러나 눈으로 주를 뵌 후 욥은 스스로 한하여 티끌과 재 가운데서 회개합니다.

제자들은 자신들의 육적 안목으로 서로를 의심합니다. 말씀은 말씀 하신 분이 친히 활동하시는 공간과 시간을 만드십니다. 그런데 우린 자신이 소경이며, 귀머거리인 줄 모르고 자신이 머문 공간과 시간 속에서 말씀을 들을 때 나름대로 말씀을 알아들으면서 서로 의심합니다.

소경이요 귀머거리라야 말씀하신 분이 십자가로 친히 활동하심을 그 자리에서 드러낼 수 있습니다. 자신을 부인하라는 말씀의 의미가 이런 의미입니다. 물론 이것은 우리 인간의 힘으로는 불가능 합니다. 그래서 주님은 성령을 주셔서 항상 인도하시는 겁니다.

♣ 예수님의 품에 의지하여 누운 자

> 요 13:23
>
> 예수의 제자 중 하나 곧 그의 사랑하시는 자가 예수의 품에 의지하여 누웠는지라.

예수님이 사랑하시는 제자, 예수님의 품에 의지하여 누운 제자라면 절대 예수님을 팔 리가 없다는 생각을 하고 있습니다. 그런데 이러한 사건은 앞서 11장에서도 있었습니다.

예수님이 사랑하시는 자 곧 나사로가 병들었습니다. 이 소식을 그 누이들이 예수님께 사람을 보내어 전했습니다. 이들의 생각은 "주여 보시옵소서 사랑하시는 자가 병들었나이다"라고만 하면 예수님이 곧장 달려 와서 그 병을 고쳐 주실 것이라고 생각했습니다. 그 이유는 예수님이 사랑하시는 자이기 때문입니다. 예수님이 사랑하신다면 인간들이 생각하는 그러한 행동을 당연히 할 것이라 예상한 것입니다. 이들은 예수님의 사랑을 자신들을 위한 사랑으로 생각했습니다. 그러나 예수님은 사랑하는 자가 죽기까지 기다리셨고, 썩어 냄새 날 때까지 도착을 미루었습니다.

오늘 본문에 나오는 인물도 마찬가지입니다. 예수님의 사랑을 받는 자가 예수님을 판다는 것은 상상할 수 없습니다. 예수님의 사랑을 받고 있다는 사실을 본인이 알고 있습니다. 지금 행동을 보면 자신도 예수님을 사랑하는 자임이 분명합니다. 그러니 자신만만합니다. 자신은 예수님을 팔지 않을 자라는 것이 확실하다는 겁니다.

어떤 분이 이런 질문을 했습니다.

"나의 행동으로 인하여 주님이 나를 버리시면 어떻게 합니까?"

사십년 동안 교회에 봉사하고, 기도한 사람입니다. 삼백 명 이상을 전도한 사람입니다. 이렇게 되면 지금까지 이분이 행해 오신 일이 무엇을 위한 일임이 분명히 드러났습니다. 자기 구원을 위한 행위였습니다. 처음부터 착각한 겁니다. 자신이 예수님을 사랑했다는 겁니다. 자신이 예수님을 믿었다는 겁니다. 자신이 예수님을 위해 봉사했다는 겁니다.

만일 자신이 만족할 수준의 행위를 했다면 자신의 행위로 인해 버림받을 걱정을 할까요? 마치 예수님의 사랑을 받고 있고, 예수님을 사랑하기에 난 예수님을 팔지 않을 것이라는 사람 같습니다.

성령을 주시지 않으면 주제파악을 못합니다. 자기 속에 무엇이 들어 있는지, 자신이 누구의 지배를 받고 있는지를 모릅니다. 자신의 행위로부터 출발한 종교 생활은 십자가 앞에서 가루가 되어야 합니다.

십자가 사랑은 세리와 창기만 찾습니다.

♣ 당당함과 마땅함

> 요 13:24
>
> 시몬 베드로가 머릿짓을 하여 말하되 말씀하신 자가 누구인지 말하라 한 대.

자녀가 명문대학에 입학을 했을 때는 그 부모나 본인이 당당합니다. 그러나 그렇지 못하다면 사람 만나기를 기피합니다. 자녀가 대학을 졸업해서 변변치 못한 직장에 다니면 그 부모는 번듯한 직장에 다니는 자녀를 둔 부모 앞에 기가 죽습니다.

신앙생활도 다르지 않습니다. 물론 그것을 신앙생활이라고 해야 할지 모르지만, 아마 종교생활이겠지요. 종교생활 하는 사람들의 모습이 그렇습니다. 자신의 행위가 자신이 생각하기에 나쁘지 않았다면 교회 가는 것이 당당합니다. 그렇지 못하면 고개를 푹 숙이고 교회를 갑니다.

이 세상에서 살아가는 사람들의 기준은 어디까지나 세상 나라 기준입니다. 이 세상 신이 이 세상을 장악하고 있습니다. 악마입니다. 선악과를 따먹은 인간들은 자신의 말이나 행동을 항상 선악으로 구분합니다. 그래서 언제나 선악의 경중을 따져 무게중심이 선한 쪽으로 기울도록 애를 씁니다. 아무리 악한 자라도 마찬가지입니다. 악한 자의 기준에서 선이라는 것이 있습니다. 예수님 옆에 달린 강도가 예수님을 비방하며 이런 말을 합니다.

> 네가 그리스도가 아니냐 너와 우리를 구원하라 (눅 23:39).

이것이 선입니다. 달리 말하면 자신을 구원하는 것이야 말로 최종 선이라는 말입니다. 그러니 지금까지 강도로 살아온 행위는 궁극적으로 자기 구원이라는 선을 지향하고 있었습니다. 베드로의 입장을 보겠습니다.

오늘 본문에 나오는 베드로의 입장에서 강도를 본다면 강도의 말이 너무 당당한 말이 아닙니다. 죄를 지었다면 벌을 받아야 하는 것이 마땅한데, 어찌 그리 당당할 수 있을지 생각할 것입니다. 이런 생각이 바로 이 세상 신에게 장악당한 인간들의 사고방식입니다. 자신의 행위를 근거로 자신은 예수님을 팔지 않을 것이라는 그 당당함, 이 세상 나라에 속한 자들에게만 나오는 당당합니다.

그러나 아들의 나라에 속한 자들은 자신이 예수님을 파는 것이 마땅하다고 합니다. 십자가의 영이 임했기 때문입니다. 십자가의 영이 임하지 않으면 자신의 행위를 근거로 자신을 판단합니다. 삼년동안 수제자로 예수님을 보필했기에 자신만은 결코 예수님을 팔지 않을 것이라는 그 확신, 오늘날 이런 자들이 교회를 장악하고 있습니다.

누구든지 그리스도의 영이 없으면 그리스도의 사람이 아닙니다. 그리스도의 영이 없는 사람이 내어놓는 것은 언제 내어놓아도 천국가기에 부족함이 없는 자신의 당당한 행위와 지식입니다. 이들에게는 십자가를 증거하기 위하여 지옥가도 마땅함은 없습니다. 육에 속한 자들은 자기 구원 없는 천국을 상상할 수 없습니다. 그러하기에 자신의 행위를 반드시 집어넣습니다. 이들은 그저 주시는 사랑을 알지 못합니다. 구원 받을 만해서 구원받는 자는 없습니다. 그저 주시는 그 사랑을 증거하기 위한 구원만 있습니다.

♣ 십자가와 개인구원

> 요 13:25
>
> 그가 예수의 가슴에 그대로 의지하여 말하되 주여 누구오니이까?

제자들은 구원을 개별적 구원이라 생각하는 시대를 살고 있습니다. 이스라엘민족에 대한 구원은 그들 생각에는 이미 깨어졌다는 겁니다. 이들이 여호수아서를 모를 리가 없습니다. 여리고성과 그 가운데 모든 물건은 여호와께 바쳐야 합니다(수 6:17). 만일 바친 후에 바친 어느 것이든지 개별적으로 취하는 일이 있다면 이스라엘 진으로 바침이 되어 이스라엘이 화를 당하게 됩니다.

우린 광야 이스라엘을 생각하면 떠오르는 것이 개별적으로 원망한 자들은 개별적으로 심판을 받았다고 생각합니다. 그런데 신명기 2:14-15를 보면 출애굽한 모든 군인들을 여호와께서 손으로 친히 멸절하셨습니다. 이스라엘 백성들이 보기에 개별적 심판이라 여겼지만 실은 집단 구원이었고, 집단 심판이었습니다. 이러한 것이 여리고 전투에서 그대로 이어집니다. 그러니 한 사람의 잘못으로 이스라엘 전체가 심판받는 것은 지극히 당연합니다.

그 이유는 로마서 5장에서 밝혀집니다. 한 사람으로 말미암아 죄가 세상에 들어왔고 죄로 말미암아 사망이 왔습니다. 이것을 두고 모든 사람이 죄를 지었고 사망이 모든 사람에게 이르렀습니다.

이 세상 사고방식으로는 도저히 수긍할 수 없습니다. 내가 죄를 지었다면 나만 죽임을 당하면 됩니다. 그런데 첫째 아담이 죄를 지었는데 왜 내가 죽어야 하느냐는 겁니다. 이것이 선악과 체계 속에 살아가는 인간들입니다. 아간이 범죄 했는데 그 범죄와 전혀 관련 없는 이스라엘 백성 서른여섯 명이 죽습니다. 이스라엘은 예수님이 하실 일을 증거하는 역할을 합니다. 이것은 곧 한 사람의 순종하심으로 많은 사람이 의인이 될 것을 보여줍니다.

따라서 개인적으로 범죄 해서 지옥가고, 개인적으로 범죄 하지 않아서 천국 가는 경우는 없습니다. 이 세상에 속한 자들은 첫째 아담 안에 있습니다. 그러니 사망이 왕 노릇 합니다. 그 증거가 바로 십자가입니다.

구약을 지나 도달한 유대교가 만든 메시야 왕국, 곧 천국은 자신의 행위를 어떻게 하느냐에 따라 영생을 얻을 수도 있고 그렇지 않을 수도 있다는 겁니다. 지금 요한과 베드로가 이러한 모습을 제대로 보여주고 있습니다. 십자가 없는 천국입니다. 자신들의 선한 행위로 들어가는 하나님 나라입니다.

교회가 되었던 절간이 되었던 이 세상에 속한 자들이 꿈꾸는 천국은 언제나 자기 자신의 행위로 결정되는 천국입니다. 주변에 큰 교회가 되었던, 아니면 이단이라고 정죄 받는 집단이 되었던, 아니면 정통 개혁주의 교회가 되었던, 아니면 감리교회, 순복음 할 것 없이 모든 교회들이 개인구원을 외치고 있습니다. 그래야만 사람들이 모이기 때문입니다.

십자가를 위한 구원, 자기가 부인되는 구원은 발로 차 버립니다.

오늘도 나의 구원을 꿈꾸고 있는 사람들이 얼마나 많습니까?

그들이 도달할 곳은 지옥밖에 없습니다. 지옥에만 자기 행위가 유효하고 자기 이름이 유효하기 때문입니다. 아간의 행위와 다를 바가 무엇입니까? 그러니 진멸의 대상입니다.

천국은 어린양의 피공로만으로 채워집니다.

♣ 십자가와 자유 의지

> 요 13:26
>
> 예수께서 대답하시되 내가 한 조각을 찍어다가 주는 자가 그니라 하시고 곧 한 조각을 찍으셔다가 가룟 시몬의 아들 유다를 주시니.

첫째 아담은 자신의 자유 의지로 선악과를 따먹은 것이 아닙니다. 그 근거가 바로 오늘 본문에 나옵니다. 예수님이 "내가 한 조각을 찍어다가 주는 자가 그니라"는 말씀을 하시고 한 조각을 찍으시고 가룟 시몬의 아들 유다에게 주셨습니다. 그러자 사단이 그 속에 들어갔습니다.

이렇게 되면 가룟 유다는 그야말로 탁구공 같습니다. 한 쪽에는 예수님이, 다른 한 쪽에는 사단이 있습니다. 자신의 자유 의지가 발휘할 자리가 없습니다. 예수님에 의해 지목당한 가룟 유다이기에 사단이 그를 장악한 것입니다.

알미니안 주의자들은 인간에게 나름대로 자유 의지가 있다고 주장합니다. 복음을 거부할 권리와 받아들일 권리가 있다는 겁니다.

그렇다면 개혁주의자들은 어떻습니까?

자유 의지를 부정합니까?

부정하지 않습니다. 전적 부패를 사단의 종노릇으로 해석해야하는데, 그렇게 해석하지 않는 것이 문제입니다. 로마서 5장 말씀을 전면 부정하는 겁니다. 자유 의지를 이야기하려면 중립지대가 있어야 하겠지요.

에덴동산에 중립지대가 있습니까?

하나님의 말씀을 들을지 사단의 말을 들을지를 결정할 결정권이 아담에게 있을까요?

사단조차 주님이 부리시는 종입니다. 사단의 말을 듣는 자들이 성경에 나옵니다. 거짓 선지자들입니다. 그들조차 주님이 그렇게 하게 하신 겁니다. 그들에겐 자율권이 근본적으로 없습니다. 왜냐하면, 심판주는 오직 십자가 지신 주님밖에 없기 때문입니다.

그렇다면 왜 인간들은 자신들의 자유 의지를 포기하지 못할까요?

그 이유는 선악과가 그들 몸을 장악했기 때문입니다. 선악과는 자율권을 주장하게 만듭니다. 왜냐하면, 하나님처럼 되었기에 최종 결정권은 자신에게 있다는 겁니다. 물론 그 결정은 항상 자기중심에서 선악을 나누는 방식입니다. 그래서 최종결정권자의 모든 결정은 선이 됩니다. 인간이 행동을 할 때에는 반드시 그것이 자기중심에서 선하기 때문입니다.

자살을 하든, 살인을 하든, 간음을 하든, 도박을 하든, 기도를 하든, 전도를 하든, 성경을 읽든, 설교를 하든지 항상 선이라 생각하기에 행동을 합니다. 달리 말하면 자신의 행위가 곧 선이라는 말입니다. 이것이 바로 첫째 아담 안에 있는 자들이 뿜어내는 죄입니다.

그렇다면 그리스도 안에 있는 자들은 다른 선택이 나올까요?

다른 선택이 나오는 것이 아니라 무엇을 해도 십자가를 자랑합니다. 십자가를 자랑한다는 말은 주께서 십자가를 자랑케 하기 위해 모든 조치를 취하셨다는 겁니다. 즉 죄를 조성하셨다는 겁니다. 죄를 조성하셨다고 하니 거부감이 드는 사람들이 많을 겁니다.

그렇다면 예수님은 왜 가룟 유다에게 떡 한 조각을 찍어 주셨을까요?

정말 놀라운 사실은 가룟 유다는 지옥가지만 성령 받은 자는 자신이 가룟 유다라고 인정한다는 겁니다.

♣ 네 하는 일을 속히 하라

> 요 13:27
>
> 조각을 받은 후에 곧 사단이 그 속에 들어간지라 이에 예수께서 유다에게 이르시되 네 하는 일을 속히 하라 하시니.

이 말씀은 상당히 어렵습니다. 왜냐하면, 사단이 유다 속에 들어갔습니다. 그렇다면 주체가 유다입니까, 사단입니까?

예수님은 유다에게 말씀하셨다고 하는데, 유다를 두고 하신 말씀입니까, 아니면 사단에게 하시는 말씀입니까?

마태복음 16:23을 보면 예수님이 십자가 길을 막는 베드로를 사단이라고 부릅니다. 하나님의 일을 생각지 않고 사람의 일을 생각하는 것이 베드로요 사단이라는 말입니다. 우린 일 플러스 일이 하나가 된다는 공식을 모릅니다. 왜냐하면, 일 플러스 일은 둘이라는 것이 우리들이 사는 세계의 법칙입니다. 육의 세계입니다.

그러나 영으로 거듭나게 되면 일 플러스 일이 하나라는 사실을 알게 됩니다. 사람의 일이 곧 사단의 일입니다. 사단의 일은 하나님의 일을 생각지 않는 것입니다. 곧 십자가를 거부합니다. 베드로는 자신이 왜 십자가를 거부하는지 그 이유를 모릅니다. 자신들이 왜 예수님을 십자가에 못 박아 죽이는지 알지 못합니다. 자신들이 하는 짓이 무슨 짓인지를 모릅니다.

왜냐하면, 악마의 종이기 때문입니다. 그렇다고 해도 그들의 하는 일은 곧 악마의 일입니다.

오늘 본문에서 정말 중요한 것이 나옵니다. 사단이 사단 마음대로 무엇을 할 수 없다는 사실입니다. 달리 말하면 유다가 유다 마음대로 어떤 결정도 내릴 수 없다는 사실입니다. 예수님의 명령에 의해서만 결정을 내리고, 그 명령에 따라 행동을 하게 된다는 겁니다.

이런 말씀을 듣게 되면 불쾌해하는 사람들이 아주 많습니다. 짜증을 내면서 "그렇다면 내 마음대로 할 수 있는 것이 아무것도 없다는 말이냐"라고 합니다. 사실 그렇습니다.

내 마음대로 할 수 있는 것이 있습니까?

주변 환경이 받쳐주기 때문에 모든 일이 가능한 겁니다. 돈을 버는 것도 마찬가지입니다. 그런데 인간들은 자신이 잘나서, 자신의 자유 의지로 돈을 벌고, 인생을 살고 있다고 생각합니다. 그러니 자신이 누구의 종인지 모르는 자들이지요.

그러나 성도는 자신이 하는 모든 일들이 십자가의 완료성을 증거하기 위한 것들임을 아는 자들입니다. 물론 미리 알아도 언제나 차후적으로 앎이 될 뿐입니다. 왜냐하면, 주님의 일하심이 언제나 십자가를 앞장세우기 때문입니다.

따라서 무엇을 하든지 말이나 일에나 다 주 예수의 이름으로 하라는 겁니다(골 3:17). 이 말씀은 곧 성도의 모든 말이나 일들이 주께서 시켜서 하는 말과 일이라는 겁니다. 주께서 시켜서 하는 말과 일이라고 하니 또 사람들은 하나님의 율법대로 사는 사람으로 생각하기 쉽습니다.

그런데 그 뒷부분을 보시기 바랍니다.

>그를 힘입어 하나님 아버지께 감사하라.

막달라 마리아는 많이 용서받았기에 많이 사랑했습니다. 많이 용서받았기에 감사가 넘치는 겁니다. 이 세상에 속한 자들은 이 말이 무슨 뜻인지 모릅니다. 왜냐하면, 이들에게 감사는 언제나 자기 몸 중심이기 때문입니다. 이들에게 십자가 중심은 꿈꾸는 자들이 하는 소리입니다.

♣ 아는 이가 없고

> 요 13:28
>
> 이 말씀을 무슨 뜻으로 하셨는지 그 앉은 자 중에 아는 이가 없고.

분명 베드로의 요청으로 요한이 예수님께 질문을 했습니다. 그리고 예수님이 그 질문에 대한 답변을 하셨습니다. 그렇다면 그곳에 앉은 자들 중 베드로와 요한은 가룟 유다가 예수님을 팔 자임을 알아야 합니다. 그런데 오늘 본문에서는 예수님의 말씀을 무슨 뜻으로 하였는지 그 앉은 자 중에 아는 이가 없다고 합니다.

똑똑하다고 자부하는 사람들은 성경이 엉터리라고 말할 겁니다. 창세기를 보면 아담과 여자가 선악과를 따먹었습니다.

그들이 하나님의 말씀을 듣지 않아서 먹었을까요?

아니면 몰라서 먹었을까요?

알고 먹었습니다. 이것이 말씀의 위력입니다.

교회 다니는 사람이든지, 예수님을 믿는다고 하는 사람이든지 아니든지 예수님의 말씀을 사람의 말로 생각합니다.

그저께 성당에 다닌다는 어떤 어린아이를 만났습니다. 그 아이가 성당에 가서 오병이어 기적에 대한 성경이야기를 들었던 모양입니다. 그 이야기를 들으면서 자기 엄마에게 이렇게 말했답니다.

"엄마 저거 완전 개뻥이야!"

그래서 제가 그 엄마에게 이런 이야기를 했습니다. 성경은 정말 개뻥이라고 말입니다. 왜냐하면, 물고기 두 마리와 보리떡 다섯 개를 예수님은 자신의 살과 피로 말씀하셨기 때문이라고 했습니다. 사람이 먹어야 하는 것은 물고기와 보리떡이 아니라 예수님의 살과 피를 먹고 마셔야 영생을 얻는다고 하셨다고 했습니다.

성령을 받은 자들에게만 이 말씀이 해당됩니다. 성령 받지 못한 자들은 자신이 믿으려고 하지요. 그래서 신부나 목사가 믿으라고 외치는 겁니다. 그 집 아들은 이런 이야기를 했답니다.

"엄마 그거 다 미신이야."

자신이 복 받으려고, 구원 얻으려고 신을 찾는 것은 다 미신이라는 겁니다. 과학적 근거가 없다는 겁니다. 과학적 교육을 받았으니 그렇게 말하는 것이 당연한 겁니다. 그런데 사람들은 현상 타개를 위해 미신이 되었던, 과학이 되었던 상관하지 않습니다.

똑같은 성경 본문을 읽으면서 한쪽은 십자가와 조우하고 다른 한쪽은 자신의 믿음을 만들어 냅니다.

제자들이 예수님이 하신 말씀의 뜻을 왜 모를까요?

그 이유는 간단합니다. 육이기 때문입니다. 제가 이렇게 말하면 그래도 사람이 사람의 말의 뜻은 알아먹을 수 있지 않느냐고 따질 분들이 있을 겁니다. 그런데 주님의 말씀은 영의 말씀이기 때문에 육을 피해 가 버립니다. 이러한 원리는 성령을 받은 주님의 증인들이 복음을 전할 때 그 복음이 자기 백성만 찾아가는 원리와 같습니다. 자기 백성 아닌 자들, 곧 주님이 택하지 않은 자들은 그 복음이 피해 갑니다.

저희 눈을 멀게 해 버리고 마음을 완고하게 하셨습니다. 그 이유는 눈으로 보고 마음으로 깨닫고 돌이켜 주님의 고침을 받지 못하게 하려 함입니다(요 12:40).

그러니 인간이 무슨 수로 예수님의 말씀의 뜻을 알 수 있을까요?

두 눈으로 하나님의 아들을 보아도 보지 못하는데 말입니다.

그러니 그 말씀을 듣는다고 그 말씀을 알아들을 수 있을까요?

제자들의 문제가 바로 이런 겁니다. 자신들은 예수님을 보고 있고, 예수님의 말씀을 잘 알아듣고 있다고 생각한 겁니다. 제가 좀 해석을 과하게 한다고 생각하시는 분들이 많을 겁니다. 그런데 그렇지 않습니다. 제자들은 예수님의 말씀을 여기에서만 무슨 뜻인지 알지 못한 정도가 아니라 삼 년 내내 아무것도 무슨 뜻인지 알아듣지 못했습니다.

십자가 지신 주님이 성령을 주신 후에야 예수님의 말씀을 알게 되었습니다. 그래서 자신들이 어둠이라는 겁니다. 그러니 자신에게서 나온 믿음은 모두가 다 가짜 믿음, 곧 우상 숭배임을 낱낱이 밝히는 겁니다. 그래서 이들이 앞장세우는 것이 표적, 곧 십자가입니다.

♣ 자기 생각대로 살기

> 요 13:29
>
> 어떤 이들은 유다가 돈 궤를 맡았으므로 명에 우리의 쓸 물건을 사라 하시는지 혹 가난한 자들에게 무엇을 주라 하시는 줄로 생각하더라.

예수님이 "너희 중 하나가 나를 팔리라"고 하셨지만, 제자들은 이 말씀을 농담으로 여기는 것 같습니다. 마치 롯의 사위들 같습니다. 여호와께서 소돔성을 멸하신다고 하셨을 때 이들은 농담으로 여겼습니다.

우리들도 그렇지 않나요?

주님은 우리를 잠깐 보이다가 없어지는 안개라고 하십니다(약 4:14).

> 들으라 너희 중에 말하기를 오늘이나 내일이나 우리가 아무 도시에 가서 거기서 일 년을 유하며 장사하여 이를 보리라 하는 자들아 (약 4:13).

여기에 해당되지 않는 사람 있나요?

분명히 내일 일을 알지 못한다고 하셨는데 사람들은 내일 일을 다 알고 있듯이 살아가지 않습니까?

왜 그럴까요?

육이기 때문입니다. 롯의 사위들이 여호와의 소돔성 심판을 농담으로 여긴 이유가 여기에 있습니다. 내일 일을 잘 알고 있기 때문입니다. 1년 후도 알고 있습니다. 그러니 소돔성이 멸망할 리가 없다는 겁니다.

노아 홍수 심판 때도 마찬가지였습니다. 먹고 마시고 시집가고 장가가다 멸망당했습니다. 악마는 일상 속으로 인간을 함몰시켰습니다. 그리고 그 일상이 지속되리라 생각하도록 만들었습니다. 이들 사전에 여호와의 심판은 없습니다.

예수님이 제자 중 한 사람에 의해 팔리신다는 말은 곧 십자가에 달려 죽으신다는 말씀입니다. 그러나 제자들은 자신들의 일상에서 벗어나지 못합니다. 평소 유월절을 준비한 대로, 가난한 자를 도와준 대로 생각할 뿐입니다. 그들은 유월절이나 가난한 자들에게 무엇을 주는 일들이 예수님의 죽으심을 증거하는 것들임을 알지 못합니다. 제자들은 예수님이 죽으신다는 것과 자신들도 예수님과 함께 죽는다는 생각을 할 수가 없습니다.

우리들이 살아가는 모습과 전혀 다르지 않습니다. 악마는 이렇게 일상에 함몰되도록 만들어 버립니다. 자기 꿈을 포기하지 않도록 합니다. 그 어떤 것에서도 십자가의 용서하심을 만나지 못하게 만들어 버립니다. 너는 살았다는 겁니다. 그 삶은 지속된다는 겁니다.

꿈이 없는 민족은 망한다고 합니다. 제자들도 자신들의 꿈을 꾸고 있습니다. 그 꿈이 없었다면 지금까지 예수님을 따르지 않았을 겁니다. 내일에 대한 희망이 그들을 여기까지 끌고 온 겁니다.

그러나 성도는 내일에 대한 희망으로 사는 자가 아니라 십자가의 피 공로를 증거하기 위해 살려지는 인생입니다. 그러니 날마다 성도는 죄가 발생되는 자리로 내몰리게 되며, 십자가의 피를 만나게 됩니다. 잠깐 보이다가 없어지는 안개로 만들어지는 인생은 복 받은 인생입니다.

♣ 누구의 인생인가?

> 요 13:30
>
> 유다가 그 조각을 받고 곧 나가니 밤이러라.

행성 탐사선 보이저호가 아주 먼 곳에서 찍은 지구 사진이 있습니다. 지구에서 40AU(1AU=지구에서 태양까지의 거리)에서 찍은 사진입니다. 지구의 모습은 마치 스마트폰 위의 먼지처럼 보입니다. 허블망원경을 검은 하늘에 초점을 맞추어 최대한 멀리 보기 위해 바늘구멍만 한 면적에 초점을 맞추어 10일 동안 그곳에서 나온 빛들을 모아 이미지 촬영을 했습니다.

세상 사람들이 경악했습니다. 그 작은 바늘구멍만 한 곳에서 3천 개의 은하가 찍혔습니다. 초점을 다른 곳에 맞추어 촬영해도 결과는 동일했습니다. 최종적으로는 그 작은 구멍 안에 만개의 은하가 찍혔습니다. 놀라운 것은 은하 하나하나에 대략 2천억 개의 별이 있다는 것입니다. 별이라고 하면 태양 같은 것을 두고 말합니다. 지구는 별이 아니라 행성입니다.

사람들이 이런 사실을 아는 순간 자신이 아무것도 아닌 먼지와 같은 존재라 생각합니다. 그리고 그 먼지는 빅뱅이 만들었다고 생각합니다. 그래서 자신들의 아버지를 빅뱅이라고 믿는 자들도 있습니다. 물론 그 빅뱅도 한 번만 이루어졌다고 생각했지만, 그것도 무너졌습니다. 수많은 빅뱅이 지금도 계속되고 있다는 것이 과학자들의 주장입니다. 그래서 다중 우주론을 주장하기도 합니다.

인간들은 자신이 티끌이라고 확인을 하더라도 자신을 죄인이라고 절대 인정하지 않습니다. 아무리 우주를 연구하고, 힘의 원천을 알아내더라도 그곳에서 십자가는 나오지 않습니다. 인간은 알면 알수록 인간이 얼마나 위대한가를 뽐낼 뿐입니다.

왜 그럴까요?

선악을 아는 지식 속에 사로 잡혔기 때문입니다. 자신을 위대하게 하는 방식은 언제나 더 많이 아는 것입니다. 더 많이 아는 것이야말로 선이라는 겁니다. 그런데 인간들은 자신이 갇혀 있다고는 생각지 못합니다. 도리어 갇혀 있는 세계를 볼 수 있는 자리에 자신을 둡니다.

가룟 유다가 예수님이 주신 떡 조각을 받고 나갔습니다. 밤이었습니다. 가룟 유다는 자신이 왜 삼 년 동안 예수님을 따라다녔는지, 왜 떡 한 조각을 받고 나갔는지, 왜 밤이 되었는지에 대해 아는 것이 아무것도 없습니다. 자신이 왜 이 땅에 태어났는지도 모릅니다. 단지 이 모든 것은 우연일 뿐이라는 겁니다.

어벤져스 엔드게임이라는 영화는 인피니티 건틀릿에 인피니티 스톤을 박아 넣은 무기를 두고 싸우는 영화입니다. 여기에서 악당 타이탄은 자신을 필연적 존재라고 합니다. 여기에 반해 인피니티 건틀릿을 손에 낀 아이언맨은 "나는 아이언 맨"이라고 합니다.

이 영화가 하고 싶은 이야기가 바로 이것입니다. 시간이라는 차원을 개입시켜 동일한 시간대에 다른 시간대로 넘어가는 기술을 보여줍니다. 과거를 바꿈에도 불구하고 결단코 현재나 과거를 어긋나게 하지 않겠다는 겁니다. 사실 벌써 모순이 발생했습니다. 왜냐하면, 인피니티 건틀릿을 통해 우주 절반이 멸망당한 그 멸망이 없는 현재를 만들었기 때문입니다.

타이탄의 행위를 우연으로 보지 않고 필연으로 보겠다는 겁니다. 그러나 자신들의 행위는 필연이 아니라 우연이라는 겁니다. 이 모든 것은 지금의 내가 어떤 결정을 내리느냐에 달렸지, 그 어느 누구의 의해서도 현재가 나를 결정되는 일이 있어서는 안 된다는 겁니다. 그런데 그렇게 말하는 아이언 맨은 자신의 죽음을 통해 수많은 사람을 자신의 결정에 의해 운명을 새롭게 만들었습니다. 결국, 자신이 타이탄 역할을 한 겁니다. 우연과 필연

모두를 자신의 손안에 두겠다는 것이 인간의 본심입니다.

그러나 그 어떤 인간도 그리스도 안을 벗어날 수가 없습니다. 그리스도 안에 있다는 말은 그 안에 이루어지는 모든 일들은 필연입니다. 물론 그 필연성은 반드시 우리 인간들에게는 우발적 사건으로 들이닥칩니다. 주님의 권능의 손에서 벗어날 인간은 없습니다. 물론 모든 만물들도 마찬가지입니다.

그 웅장한 대우주도 십자가라는 소실점으로 모아집니다.

결국, 대 우주가 먼지덩어리라는 사실을 인간 스스로 발견했음에도 불구하고 인간들은 십자가를 만나지 못합니다. 그 이유는 주님이 성령을 주시지 않았기 때문입니다.

성령을 주시지 않으면 자신이 하는 모든 일들이 주님의 일이 아니라 자신의 일이 됩니다. 자신의 일이라는 말은 자신의 일이 곧 선한 일이 되며, 그 선한 일이야 말로 자신을 영광스럽게 하는 일이 되는 겁니다. 물론 이런 자들도 선한 일은 새로운 선한 일이 등장하면 그전에 선했던 일은 곧장 악한 일이 되어 버립니다.

주님이 동행하신다는 것은 곧 성도의 모든 발걸음을 인도하는 정도가 아니라 성도의 발걸음이 곧 주님의 발걸음이 됩니다. 그 걸음마다 십자가의 핏자국이 찍힙니다.

♣ 가룟 유다와 영광을 얻으신 인자

> 요 13:31-32
>
> 저가 나간 후에 예수께서 가라사대 지금 인자가 영광을 얻었고 하나님도 인자를 인하여 영광을 얻으셨도다 만일 하나님이 저로 인하여 영광을 얻으셨으며 하나님도 자기로 인하여 저에게 영광을 주시리니 곧 주시리라.

여기에서 먼저 '인하여'라는 전치사는 모두 'en'입니다.

말씀의 순서가 32절이 앞장선다면 어쩌면 우리들이 이해하기 더 쉬울지도 모릅니다. 그런데 십자가를 먼저 앞장세웁니다. 인자가 영광을 얻으신 것을 먼저 앞장세우고, 하나님도 인자 안에서 영광을 얻으셨다고 합니다.

영광을 누가 먼저 받아야 합니까?

우리들 상식으로는 하나님이 먼저 받아야 합니다. 그런데 영광은 십자가 지신 인자가 먼저 받습니다. 물론 그 영광은 하나님이 자기 안에서 저에게 주신 영광입니다. 그렇게 아들에게 영광을 주심으로 말미암아 하나님도 인자 안에서 영광을 받으시겠다는 겁니다.

물론 오늘 본문에서는 이미 인자가 영광을 받았고, 아버지 하나님도 인자 안에서 영광을 받으셨다고 합니다.

> 그런즉 너희는 먹든지 마시든지 무엇을 하든지 다 하나님의 영광을 위하여 하라 (고전 10:31).

이 말씀을 근거로 사람들은 하나님께 영광을 돌리는 삶을 살아야 한다고 주장합니다. 이것이 사람의 제일 되는 목적이라는 겁니다. 그런데 오늘 본문에 의하면 인간이 하나님께 영광을 돌릴 방법은 없습니다. 오직 십자가 지신 인자되신 예수님만이 하나님께 영광을 돌립니다. 인자가 영광을 얻음으로 말미암아 아버지 하나님도 인자 안에서 영광을 얻게 됩니다.

그렇다면 하나님의 영광을 위해 하라는 말씀을 어떻게 이해해야 할까요?

가룟 유다가 예수님을 팔러 나감으로 인자가 영광을 얻었다고 하셨습니다. 그렇다면 인자의 영광은 십자가로 인하여 받으시는 영광입니다. 주님이 되심으로 받으시는 영광입니다. 주의 자리는 저주와 축복을, 천국과 지옥을 결정하는 자리입니다.

따라서 먹든지 마시든지 무엇을 하든지 다 하나님의 영광을 위하여 하라는 말씀은 곧 십자가만 자랑하라는 말씀입니다. 그런데 인간들은 자신들이 먹든지 마시든지 무엇을 하든지 자신들이 하나님의 영광을 위해서 할 수 있다고 생각합니다. 인간은 할 수 없습니다.

그렇다면 왜 사도 바울을 통해 주님은 이런 말씀을 하십니까?
그에 대한 답을 고린도전서 1:2에서 찾을 수 있습니다.

> 고린도에 있는 하나님의 교회 곧 그리스도 예수 안에서 거룩하여 지고 성도라 부르심을 입은 자들과 또 각처에서 우리의 주 곧 저희와 우리의 주되신 예수 그리스도의 이름을 부르는 모든 자들에게.

'그리스도 예수 안에서'라는 대목에 주목해야 합니다. 앞서 고린도전서 10:31 말씀에 있는 "너희는" 그리스도 예수 안에 있는 자들을 두고 하시는 말씀입니다. 하나님이 인자 안에서 영광을 받으셨습니다. 그리스도 밖에 있는 자들은 자신의 행위를 통해 하나님께 영광을 돌리려고 합니다.

왜 사람들은 끊임없이 자신들이 예수님을 믿을 수 있고, 하나님께 영광을 돌릴 수 있다고 생각할까요?

그 이유는 거저 주시는 은혜의 영광을 찬미하기 싫기 때문입니다. 자신이 영광 받고 싶다는 겁니다. 하나님께 영광 돌림으로 말미암아 자신의 의로움을 뽐내고 싶은 겁니다. 주님 앞에 자신의 자랑거리를 당당히 내어놓겠다는 겁니다. 부끄러운 구원이 아니라 당당한 구원을 받겠디는 겁니다. 자신의 행위를 통해 하나님께 영광을 돌리려 합니다.

그러나 그리스도 안에 있는 자들은 십자가의 영광을 찬미합니다.

♣ 예수님 찾기

> 요 13:33
>
> 소자들아 내가 아직 잠시 너희와 함께 있겠노라 너희가 나를 찾을 터이나 그러나 일찍 내가 유대인들에게 너희는 나의 가는 곳에 올 수 없다고 말한 것과 같이 지금 너희에게도 이르노라.

사람들이 예수님을 찾는 이유가 무엇일까요?
이 세상을 살아가는데 유익이 되지 않는다면 예수님을 찾을까요?
유대인들이 예수님을 찾아온 이유는 떡을 먹고 배부른 까닭입니다.
굶주렸을 때 도와주는 사람은 악마가 아니라 천사입니다.
내가 아프고 병들고 죽었을 때, 고쳐주고 살려 준다면 얼마나 고마운 사람입니까?
내가 갖고 싶고 도달하고 싶은 재물과 권력을 주는 사람이 있다면 그 사람을 존경하지 않을 수 없습니다. 유대인들이 예수님을 찾은 목적이 이런 겁니다. 예수님이 유대인들에게 하신 말씀을 제자들에게 다시 말씀하시는 이유는 제자들도 유대인들과 다르지 않기 때문입니다.

첫째 아담 안에 살고 있는 자들은 그들이 바라는 구세주의 모습을 예수님이 행하신 표적 속에서 찾았습니다. 그들은 여호와 하나님이 보내실 메시야를 기다리고 있었고, 그분이 오신다면 자신들이 얼마든지 찾을 수 있다는 생각을 갖고 있었습니다. 그래서 그들이 예수님을 찾은 겁니다. 그런데 자신들이 찾은 예수님은 십자가에 못 박혀 죽습니다. 잘못 찾았다는 겁니다.

그런데 왜 예수님은 "너희가 나를 찾을 것이다"라고 말씀하실까요?
그들의 찾음과 예수님 자신이 참 목자 되심을 중첩시키시는 겁니다. 인간이 찾는 목자는 무조건 엉터리 목자입니다. 악마입니다. 왜냐하면, 유대들과 같은 목적으로 찾는 목자이기 때문입니다.

오늘날 예수님을 찾는 이유를 보면, 이 세상을 포기하지 못하겠다는 이유 때문에, 자신의 몸을 포기하지 못하기 때문입니다. 자기 영광은 결코 포기하지 못하겠다는 이유 때문에 예수님을 찾습니다. 그래서 기도하고, 전도하고, 봉사하고, 헌신하고, 성경 공부를 합니다. 자기 몸둥아리는 꼭 천국에 들어가야겠다는 겁니다.

악마가 심어준 천국, 악마가 가르쳐 준 자기 몸 중심의 천국을 자신이 찾은 예수를 통해 달성해 보고자 하는 겁니다. 3년 동안 따라다닌 예수님의 제자들도 마찬가지입니다. 이들은 나름대로 성숙한 성인입니다. 나름대로 판단할 능력을 갖고 있습니다. 그러니 자신이 주도적으로 선택할 능력이 있다는 겁니다. 따라서 예수님이 죽으신다면 이들은 틀림없이 자신들의 선택이 틀렸음을 확인하면서 자신들이 바라는 메시야를 찾아 나서게 될 겁니다. 그런데 이들에게 예수님이 이렇게 호칭합니다.

"소자들아"

너희들은 찾고 선택할 권리가 없다는 겁니다. 예수님이 택하셨다는 겁니다(요 6:70). 너희들이 찾는 것은 자기 죄 가운데 죽는 죽음을 찾는 것과 다를없다는 겁니다. 아직 잠시 동안 제자들과 함께하십니다. 그러나 지금 그 함께 있음은 마치 예수님이 죽으신 후에 구세주를 찾아 헤매는 것과 다르지 않다는 말씀입니다.

소경이 도대체 무엇을 찾을 수 있을까요?

이들은 성령을 받은 후에야 비로소 자신들이 소자로서 예수님에 의해 찾은 바 된 잃어버린 자들이었음을 알게 됩니다. 자신들이 우리에 들지 않은 자들이었음을 알게 됩니다. 구원을 얻기 위해서 예수님을 찾는 자들, 천국 가기 위해서 예수님을 찾은 자들, 이 세상의 축복을 받기 위해 예수님을 찾은 자들, 나라와 가정과 자신을 위해 예수님을 찾는 자들은 죄 가운데 죽을 뿐입니다.

모든 인간은 건전한 교리는 받기를 원치 않고, 자신의 가려운 귀를 즐겁게 해 주며 자기 욕망을 채워줄 스승을 많이 두기를 원합니다. 이미 그러한 때를 당했습니다(딤후 4:3). 그러니 그 어느 누구도 이러한 때에서 벗어날 수가 없습니다. 그래서 스승을 찾습니다. 정말 황당한 것은 이 말씀을 근거로 건전한 교리를 찾는 자들이 있다는 겁니다.

그들이 왜 건전한 교리를 찾으려고 할까요?

자신의 가려운 귀를 즐겁게 해 줄 그뿐만 아니라 자기 욕망을 채워 줄 수 있기 때문입니다. 그래서 건전한 교리를 가르치는 스승을 두려고 합니다. 건전한 교리를 가르치는 스승을 많이 둘수록 자신은 건전한 교리를 갖고 있기에 자기 개인적 욕망인 구원은 확실하다고 생각합니다. 그다음 구에 나오는 허탄한 이야기를 좇는다는 것은 곧 개인적 욕망을 이루기 위한 대표적 행위입니다.

사람들은 바른 교회를 찾으려고 하고, 바른 목사를 찾으려고 합니다. 이렇게 찾아 안착하는 교회는 그들에게 건전한 교리를 가르칩니다. 물론 건전하다는 것이 어디까지나 개인적 욕망을 이루어 주기에 건전한 교리가 됩니다. 그래서 교회마다 모두 건전한 교리를 가르친다고 주장하는 겁니다.

이들에게 십자가만 자랑하면 너무 편협한 사고를 갖고 있다고 하면서 이단으로 정죄해 버립니다. 자신이 찾는 예수 곧 구원자는 자신을 위한 구원자입니다. 그러나 십자가로 찾아오신 주님은 찾아오신 자리에 주님의 구원만을 남깁니다. 그러니 개인적 욕망, 사적 욕망을 추구하는 자들에게 십자가는 너무 편협합니다. 말로는 편협하다고 말하지만 결국 십자가가 다가 아니라는 겁니다.

어제 말씀 공부를 하는데 어떤 낯선 분들이 오셨습니다. 그분이 한 시간 반 동안 말씀을 듣고 하시는 말씀이 다 동의하지만, 전면 부정은 하지 않는 것이 좋다고 하셨습니다. 그렇게 말하는 이유는, 듣는 사람을 배려하자는 겁니다.

십자가는 처음부터 사람을 부정해 버립니다. 사람을 사람으로 취급하지 않습니다. 죄인 취급합니다. 마귀의 자녀로 대합니다. 그러니 인격적이라는 말을 해서 복음을 전하겠다는 것은 도리어 사람을 좋게 하는 다른 복음이 됩니다. 사람들은 자신의 귀를 즐겁게 해 주고, 사적인 자신의 욕망을 채워줄 스승을 원합니다. 여기에 부응한 것이 오늘날 교회들입니다.

주님은 십자가를 갖고 자기 백성을 찾습니다.

♣ 새 계명 1

> 요 13:34
>
> 새 계명을 너희에게 주노니 서로 사랑하라 내가 너희를 사랑한 것 같이 너희도 서로 사랑하라.

새 계명이라고 말씀하신 이유는 옛 계명과 전혀 다른 차원에서의 계명이라는 말씀입니다.

옛 계명은 하나님 사랑 이웃 사랑입니다. 마태복음 22:35 이하입니다. 한 율법사가 예수님을 시험하여 질문을 합니다. 질문하는 당사자가 율법사라는 말은 곧 율법 전문가라는 말입니다. 율법 전문가라는 말은 율법을 엑기스로 만들었다는 말입니다. 이미 정답을 갖고 있습니다. 예수님을 시험하여 자신들이 연구한 율법과 동일한지를 묻는 겁니다. 만일 자신들의 정답과 동일하지 않다면 예수님을 율법을 모르는 자로 정죄하려고 하는 겁니다.

예수님이 이렇게 대답합니다.

> 네 마음을 다하고 목숨을 다하고 뜻을 다하여 주 너의 하나님을 사랑하라 하셨으니 이것이 크고 첫째 되는 계명이요 둘째는 그와 같으니 네 이웃을 네 몸과 같이 사랑하라 하셨으니 이 두 계명이 온 율법과 선지자의 강령이니라 (마 22:37-40).

율법과 선지자의 강령이라는 말씀은 곧 구약성경 전체가 두 가지를 말씀한다는 겁니다. 이것이 액기스입니다.

그런데 유대인들은 율법과 선지자의 강령을 어떻게 지켰습니까?

마가복음 7:11-13을 보겠습니다.

> 너희는 가로되 사람이 아비에게나 어미에게나 말하기를 내가 드려 유익하게 할 것이 고르반, 곧 하나님께 드림이 되었다고 하기만 하면 그만이라 하고 제 아비나 어미에게 다시 아무것이라도 하여 드리기를 허하지 아니하여 너희의 전한 유전으로 하나님의 말씀을 폐하며 또 이와 같은 일을 많이 행하느니라 (막 7:11-13).

율법과 선지자의 강령을 잘 알고 있지만 이들의 유전은 하나에 초점을 맞춥니다. 하나님 사랑으로 통합해 버립니다.

왜 그렇게 했을까요?

우리들이 이미 예수님 편이기 때문에 유대인들이 만든 유전은 무조건 잘못되었다고 생각할 수 있습니다. 물론 예수님의 말씀에 의하면 하나님의 계명을 폐하는 유전임이 분명합니다. 그런데 말입니다. 이들이 만든 유전이 매우 중요합니다. 왜냐하면, 율법과 선지자의 강령인 하나님 사랑, 이웃 사랑을 압축하면 최종적으로는 하나님 사랑이 됩니다.

여러분은 어떻습니까?

하나님 사랑, 이웃 사랑이 가능할까요?

불가능합니다. 왜냐하면, 한 사람이 두 주인을 섬길 수 없다는 말씀은 예수님이 하셨습니다. 유대인들도 그것을 알았습니다. 그래서 그들은 하나님 사랑으로 율법을 압축시킨 겁니다. 이러한 모습은 선지서를 보면 잘 나타납니다.

이사야 1:11 이하를 보겠습니다.

> 여호와께서 말씀하시되 너희의 무수한 제물이 내게 무엇이 유익하뇨 나는 수양의 번제와 살진 짐승의 기름에 배불렀고 나는 수송아지나 어린 양이나 수염소의 피를 기뻐하지 아

니하노라 너희가 내 앞에 보이러 오니 그것을 누가 너희에게 요구하였느뇨 내 마당만 밟을 뿐이니라 헛된 제물을 다시 가져오지 말라 분향은 나의 가증히 여기는 바요 월삭과 안식일과 대회로 모이는 것도 그러하니 성회와 아울러 악을 행하는 것을 내가 견디지 못하겠노라 (사 1:11-13).

이 말씀을 보면 이사야 선지자 당시 남 유다인들은 예루살렘 성전에서 율법대로 부지런히 희생 제물을 드렸다는 사실을 알 수 있습니다. 그러나 문제는 손에 피가 가득하다는 겁니다. 고아와 과부를 변호하지 않는다는 겁니다. 악행을 행한다는 겁니다. 우상 숭배를 합니다.

이러한 내용을 예수님 당시 유대인들이 잘 알고 있습니다. 그래서 이들은 이러한 악행을 행치 않으면서 정말 하나님을 사랑하는 사람으로 살아갑니다. 바리새인들을 보면 율법의 의로는 흠이 없는 자라고 합니다. 그렇다면 이사야 선지자가 지적하는 모든 문제는 깔끔하게 해결되었습니다.

이들은 "네 부모를 공경하라"는 말씀도 지켰습니다. 그래야만 율법의 의로는 흠이 없는 자가 되는 겁니다. 그렇지 않고 감히 율법의 의로 흠이 없다고 할 수 없겠지요. 문제는 이 모든 율법이 하나님 사랑으로 모아진다는 겁니다.

하나님 사랑에서 파생되어 나온 것이 이웃사랑이 아닙니까?

이렇게 해석하는 방식이 유대인들이 성경을 해석하는 방식입니다.

♣ 새 계명 2

> 요 13:34
>
> 새 계명을 너희에게 주노니 서로 사랑하라 내가 너희를 사랑한 것 같이 너희도 서로 사랑하라.

그런데 유대인들만 성경을 그렇게 해석하지 않습니다. 이 세상에 사는 모든 사람이 성경을 연구하면 결국 하나님 사랑으로 압축됩니다. 그래서 유대인들은 하나님께 드리는 것을 우선하게 됩니다. 돈을 벌었습니다.
그 돈을 하나님께 바쳐야 합니까?
부모를 공경해야 합니까?
하나님께도 바치고 부모도 공경하면 된다고 생각하시는 분들이 많지요.
그러면 하나님께 몇 퍼센트를 바치면 됩니까?
십일조입니까?
그런데 말입니다.
정말 하나님을 사랑한다면 십분의 일만 바치는 것으로 만족할까요?
인간은 그렇지 못합니다. 그래서 부모를 공경해야 할 돈조차도 하나님께 드림으로 말미암아 자신은 제대로 율법을 지켰다는 겁니다. 유대인들의 이런 사고방식은 이 세상에 살고 있는 인간들이 내어놓을 수 있는 최고의 하나님 사랑입니다. 그런데 예수님은 그러한 하나님 사랑이 하나님의 계명을 폐하는 일이라고 하십니다.
그렇게 말씀하셨다면 대안을 내 놓으셔야 하지 않습니까?
대안은커녕 이 모습을 이사야 29:13 말씀대로라고 선언합니다.

> 이 백성이 입술로는 나를 존경하되 마음은 내게서 멀도다 사람의 계명으로 교훈을 삼아 가르치니 나를 헛되이 경배하는도다 (마 15:8-9).

율법과 선지서를 제대로 연구해서 하나님 사랑이라는 결론을 도출하여 결국 이런 모습으로 나타났다는 겁니다. 이 말씀은 우리들에게 유대인처럼 살지 말아라는 말씀이 아닙니다. 하나님을 진심으로 존경한다는 사람의 마음이 이러하다는 겁니다. 정말 이상한 말씀이지요. 그런데 사람들은 이 본문을 이렇게 보지 않습니다. 입술로도 하나님을 존경하고 마음으로도 하나님을 존경해야겠다는 결심을 갖습니다.

유대인들은 이런 마음이 없었습니까?

똑같습니다. 그렇게 해서 나타난 결과가 바로 하나님 계명을 폐하는 짓입니다. 따라서 옛 계명을 지킬 인간은 아무도 없습니다. 오히려 옛 계명은 모든 인간은 하나님을 헛되이 경배하는 자로 드러낼 뿐입니다. 그래서 예수님이 새 계명을 너희에게 주신다고 하신 겁니다.

그런데 제자들이 새 계명을 받을 조건이 됩니까?

새 계명을 받을 조건이 되어 계명을 주신다면 이해가 되지만, 지금 상황에서는 제자들이 새 계명을 받을 조건이 전혀 되지 않습니다. 이것이 중요한 조건입니다. 그래서 새 계명이라고 말씀하시는 겁니다. 옛 계명은 출애굽 한 이스라엘 백성들에게 주신 계명입니다. 그런데 새 계명은 예수님을 팔아먹는 자들에게 주시는 계명입니다.

새 계명의 내용이 무엇입니까?

"서로 사랑하라"입니다. 그런데 여기에서 그치는 것이 아니라 내가 너희를 사랑한 것 같이 서로 사랑하라고 하십니다. 서로 사랑하는 근거가 예수님의 사랑이라는 겁니다.

제자들이 예수님의 사랑을 압니까?

몰라요. 모르는 자들에게 내가 너희를 사랑한 것 같이 서로 사랑하라고 하십니다. 말이 안 되는 말씀입니다. 기껏해야 발을 씻기신 그 씻긴 사랑을 알지요.

그렇다면 서로 발을 씻겨 주면 새 계명을 지키는 것이 됩니까?

더욱 심각한 문제는 제자들은 서로 사랑할 마음이 전혀 없다는 사실입니다. 각자가 하나님 나라에서 높은 자리를 차지하고 싶은 마음입니다. 그러니 이들에게서 사랑이 나올 수가 없지요. 그래서 예수님이 새 계명을 주신다고 하신 겁니다.

처음부터 제자들은 새 계명이 무엇인지도 모릅니다. 기껏해야 옛 계명에 비추어서 하나님 사랑과 이웃 사랑을 해야 된다는 것은 알겠지요. 그런데 만일 그런 식으로 예수님이 주신 새 계명을 이해하게 되면 결국 이사야 29:13 말씀대로 드러날 뿐입니다.

오늘날 교회가 새 계명을 다 이런 식으로 이해를 합니다. 그래서 하나님만 사랑하지 말고 이웃도 사랑해야 된다고 우깁니다. 예수님을 죽인 유대인들이 하나님 사랑에 무게 중심을 두었다면, 오늘날 나름 건전하다고 하는 자들은 이웃 사랑에 무게 중심을 둡니다. 물론 대부분의 교회는 짬뽕입니다. 그래서 교회 헌금 많이 하고, 봉사 많이 하고, 기도, 전도, 헌신하는 것이 하나님 사랑이라 생각합니다. 완전 유대교입니다. 성령을 받지 못한 자들은 앞서 말씀드린 대로 유대교 해석을 넘어설 수 없습니다.

♣ 예수님의 제자 1

> 요 13:35
>
> 너희가 서로 사랑하면 이로써 모든 사람이 너희가 내 제자인줄 알리라.

율법과 선지자의 강령은 "하나님을 사랑하고 이웃을 네 몸과 같이 사랑하라"입니다. 그런데 예수님은 예수님의 제자를 찾으십니다. 예수님이 주신 새 계명을 지키는 자들, 곧 서로 사랑하는 자들, 그들을 예수님의 제자라 합니다. 참으로 낯선 말씀입니다. 왜냐하면, 우리 인간들 본성에서 하나님이라는 존재는 지워 버릴 수 없습니다. 그래서 하나님을 사랑하라는 것을 최우선에 두고, 그다음 서로 사랑하라는 말씀을 주셨다면 우리들이 납득을 할 수 있는 말씀이 됩니다.

그러나 예수님이 주신 새 계명은 하나님 사랑을 빼 버리고, 이웃을 사랑하라는 말씀도 빼 버리고, 오직 서로 사랑하라는 말씀만 주셨습니다. 여러분은 이렇게 생각할 수 있을 겁니다. 이웃을 사랑하라는 말씀이 곧 서로 사랑하라는 말씀이라고 말입니다. 물론 그렇게 생각할 수 있습니다. 왜냐하면, 구약은 그림자이기 때문입니다.

그런데 만일 예수님이 하나님의 율법을 폐하지 않으셨다면 하나님을 사랑하라는 계명은 빼더라도, "서로 사랑하라"는 새 계명을 주실 것이 아니라, 원래 있던 "네 이웃을 네 몸과 같이 사랑하라"는 계명을 주시면 되지 않을까요?

문제는 만일 이렇게 되면 '새' 계명이라고 할 이유가 없어집니다.

그렇다면 예수님이 주신 계명은 구약 계명을 폐하는 계명일까요?

이렇게 질문하는 자체가 문제가 됩니다. 왜냐하면, 이렇게 질문한다는 것은 곧 질문하는 자 자신은 율법과 선지자의 강령을 지킬 수 있다는 전제하에 하는 질문이기 때문입니다.

이미 율법과 선지자의 강령 앞에 모든 인간은 입술로는 하나님을 존경하되 마음은 하나님으로부터 멀어 하나님을 헛되이 경배하는 자로 드러났습니다. 그러니 우리들이 율법과 선지자의 강령을 운운할 입장에 있지 못합니다. 만일 그것을 운운하는 순간 우리는 헛되이 하나님을 경배하는 자라는 것을 스스로 자인하는 꼴입니다.

예수님의 제자들 그 어느 누구도 율법과 선지자의 강령을 지킬 자들이 없습니다. 모두가 다 죄인입니다. 저주받아 마땅한 자들입니다. 불 심판 받아 마땅한 자들입니다. 이러한 자들에게 새 계명을 주셨습니다. 새 계명은 "서로 사랑하라"입니다.

그 사랑의 원천은 예수님의 십자가입니다. 십자가 사랑은 오직 주님의 일방적 사랑입니다. 주님의 희생을 증거하기 위한 사랑입니다. 따라서 '서로 사랑하라'는 말씀 속에 나오는 '사랑'은 바로 주님의 희생을 증거하는 사랑입니다.

따라서 아무리 서로 사랑한다고 해도 십자가만 자랑하는 것이 터져 나오지 않는다면 그 사랑은 사랑이 아닌 것이 됩니다.

그래서 고린도 전서 13장에서 희한한 이야기를 하는 겁니다.

> 내가 사람의 방언과 천사의 말을 할지라도 사랑이 없으면 소리 나는 구리와 울리는 꽹과리가 되고 예언하는 능이 있어 모든 비밀과 모든 지식을 알고 또 산을 옮길 만한 믿음이 있을지라도 사랑이 없으면 내가 아무것도 아니요 내가 내게 있는 모든 것으로 구제하고 또 내 몸을 불사르게 내어 줄지라도 사랑이 없으면 내게 아무 유익이 없느니라 (고전 13:1-3).

♣ 예수님의 제자 2

> 요 13:35
>
> 너희가 서로 사랑하면 이로써 모든 사람이 너희가 내 제자인줄 알리라.

천사의 말을 하고, 예언하는 능력이 있어 모든 비밀과 모든 지식을 알고, 산을 옮길만한 믿음을 갖고 싶은 것이 우리들 아닙니까?

그런데 주님은 은사를 주신 이유는 사랑을 뽑아내기 위해 주셨습니다. 그런데 사랑이 나오지 않으면 이러한 은사는 도리어 자신이 아무것도 아닌 것을 증거하는 기능을 합니다.

그뿐만 아니라 우리들이 흔히 말하는 사랑, "내가 내게 있는 모든 것으로 구제하고 또 내 몸을 불사르게 내어 줄찌라도 내게 아무 유익이 없다"라고 합니다.

이 정도면 사랑이 아닙니까?

복음을 제대로 압니다. 십자가도 압니다. 그래서 모든 비밀과 지식을 알고, 믿음도 있습니다. 이 복음을 위해 몸을 불사르게 내어 줍니다.

이 정도의 삶을 산다면 사랑이 충만하다고 할 수 있지 않을까요?

그렇지 않다는 겁니다. 이러한 것과 사랑을 분리해 버립니다. 주님의 일은 이렇게 합니다. 인간이 해 낼 수 있는 것들을 은사로 주셔서 하게 하십니다. 그러한 은사 속에서 사랑이 있는 은사와 없는 은사를 갈라 버립니다.

그리고 하시는 말씀이, 사랑은 오래 참고, 온유하며, 투기하는 자가 되지 아니하며, 자랑하지 아니하며, 교만하지 아니하며, 무례히 행치 아니하며, 자기의 유익을 구하지 아니하며, 성내지 아니하며, 악한 것을 생각지 아니하며, 불의를 기뻐하지 아니하며, 진리와 함께 기뻐하고, 모든 것을 참으며, 모든 것을 믿으며, 모든 것을 바라며, 모든 것을 견딘다고 합니다.

이렇게 말하면 사람들은 이 말씀대로 살려고 합니다. 백날 해 보세요. 이렇게 살면 나오는 것은 교만과 자랑밖에 없습니다.

왜 사람들은 성경이 십자가를 증거 한다고 생각하지 않을까요?

그 이유는 성령이 없기 때문입니다. 성령이 없기 때문에 말씀을 읽으면서 십자가가 밝히 보여야 할 터인데, 여전히 살아있는 자신이 있고, 자신 앞에 말씀이 있다는 겁니다.

유대인들과 다른 것이 하나도 없습니다. 오늘날 기독교는 유대교입니다. 세상 모든 종교는 유대교에서 벗어날 수가 없습니다. 주님이 치신 올무입니다. 그 어떤 인간도 그 올무에서 빠져나갈 수 없습니다.

그래서 예수님이 십자가 지실 때 함께 십자가에 못 박아 죽이시고, 다시 살리셔서 십자가 외에는 자랑할 것이 없는 자로 만들어 버립니다. 성령께서 책망하실 때 십자가만 자랑합니다. 그때 나오는 열매가 바로 사랑입니다.

대표적인 경우가 바로 베드로와 요한이 성전 미문에 앉아 구걸하는 앉은뱅이와 만나는 장면입니다. 베드로와 요한은 성전미문에 앉은 앉은뱅이를 사랑할 마음이 없습니다. 그런데 주님이 만나게 하셨고, 주님의 사랑을 증거 할 때 주님이 서로 사랑하는 현장이 되게 하셨습니다. 그러니 "서로 사랑하라"는 말씀은 '내가' 지키는 말씀이 아닙니다. 주님이 친히 그 말씀을 지키십니다. 그 현장 속에 성도들이 담깁니다.

사람들은 이것도 모르고 "서로 사랑하자"고 합니다. 그렇게 외쳐봐야 다 공허합니다. 왜냐하면, 나와 상대가 생각하는 사랑이 서로 다르기 때문입니다. 시간이 지나면 원망만 나올 뿐입니다. 자아가 살아있는 인간은 결코 타인을 사랑할 마음이 없습니다. 타인을 지배하려는 마음뿐입니다. 그래서 어떤 사람들은 상대가 어떠하든지 '나'만 이웃을 사랑하면 된다고 합니다.

그런데 오늘 말씀이 '너'만 사랑하면 된다고 하셨습니까?

"서로 사랑하라"고 하셨습니다. 나 혼자는 결코 사랑이 나올 수 없습니다. 일방적인 사랑도 나올 수 없습니다. 만일 그러했다면 예수님이 "서로 사랑하라"고 하시지 않고, 율법과 선지자의 강령처럼 "네 이웃을 네 몸같이 사랑하라"는 계명, 곧 일방적 사랑의 계명을 주셨을 겁니다.

그러나 주님이 주신 계명은 새 계명입니다. 인간에게서는 절대 '서로 사랑'이 나오지 않습니다. 그 이유는 서로 영광을 취하는 자들이기 때문입니다. 따라서 만일 오늘날 율법과 선지자의 강령을 교회가 주장한다면 그들은 십자가의 원수들입니다.

그런데 어떻습니까?

하나님을 사랑하고 이웃을 네 몸과 같이 사랑하라고 하지 않는 교회가 있을까요?

♣ 모든 사람이 알리라

> 요 13:35
>
> 너희가 서로 사랑하면 이로써 모든 사람이 너희가 내 제자인줄 알리라.

이 구에서 '모든 사람'은 누구를 말씀하시는 것일까요?

요한복음에서 정말 이상한 것은 구원받은 자들이 서로 사랑하는 장면이 없다는 사실입니다. 요한복음 5장에 나오는 38년 된 병자는 자리를 들고 걸어가는 것으로 사라집니다. 8장에서 간음한 현장에서 잡힌 여자는 "나도 너를 정죄하지 아니하노니 가서 다시는 죄를 범치 말라"는 말씀과 함께 사라집니다.

이들에게는 왜 서로 사랑하라는 말씀이 적용되지 않을까요?

최종적으로 새 계명을 주시기 위해서 구원하셨다면 새 계명을 지키는 것으로 드러나면 얼마나 좋을까요?

나사로 같은 경우도 마찬가지입니다. 살아난 후에 한 일이 없습니다. 나사로가 살아난 후에 뭔가를 행해야 하는데 행한 것이 없습니다. 나사로로 인하여 예수님을 믿는 자들이 많아졌습니다. 그래서 나사로까지 죽이려고 합니다. 나사로가 주체적으로 뭘 한 것이 없습니다.

4장에서는 사마리아 여자가 동네에 가서 그리스도를 전합니다. 그런데 우리들이 기대한 '서로 사랑하는' 것이 없습니다. 9장에서는 날 때부터 소경된 자가 나옵니다. 이 사람은 예수님을 전하다가 쫓겨납니다.

분명 새 계명을 주셨습니다. 서로 사랑함으로 모든 사람이 예수님의 제자인 줄 안다고 하셨습니다. 요한복음 1장부터 12장까지를 보게 되면 서로 사랑하는 장면을 찾을 수 없습니다. 그런데 말입니다. 예수님이 제자들을 부르신 이유가 서로 사랑하게 하는 것이 목적이 된다면 서로 사랑하는 것들이 무수히 본문에서 나와야 하는데, 우리들이 예상한 사랑은 그 어디에도 없다는 겁니다.

그렇다면 새 계명인 서로 사랑하라는 말씀의 의미가 우리가 생각하는 그런 의미가 아니라는 것이 됩니다. 우리가 보기에 요한복음 4, 5, 8, 9, 11장에 등장하는 인물들이 개별적으로 구원을 얻은 것 같습니다. 그런데 주님의 구원은 개인 구원이 없습니다. 그리스도의 몸으로 구원됩니다. 그러니 주님의 구원에 합류한 자들은 반드시 서로 사랑하는 관계의 장으로 합류된 것입니다. 그러니 이미 새 계명 안으로 들어온 것입니다.

이들은 예수님의 살과 피를 증거합니다. 그래서 모든 사람이 예수님의 제자임을 알게 됩니다. 그런데 여기에서 모든 사람이라는 말은 긍휼의 그릇과 진노의 그릇 모두를 포함합니다. 주님은 우리를 세상의 빛이라고 하셨습니다. 산 위에 있는 동네가 숨기우지 못할 것이라고 하셨습니다. 그래서 서로 사랑하는 장 안으로 합류되는 자들이 발생되기도 하고 핍박하는 자들이 드러납니다.

성도는 새 계명의 장으로 부름을 받았습니다. 이곳은 서로 사랑하는 자들만 있는 장입니다. 자기를 사랑하는 자들은 이곳에서 팅겨 나갑니다. 절대 이곳으로 들어갈 수 없습니다. 아무리 서로 사랑하자고 해도, 그 사랑은 결국 거짓으로 드러날 뿐입니다.

사람들은 예수님의 제자인 것을 티내기 위해 서로 사랑하는 행위를 보이려고 합니다. 이런 행위는 이단 집단들이 가장 잘 합니다. 왜냐하면, 그들은 철가면을 쓰고 있기 때문입니다. 사도 바울의 사랑은 십자가만 들이밉니다. 요한복음에 나오는 인물들도 동일합니다. 그러니 그 빛을 숨기고 싶어도 숨길 수 없습니다. 모든 사람이 예수님의 제자임을 알게 됩니다. 알기 때문에 한 쪽은 핍박을 가하고, 다른 한 쪽은 '어찌할꼬'를 외칩니다.

♣ 주여 어디로 가시나이까?

> 요 13:36
>
> 시몬 베드로가 가로되 주여 어디로 가시나이까 예수께서 대답하시되 나의 가는 곳에 네가 지금은 따라 올수 없으나 후에는 따라 오리라.

앞서 33절에서 유대인들에게 예수님이 가는 곳에 올 수 없다고 하신 것처럼 제자들에게도 동일하게 말씀하셨습니다. 베드로의 관심은 오로지 이 말씀입니다.

유대인들과 제자들 간에 차별이 있어야 하지 않을까요?

예수님을 잡으려는 유대인들이야 예수님이 가시는 곳에 갈 수 없다고 하더라도, 예수님을 삼 년 동안 따라다닌 예수님의 제자들은 예수님이 가시는 곳으로 따라 갈 수 있어야 하지 않을까요?

베드로의 질문은 이런 마음을 품고 하는 질문입니다. 어디로 가시든지 자신은 따라가겠다는 겁니다. 그런데 예수님은 이런 베드로에게 지금은 따라 올 수 없다고 합니다.

왜 지금은 예수님이 가시는 곳에 따라서 갈 수 없을까요?

베드로는 지금 예수님이 어디로 가고 계신 줄 모릅니다. 예수님이 가시는 길은 오직 아들과 아버지만 아는 길입니다. 그런데 베드로는 자신에게도 알려 주면 그 길을 기꺼이 가겠다는 겁니다.

예수님이 가시는 곳에 따라가려는 목적이 무엇일까요?

하나님 나라를 기다리고 있었고, 드디어 하나님 나라가 완성되는 시점에 왔습니다.

그러니 끝까지 따라붙어 자기 영광을 받아야 하지 않겠습니까?

이제 와서 예수님을 놓쳐 버리면, 예수님이 가시는 길로 따라 가지 못한다면 얼마나 억울합니까?

제자들의 마음은 언제나 육적입니다. 그러니 자기 영광 받고자 하는 욕망을 떨쳐 버릴 수 없습니다.

그래서 예수님과 절대 떨어지지 않으려고 하는 겁니다. 그러나 예수님은 지금은 따라 올 수 없지만, 후에는 따라오라고 하십니다. 우린 여기에서 오해하지 말아야 하는 것은 베드로가 후에 거꾸로 십자가에 못 박혀 죽은 것을 두고 하시는 말씀이라고 생각하면 이 본문을 엉터리로 보게 됩니다. 그렇게 되어 버리면 영광을 베드로가 받게 되지요.

지금도 가톨릭은 베드로를 얼마나 자랑스럽게 생각합니까?

세리와 창기로 보지 않습니다.

지금 예수님과 함께 죽는다고 한들 그 죽음은 자기 영광을 위한 죽음일 뿐입니다. 가룟 유다의 죽음을 보면 잘 알 수 있습니다.

얼마나 고결한 자살입니까?

만일 베드로가 예수님이 십자가에 달려 죽으실 때 함께 죽었다면 사람들은 베드로를 예수님과 동등으로 생각할 겁니다. 아니 그 이상으로 볼 겁니다. 왜냐하면, 베드로는 사람이고 예수님은 하나님의 아들이시니 말입니다.

하나님 아버지로부터 저주 받아 죽을 수 있는 분은 예수님뿐입니다. 한 사람의 죽음으로 모든 사람이 살 수 있는 길을 여실 분은 인자되신 예수님밖에 없습니다. 그분만이 부활하셔서 주님이 되셨습니다. 영광은 인자되신 예수님 홀로 받으십니다. 여기에 베드로가 끼어들려고 하는 겁니다.

그런데 사람들은 자신이 예수님을 믿고 예수님을 따르겠다고 합니다.

그러니 얼마나 자기 영광 받기를 갈망합니까?

자신이 예수님을 믿고 따랐으니 당연히 그에 따른 보상을 기대합니다. 베드로와 다른 것이 하나도 없습니다. 이들은 예수님이 지금은 따라 올 수 없으나 후에는 따라오리라고 하신 예수님의 말씀의 의미를 전혀 알아듣지 못합니다.

베드로가 성령을 받은 후 예수님을 어떻게 따라갑니까?

자신이 주인이 되어 따라갑니까?

아니지요. 성령의 인도하심을 따릅니다. 주님이 친히 베드로를 인도하십니다. 그러니 베드로는 자신이 예수님이 가신 길을 따르는 것이 아니라 주님이 따르게 하십니다.

베드로 자신은 언제나 예수님을 따라 갈 수 없는 자를 확인하는 자리에 있습니다. 즉 자신은 죽은 자입니다. 죽은 자 안에 주님이 계셔서 주님을 따르게 하셨음을 고백하는 자리에 있습니다.

질문해서 예수님으로부터 정답을 듣는다 한들 그 정답으로 인해 지옥 가는 인생이 됩니다. 사람들은 이미 정답을 알고 있지요. 정답을 알고 있기에 베드로처럼 예수님을 믿고 따르고 있다고 하는 겁니다. 이렇게 정답을 알고 예수님을 믿고 따른 자들은 자기 영광을 받지 못하면 분노를 냅니다.

그러나 성도는 주님이 십자가에서 다 이루심 속에 빨려들었습니다. 그러니 내가 예수님을 믿고 예수님이 가신 길을 따라갈 이유가 없습니다. 이미 내가 원치 않는 그 길로 걷기 때문입니다.

♣ 주를 위해 내 목숨을 버리겠나이다

> 요 13:37
>
> 베드로가 가로되 주여 내가 지금은 어찌하여 따를 수 없나이까 주를 위하여 내 목숨을 버리겠나이다.

흔히 베드로가 성격이 급한 사람이라고 합니다.

그런데 과연 베드로가 성격이 급해서 문제가 발생한 것일까요?

그렇다면 성격이 급하지 않은 사람이라면 실수를 저지르지 않는다는 말입니다. 베드로는 신중함이 없다는 겁니다. 예수님이 무슨 말씀을 하시는지 잘 이해해서 말을 내뱉어야 한다는 겁니다.

오늘 본문을 보면 베드로의 성급함이 있는 것 같습니다. 그런데 베드로의 이러한 행동은 급한 성격이나 신중함의 결여로 나온 것이 아닙니다. 오히려 흔히 교회에서 그렇게 강조하는 확실한 믿음에서 나온 말입니다.

베드로는 "지금은 따라올 수 없으나 후에는 따라오리라"는 말씀이 매우 못마땅합니다. 그래서 지금 당장이라도 예수님을 따를 수 있다고 말하는 겁니다. 그 자신감의 근거는 주를 위하여 자신의 목숨을 버릴 수 있다는 확신에서 기인합니다.

자신의 목숨을 버릴 수 있다면 예수님을 따르지 못할 이유가 없다고 생각한 겁니다. 목숨을 버릴 준비가 되었다면 못 할 일이 뭐가 있겠습니까?

베드로의 이 말은 허언이 아닙니다. 기꺼이 목숨을 버릴 수 있습니다. 가룟 유다가 자신의 목숨을 스스로 끊은 것을 보면, 베드로의 말이 그냥 하는 말이 아님을 알 수 있습니다. 그러니 겁날 것이 없지요. 따라서 예수님이 가시는 곳 그 어디든지 따라서 갈 수 있다는 겁니다.

오늘날 이런 믿음으로 예수님을 따라 천국에 가려는 자들이 교회 안에 가득합니다. 자기 목숨까지 버린다면 천국에 갈 수 있다고 생각합니다.

그런데 만일 이런 자들이 천국 간다면 뭐라고 하겠습니까?

자신이 받아야 할 상급이 있다고 주장할 겁니다. 이들 입에서는 '마땅히 해야 할 일을 했을 뿐'이라는 고백이 나올 수 없습니다. 물론 이런 자들은 천국에 들어가지도 못합니다. 베드로도 마찬가지입니다. 그런 마음, 곧 주를 위하여 목숨을 버리겠다는 그 마음 때문에 지금은 예수님을 따를 수 없습니다.

에덴동산에서 쫓겨난 인생들이 소망하는 최종 지점이 생명 나무입니다. 이들은 끊임없이 선악을 아는 지식으로 행위를 산출하여 천국에 들어가려고 합니다. 그 행위의 최고의 선은 주를 위하여 자기 목숨을 버리는 것입니다.

이것보다 더 큰 선이 어디에 있습니까?

그러나 자기 목숨을 불사르게 내어 줄지라도 사랑이 없으면 내게 아무 유익이 없다고 합니다(고전 13:3). 지금 베드로에겐 사랑이 없습니다. 달리 말하면 성령이 없습니다. 성령이 없다는 말은 그의 행위를 통해 드러내는 것은 자기 공로로 인한 자기 영광뿐이라는 말입니다. 그러나 성령을 받게 되면 사랑이 나옵니다. 요한일서 3:16입니다.

> 그가 우리를 위하여 목숨을 버리셨으니 우리가 이로써 사랑을 알고 우리도 형제들을 위하여 목숨을 버리는 것이 마땅하니라.

이 본문은 분명 예수님이 말씀하신 "후에는 따라오리라"는 말씀의 현장을 말씀하시는 겁니다. 그렇다면 어떻게 이 일이 가능할지 생각해 봅시다.

예수님이 우리를 위하여 목숨을 버리셨다는 말씀은 곧 그분이 주님이 되셨다는 말씀입니다. 그 주님이 성령을 주시니 그 사랑, 곧 십자가의 사랑을 성도가 받았다는 겁니다. 그러니 성도들이 내어놓을 것은 받은 사랑뿐입니다.

하나님이 재물을 가진 자와 궁핍한 자를 만나는 환경을 조성하셨습니다. 이 두 사람이 이 본문을 읽는다면, 재물을 가진 자는 궁핍한 자를 도와주는 것이 하나님 사랑이 자기 안에 거한다고 생각할 겁니다.

이와 달리 궁핍한 자는 자신은 마땅히 도움을 받아야 된다고 생각할 겁니다. 만일 이런 식의 해석이 되어 버리면 십자가의 피가 사라져 버립니다. 이 세상에서 만나는 모든 관계 중간에는 십자가가 자리 잡고 있습니다.

사도 요한은 목숨을 버리는 것과 재물로 궁핍한 자를 도와주는 것을 동일하게 봅니다. 이렇게 말하는 이유는 십자가 때문입니다. 십자가가 없다면 재물로 궁핍한 자를 도와주는 것과 형제를 위하여 목숨을 버리는 것은 엄청난 차이가 있습니다.

십자가가 개입되면, 재물을 갖고 형제를 도와주는 행위는 주님의 행위가 됩니다.

그렇다면 재물을 갖고 궁핍한 형제를 도와주지 않으면 어떨까요?

살인자입니다. 영생이 그 속에 없습니다. 그런데 말입니다.

이 말씀에 아멘 할 자는 어떤 사람일까요?

성령 받은 자뿐입니다.

성령 받지 못한 자는 영생 얻기 위해 궁핍한 형제를 도와주려고 애쓸 겁니다. 그러니 그 속에 그리스도의 사랑이 없다는 것만 드러낼 뿐입니다. 주를 위해 자신의 목숨을 버리겠다는 자에게는 그리스도의 사랑이 없습니다.

♣ 닭 울기 전에 세 번 부인

> 요 13:38
>
> 예수께서 대답하시되 네가 나를 위하여 목숨을 버리겠느냐 내가 진실로 진실로 네게 이르노니 닭 울기 전에 네가 세 번 나를 부인하리라.

베드로의 비장한 각오는 예수님을 위해 자신의 목숨을 버리겠다는 겁니다. 그런데 주님을 위한 목숨 버림이 주님의 죽으심을 도리어 모독하는 짓이 됩니다. 인간들이 내어놓는 주를 위한 헌신, 순교가 그러합니다.

왜냐하면, 인간의 목숨 자체가 주님의 심판 대상이기 때문입니다. 주님의 심판 대상, 저주의 대상이 주님을 위해 목숨을 내어놓는다는 것은 곧 주님을 조롱하는 짓거리에 불과합니다.

지금 주님을 위해 자기 목숨을 내어놓겠다는 것은 결국 닭 울기 전에 세 번 주님을 부인하는 것과 일치되는 내용이라는 말입니다.

오늘날도 많은 사람이 베드로와 같은 말을 내뱉습니다.

"주님을 위해 모든 것을 버리고, 주님을 위해 목숨도 버리겠습니다."

이런 집단들이 있지요. 예수님을 믿는다고 하는 사람들은 은근히 그들을 부러워합니다. 나도 저들처럼 살고 싶다는 겁니다.

이들은 "닭 울기 전에 네가 세 번 나를 부인하리라"는 말씀을 싫어합니다. 왜 싫어할까요?

자기 생명을 사랑하기 때문입니다. 베드로가 주님을 위해 목숨을 버리겠다는 말이, 자기 생명을 너무 사랑해서 나온 말임을 이들은 알지 못합니다.

저주받아 마땅한 그 생명을 위해 저주받은 생명을 내어놓겠다는 생각은 십자가 지신 주님이 성령을 주시지 않으면 바뀌지 않습니다.

세상은 내 뜻대로 움직여지는 것이 아닙니다. 만물은 주님에 의해 만들어졌고, 주님을 위해 있습니다. 베드로도 그러합니다. 그래서 베드로는 닭 울기 전에 주님을 세 번 부인해야 합니다. 그래야만 유월절 어린양만 돋보입니다.

나의 인생이라는 것이 없습니다. 그러니 오늘 하루도 나의 결심, 나의 열심은 예수님의 말씀 속으로 모두 휘말리게 됩니다. 휘말리게 되면 십자가가 눈앞에 밝히 보입니다.

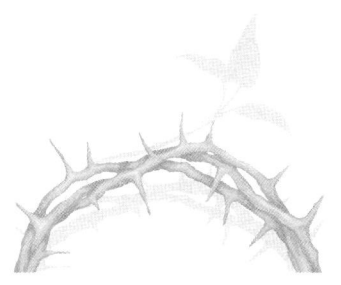

제4장
(요 14:1~요 14:30-31)

♣ 근심과 믿음

> 요 14:1
>
> 너희는 마음에 근심하지 말라 하나님을 믿으니 또 나를 믿으라.

예수님의 말씀은 열 한 제자들의 마음을 요동치게 합니다.
왜 마음이 요동칠까요.
제자들은 절대 예수님을 부인하지 않을 것이라는 확신을 갖고 있었습니다. 베드로와 동일하게 주를 위하여 기꺼이 목숨을 버릴 준비가 되었습니다. 그런데 예수님의 말씀은 닭 울기 전에 세 번 예수님을 부인할 것이라고 하셨습니다.
예수님으로부터 자신들은 전혀 신뢰를 받고 있지 못하고 있다는 사실을 알게 된 것입니다. 예수님으로부터 신뢰를 받지 못하면, 자신들이 꿈꾸는 하나님 나라가 이루어졌을 때 자신들이 소망하는 자리는 차지할 수 없게 됩니다. 지금까지는 확실한 앞날이었습니다. 그러나 이제는 불확실한 앞날입니다.
자신들이 주님을 위해 목숨을 버리겠다는 각오조차 예수님 앞에 거부된 상태에서 그렇게 굳게 붙들고 있는 것들이 모두 흔들립니다.

이러한 제자들의 마음을 주님이 다 알고 계십니다. 제자들은 자신들이 왜 근심에 사로잡혔는지, 왜 그렇게 불안하게 되었는지 그 근본적 이유도 모릅니다.

그러나 예수님은 제자들이 근심하는 이유를 아셨습니다. 그래서 하시는 말씀이 "너희는 마음에 근심하지 말라 하나님을 믿으니 또 나를 믿으라"라고 하셨습니다.

문제는 제자들에게 예수님의 말씀은 무용지물입니다. 물론 하나님을 믿고 예수님을 믿겠다는 다짐은 할 수 있습니다.

문제나 이미 일어난 마음의 요동, 마음의 근심은 하나님을 믿고 예수님을 믿는다고 해도 사라질 수 없다는 겁니다. 사람들이 하나님을 믿고 예수님을 믿는다는 확신을 내뱉는다는 것은 곧 그 마음속은 전혀 확신이 없기에 하는 말입니다. 근심에 사로잡히면 어떠한 말도 귀에 들어오지 않습니다. 제자들도 마찬가지입니다. 특히 이들은 육으로 난 자들이기 때문에 영의 말씀을 알아들을 수 없습니다.

그런데 왜 예수님은 육으로 난 자들에게 영의 말씀을 하시는 겁니까?

모세가 광야에서 뱀을 든 것 같이 인자도 들려야 하리라는 말씀이 이루어질 때 제자들은 비로소 예수님의 말씀의 의미를 알게 됩니다. 자신들이 무엇 때문에 근심했고, 무엇 때문에 하나님을 믿고, 예수님을 믿었는지, 그 악마성이 낱낱이 드러나게 됩니다.

사람들은 근심을 없애기 위해 오늘 본문을 인용하려고 합니다.

'마음에 근심하지 말아야지, 하나님을 믿고 예수님을 굳게 믿어야지.'

이런 마음의 결심을 굳게 합니다. 그래서 자신들의 신앙을 정진합니다. 과거와 다른 확신, 과거와 다른 믿음을 자신의 행위를 통해 보여줍니다. 그리고 그 행위를 보면서 자신의 믿음이 얼마나 대단한가를 기뻐합니다.

그러나 그런다고 해서 악마가 심어준 근심, 두려움이 해소될까요?

해소할 수 없습니다. 그래서 또 한 걸음 더 용기를 내고, 희생을 하여 자신의 믿음을 보입니다. 그러한 행위를 함으로 그 불안감을 잠재우려고 합니다. 그러니 이들에게 오늘 예수님이 하신 말씀은 영원히 도달할 수 없는 말씀일 뿐입니다.

그러나 성도는 주님이 찾아오시니 자기의 의로움을 통한 근심 해소가 악마적 사고이며, 그러한 행위가 예수님을 핍박하고, 하나님의 아들을 십자가에 못 박아 죽였음을 알게 됩니다. 십자가 안에서 죄인으로 드러남으로 말미암아 자신의 믿음이 필요치 않고, 자신이 근심할 이유도 없어졌습니다. 오히려 그러한 근심과 믿음이야말로 악마가 심어준 근심이요 믿음임을 알게 됩니다.

마귀는 근심에서 벗어나라고 우리들을 쑤셔댑니다.

벗어나서 뭘 하려고 합니까?

너의 행복에 도달하라는 겁니다.

그런데 주님은 그 안정성을 무너뜨립니다. 도리어 더 요동치는 인생 속으로 몰아넣습니다. 나의 행복을 위한 십자가는 없습니다.

♣ 내 아버지 집

> 요 14:2상
>
> 내 아버지 집에 거할 곳이 많도다.

시편 23편을 보겠습니다.

대부분의 사람들은 시편 23편을 좋아합니다.

왜 좋아 할까요?

제자들이 예수님을 좋아하는 이유와 동일합니다. 특히 오늘 본문 말씀을 듣는 순간 제자들은 시편 23편 말씀이 떠올랐을 겁니다.

왜냐하면, 다윗의 삶이 여호와의 집에 영원히 거한 삶이었기 때문입니다. 제자들이 꿈꾸는 하나님 나라, 천국의 삶은 다윗이 살았던 삶입니다.

여호와는 나의 목자시니 내게 부족함이 없으리로다(1절).

예수님이 요한복음 10장에서 자신을 양의 목자라 하셨습니다. 지금 제자들은 그 목자를 따르고 있습니다. 그러니 자신들에게 부족함이 없도록 목자 되신 예수님이 처리해 주실 것이라는 확신이 있습니다.

그가 나를 푸른 초장에 누이시며 쉴만한 물가로 인도하시는도다(2절).

양에게 이보다 더 좋은 환경이 어디에 있을까요?
사람들은 이런 환경이라면 이보다 멋진 인생이 없을 것이라 생각합니다.
왜 사람들이 공부를 하고, 노동을 하고, 깊은 생각을 하고, 고민을 할까요?
왜 사람들은 철학을 좋아하며 과학을 좋아할까요?

푸른 초장과 쉴만한 물 가로 자신들을 인도할 것이라는 희망 때문입니다. 이런 생각만 해도 입가에 만연한 미소가 피어오릅니다. 제자들이나 유대인들도 마찬가지입니다. 이러한 소망이 있기 때문에 현실을 견디는 겁니다. 다윗이 사울왕으로부터 당한 그 고난을 자신들이 받는다고 생각하는 겁니다.
"내 영혼을 소생시키시고 자기 이름을 위하여 의의 길로 인도하시는도다."
푸른 초장과 쉴만한 물가로 인도하셨으니 그동안 풀이 없어, 물이 없어 기진맥진했던 양이 생기를 되찾는 것은 당연합니다. 목자가 그렇게 하셨습니다. 그뿐만 아니라 자기 이름을 위해 의의 길로 인도하십니다. 그 인도함이 4, 5절에 나옵니다.

내가 사망의 음침한 골짜기로 다닐지라도 해를 두려워하지 않을 것은 주께서 나와 함께 하심이라 주의 지팡이와 막대기가 나를 안위하시나이다(4절).

주께서 함께하셔서 안전하게 보호하신다는 겁니다.

> 주께서 내 원수의 목전에서 내게 상을 베푸시고 기름으로 내 머리에 바르셨으니 내 잔이 넘치나이다 (5절).

원수들을 굴복시키시고 다윗을 왕으로 세우셨습니다. 다윗의 잔이 넘칩니다. 이렇게 시편 23편을 읽어보게 되면 희망으로 가득 찰 수밖에 없습니다.

> 내 평생에 선하심과 인자하심이 정녕 나를 따르리니 내가 여호와의 집에 영원히 거하리로다 (6절).

주님의 선하심과 인자하심이 평생 다윗을 따릅니다. 이러한 평생은 여호와의 집에 영원히 거하기 때문입니다.

예수님이 "내 아버지 집에 거할 곳이 많도다"라고 하셨을 때 시편 23편을 알고 있는 제자들은 어떤 생각을 했을까요?

제자들은 여호와의 집에 영원히 거하는 것을 꿈꾸고 있습니다. 여호와의 집에 영원히 거한다는 것은 남은 인생 선하심과 인자하심이 그들을 늘 따라다니는 인생이라는 겁니다. 원수가 자신들 앞에 굴복 당하며 다윗왕이 받았던 그 영광을 자신들도 받을 수 있을 것이라는 생각을 하고 있었습니다. 그러니 예수님의 말씀이 그들의 마음을 다시 요동치게 할 수밖에 없습니다.

조금 전에는 닭 울기 전에 세 번 예수님을 부인하리라는 말씀 앞에 마음이 요동쳤다면, "내 아버지 집에 거할 곳이 많도다"라는 말씀은 다시 제자들 마음을 요동치게 합니다. 제자들은 육입니다. 육이기 때문에 성경을 육적으로만 해석합니다. 그러니 이들은 "내 아버지 집에 거한다"는 의미를 육적으로 이해합니다. 그러니 "내가 여호와의 집에 영원히 거하리로다"(시 23:6)라는 말씀을 육적 사람들이 이해하는 식으로 이해할 수밖에 없습니다.

그러나 시편 23편을 제대로 보게 되면 다윗의 일평생 자체가 여호와의 집에 영원히 거하는 모습입니다. 예수님이 십자가의 길을 걸으시는 것은 예수님이 아버지 안에, 아버지가 예수님 안에 계시기 때문입니다. 제자들은 예수님의 십자가의 길이 아버지 집에 영원히 거하는 것이라 생각지 못합니다.

왜냐하면, 그들이 생각하는 아버지 집은 아들의 피 공로만을 높이는 집이라 생각하지 못하기 때문입니다. 그들은 자신들이 권력을 휘두르고, 자신들의 원수가 자신들 앞에 굴복당하는 아버지 집을 상상한 겁니다. 그리스도의 영에 의해 시편 23편이 기록되었음을 알지 못합니다.

오늘날 교인들도 마찬가지라는 겁니다. 목사들도 시편 23편을 해석할 때 제자들이나 유대인들의 해석법과 전혀 다르지 않다는 겁니다. 그러니 집에도 걸어 놓고, 회사에도 시편 23편 성경 구절을 걸어 놓습니다. 그 말씀이 십자가를 증거하는 말씀이라 생각할 수 없습니다. 이 세상이 보기에 저주의 말씀인데, 그들은 그 말씀을 축복의 말씀으로 바꾸어 생각하는 겁니다. 그래서 그 말씀은 말씀대로 위력을 그곳에서 발휘하는 겁니다.

내 아버지 집에 거할 곳이 많다고 하시니 사람들은 이곳에 들어가고 싶어 합니다. 들어가고 싶어도 들어갈 수도 없지만, 그 안은 십자가 사건만 반복되는 곳입니다.

♣ 예수님이 예비한 처소

> 요 14:2하
>
> 그렇지 않으면 너희에게 일렀으리라 내가 너희를 위하여 처소를 예비하러 가노니.

사람들이 믿는 하나님과 너무 다른 말씀을 합니다. 아버지의 집에 거할 곳이 많다고 하셨다면 이미 처소가 마련되어 있는 것이 아닙니다. 그런데 처소를 예비하러 간다고 하시니 예수님의 말씀이 이상합니다.

사람들은 하나님이 계시면, 그 하나님이 계신 곳이 천국이라 생각합니다. 내 아버지 집이라고 예수님이 말씀하셨기 때문에 그렇게 생각하게 만듭니다. 그러나 예수님이 예비한 처소가 아니면 천국이 아닙니다. 처소는 아직 예비 되지 않았습니다. 예수님이 가셔야만 그 처소가 만들어집니다.

이렇게 말씀하심으로 말미암아 제자들이 생각하는 아버지 집은 없는 것, 곧 인간들이 꿈꾸는 아버지 집이 됩니다. 아버지 집과 예수님이 예비하는 집이 다릅니다. 요한복음 14:2 말씀을 보면 동일하다고 생각할지 모르지만, 동일하지 않음을 말씀하시면서, 그 아버지 집과 예수님이 예비하신 집이 어떻게 동일한지를 말씀하시는 겁니다.

내가 가고자 하는 천국이 산산이 깨어지지 않으면 천국에 들어갈 수 없습니다. 사실은 천국에 들어가는 것이 아니라 천국이 우리를 덮어 버리는 겁니다. 그런데 사람들은 자신이 원하는 천국을 깨지도 않고 천국에 들어가려고 합니다. 그러니 수많은 사람이 생각하는 천국이 다 다르다는 겁니다. 악마가 심어준 천국 상을 갖고 있기 때문입니다. 악마는 너희들 각자가 하나님이라는 겁니다. 그러니 결코 너희들은 동일하지 않다는 겁니다. 너희 생각이 곧 신의 생각이라는 겁니다.

이들에게 예수님이 예비한 천국을 말하면 발작을 일으킵니다. 십자가로 만든 천국은 가기 싫다는 겁니다. 자신이 꿈꾸는 아버지 집, 그곳에 가고 싶은 겁니다. 그곳은 내 가족이 함께 가는 천국입니다. 그래서 이들은 성경 말씀 듣기를 싫어합니다. 성경 말씀을 이야기하기 시작하면 졸립니다. 왜냐하면, 내가 가고 싶은 천국을 성경에서 말하지 않기 때문입니다. 물론 내가 원하는 것과 일치되는 본문들이 있다면 얼마든지 들을 마음이 있습니다. 그러나 십자가 중심으로 말씀을 전하면 듣기 싫어합니다.

마귀가 장악한 이 세상에서 마귀가 제공하는 천국을 원하지 예수님이 예비한 천국은 원하지 않습니다. 육과 근본적으로 맞지 않습니다. 왜냐하면, 이 육은 이 땅에서 살기를 원합니다. 그러나 영은 이 육을 죽이는 방식으로 일하시기 때문입니다.

그러니 예수님이 예비한 천국에 가고 싶을까요?

물론 가고 싶다고 해서 갈수 있는 곳이 아닙니다. 예비하신 그분만이 하실 수 있습니다. 그래서 이 세상은 넓은 길을 찾는 사람들이 많은 겁니다.

♣ 처소를 예비하면

> 요 14:3
>
> 가서 너희를 위하여 처소를 예비하면 내가 다시 와서 너희를 내게로 영접하여 나 있는 곳에 너희도 있게 하리라.

내가 천국에 간다는 것은 원천적으로 차단되었습니다. 그 어느 누구도 생명 나무로 향한 문을 열수 없습니다. 그러하기에 인간들은 생명 나무가 무엇인지도 모릅니다. 기껏해야 외부에서 상상만 합니다.

물론 유대인들은 이방인들과 다릅니다. 이방인들이야 그들 마음속에 있는 것들을 뽑아내어 그곳을 에덴동산이라 생각하고 생명 나무를 상상할 뿐입니다. 이와 달리 유대인들은 하나님의 말씀에 근거하여 에덴동산을 생각하고, 생명 나무를 떠올립니다.

오늘날 신학이 이런 식입니다. 바리새인의 신학을 벗어나지 못했습니다. 바리새인의 신학은 철저하게 하나님 말씀 중심입니다. 성전 제사를 아무리 제대로 드려도 말씀대로 삶을 살지 못하면 멸망당한다는 사실을 역사를 통해 명확히 알고 있습니다. 또한, 율법과 선지자들이 그것을 이야기합니다. 그러니 이들이 최우선으로 두는 것은 성전보다 더 중요한 말씀대로 살기입니다.

말씀에 근거하여 메시야 왕국을 만들었습니다. 말씀에 근거하여 조작한 메시야 왕국은 자신들이 얼마든지 들어갈 수 있는 천국입니다.

그러나 주님이 십자가로 처소를 예비하십니다. 그곳은 예수 안입니다. 그래서 주님이 "내게로 영접하여 나 있는 곳에 너희도 있게 하리라"고 하시는 겁니다.

그러나 자신이 꿈꾸는 천국을 가고 싶어 하는 자들은 절대 이곳으로 들어갈 수 없습니다. 하나님 나라를 성경적으로 명확하게 밝혀 가르치고 배운다 하더라도 그곳은 지옥입니다. 많은 집단이 이러한 가르침을 통해 제대로 된 천국에 들어갈 수 있다고 사람들을 유혹합니다. 사람들은 이들의 가르침에 유혹당합니다. 자신이 소망하는 천국이기 때문입니다.

이러한 모임에서는 십자가만 자랑하는 자를 천국백성이 아니라고 선언합니다. 이들은 경계인을 싫어합니다. 증인을 싫어합니다. 이들이 사모하는 것은 영생입니다. 따라서 이들은 그리스도 안을 견디지 못합니다.

♣ 알고 있는 길?

요14:4

내가 가는 곳에 그 길을 너희가 알리라.

"알리라"는 완료형입니다. 알게 될 것이다는 것이 아니라 이미 알고 있다는 겁니다.

문제는 제자들이 뭘 압니까?

아무것도 모릅니다. 그런데 그리스도 안에서는 이미 안 자들입니다.

사람들은 예수님이 가는 곳으로 가는 길을 알고 있다고 하셨기 때문에 자신들도 예수님이 가신 곳으로 그 길을 따라 갈 수 있다고 생각합니다.

자신이 알아서 주님이 계신 곳으로 갈 수 있다는 겁니다. 천국 가는 비법을 알려 주는 곳이 많습니다. 모든 교회가 천국 가는 비법을 알려 줍니다. 각 교단마다 교리가 있습니다. 그 교리가 바로 천국 가는 비법입니다. 그래서 저마다 그 비법대로 믿고 살면 천국 갈 수 있다고 가르칩니다.

종교개혁 후에는 비법대로 믿지 않으면 죽였습니다. 정말 이상한 집단들이지요. 자신들이 천국도 보내고, 지옥도 보내는 겁니다. 자신들은 비법을 알고 있고, 그것을 소유하고 있다는 겁니다.

지금도 이런 비법을 소개하는 집단이 많이 있습니다. 그리고 많은 사람이 그곳으로 몰려갑니다. 각 교회가 다 천국 가는 비법을 소개합니다. 사람들은 비법을 알면 천국 갈 수 있다고 생각합니다.

이들은 십자가를 전혀 모르는 자들입니다. 분명 "내가 지혜 있는 자들의 지혜를 멸하고 총명한 자들의 총명을 폐하리라(고전1:19)"고 하셨음에도 불구하고 끊임없이 인간들은 지혜와 총명을 끄집어냅니다.

성령을 받지 못하면 십자가의 말씀이 미련한 것입니다. 아무것도 한 것도 없고, 믿지 않았는데 십자가의 피로 구원한다는 것은 이 세상에 속한 자들은 도무지 수용할 수 없습니다. 이 세상을 어둠이라는 것도 받아들이지 못합니다. 불로써 심판받아 마땅하다고 생각지 않습니다.

비법을 아는 부작용입니다.

♣ 우리가 알지 못하거늘 1

> 요 14:5
>
> 도마가 가로되 주여 어디로 가시는지 우리가 알지 못하거늘 그 길을 어찌 알겠사옵나이까.

예수님의 말씀을 도마가 정확히 알아들었습니다. 문제는 예수님의 말씀과 현실이 맞지 않다는 겁니다. 자신이 알고 있는 것과 예수님의 말씀이 서로 일치되지 않습니다. 제자들은 주님이 어디로 가시는지 모릅니다. 그러니 자신들이 갈 곳을 모르는 것은 당연합니다.

이와 달리 교인들은 자신은 성령을 받았기에 주님이 어디로 가셨는지 안다고 합니다. 그리고 자신들이 갈 길도 안다는 겁니다. 이것이 제자들과 현재 우리들의 차이라는 겁니다. 들어보면 일리가 있는 말입니다.

그런데 말입니다.

그 사람들에게 물어보세요.

"예수님이 어디로 가셨습니까?"

"당신이 가는 곳이 어딥니까?"

대답이야 아버지께로 가셨고, 천국이라고 할 겁니다. 그렇다면 아버지가 계신 곳이 어떤 곳이냐고 물어 보세요. 천국이 어떤 곳이냐고 물어 보세요. 결국, 그들의 답은 쫓겨난 에덴동산을 이야기할 뿐입니다. 사람들은 오늘 본문이 오늘날 성도들에게도 동일하게 적용된다는 사실을 모릅니다. 도마가 제자들을 대표하여 주님이 어디로 가시는지 모른다고 했습니다. 그렇습니다. 우린 몰라야 됩니다. 몰라도 됩니다.

왜 그렇습니까?

주님이 우리와 동행하시기 때문입니다.

예수님과 함께한 제자들이 예수님이 어디로 가시는지 다 알고 따라갔습니까? 아무것도 몰랐습니다. 모르면서 십자가 증인 노릇을 했습니다. 제가 이렇게 말하면 성령 받은 후에는 알고 증인 노릇을 한다고 반박할 겁니다.

알고 증인 노릇 하는 자는 이 세상에 아무도 없습니다. 대표적으로 갈라디아서 2장에 보면 게바가 외식함으로 바울이 책망한 내용이 나옵니다. 오순절 날 성령 충만 받은 게바가 외식하는 것이 십자가 피를 부인하는 일임을 모를 리가 없습니다. 그런데 알고 있는 것이 도리어 소용없으므로 드러날 뿐입니다.

우리들은 내가 주인공이 되려고 합니다. 십자가의 증인이라는 말은 내가 주인공이 아니라 십자가에 피 흘리신 주님이 주인공이라는 겁니다. 그렇게 되려면 주님에 의해 만들어진 우리는 십자가 앞에서 늘 부인되는 모습으로 드러나야 합니다. 그렇지 않으면 주인공은 "내"가 됩니다. 내 이름이 높임을 받게 됩니다.

이런 사람들을 쉽게 만날 수 있습니다. 교회 좀 다녔다면 진리를 다 안다고 합니다. 그러하기에 더 이상 복음은 듣지 않아도 된다는 겁니다. 사실 복음은 복음을 들은 사람들에게 들려주어야 합니다. 물론 듣지 못한 자들에게도 전해야 하지만, 서신서 전체는 복음을 들은 자들에게 전하는 복음입니다.

성경이 그러합니다.

그런데 왜 사람들은 복음을 들을 마음이 없을까요?

자신들의 수준은 도마와 함께하는 제자들과 다르다는 겁니다.

여러분은 이미 수도 없이 복음을 들었습니다. 부지런히 이 글을 읽어 오셨다면 복음이 무엇인지도 다 알고 있을 겁니다. 그것이 악마에게 속는 것임을 알아야 합니다. 내 몸 중심으로 복음은 작동하지 않습니다. 죽으시고 부활하신 주님 중심으로 복음은 활동합니다. 그러하기에 성도는 언제나 모르는 자로 드러나게 됩니다.

♣ 우리가 알지 못하거늘 2

> 요 14:5
>
> 도마가 가로되 주여 어디로 가시는지 우리가 알지 못하거늘 그 길을 어찌 알겠삽나이까?

예수님을 죽인 유대인들은 지혜롭고 슬기로운 자들입니다. 아주 총명한 자들이지요. 요즘도 진리를 찾아 헤맨 사람들을 만나보면 지혜롭고 총명합니다. 아주 분명하게 진리를 말합니다. 그리고 자신이 어디로 가는지도 분명히 알고 있다고 합니다.

그래서 이들은 십자가 중심이 아니라 자기중심으로 살아가고, 자기 가정 중심으로 살아가는 겁니다. 이들의 특징은 자신이 깨어지는 것을 용납하지 않습니다. 그래서 교회에 나가지 않습니다. 자신만은 저들과 다른 거룩한 자라는 겁니다. 심지어 복음을 아는 자들과도 교제하지 않습니다.

왜 그렇습니까?

이미 다 알고 있기 때문입니다.

복음을 전해봤자 피곤할 따름입니다. 사람들을 만나면 그 상대를 주님이 보낸 준 사람으로 보지 않습니다. 자신이 알고 있는 것으로 모든 것을 재단해 버립니다. 아주 날카로운 가위를 품고 다닙니다. 길이가 길면 잘라 버립니다. 그런데 아무리 잘라도 자기 마음에 드는 사람을 만날 수 없습니다.

왜 그럴까요?

앎과 앎이 만나면 그 앎이 일치될까요?

그 앎을 장악한 '나는' 그 앎 속에서는 깊이를 알 수 없습니다. 자기도 자신이 누군지 모르면서 복음을 안다는 겁니다.

주님이 처소를 예비하신 후 다시 찾아오신 자들만이 죄인이 됩니다. 그러니 주님이 어디로 가시는지, 자신이 어디로 가는지 알 이유도 없습니다. 이미 그리스도 안에 있기 때문입니다. 그래서 사도 바울은 자신만만하게 말하는 겁니다. 자신이 목표를 설정하지 않았습니다.

> 내가 선한 싸움을 싸우고 나의 달려갈 길을 마치고 믿음을 지켰으니 이제 후로는 나를 위하여 의의 면류관이 예비되었으므로 주 곧 의로우신 재판장이 그 날에 내게 주실 것이니 내게만 아니라 주의 나타나심을 사모하는 모든 자에게니라 (딤후 4:7-8).

얼마나 많은 사람이 이 본문을 읽고 열심을 내는지 모릅니다.

여기에서 나오는 "나"라는 인물, 사도 바울을 만드신 분이 누굽니까?

사도 바울이 선한 싸움을 했습니까?

그가 달려갈 길을 마치고 믿음을 지켰습니까?

만일 사도 바울이 그러했다면 영광은 바울이 받아야 합니다. 그래서 사람들은 의의 면류관을 받는 일에 기대를 걸고 바울처럼 살려고 열심을 냅니다. 그런데 말입니다.

의의 면류관이라는 말 속에 십자가의 피가 담겨 있음을 왜 모를까요?

선악을 아는 지식의 열매를 먹었기에 자신의 행위를 통해 상급을 받겠다는 것은 포기하지 못합니다. 그래서 이러한 말씀을 앎으로 말미암아 앎에 머무는 것이 아니라 사울처럼 행위를 함으로 의의 면류관을 자신이 받겠다는 겁니다. 십자가 지신 주님이 성령을 주시지 않았다면 이렇게 해석해도 됩니다. 그런데 주님이 성령을 주셨다는 것은 십자가의 피 공로만을 남기겠다는 겁니다. 성령을 받지 못한 자들은 앎을 통해 진리에 도달하고, 앎을 통해 행위를 하고, 그 앎과 행위를 통해 자신이 영광 받겠다는 것을 절대 포기하지 않습니다. 시간이 지날수록 그 강도는 더 심해집니다.

그런데 말입니다. 성령 받은 성도만이 이것을 인정합니다.

몰라도 됩니다. 알 필요도 없습니다. 그리스도 안에 있기 때문입니다. 알아서 따라잡고자 하는 욕망, 그 욕망의 배후는 악마입니다.

♣ 내가 곧 길이요 진리요 생명이니

> 요 14:6
>
> 예수께서 가라사대 내가 곧 길이요 진리요 생명이니 나로 말미암지 않고는 아버지께로 올 자가 없느니라.

도마와 제자들은 예수님의 대답이 더 어려운 대답으로 다가왔습니다. 그 이유는 성령을 받지 않았기 때문입니다. 성령을 받지 않으면 이 말씀은 도무지 알 수 없는 말씀이 될 뿐입니다.

귀머거리가 듣지도 못하는데 어떻게 깨달을 수 있습니까?

예수님이 길이요 진리요 생명 되신다고 하니 사람들은 아버지께로 가는 유일한 길이요 진리요 생명이라고 해석을 합니다.

제자들이 이것을 몰랐을까요?

다 알아들었습니다. 그러면 어떻게 아버지께로 갈 수 있느냐는 말입니다.

예수님이 길이라고 했으니 그 길을 통해 가면 됩니까?

아니면 진리요 생명이라 하셨으니 믿으면 됩니까?

예수님이 '나를 통하지 않고는 아버지께로 갈 수 없다'고 하셨기 때문에 어찌하였든지 예수님을 믿으려고 하겠지요. 그런데 문제는 육으로 난자는 육이기 때문에 영의 말씀을 받을 수가 없습니다.

그런데 오늘날 이 말씀은 너무 쉽게 이해됩니다. 성령 받지 않아도 됩니다. 예수님이 길이요 진리요 생명이시기 때문에 예수님을 믿으면 된다는 것입니다. 아버지께로 가는 길이요 진리요 생명이심을 믿으면 된다는 겁니다.

제자들이 이것을 안 믿었을까요?

믿었습니다. 그래서 지금까지 예수님을 따라다닌 겁니다. 이미 예수님은 자신이 길이요 진리요 생명이심을 제자들에게 다 말씀하셨습니다. 예수님을 통해 아버지께로 가는 것도 알고 있습니다. 그러니 지금까지 예수님을 따라다니는 겁니다. 문제는 그 아는 것이 제자들에겐 아무 소용이 없다는 겁니다. 그 믿음이 무용지물입니다.

사람들은 제자들을 너무 얕잡아 봅니다. 그러나 제자들은 인간들이 보일 수 있는 최고의 믿음을 선보입니다. 그러나 그러한 믿음조차 육으로 낳기에 육으로 마칠 수밖에 없습니다. 이처럼 오늘날도 육으로 난 자들은 오늘 말씀을 읽으면서 이렇게 말합니다.

"나는 예수님이 길이요 진리요 생명이심을 믿습니다. 예수님을 통해서 하나님 아버지께로 가는 것도 믿습니다"라고 말입니다.

다시 말씀드립니다. 제자들은 이 정도의 믿음을 다 갖고 있습니다. 그럼에도 예수님은 지금은 따라 올 수 없으나 후에는 따라오리라고 하신 겁니다. 오늘 본문은 왜 지금은 '따라 올 수 없는지' 그 이유를 말씀하시는 겁니다.

성령을 받게 된 제자들은 예수 안에 거하게 됩니다. 성령 안, 그리스도 안에 거하게 됩니다. 그러니 예수님이 길이요 진리요 생명이심을 믿을 이유가 없습니다. 도리어 현장 체험에 들어갑니다. 예수님이 길이요 진리요 생명이심을 체험하는 현장에 투입됩니다. 그 대표적인 현상들이 사도행전에 잘 나와 있습니다. 제자들은 자신들이 원하는 것과 전혀 다른 것을 받았습니다. 성령을 받았습니다.

> 육체의 소욕은 성령을 거스리고 성령의 소욕은 육체를 거스리나니 이 둘이 서로 대적함으로 너희의 원하는 것을 하지 못하게 하려 함이니라 너희가 만일 성령의 인도하시는 바가 되면 율법 아래 있지 아니하리라 (갈 5:17-18).

성령을 받게 된 사도들은 십자가만 자랑합니다. 육체의 소욕은 자기 구원입니다. 율법을 지키려는 목적도 자기 구원, 자기 영광을 위해서입니다. 성령을 받은 제자들은 예수님이 길이요 진리요 생명 되심을 알고 믿어 아버지께로 가려고 했던 것이 바로 육체의 소욕임을 알게 된 것입니다.

주님은 이런 자들을 십자가로 구원하셨습니다. 십자가로 만드신 길, 십자가로 만드신 진리, 십자가로 만드신 생명입니다. 놀라운 것은 성령 받은 자들이 길이요 진리요 생명 되신 예수님을 믿는 것이 아니라 십자가만 증거 한다는 사실입니다.

♣ 주님이 만드신 '너희'

> 요 14:7
> 너희가 나를 알았더면 내 아버지도 알았으리로다 이제부터는 너희가 그를 알았고 또 보았느니라.

예수님의 말씀은 제자들을 더 혼란 속으로 집어넣습니다. 제자들에게 '너희가 나를 이미 알았고, 그러하기에 내 아버지도 알게 될 것이라'고 하십니다. 문제는 제자들은 예수님을 전혀 모른다는 사실입니다. 주님이 말씀하시는 앎과 제자들의 앎이 다릅니다. 육으로 난 자들이 예수님을 아는 것은 결국 유대인들이 여호와 하나님을 자신을 위한 하나님으로 이해하는 방식입니다. 성경을 읽기만 해도 예수님이 어떠한 분인지를 다 알게 됩니다. 물론 성령을 받지 않아도 말입니다. 제자들이 그러하지요. 문제는 그다음에 나오는 말씀입니다.

> 이제부터는 너희가 그를 알았고 또 보았느니라 (요 14:7).

헬라어 시제를 생각해서 이 본문을 다시 읽게 되면 다음과 같이 됩니다. "이제부터는 너희가 그를 알고 또 보았느니라."

시제가 그야말로 혼돈입니다. 한 문장에 완료, 미래, 현재, 완료형을 동시에 사용하고 있습니다. 논리상 시제라 하더라도 아무것도 듣지 못하는 귀머거리 입장에서는 예수님의 말씀이 꽹과리 소리처럼 들릴 뿐입니다. "이제부터 너희가 알고"라는 말씀도 제자들에겐 들리지 않습니다.

그렇다면 예수님은 왜 귀머거리에게 이런 말씀을 하실까요?

아담 안에 있는 자들은 예수님이 제자들에게 하시는 말씀을 긍정적으로 봅니다. 그러나 예수님의 말씀은 그들에게 알아들어라 하시는 말씀이 아닙니다. 달리 말하면 예수님의 말씀은 예수님 자신에게 하시는 말씀입니다.

> 우리가 세상의 영을 받지 아니하고 오직 하나님께로 온 영을 받았으니 이는 우리로 하여금 하나님께서 우리에게 은혜로 주신 것들을 알게 하려 하심이라 (고전 2:12).

세상의 영을 받은 자들은 하나님이 우리에게 은혜로 주신 것들을 모릅니다. 그러나 주님이 보내 주신 성령을 받은 자들만은 은혜로 주신 것들을 알게 됩니다. 제자들은 아직 성령을 받지 못했습니다. 그러니 예수님의 말씀을 알아듣지 못합니다.

그러면 성령을 받게 되면 예수님의 말씀을 알아들을까요?

알아듣습니다.

그런데 알아듣는 주체가 누굽니까?

내 속에 사시는 그리스도입니다. 성령입니다. 그래서 예수님의 말씀은 예수님 자신에게 하시는 말씀이라고 한 겁니다. 그래서 성령을 받게 되니 비로소 이들은 자기 자신이 죄인임을 알게 됩니다. 지금까지 자신들이 육으로 알았던 그 예수님이 우상 예수였다는 사실을 알게 됩니다. 제자들은 십자가를 빼고 예수님을 압니다. 그러니 우상일 수밖에 없습니다.

그렇다면 이미 성경을 갖고 있는 우리들은 어떻습니까?

십자가를 집어넣어 예수님을 믿으면 우상 숭배가 아닐까요?

그래서 사람들은 제자들보다 자신들의 수준이 훨씬 높다고 생각하는 겁니다. 만일 그러하다면 오늘 본문은 우리에게 없어도 되는 본문입니다.

과연 그렇습니까?

오늘 본문이 없어도 되는 본문입니까?

이 본문이 우리에게 하시는 말씀이 아닙니까?

그저 재미난 이야기꺼리에 불과합니까?

그렇다면 오늘 본문을 빼 버려도 상관없지 않습니까?

그런데 요한계시록 22:19에서는 이렇게 말씀합니다.

> 만일 누구든지 이 책의 예언의 말씀에서 제하여 버리면 하나님이 이 책에 기록된 생명 나무와 및 거룩한 성에 참예함을 제하여 버리시리라.

첫째 아담 안에 있는 자들은 예수님의 말씀은 언제나 자기로부터 출발해서 이해하려 합니다. 그러나 예수님의 말씀은 십자가로부터 출발합니다. 한쪽은 살아 있기 때문에, 살려고 예수님의 말씀을 듣고 이해합니다. 그런데 예수님은 자신의 죽음으로부터 말씀하십니다. 그러니 예수님이 어떻게 말씀하시든 소경으로, 귀머거리로 드러날 뿐입니다. 주님의 말씀은 이러한 자들에게만 해당 사항 있는 말씀으로 다가갑니다.

인간에게 앎이라는 것은 선악을 아는 지식 그 이상이 나오지 않습니다. 예수님을 알았기에, 아버지를 안다는 것 자체가 결국 선악적 기준에서의 앎이 됩니다. 선하다는 것은 곧 나의 축복과 나의 영생과 관련 있습니다. 그래서 오늘날 예수 믿는다고 하는 사람들은 '나는 예수님을 믿고, 하나님을 믿습니다. 나는 예수님도 알고 하나님을 안다'고 하는 겁니다. 말씀의 올무에 그대로 빠졌습니다.

그러나 성령 받은 자들은 십자가가 눈앞에 밝히 보입니다. 오늘 본문 논리대로라면 사도 바울은 이렇게 말해야 하지요. '나는 예수님도 알고, 아버지 하나님도 안다'고 말입니다. 그렇게 말하지 않습니다. 그렇게 말하는 자는 마귀입니다.

> 악귀가 대답하여 가로되 예수도 내가 알고 바울도 내가 알거니와 너희는 누구냐 하며 (행 19:15).

악귀 수준이 더 높습니다. 예수와 바울을 압니다. 십자가를 전하는 것을 알아요. 그런데 그 십자가는 이들과 상관이 없습니다. 유대의 한 제사장 스게와의 일곱 아들도 마찬가지입니다. 이들이 주 예수의 이름으로 명합니다. 이들에겐 주 예수의 이름 속에 십자가가 있다는 사실을 모릅니다. 그러니 마귀와 한 통속이지요. 그런데 본문은 마치 대척 관계인 것처럼 나옵니다. 그러나 그렇지 않습니다. 악귀의 종 노릇을 제대로 한 겁니다.

그런데 왜 이들이 서로 대척관계인 것처럼 나옵니까?

이들은 십자가를 증거하는 도구들입니다. 악한 마귀는 그것을 충실히 감당하고 있는 겁니다.

이 본문에서는 악귀가 스게아의 일곱 아들에게 달려들었지만, 마태복음에서는 전혀 다르게 말씀합니다.

그 날에 많은 사람이 나더러 이르되 주여 주여 우리가 주의 이름으로 선지자 노릇하며 주의 이름으로 귀신을 쫓아내며 주의 이름으로 많은 권능을 행치 아니하였나이까 하리니 (마 7:22).

스게와의 일곱 아들과 전혀 다릅니다. 주의 이름으로 귀신이 쫓겨났습니다. 그런데 주님은 이들을 도무지 알지 못한다고 합니다. 오히려 불법을 행하는 자들이라고 합니다. 십자가의 영을 받지 않으면 자신을 부인할 능력이 없습니다.

♣ 아버지를 보여 주옵소서

> 요 14:8
>
> 빌립이 가로되 주여 아버지를 우리에게 보여 주옵소서 그리하면 족하겠나이다.

예수님은 심판하러 이 세상에 오셨습니다. 보지 못하는 자들은 보게 하고 보는 자들은 보지 못하게 하시는 것이 주님의 심판입니다. 그렇다면 이 세상은 심판 받을 이유만 드러나야 합니다. 왜냐하면, 인간들이 이해하는 예수님의 말씀은 이렇습니다. 보지 못하는 자들은 보게 하신다고 하셨으니 소경이 아닌 자들은 보게 하고, 본다고 하는 자들은 보지 못하게 하신다고 하셨으니 본다고 하는 자들은 소경되게 하신다는 겁니다.

그래서 예수님의 말씀을 들은 자들이 이렇게 대답하는 것입니다.
"우리도 소경인가?"

그렇다면 여러분은 어떻게 이 말씀을 이해합니까?
스스로 소경되어 예수님이 눈을 뜨게 해 주시기를 바랍니까?
아니면 스스로 소경이라 인정하면 됩니까?

이런 해석법이 바로 자기들도 소경이냐고 비꼬는 자들의 해석법입니다. 날 때부터 소경된 자는 자신이 소경임을 압니다. 그런데 소경임을 모릅니다. 왜냐하면, 이들은 이미 소경되었기 때문입니다. 그래서 예수님이 자신의 눈을 뜨게 해 주셨을 때, 본다고 생각한 겁니다. 그러나 주님의 다시 찾아오심으로 자신이 소경됨을 알게 되었습니다.

　빌립은 이미 이러한 사건을 겪었음에도 다시 그 자신이 소경임을 질문을 통해 자인합니다. 소경된 자이기에 예수님을 보아도 예수님이 누구신지 볼 수 없습니다. 그러하기에 아버지를 보여 달라는 겁니다. 그래서 예수님에 대해서는 제대로 알고 있지만 그것으로 부족하다는 겁니다. 그래서 아버지를 보여 주면 충분하겠다는 겁니다.

　제가 십자가만을 자랑하는 자가 성도라고 하니 어떤 분이 저에게 그것으로는 부족하다고 합니다. 십자가만 자랑하는 것이 매우 불쾌했던 모양입니다. 그래서 하는 말이 '그리스도'도 자랑해야 된다는 겁니다. 그래서 제가 그분에게 물었습니다. 그리스도가 어떤 분이냐고 말입니다. 그 사람의 말문이 막혔습니다. 왜냐하면, 그 사람은 그리스도를 믿으라고 배웠지 어떤 분임을 듣지 못한 겁니다. 물론 예수님이 그리스도임을 압니다. 그런데 예수님이 어떤 분이냐고 소개해 보라고 했습니다.

　십자가만을 자랑하는 이유를 그 사람은 알지 못했습니다. 그 이유는 그 사람이 믿는 믿음은 빌립과 같은 믿음이기 때문입니다. 이 세상 사람들이 갖고 있는 눈과 귀와 머리로 믿는 믿음입니다. 그러하기에 십자가만 자랑한다는 것이 불쾌한 겁니다.

　성령이 오게 되면 자신이 죄인이 됩니다. 자신이 바로 소경이요 귀머거리라는 사실을 알게 됩니다. 그래서 십자가만 눈앞에 밝히 보입니다. 주님이 찾아오시지 않으면 끊임없이 자신의 눈과 귀와 머리로 주님을 찾습니다. 그리고 자신이 찾은 주님을 믿습니다.

　이런 자들이 내어놓는 것은 성경지식입니다. 그래서 아버지를 보여주면 족하겠다고 하는 겁니다. 성경 말씀을 더 명확히 알려 주면 족하겠다는 겁니다. 그래서 더 더 더 확실한 진리를 찾아 헤매다가 자신이 만족하는 진리를 전해 주는 곳에 안착합니다. 그 이후 그 단체와 자신이 믿는 믿음만을 자랑합니다. 더 확실한 것을 알기를 원하는 자들의 마지막 자리는 자기 자랑이요 자기 숭배입니다.

♣ 오랜 시간과 신앙의 진보

> 요 14:9
>
> 예수께서 가라사대 빌립아 내가 이렇게 오래 너희와 함께 있으되 네가 나를 알지 못하느냐 나를 본 자는 아버지를 보았거늘 어찌하여 아버지를 보이라 하느냐.

신앙의 진보를 원치 않는 사람이 있을까요?
누구나 신앙의 진보를 원합니다. 그래서 히브리서 5:12 이하를 근거로 신앙의 진보가 있어야 한다고 주장합니다.

> 때가 오래 되었으므로 너희가 마땅히 선생이 되었을 터인데 너희가 다시 하나님의 말씀의 초보에 대하여 누구에게서 가르침을 받아야 할 처지이니 단단한 음식은 못 먹고 젖이나 먹어야 할 자가 되었도다 이는 젖을 먹는 자마다 어린 아이니 의의 말씀을 경험하지 못한 자요 단단한 음식은 장성한 자의 것이니 그들은 지각을 사용함으로 연단을 받아 선악을 분별하는 자들이니라 그러므로 우리가 그리스도의 도의 초보를 버리고 죽은 행실을 회개함과 하나님께 대한 신앙과 세례들과 안수와 죽은 자의 부활과 영원한 심판에 관한 교훈의 터를 다시 닦지 말고 완전한 데로 나아갈지니라 하나님께서 허락하시면 우리가 이것을 하리라 (히 5:12-6:3).

오늘 본문을 보면 예수님의 말씀도 이와 비슷하게 말씀하시는 것 같습니다.

"이렇게 오랫동안 함께 있으되 네가 나를 알지 못하느냐?"

예수님을 충분히 알 만큼 예수님과 함께한 빌립이었습니다. 그럼에도 빌립은 예수님을 알지 못합니다. 그런데 히브리서 5:12에 대한 번역이 좀 애매합니다. "때가 오래므로"라고 번역된 부분은 "그 때를 통하여"로 번역할 수 있습니다.

그런데 왜 대부분의 번역을 "때가 오래므로"라고 번역했을까요?

그 이유는 신앙이란 진보한다는 생각을 갖고 있기 때문입니다.

그런데 출애굽기를 읽어 보면 출애굽한 이스라엘 백성들의 신앙 진보는 없습니다. 오히려 그들의 밑바닥, 곧 애굽과 동일한 우상 숭배자요, 하나님을 배역하는 자들로 드러날 뿐입니다. 구약성경 그 어디에도 신앙의 진보를 찾을 수 없습니다. 선지자들이 외치면 외칠수록 죄의 깊이만 더해질 뿐입니다.

예수님이 제자들을 불러 함께 동행하셨습니다. 그 동행의 기간은 예수님을 알기에 충분한 기간입니다. 만약 사람과 사람의 만남이라면 말입니다. 그러나 실제로 사람과 사람의 만남이라 할지라도 그 사람에 대해 알 수는 없습니다. 그 사람 마음을 내가 장악하지 않는 이상 그 사람에 대해 안다고 할 수 없지요.

그런데 왜 예수님은 예수님에 대해서 충분히 알 기간이었다고 말씀하실까요?

이 말씀은 역설적으로 이해해야 합니다. 예수님은 이 땅에 심판하러 오셨습니다.

> 이 백성의 마음으로 둔하게 하며 그 귀가 막히고 눈이 감기게 하라 염려컨대 그들이 눈으로 보고 귀로 듣고 마음으로 깨닫고 다시 돌아와서 고침을 받을까 하노라(사 6:10).

거룩한 씨만 남기기 위한 주님의 조치입니다. 따라서 예수님의 제자들이 수천 년을 함께 한다고 해도 그들은 절대 예수님을 알 수 없습니다. 그 이유는 주님이 그렇게 조치하셨기 때문입니다.

그런데 왜 사람들은 오늘 본문을 이런 안목으로 보지 않을까요?

히브리서 5:12 이하도 그렇습니다.

왜 자꾸 시간이 흐르면 선생이 될 수 있고, 시간이 흐르면 주님을 제대로 알 수 있다고 생각하고 가르칠까요?

그 이유는 하나님과 같이 되고자 하는 욕망 때문입니다. 인간은 자신의 이름이 하늘에 닿기를 갈망합니다. 그 이름이 하늘에 닿으려면 벽돌을 차곡차곡 쌓아야 합니다. 신앙 지식과 신앙 행위를 차곡차곡 쌓아야 합니다. 그렇지 않고 하늘에 닿는 방법은 없습니다. 예수님은 인간들의 이러한 본성을 아시고 계십니다. 그래서 이렇게 오랫동안 너희와 함께 있는데도 나를 모르느냐고 하시는 겁니다.

사람들이 교회를 다니고, 성경을 배웁니다. 설교도 오랫동안 듣습니다. 오랫동안 말씀을 듣고 배우게 되면 인간의 몸은 그 본성을 드러냅니다. 오랫동안 복음을 들었기에 나는 복음의 깊이를 더 잘 안다고 말입니다. 분명 십자가로 시작했습니다.

그런데 왜 이렇게 육적인 결과를 보일까요?

많은 사람은 주님의 "때를 통한" 선생 만들기를 모릅니다. 달리 말하면 주님이 친히 선생 만드는 것을 알지 못한다는 말입니다. 인간들이 아는 것은 자신의 배움, 자신의 노력, 시간의 경과를 통한 진보뿐입니다. 주님이 주시는 만나로 만들어진다는 생각은 절대 하지 못합니다. 왜냐하면, 땅의 원리가 그러하기 때문입니다. 그러나 만나의 원리는 땅의 원리와 대척입니다. 인간의 예상이 빗나가고 인간의 욕심을 파괴합니다. 기묘한 주님의 피 능력은 인간의 기대와 예상과 당연함을 비껴갑니다.

사람들은 예수 믿는 시간이 오래되면 부처가 된다는 상상을 버리지 못합니다. 자신이 신이 된다는 상상을 포기하지 않습니다. 그래서 아무리 복음을 전해도 결국 인간이 원하는 것은 부처입니다. 아무리 십자가를 외쳐도 주님이 찾으시는 세리와 창기, 병자를 보는 것은 거부합니다. 십자가를 외쳐도 결국 의인, 바리새인을 찾습니다.

그러나 성도는 자신이 예상하지 못한 죄들이 주님의 때를 통해 드러납니다. 그러하기에 영원한 대제사장이 계심이 즐겁습니다.

♣ 네가 믿지 아니하느냐?

> 요 14:9 하-10
>
> 나를 본 자는 아버지를 보았거늘 어찌하여 아버지를 보이라 하느냐 나는 아버지 안에 있고 아버지는 내 안에 계신 것을 네가 믿지 아니하느냐 내가 너희에게 이르는 말이 스스로 하는 것이 아니라 아버지께서 내 안에 계셔 그의 일을 하시는 것이라.

예수님 안에서 아버지를 본다는 것이 가능할까요?
예수님이 누구신지도 모르는데 어떻게 아버지를 볼 수 있을까요?
그래서 예수님은 믿음을 말씀하십니다. 그리고 예수님의 말씀은 곧 아버지께서 예수님 안에 계셔서 아버지 자신의 일을 하신다고 합니다. 제자들은 이러한 사실을 모릅니다. 그런데 이 말씀을 읽는 오늘날 교인들은 자신만만하게 이렇게 말합니다.

"나는 예수님이 아버지 안에 계신 것을 믿고, 아버지는 예수님 안에 계신 것을 믿는다. 그뿐만 아니라 예수님이 하시는 일은 아버지께서 예수님 안에 계셔서 하시는 아버지 자신의 일임을 믿는다."

이렇게 믿는다 해도 인간들이 해결할 수 없는 부분이 있습니다. 빌립이 아버지를 보여 달라고 했을 때 예수님의 답변입니다. 지금 인간들은 예수님도 볼 수 없습니다. 그러니 아버지도 볼 수 없습니다. 그래서 예수님 보는 것은 포기하고, 예수님의 말씀을 믿겠다고 덤비는 겁니다.

문제는 제자들이 예수님이 아버지 안에, 아버지께서 예수님 안에 계신 것을 보았느냐는 겁니다. 보지 못했습니다. 제자들은 부활한 예수님이 찾아오셔도 이것을 볼 수 없었습니다. 그뿐만 아니라 믿음도 없었습니다.

이런 상황에서 주님이 승천하셨습니다. 이젠 더 이상 제자들은 예수님을 눈으로 볼 수 없는 상황이 되었습니다. 성령을 받게 되니 십자가만 자랑합니다. 이들 눈에는 십자가가 밝히 보였습니다.

오늘날 예수님을 믿는 자들과 너무 다르지 않습니까?

사람들은 예수님의 말씀을 믿으려고 합니다. 그 이유는 예수님이 믿지 않느냐고 말씀하셨기 때문입니다. 이들이 예수님 말씀을 대하는 방식은 사람의 말로 대합니다. 그러하기에 사람의 말로 이해하여 사람의 믿음을 보입니다. 그러나 예수님의 말씀은 성령을 받지 않고는 이해할 수 없는 말씀입니다.

왜냐하면, 눈이 감긴 소경이, 귀가 닫힌 귀머거리가 어떻게 예수님을 볼 수 있고, 예수님의 말씀을 들을 수 있습니까?

사람들은 자신이 소경이요, 귀머거리임을 모릅니다. 그러하기에 소경 상태로 성경을 읽고, 소경 상태로 예수님의 말씀을 듣습니다. 제자들과 다르지 않습니다. 그렇기 때문에 믿음을 내미는 겁니다.

성령이 오시면 성도는 죄인이 됩니다. 십자가만 밝히 보입니다. 성경 말씀은 우리와 관련이 없다는 사실을 소경은 모릅니다. 성령 받은 사람만 이 사실을 압니다. 그래서 성경 말씀을 연구하여 진리를 찾아내어 믿음을 보이고자 하는 자들은 성령 받지 못한 자들입니다.

성령 받은 자들은 모든 말씀이 십자가 지신 예수님과 관련 있음을 압니다. 그래서 말씀을 보게 되면 십자가가 눈앞에 밝히 보입니다. 성도는 십자가 안에 있습니다.

♣ 믿으라, 믿으라

> 요 14:11
>
> 내가 아버지 안에 있고 아버지께서 내 안에 계심을 믿으라 그렇지 못하겠거든 행하는 그 일을 인하여 나를 믿으라.

오늘 본문 안에는 인간들 속에서 나오는 믿음의 종류들이 담겼습니다.

첫째, 예수님의 말씀을 믿으라는 믿음이 나옵니다.
둘째, 예수님의 행하신 일을 보고 믿는 믿음입니다.
셋째, 예수님을 직접 눈으로 보고 믿는 믿음입니다.

제자들은 직접 예수님을 보고 있지만 그들의 눈에는 예수님 속에 아버지를 볼 수 없습니다. 그뿐만 아니라 "내가 아버지 안에 있고 아버지께서 내 안에 계심을 믿으라"는 말씀도 소용없습니다. 지금까지 예수님과 동행하면서 그들의 눈으로 목격한 것도 믿음을 가져다주지 못했습니다.

그런데 오늘날 교회 다니는 사람들은 제자들과 달리 확실한 믿음을 갖고 있습니다. 자신들은 예수님을 믿는다고 합니다. 그뿐만 아니라 아버지께서 예수님 안에, 예수님 안에 아버지께서 계심을 믿습니다. 그뿐만 아니라 예수님이 행하신 기적을 읽으면서 예수님이 하나님과 함께하심을 믿습니다.

예수님의 말씀이 전혀 어렵지 않습니다. 그런데 문제는 믿음이 이런 식이라면 성령이 오실 이유가 없습니다. 사람들은 성령을 받아 보지 못했기 때문에 성경이 성령의 감동으로 기록되었다고 하니 성경 말씀을 연구하여 정답, 진리를 찾아내면 천국에 갈 수 있다는 생각을 합니다. 이들은 성령의 감동으로 기록되었다는 말이 인간을 책망한다고 생각지 못합니다. 인간의 구원 욕망을 완전히 파괴해 버린다는 사실을 모릅니다. 예수님의 말씀이 성령의 말씀입니다. 그렇다면 제자들을 심판하는 말씀입니다.

오늘 본문이 그렇게 보입니까?

그렇게 보이지 않는다는 자체가 문제입니다. 사람들은 오늘 본문을 대하면서 자신이 지옥에 가야 마땅함을 인정치 않습니다. 도리어 구원 얻을 좋은 기회를 얻었다고 생각합니다. 주님의 말씀이 심판임을 알지 못합니다.

♣ 아버지께로 감

> 요 14:12
>
> 내가 진실로 진실로 너희에게 이르노니 나를 믿는 자는 나의 하는 일을 저도 할 것이요 또한 이보다 큰 것도 하리니 이는 내가 아버지께로 감이니라.

예수님을 믿는 자는 예수님이 하시는 일도 할 것이며, 예수님이 하신 일보다 더 큰 일도 할 것임을 말씀하십니다. 이것이 가능한 이유는 예수님이 아버지께로 가기 때문이라는 겁니다.

이것에 대해 사도행전 2:34-36에서 이렇게 말씀합니다.

> 다윗은 하늘에 올라가지 못하였으나 친히 말하여 가로되 주께서 내 주에게 말씀하시기를 내가 네 원수로 네 발등상 되게 하기까지 너는 내 우편에 앉았으라 하셨도다 하였으니 그런즉 이스라엘 온 집이 정녕 알지니 너희가 십자가에 못 박은 이 예수를 하나님이 주와 그리스도가 되게 하셨느니라 하니라.

예수님 안에 아버지가 계시고 아버지 안에 예수님이 있다고 말씀하신 것과 예수님이 아버지께로 가신다는 말씀의 의미가 여기서 비로소 밝혀졌습니다. 제자들은 성령을 받은 후 죽은 자들 가운데서 살아나신 예수님의 증인이 됩니다. 성령을 받지 않으면, '나' 중심으로 성경을 해석합니다.

얼마나 많은 사람이 예수님이 말씀하신 대로 믿고, 예수님 행하신 일과 예수님보다 더 큰 일을 행하고 싶어 합니까?

실제로 이렇게 행한다고 하는 사람들을 만나기는 어렵지 않습니다. 이들은 예수님이 아버지께로 간다는 말씀이 무슨 말인지 모르기 때문에 여전히 '나' 자리를 끝까지 주장합니다. 보이다가 잠깐 없어지는 안개를 "나"라고 우기면서 예수님의 말씀을 등에 업고 자신은 안개가 아니라고 외칩니다.

히스기야왕 십 사년에 앗수르왕 산헤립이 남 유다의 견고한 성을 쳐서 취했습니다. 이젠 언약궤가 있는 예루살렘 성만 남았습니다. 산헤립이 랍사게를 예루살렘으로 보내어 이런 말을 합니다.

> 내가 이제 올라와서 이 땅을 멸하는 것이 여호와의 뜻이 없음이겠느냐 쳐서 멸하라 하셨느니라 (사 36:10).

이사야 10:5 이하를 보면 앗수르에 대한 진노를 말씀합니다.

> 화 있을찐저 앗수르 사람이여 그는 나의 진노의 막대기요 그 손의 몽둥이는 나의 분함이라 내가 그를 보내어 한 나라를 치게 하며 내가 그에게 명하여 나의 노한 백성을 쳐서 탈취하며 노략하게 하며 또 그들을 가로상의 진흙같이 짓밟게 하려 하거늘 (사 10:5-6).

이사야 10:12-14에서는 또한 이렇게 말씀합니다.

> 이러므로 주 내가 나의 일을 시온산과 예루살렘에 다 행한 후에 앗수르왕의 완악한 마음의 열매와 높은 눈의 자랑을 벌하리라 그의 말에 나는 내 손의 힘과 내 지혜로 이 일을 행하였나니 나는 총명한 자라 열국의 경계를 옮겼고 그 재물을 약탈하였으며 또 용감한 자 같이 위에 거한 자를 낮추었으며 나의 손으로 열국의 재물을 얻은 것은 새의 보금자리를 얻음 같고 온 세계를 얻은 것은 내어버린 알을 주움 같았으나 날개를 치거나 입을 벌리거나 지저귀는 것이 하나도 없었다 하는도다.

주님이 앗수르를 도끼로 톱으로 사용하시는데, 도끼와 톱이 자기 자랑을 하는 꼴입니다. 앗수르가 그러하다는 겁니다. 그래서 불로써 앗수르를 심판하겠다고 하십니다.

문제는 이런 소리를 듣는 궁내대신 엘리야김과 서기관 셉나와 아삽의 아들 사관 요아의 태도입니다. 앗수르에 의해 유다의 모든 견고한 성이 함락 당했다는 것은 범죄 했고, 이스라엘의 거룩한 자를 경멸했기 때문이라는 사실을 인정해야 함에도 이스라엘이기 때문에 살아남아야 한다는 겁니다. 히스기야의 기도는 이러한 모든 백성을 대표합니다.

교만한 앗수르의 등장은 히스기야의 교만을 들추어냅니다. 그 교만으로 인해 남 유다는 짐승 바벨론에게 사로잡히게 됩니다. 언제나 "나"는 구원을 받아야 되고, "나"의 이름을 높이려는 자들은 예수님의 말씀 앞에 짐승의 모습을 노출합니다. 아버지께로 가신 분의 능력이 나타나는 역사적 현장입니다.

♣ 예수 이름으로 하는 기도와 하나님께 영광

> 요 14:13
>
> 너희가 내 이름으로 무엇을 구하든지 내가 시행하리니 이는 아버지로 하여금 아들을 인하여 영광을 얻으시게 하려 함이라.

주님이 일하시는 방식은 반드시 자기 피로 만드신 "너희"를 앞장세웁니다. 왜 주님의 피로 만드신 "너희"를 앞장세울까요?

많은 사람은 자신을 주님이 보내신 자요, 자신이 주님의 이름으로 무엇을 구하든지 주님이 시행할 것이라 생각합니다. 그래야만 아버지로 하여금 아들을 인하여 영광을 얻으시기 때문이라는 겁니다. 그래서 무엇이든지 예수님 이름으로 구한다는 겁니다. 가정, 직장, 자녀, 부부, 정치, 경제 그 어떤 문제라도 예수님 이름으로 구하면 예수님이 시행하신다는 겁니다.

얼마 전 어떤 분을 만났는데, 그분은 성령이 자기 안에 들어와 계신다고 자신만만하게 말했습니다. 그런데 이야기를 들어 보니 성령이 자기 안에 들어와 계시기 때문에 앞서 언급한 문제들을 기도하면 주님이 해결해 주신다는 겁니다. 그것이 하나님께 영광이 된다는 겁니다.

사람들이 가진 믿음은 산신당에 가서 표출하는 믿음과 전혀 다르지 않습니다. 예수는 호랑이를 탄 산신령의 응답과 다르지 않게 응답을 해 준다고 생각합니다. 그러니 이들의 믿음은 느부갓네살왕 같은 자가 되기를 꿈꾸는 믿음입니다. 예수 이름은 '나'를 느부갓네살왕이 누렸던 부와 권세를 가져다줄 수 있다는 겁니다.

중세 때 마녀재판이 있었습니다. 자신과 다른 신앙을 표출하면, 잡아 죽였습니다. 약 50만 명을 잡아, 죽였다고 합니다. 이들은 이것이 하나님께 영광이 된다고 생각한 겁니다.

왜 그럴까요?

신앙이란 어디까지나 자기 몸 중심이기 때문입니다. 자기 몸이 잘 되는 것이 하나님께 영광이 된다고 생각한 겁니다. 오늘날 교회 다니는 사람들도 별반 다르지 않습니다. 이들은 오늘 본문을 철저하게 자기 몸 중심으로 이해합니다. 자기 가정 중심이요, 자기 교회 중심입니다.

그런데 예수님은 "아버지로 하여금 아들로 인하여 영광을 얻으시게 하려 함이라"고 분명히 말씀하셨습니다. 아버지는 아들 안에서만 영광을 얻습니다. 주님이 만드신 자들이 무엇이든지 예수 이름으로 기도하면 예수님이 시행하신다고 하셨습니다.

그렇다면 예수님이 시행하시는 것이 무엇일까요?

먼저 예수님이 자신의 피로 만드신 자들의 기도를 알려면 예수님의 기도를 보아야 합니다. 예수님의 기도는 요한복음 12:27에 나옵니다.

> 아버지여 나를 구원하여 이 때를 면하게 하여 주옵소서 그러나 내가 이를 위하여 이 때에 왔나이다.

그리고 말씀이 "아버지의 이름을 영광스럽게 하옵소서"입니다.

예수님의 기도 응답은 십자가입니다. 예수님이 "내 이름으로 무엇이든지 구하든지 내가 시행하리라"는 말씀은 곧 십자가로 응답하시겠다는 말씀입니다.

사도행전 3장에 보면 베드로와 요한이 성전미문에 앉아 구걸하던 앉은뱅이를 주의 이름으로 고쳤습니다. 사람들은 이런 장면을 두고 예수이름으로 무엇이든지 구하면 들어 준다고 생각합니다.

만일 이 본문이 여기서 끝났다면 그렇게 생각해도 됩니다.

> 너희가 십자가에 못 박고 하나님이 죽은 자 가운데서 살리신 나사렛 예수 그리스도의 이름으로 이 사람이 건강하게 되어 너희 앞에 섰느니라 (행 4:10).

이렇게 건강하게 된 사건을 구원이라고 합니다. 곧 앉은뱅이는 예수님과 함께 십자가에 못 박혀 죽고 예수님과 함께 다시 살아났다는 겁니다. 이것을 두고 아들 안에서 아버지께서 영광을 얻으신다는 겁니다. 십자가의 피로 만든 자들은 십자가의 피공로만을 증거합니다.

베드로와 요한이 이 기도 응답을 받아 부자 되었다거나 행복하게 살았다가 없습니다. 높은 권세를 가졌다는 것도 없습니다. 큰 교회 만들어 아들에게 세습하지 않았습니다. 그들의 기도는 언제나 십자가로 응답되었습니다.

따라서 성도는 무엇이든지 예수 이름으로 구합니다. 그러면 주님이 기도한 그 몸을 주님의 십자가 피 공로를 자랑하는 삶과 십자가의 삶을 살게 하십니다.

어느 누가 이것을 바라고 예수 이름으로 무엇이든지 구할까요?

♣ 나를 사랑하면 나의 계명을 지키기라

> 요 14:15
>
> 너희가 나를 사랑하면 나의 계명을 지키리라.

누가복음 10:25 이하를 보면 어떤 율법사가 예수님을 시험하는 대목이 나옵니다.

> 선생님 내가 무엇을 하여야 영생을 얻으리이까(눅 10:25).

율법사는 이미 영생 얻는 법을 알고 있습니다. 예수님을 판단하기 위해 시험을 하는 겁니다. 이 질문에 대해 예수님이 대답하십니다.

> 율법에 무엇이라 기록되었으며 네가 어떻게 읽느냐(눅 10:26).

우리들도 예수님의 질문에 답변해 보면 좋겠습니다. 물론 구약성경을 제대로 읽은 분들이 많지 않기 때문에 배운 것을 대답할 수밖에 없을 분들이 많을 겁니다. 율법사는 그렇지 않습니다. 하나님의 말씀을 하나도 놓치지 않고 읽고 연구합니다. 율법사는 율법을, 구약을 요약합니다.

> 네 마음을 다하며 목숨을 다하며 힘을 다하며 뜻을 다하여 주 너의 하나님을 사랑하고 또한 네 이웃을 네 몸과 같이 사랑하라 하였나이다(눅 10:27).

예수님도 이 율법사의 말에 동의합니다. 그래서 이렇게 말씀하십니다.

> 네 대답이 옳도다 이를 행하라 그리하면 살리라(눅 10:28).

영생을 얻는 법은 하나님을 사랑하고 이웃을 사랑하는 겁니다. 이렇게 행하면 살 것이라고 예수님이 말씀하셨습니다. 이 율법사는 자신이 얼마나 의로운 사람인지를 보이려고 네 이웃이 누구인지 예수님께 묻습니다.

여기에 대한 예수님의 답변은 우리들이 너무나 잘 알고 있는 선한 사마리아인의 비유를 말씀하셨습니다. 어떤 사람이 예루살렘에서 여리고로 내려가다가 강도를 만났습니다. 강도들이 그 옷을 벗기고 때려 거반 죽은 것을 버리고 갔습니다.

마침 한 제사장이 그 길로 내려가다가 그를 보고 피하여 지나가고, 레위인도 그 곳에 이르러 그를 보고 피하여 지나갔습니다. 이들이 제사와 관련된 일을 마치고 예루살렘에서 여리고로 내려가는 길이었는지는 모르겠습니다. 그러나 분명한 것은 제사장과 레위인은 자신들을 더럽히지 않기 위해 거반 죽은 사람을 피하여 지나갔습니다.

레위기 21:1-3입니다.

> 여호와께서 모세에게 이르시되 아론의 자손 제사장들에게 고하여 이르라 백성 중의 죽은 자로 인하여 스스로 더럽히지 말려니와 골육지친인 부모나 자녀나 형제나 출가하지 아니한 처녀인 친 자매로 인하여는 몸을 더럽힐 수 있느니라.

율법을 지키기 위해서 강도 만나 거반 죽은 사람을 피해 간 것입니다.

어떤 사마리아인은 여행하는 중 거기 이르러 그를 보고 불쌍히 여겨 가까이 가서 기름과 포도주를 그 상처에 붓고 싸매고 자기 짐승에 태워 주막으로 데리고 가서 돌보아 주었습니다. 이튿날에 데나리온 둘을 내어 주막 주인에게 주며 이렇게 말합니다.

> 이 사람을 돌보아 주라 부비가 더 들면 내가 돌아 올 때에 갚으리라 (눅 10:35).

사마리아 사람의 말을 들어 보면 자신이 가야 할 길이 매우 바쁜 사람이었던 것이 분명합니다. 이와 달리 제사장과 레위인은 자신들이 성전에서 할 일을 마치고 집으로 돌아가는 중이었던 것 같습니다.

지금 율법사가 이 비유를 듣고 있습니다. 그러니 제사장과 레위인들이 왜 예루살렘에서 여리고로 내려가는 중인지를 분명히 알고 있을 겁니다. 그러니 예수님이 이들이 예루살렘에서 여리고로 내려가는 이유를 설명하지 않는 겁니다. 그러나 사마리아 사람은 여행 중이라고 합니다. 이튿날 아주 바쁘게 길을 떠나야 함을 볼 때 그렇습니다. 그러나 그는 불쌍히 여기는 마음을 끝까지 갖고 있습니다.

비유를 마치시고 예수님이 율법사에게 질문합니다.

> 네 의견에는 세 사람 중에 누가 강도 만난 자의 이웃이 되겠느냐(눅 10:36).

율법사의 대답은 이렇습니다.

> 자비를 베푼 자니이다(눅 10:37).

율법사 자신의 질문에 대한 답변을 율법사 자신이 합니다. 여기에 대해 예수님은 이렇게 대답하십니다.

> 가서 너도 이와 같이 하라(눅 10:37).

영생을 얻는 법을 알고 있는 율법사는 큰 벽을 만났습니다.
율법을 지킬 것인가?
아니면 네 이웃을 네 몸과 같이 사랑하라는 율법을 지킬 것인가?
예수님의 비유에서 강도 만난 자가 거반 죽게 되었다는 말에 주목해야 합니다.

예수님은 율법사에게 "가서 너도 이와 같이 하라"고 하셨습니다. 그렇다면 율법사가 영생을 얻는 방법은 율법을 지키기 위해 율법을 범하는 방법 밖에 없습니다. 물론 예수님의 말씀이 기준이 된다면 말입니다. 그러나 율법사는 예수님을 판단하는 자이기 때문에 예수님의 말씀에 동의하지 않을 겁니다. 율법사의 관심은 예수님이 하실 일이 아닙니다. 율법사의 관심은 영생입니다. 그 영생은 자신의 행위를 통해서 얻는 영생입니다. 그러나 율법을 범하면서까지 율법을 지키는 일은 율법사로서는 절대 행할 수 없는 행위입니다.

그렇다면 이방인인 우리들은 어떻습니까?

간단합니다. 예수님의 말씀대로 강도 만난 자의 이웃이 되면 됩니다. 그래서 오늘날 괜찮다는 교회가 이런 이웃이 되려고 노력하고, 실제로 그런 삶을 삽니다.

그런데 이들이 왜 그렇게 강도만난 자의 이웃이 됩니까?

영생 얻으려는 목적 때문입니다. 자신들은 예수님의 가르침을 실행한다고 할지 모르지만 그 최종 목적은 영생입니다. 그러니 이들은 율법사의 성경해석법과 전혀 다르지 않는 해석법을 갖고 있습니다.

그래서 예수님이 이렇게 질문하신 것입니다.

"율법에 무엇이라 기록되었으며 네가 어떻게 읽느냐?"

글자를 배운 자들이라면 기록된 내용을 누구나 읽을 수 있습니다. 그리고 읽게 된다면 인간은 누구나 그 읽은 율법을 해석하게 됩니다. 그런데 그 해석법이 율법사의 해석법을 벗어 날 수 없습니다. 자기 구원을 위한 해석입니다.

어떤 사람은 이 본문을 좀 색다르게 해석합니다. 강도만난 자가 성도들이며, 선한 사마리아인이 예수님이라고 말입니다. 우린 세리와 창녀요, 병든 자라는 겁니다. 제법 수준 높은 해석을 했습니다. 그런데 그 해석을 해서 무엇을 노리는 겁니까?

역시 영생입니다.

그래서 예수님이 다음과 같이 물으신 것입니다.

"율법에 무엇이라 기록되었으며 네가 어떻게 읽느냐?"

자기 구원에 미친 죄인으로 드러나게 하는 말씀입니다. 십자가를 증거하는 말씀입니다.

이제 오늘 본문으로 돌아와 봅시다.

> 너희가 나를 사랑하면 나의 계명을 지키리라 (요 14:15).

예수님을 사랑하면 예수님의 계명을 지켜야 한다는 것이 오늘날 교회의 주장입니다. 그런데 예수님을 사랑하면서 예수님의 계명을 지키는 사도 바울은 십자가 외에는 자랑할 것이 없다고 합니다. 성령을 받지 못한 자들은 예수님을 사랑하려고 하고, 예수님을 사랑하면, 예수님의 계명을 지키려고 합니다. 이렇게 함으로 이들이 원하는 것은 자기 구원입니다.

여러분은 이 본문을 어떻게 읽습니까?

♣ 또 다른 보혜사

> 요 14:16
>
> 내가 아버지께 구하겠으니 그가 또 다른 보혜사를 너희에게 주사 영원토록 너희와 함께 있게 하시리니.

여기에 보혜사가 나옵니다. 이 단어 갖고 종교 사업을 성공시킨 사람이 있습니다. 많은 사람이 그곳으로 몰려갔습니다. 왜 몰려갔을까요? 또 다른 보혜사 때문입니다. 사람들은 보혜사를 자신들을 위한 중보자, 자신들을 위해 돕는 자라고 생각합니다.

그래서 예수님이 아버지께 구하여 또 다른 보혜사를 제자들에게 주사 영원토록 그들과 함께 있게 하실 것이라고 하신 말씀이 마음에 쏙 듭니다.

나를 위해 예수님이 아버지께 기도하셔서 또 다른 보혜사, 곧 나를 돕는 분을 보내 주셔서 영원히 나와 함께하실 것이라는 겁니다.

인간은 백지가 아닙니다. 인간 속에는 이미 신학이 담겨 있습니다. 모든 인간은 동일한 신학을 갖고 있습니다. 자기 구원, 자기 영광을 위한 신학입니다. 그래서 예수님도 좋아하고 또 다른 보혜사도 좋아하고, 하나님도 좋아하는 겁니다. 자기 구원, 자기 축복을 위한 것이라면 그 어떤 신이라도 믿을 준비가 되어 있습니다. 이미 자기 자신을 열심히 숭배하고 있기 때문입니다.

예수님이 아버지께 간구하셔서 그가 또 다른 보혜사를 너희에게 주셔서 영원히 너희와 함께 있게 하실 것이라고 하셨습니다. 여기에서 예수님의 아버지께 대한 간구는 자신의 죽으심을 말씀하십니다. 십자가에 못 박혀 죽으심으로 말미암아 예수님의 아버지께 대한 간구가 이루어집니다.

놀라운 것은 여기에서는 분명 아버지께서 또 다른 보혜사를 너희에게 주신다고 하셨습니다. 그러나 성령은 십자가 지신 예수님이 주님이 되셔서 성령을 아버지에게서 받아서 부어 주십니다(행 2:33). 성령은 그리스도의 영입니다. 달리 표현하면 십자가의 영입니다. 예수님은 성령을 두고 또 다른 보혜사라고 하십니다.

그렇다면 보혜사는 누구를 말씀하시는 겁니까?

예수님 자신입니다.

그런데 우리들이 요한복음을 지금까지 살펴보았지만, 예수님이 어떤 분으로 활동하셨습니까?

심판주입니다. 그런데 여기에서는 갑자기 자신을 보혜사로 말씀하셨습니다. 그 이유는 성령 받은 자만이 알게 됩니다. 성령 받은 자들에게만 예수님이 보혜사 되시고, 성령님이 또 다른 보혜사가 되심을 알게 됩니다. 물론 중보자라는 표현도 가능하고, 돕는 자라고 해도 됩니다. 이렇게 되면 중보자, 돕는 자라는 의미가 이 세상에서 사용하신 방식과는 전혀 다르게 됩니다.

인간들은 자기 구원을 위한 신학을 담고 있기 때문에 예수님의 말씀을 그 신학에 집어넣습니다. 또 다른 보혜사라는 말씀도, 영원토록 너희와 함께 있게 하실 것이라는 말씀도 그렇게 합니다.

예수님의 말씀과 활동은 심판주로서의 활동입니다. 그 이유는 이미 세상이 어둠이기 때문입니다. 따라서 구원은 심판 속의 구원밖에 없습니다. 따라서 성령 받은 자들은 자신이 심판받아 마땅함을 아는 자들입니다. 그러나 성령을 받지 못한 자들은 자신이 구원받아 마땅하다고 생각합니다.

이것이 바로 또 다른 보혜사가 오셔서 하실 일입니다. 그런데 또 다른 보혜사가 그 일을 한 번만 하는 것이 아니라 영원히 함께하시면서 그 일을 하신다는 겁니다. 그래서 요한복음 16:7 이하를 보면 또 다른 보혜사가 오셔서 하실 일이 책망하는 일임을 말씀하시는 겁니다.

자기 구원을 위한 신학으로 똘똘 뭉쳐 있는 인간들은 책망받는 일을 매우 싫어합니다. 그것도 뭘 해도 죄라고 지적하는 것에 화를 냅니다. 왜냐하면, 자기 구원이라는 것이 구원받을 만한 조건과 자격이 있기 때문이라 생각합니다. 선악과를 따 먹은 자들의 몸, 첫째 아담 안에 있는 자들의 몸이 그렇습니다.

그래서 이들은 또 다른 보혜사를 구원 받을 만한 조건과 자격을 갖추게 해 주는 분으로 생각합니다. 그래서 또 다른 보혜사라고 하는 자가 가르치는 성경 말씀을 통해 그 조건과 자격을 갖추어 자기 구원을 이루어 보겠다고, 그런 집단으로 들어갑니다. 불나방 같습니다

그런데 과연 이들 집단만 그러할까요?
정통 개혁교회를 다니는 사람들에게 성령은 어떤 식으로 생각할까요?
조직 신학에서 배운 성령론을 나열할까요?

그런 것은 목사들이나 교수들이 취미로 하는 것입니다. 정작 신앙생활에서 성령은 그야말로 자기 구원을 위한 성령론뿐입니다. 이들 입에서 십자가를 듣기는 하늘의 별 따기보다 더 어렵습니다. 십자가 외에는 자랑할 것이 없다는 고백을 듣는 것은 불가능합니다. 왜냐하면, 성령께서 진리에 대

해서 너무 잘 가르쳐 주셨기 때문입니다. 성경이 성령의 감동으로 되었기 때문에 성경 말씀을 제대로 풀어내는 것이 성령의 역할이라는 겁니다. 그래서 성경을 올바르게 해석하는 것이 성령의 일이라 주장합니다.

그래서 이들은 성경을 올바르게 가르치고, 설교를 해야 한다고 주장합니다. 또 다른 보혜사라고 주장하는 집단들과 다를 바 없습니다. 또 다른 보혜사를 받아 본 적이 없기 때문에 자기 구원을 끊임없이 시도하고, 자기 구원을 위한 신학을 위해 성경 말씀을 이용하는 겁니다.

이들에겐 예수님의 기도가 전혀 보이지 않습니다. 이들에겐 자신들의 기도만 보일 뿐입니다. 앞서 14에서 "너희가 내 이름으로 무엇을 구하든지 내가 시행하리니"라고 하셨습니다. 이들은 예수님의 이름이 무엇을 의미하는지 전혀 모르는 자들입니다.

예수님의 이름은 자기 백성을 저희 죄에서 구원하는 이름입니다. 그뿐만 아니라 임마누엘, 곧 하나님이 우리와 함께하시는 이름입니다. 두 가지 의미는 십자가로 나타납니다. 그래서 성도는 십자가만 자랑하게 됩니다. 인간의 지혜로는 불가능합니다. 또 다른 보혜사를 받은 자에게서만 나옵니다.

♣ 세상과 너희

> 요 14:17
>
> 저는 진리의 영이라 세상은 능히 저를 받지 못하나니 이는 저를 보지도 못하고 알지도 못함이라 그러나 너희는 저를 아나니 저는 너희와 함께 거하심이요 또 너희 속에 계시겠음이라.

첫째 아담 안에 있는 자들은 성경 말씀이 자신을 고발하는 말씀이라 생각지 않습니다. 성경 말씀은 자신을 살리는 말씀이라 생각합니다. 그래서 오늘 말씀은 서로의 입을 다물게 하는 말씀이 됩니다.

"내 속에 성령님이 계십니다"라고 주장하는 사람들끼리 만나면 정말 사이좋아 보입니다. 왜냐하면, 서로 성령 받았다고 주장하기 때문에 하나님의 백성이요 천국백성이라는 겁니다. 그러니 서로 성령 받았다는 것을 인정하면서 상대가 불쾌하다고 여기는 말은 하지 않습니다.

성령 받았다고 자신만만하게 말하는 사람들을 만나 이야기 해 보면 그들은 유독 성경 말씀을 싫어합니다. 대신 그들의 체험을 뒷받침하는 성경 구절만을 좋아합니다. 자신들의 성령 체험을 가장 중요시합니다. 그래서 이들이 언제나 하는 말이 이런 질문들입니다.

"당신 성령 받았어?"

"당신 속에 성령이 계신가?"

이들은 성령이 진리의 영이라는 사실도 모르는 모양입니다. 진리의 영은 곧 그리스도의 영이라는 말입니다. 그리스도는 기름 부음 받은 자, 곧 메시야이신데, 기름 부음 받은 자가 십자가에 달려 죽으시고 부활하셔서 심판주가 되셨습니다.

따라서 진리의 영은 심판주를 증거하는 영이라는 말입니다.

그렇다면 진리의 영이 어떻게 심판주 예수 그리스도를 증거 할까요?

오늘 본문에 나와 있습니다. 세상과 너희로 갈라 버립니다. 세상은 진리의 영을 받지 못합니다. 그 이유는 저를 보지도 못하고 알지도 못하기 때문이라는 겁니다.

그렇다면 "너희"는 어떨까요?

여기에서 너희는 제자들을 두고 하시는 말씀입니다. 문제는 제자들도 지금은 여전히 보지도 못하고 알지도 못합니다.

누구를 보지도 못하고 알지도 못합니까?

바로 예수님입니다. 눈으로 보고 있지만 보지 못하고, 예수님과 함께 동행 했지만 예수님을 알지도 못합니다.

그런데 이들이 어떻게 예수님을 보게 되고 알게 될까요?

성령이 그들과 함께 거하시기 때문입니다. 성령이 "너희" 속에 거하시면 "너희"들은 "나"를 보게 되고 알게 된다는 말씀입니다. 물론 오늘 본문에서는 성령을 안다고 하셨습니다. 그래서 사람들이 오해하는 겁니다. 성령은 절대 자기 증거를 하시지 않습니다. 성령은 예수님을 보게 하고 예수님을 알게 합니다. 그 증거는 사도행전에 가득 있습니다.

예수님 공생애 기간도 마찬가지입니다. 성령이 예수님께 임하셨습니다. 그래서 성령님이 자기를 증거하셨습니까?

십자가로 예수님을 인도해 가십니다. 십자가를 증거하셨습니다.

그런데 왜 인간들은 성령을 십자가와 따로 떼 내어 이해하고 생각할까요?

그 이유는 신이 되고자 하는 욕망 때문입니다.

창세기 6:3입니다.

> 여호와께서 가라사대 나의 신이 영원히 사람과 함께하지 아니하리니 이는 그들이 육체가 됨이라 그러나 그들의 날은 일백 이십년이 되리라 하시니라.

역사적 실제인 노아 홍수를 통해 육체가 된 사람과 하나님의 신이 영원히 함께하지 않을 것을 증거하셨습니다. 그래서 인간들은 하나님의 신이 자신과 함께하기를 간절히 소원하는 겁니다.

특히, 교회 다니는 사람들은 창세기 6:3 본문을 잘 알고 있지요. 이 말씀이 이들을 자극합니다. 그래서 오늘 본문 속으로 와서 영원히 함께하지 않는 하나님의 신이, 영원히 함께하는 성령으로 자신에게 오신다는 말씀을 너무나 기쁘게 환영합니다. 왜냐하면, 홍수 심판과 같은 불 심판을 피할 수 있기 때문이지요.

여기에서 한 걸음 더 나갑니다.

창세기 6:4입니다.

> 당시에 땅에 네피림이 있었고 그 후에도 하나님의 아들들이 사람의 딸들을 취하여 자식을 낳았으니 그들이 용사라 고대에 유명한 사람이었더라.

이 말씀도 버릴 수 없습니다.

네피림, 고대의 용사, 우리가 얼마나 바라는 이상형입니까?

그래서 성령을 받아 네피림이 되고 싶은 겁니다. 성령 받았다고 하는 자들의 공통점이 네피림, 곧 용사 같다는 겁니다. 그러니 이들이 자랑하는 것은 성령의 능력입니다. 십자가를 자랑하지 않습니다. 육으로 난 자는 육이라는 주님의 말씀의 능력이 이런 식으로 이 땅에서 지금도 드러나고 있습니다.

제자들은 지금 성령을 받지 못했습니다. 그렇기 때문에 진리의 영에 대한 이해를 자신의 몸, 즉 환경이 조성한 자신의 몸 중심으로 진리의 영을 해석합니다. 물론 구약성경에 나오는 여호와의 신도 기억하고 있습니다. 그러니 여호와의 신을 받은 삼손을 떠올리지 않을 수 없는 겁니다. 하필 사사 시대에 등장한 사사들은 그야말로 네피림, 즉 고대의 용사 상을 담고 있습니다. 인간들이 바라는 유일한 구원자의 모습입니다.

십자가에 못 박혀 죽으시는 분이 그들이 보아야 할 주님이고, 알아야 할 주님임을 알지 못합니다. 성령을 받지 못하면 영원히 이 간극을 메울 수 없습니다. 제가 이렇게 말하면 이미 한 수 배웠기 때문에 얼마든지 메울 수 있다고 생각할 겁니다.

이미 내용을 다 파악하지 않았습니까?

"그렇다면 나는 네피림을 원치 않고 십자가를 지신 예수님을 원합니다"라고 할 겁니다. 그래서 육이라는 겁니다. 주님이 지금도 살아 계셔서 십자가로 친히 일하시는 것을 보지도 못하고 알지도 못하기 때문에 이런 소리를 내뱉는 겁니다. 진리의 영을 받은 자들은 십자가로 인하여 자신이 산산조각 납니다.

♣ '고아'입니까?

> 요 14:18
>
> 내가 너희를 고아와 같이 버려두지 아니하고 너희에게로 오리라.

출애굽기 22:22-24입니다.

> 너는 과부나 고아를 해롭게 하지 말라 네가 만일 그들을 해롭게 하므로 그들이 내게 부르짖으면 내가 반드시 그 부르짖음을 들을찌라 나의 노가 맹렬하므로 내가 칼로 너희를 죽이리니 너희 아내는 과부가 되고 너희 자녀는 고아가 되리라.

참으로 독특한 본문입니다.

여호와 하나님이 애굽에서 구원하셨다면 이스라엘 가운데 고아가 없도록 조치를 취하셔야 하지 않을까요?

홍해를 가르신 분, 만나를 내려 주시고, 쓴물을 단물로 만드신 여호와 하나님이 왜 이스라엘 백성들 가운데 고아가 생기는 환경을 조성하셨을까요?

그 이유를 출애굽기 22장에서 말씀합니다. 고아를 이스라엘 가운데 배치하셔서 이스라엘 백성들을 맹렬한 노의 칼로 심판을 하실지 하지 않을지를 결정하는 장치로 사용하시겠다는 겁니다. 만일 이스라엘 백성들이 고아를 괴롭게 하여 고아가 여호와께 부르짖으면, 여호와께서 반드시 그 부르짖음을 들으셔서 맹렬한 노를 발하시어 칼로 이스라엘을 죽이시겠다고 하십니다.

지금 예수님이 말씀하시는 고아는 바로 출애굽에서 언급한 고아와 관련 있습니다. 예수님이 "내가 너희를 고아와 같이 버려두지 아니하고 너희에게로 오리라"고 하셨습니다.

우리들은 이 말씀을 보면서 주님이 우리를 고아와 같이 버려두지 않고 우리에게로 오신다고 하시니 기분이 아주 좋아집니다. 고아로 살고 싶은 사람은 없습니다.

그런데 여러분은 고아입니까?

예수님의 말씀과 상관있는 사람들은 '고아'입니다. 그래야만 예수님이 "너희에게 오리라"는 말씀이 기쁨이 됩니다. 제자들은 자신들이 고아라 생각지 않습니다. 구약에 언급된 그 고아가 자신들임을 알지 못합니다.

그러나 이들이 성령을 받게 되면 비로소 자신이 고아임을 알게 됩니다. 주님의 영이 이들에게 임하게 되니 이러한 사실을 알게 된 것입니다. 그런데 이렇게 고아와 같이 버려두시지 않고 주님이 찾아오시니 정작 세상에서는 고아 취급을 당합니다.

고아가 십자가 복음을 전하니 이 세상 사람들이 이들을 괴롭힙니다. 주님은 이 괴롭힘을 주님을 괴롭히는 것으로 봅니다. 복음은 이런 방식으로 전파됩니다. 고아와 같이 버려두지 않고 주님이 오시니 세상은 이들을 고아 취급합니다. 고아를 통해 이 세상이 주님의 맹렬한 진노의 칼로 심판받아야 마땅함을 드러냄과 동시에 그런 고아를 통해 주님은 자기 백성을 구원하십니다.

♣ 주님의 고아 만들기

> 요 14:18
>
> 내가 너희를 고아와 같이 버려두지 아니하고 너희에게로 오리라.

지금 제자들은 예수님과 함께하고 있습니다. 그런데 예수님이 어디로 가신다는 겁니다. 이렇게 되면 제자들은 고아가 됩니다. 많은 사람이 오늘 본문을 이런 식으로 읽습니다. 물론 이렇게 기록되어 있기에 이렇게 읽어야 합니다.

　그런데 제자들은 예수님과 함께 있어서 고아가 아니라고 생각하지만, 이들은 예수님을 알지 못합니다(요 14:7). 예수님을 보아도 보지 못하는 자들입니다. 예수님과 함께 다니면서도 제자들 자신들이 고아라는 생각은 절대 할 수 없었습니다. 눈에 보이는 예수님과 동행하기 때문입니다.

　그러나 예수님이 이들과 3년 동안 함께하셨다는 것은 곧 이들이 '고아'라는 것을 확정해 주는 기간입니다. 물론 소경이기 때문에 자신들이 고아임을 알지 못합니다. 예수님이 고아와 같이 버려두지 않으시겠다는 말씀은 예수님이 공생애 기간을 함께하셨던 그 동행을 여전히 하시겠다는 겁니다.

　그래서 성령 받은 제자들은 여전히 고아로 존재하면서 주님이 함께하셔서 십자가로 홀로 일하심을 증거하는 제자들이 됩니다. 또 다른 보혜사가 오시게 되면 자신이 고아임을 알게 됩니다. 그래서 십자가만을 자랑하게 됩니다.

　사람들은 예수님이 "내가 너희를 고아와 같이 버려두지 아니하고 너희에게로 오리라"는 말씀을 오해합니다. 주님이 판단자가 되어 고아와 한편이 되기 때문에 누구든지 고아를 핍박하는 자는 주님이 칼로 심판하실 것이라는 기대로 이 말씀을 대합니다. 이들은 말씀이 기록된 대로 읽지도 못합니다.

　그러나 예수님은 나의 편이 되시고 나의 힘이 되시고, 나의 능력이 되신다고 하면서 예수님의 생애를 반복하는 인생이 아니라 살려고 발악하는 인생을 사는 겁니다. 자신은 고아였는데 이제 예수님을 만나서 더 이상 고아가 아니라는 겁니다.

　고아가 아니면 어떤 행세를 하겠습니까?

　고아를 괴롭히는 행세를 합니다. 고아가 아닌 자는 고아를 괴롭히는 자입니다. 그래서 이들은 자신이 고아 아닌 증거를 내세웁니다. 바로 성경에 기록되었다는 진리 체계를 끄집어냅니다. 그래서 많은 집단들이나 교회들이 자신들의 교회나 집단으로 오면 구원받을 수 있다고 외치는 겁니다. 그 어느 교회나 교단도 자기 모임으로 오면 고아가 되고 과부가 된다고 외치는 집단은 없습니다. 어떤 자들은 자신이 고아임을 안다고 합니다. 그래서 십자가만을 자랑한다고 합니다. 이 글을 읽은 분들은 이런 말 못할 사람이 어디 있습니까?

선악을 아는 지식은 복음이 전파되는 곳에서도 그 능력을 발휘하는 줄 생각도 하지 못하는 모양입니다. 이들은 자신이 가진 지식으로 모든 판단을 합니다. 십자가를 아는 지식 말입니다. 결국, 이들이 내세우고 싶은 것은 내가 옳다는 겁니다. 이들은 주님이 지금도 십자가로 일하고 계심을 모릅니다.

분명 고아와 같이 버려두지 않고 다시 오신다고 하셨는데 이들은 이 말씀의 현재성, 역사 가운데 일어남을 믿지 못하는 자들입니다. 역사라는 것이 말씀 중심으로 한 점 한 점이 찍히고 있는데 저들은 역사를 이탈하여 자신을 주의 자리에 두고 있는 겁니다.

그러니 이들은 주님의 고난에 참예되기를 원치 않고, 자기 생명을 사랑하는 데 모든 고난을 기꺼이 받는 일에 참여합니다. 이들은 언제나 피동성을 강조하면서 돈 버는 일은 아주 능동적으로 합니다. 자기 집안을 위해서는 그야말로 온갖 희생을 아끼지 않습니다. 자신이 지지하는 정당은 어떤 희생을 감수하더라도 지지하고, 자신이 좋아하는 것에 대해서는 너무나 능동적으로 행동을 합니다.

자신의 아들딸이나 손자 손녀에 대해서는 얼마나 능동적으로 행동하는지 모릅니다. 사도 바울을 본받을 마음은 전혀 없습니다. 자신도 그렇게 시켜 주면 하겠다는 겁니다. 그렇게 인도하시면 하겠다는 겁니다. 순종하면 될 일을 핑계 대고 있습니다. 순종하는 것은 나의 능동적 행위기 때문에 하지 않겠다는 겁니다.

그렇다면 앞서 언급한 그러한 능동적 행동은 왜 합니까?

자기를 사랑하는 능동적 행동은 기꺼이 하면서 자기 생명을 잃어버리는 능동적 행동은 왜 하지 않을까요?

복음을 이용하는 겁니다. 이 세상에서 자기 생명을 사랑하는 것을 교묘하게 숨기는 방식이 바로 신학입니다. 신학의 특징은 살고자 하는 겁니다. 어떤 바른 신학도 고아 만들기 위한 신학은 없습니다. 어떻게 구원을 얻는가를 알려 주는 것이 신학입니다.

기성교회들이 성경에 근거하지 않은 비논리와 비합리적인 방식으로 구원 얻는 법을 알려 주었습니다. 그래서 성경에 근거한 논리와 합리성을 근거로, 자기 양심에 합당한 구원을 알려 주는 곳을 찾습니다. 그곳에서 진리를 접수하면 이제까지 숨겨진 구원 욕망을 유감없이 발휘합니다. 주님은 자기 백성을 언제나 고아로 만드셔서 주님의 일을 하십니다.

♣ 내가 살았고 너희도 살겠음이라

> 요 14:19
>
> 조금 있으면 세상은 다시 나를 보지 못할 터이로되 너희는 나를 보리니 이는 내가 살았고 너희도 살겠음이라.

우리 성경에 '다시'라는 단어를 집어넣으므로 말미암아 오늘 본문을 오해하게 합니다. '다시 나를 보지 못할 터이로되'라고 해 버리면 지금도 세상은 예수님을 본다는 의미를 담게 됩니다. 그러나 지금은 "세상"도 "너희들"도 예수님을 보지 못합니다. 그 이유는 예수님이 죽으시고 부활하시지 않았기 때문입니다.

그러나 예수님이 죽으시고 부활하셔서 주님이 되시면 "세상"과 "너희들"이 나누어집니다. 세상은 예수님을 여전히 볼 수 없지만 "너희들"은 예수님을 보게 됩니다.

그렇다면 "너희들"은 어떻게 예수님을 볼 수 있게 될까요?

그 근거가 바로 "내가 살았고"에 있습니다. 앞서도 말씀드렸지만, 예수님은 십자가에 달려 죽으십니다. 그리고 삼일 만에 부활하셔서 하나님 우편에 오르십니다. 주님이 되십니다. 주님은 성령을 보내 주셔서 예수님의 죽으심과 부활을 성도에게 반복하도록 해 버립니다.

> 만일 우리가 그의 죽으심을 본받아 연합한 자가 되었으면 또한 그의 부활을 본받아 연합한 자가 되리라 (롬 6:5).

성도는 이미 산자입니다. 그렇다면 성도는 이미 죽은 자입니다. 성도는 죽고 성도 안에 그리스도께서 사십니다. 성경이 한 가지로 말씀하시면 우리들이 이해하기 쉬울 겁니다. 그러나 주님은 여러 가지로 말씀하십니다.

예수님이 너희도 살겠음이라고 하니 이 말씀을 듣는 제자들은 자신들이 살 것이라는 기대를 갖게 됩니다. 지금 말씀을 듣는 상태의 연장선상에서 산다는 생각을 갖습니다. 죽지 않고 살아서 살아계신 예수님을 볼 것이라 생각합니다.

그러나 예수님의 말씀은 예수님과 함께 죽은 자만 알아듣는 말씀입니다. 성령을 받게 되니 예수님을 보는 것이 아니라 십자가 지신 주님의 증인으로 살게 됩니다. 이들 눈에는 예수님이 보이는 것이 아니라 십자가가 눈앞에 밝히 보입니다.

주님과 함께 죽고 함께 살아나지 않은 자는 오늘 본문을 믿으려고 덤벼듭니다. 그래서 사도행전을 통해 예수님의 말씀이 그대로 되었는지 확인하려고 합니다. 그러나 아무리 성경을 연구해도 예수님을 보았다는 자들이 없습니다. 사도 바울도 이 세상 사람들이 생각하듯이 예수님을 본 적이 없습니다. 사도 바울도 십자가와 만났습니다. "네가 핍박하는 예수라"는 음성만 들었습니다.

주님과 함께 죽고 함께 살지 못한 자들, 곧 거듭나지 않은 자들은 예수님을 볼 수 없습니다. 그래서 이들이 보는 예수는 그림으로, 형상으로 보는 예수뿐입니다. 그 이유는 자신들은 세상이 아니라는 주장을 하고 싶은 겁니다. 자신들은 천국 갈 수 있다는 겁니다.

그래서 자신들은 예수님을 본다는 겁니다. 육에 속한 자들이 하는 방식, 곧 세상의 방식입니다. 어떤 사람들은 예수님의 얼굴을 보려고 금식기도 합니다. 그래서 얼굴을 봤다고 하는 사람들도 있습니다. 카메라로 눈 쌓인 들판을 촬영했는데 예수님의 얼굴이 보이더라는 겁니다.

이들에게 십자가는 어리석고 미련합니다. 직접 두 눈으로 보는 것이야말로 보는 것이지 그렇지 않은 것은 보는 것이 아니라는 겁니다. 이들 몸에는 예수님의 다시 살아나심이 없습니다. 그러니 예수님의 죽으심도 없습니다. 그래서 이들은 자신들이 본 것, 경험한 것을 자랑합니다.

♣ 우리 안에 계신 주님

> 요 14:20
>
> 그 날에는 내가 아버지 안에 너희가 내 안에 내가 너희 안에 있는 것을 너희가 알리라.

안다(*ginwskw*)고 하니 사람들은 지식으로 안다고 생각합니다. 그래서 많은 사람이 예수님의 이 말씀을 믿어 버립니다. 성령 받지 않아도 자신은 성령 받았다고 주장하면서 자기 안에 예수님이 계심을 믿고, 안다고 얼마든지 주장할 수 있습니다.

그런데 말입니다.

여기서 사용된 "너희"가 단수가 아니라 복수라는 사실입니다!

따라서 오늘 본문 말씀의 현장성은 주님이 만드신 "너희" 속에서만 일어납니다. 19절에서는 예수님을 볼 것을 말씀하셨고, 오늘 본문에서는 알게 될 것을 말씀하셨습니다. 죽었다가 다시 사신 분이 만드신 "너희" 안에서만 예수님을 보게 되고 알게 됩니다.

사람들은 이미 신이 되고자 하는 욕망으로 가득 차 있습니다. 그래서 오늘 본문은 자신이 신이 되고자 하는 욕망을 충분히 채울 수 있는 말씀으로 보입니다. 그러나 "내가 아버지 안에 너희가 내 안에 내가 너희 안에 있는 것"을 안다는 것은 곧 예수님의 십자가 사건이 주님이 만드신 "너희" 안에서 반복된다는 말씀입니다.

성령의 인도하심이 있기에 "오호라 '나'는 곤고한 자라는 탄식"과 함께 우리 주 예수 그리스도로 말미암아 하나님께 감사합니다. 그리스도 예수 안에 있는 생명의 성령의 법이 '나'를 해방했다고 하면서 그 '나'를 '우리'로 옮겨 갑니다.

> 율법이 육신으로 말미암아 연약하여 할 수 없는 그것을 하나님은 하시나니 곧 죄를 인하여 자기 아들을 죄 있는 육신의 모양으로 보내어 육신에 죄를 정하사 육신을 좇지 않고 그 영을 좇아 행하는 '우리'에게 율법의 요구를 이루어지게 하려 하심이니라(롬 8:3-4).

그러면서 이렇게 말씀합니다.

> 자녀이면 또한 후사 곧 하나님의 후사요 그리스도와 함께한 후사니 우리가 그와 함께 영광을 받기 위하여 고난도 함께 받아야 될 것이니라(롬 8:17).

개인 구원을 위한 말씀은 처음부터 없습니다. 많은 사람이 복음을 듣게 되면 자기 구원에 집착합니다. 그러나 성령께서 인도하시기에 십자가 고난을 주님과 함께 합니다. 고난은 반드시 타인과의 만남에서 일어나는 고난입니다. 십자가 사건은 세상과의 만남에서 일어났습니다.

십자가 사건이 우리 안에 반복된다는 것은 곧 예수님이 우리 안에 거하신다는 증거입니다.

♣ 그에게 나를 나타내리라

> 요 14:21
>
> 나의 계명을 가지고 지키는 자라야 나를 사랑하는 자니 나를 사랑하는 자는 내 아버지께 사랑을 받을 것이요 나도 그를 사랑하여 그에게 나를 나타내리라.

앞서 15절에서 "너희가 나를 사랑하면 나의 계명을 지키리라"고 하셨습니다. 그리고 하신 말씀이 보혜사를 보내 주신다고 하셨고, 고아와 같이 버려두지 않겠다고 하셨고, 너희도 살 것이라고 말씀하셨습니다. 그리고 하신 말씀이 그날에는 내가 아버지 안에 너희가 내 안에 내가 너희 안에 있는 것을 너희가 알 것이라고 하셨습니다.

사람들의 관심은 자기 구원입니다. 그래서 "너희가 나를 사랑하면 나의 계명을 지키리라"는 말씀보다 "너희가 알 것이라"는 말씀에 주목합니다. 인간은 자기 구원 중심으로 성경을 보기 때문에 자신을 잃어버리는 것은 용납할 수 없습니다. 그래서 구원을 말할 때는 반드시 자신이 구원받아야 할 그뿐만 아니라 자신의 육도 이 세상에서 축복과 영광을 받아야 한다고 생각합니다.

그런데 오늘 본문에서는 예수님이 자신의 계명을 소유할 그뿐만 아니라 그 소요한 계명대로 지키는 자라야 예수님을 사랑하는 자라고 하셨습니다. 앞서 15절에서는 예수님을 사랑하면 예수님의 계명을 지킨다고 하셨고, 이번에는 계명이 그 속에 들어 있을 뿐 아니라 계명대로 지키는 자라야 예수님을 사랑하는 자라고 말씀하십니다. 이런 말씀 앞에 사람들이 취할 수 있는 것은 예수님의 말씀대로 행하는 방법밖에 없습니다.

그런데 중요한 것은 예수님의 계명을 지킬 때 예수님을 사랑하는 자라고 드러나는 것은 분명합니다. 아무리 말로 예수님을 사랑한다고 해도, 아무리 예수님의 계명이 자기 속에 들어 있다고 우겨도 계명을 지키지 않으면 예수님을 사랑하지 않는 자요, 예수님의 계명이 그 속에 없다는 것을 증명할 뿐입니다. 그래서 성경을 좀 보고, 교회를 다니면서 예수님을 믿는다고 하는 사람들은 이 말씀대로 예수님의 계명을 지키려고 애를 씁니다. 예수님의 계명은 딱 하나입니다. "서로 사랑하라"입니다. 그래서 사람들은 타인을 사랑하려고 애를 쓰고 사랑하는 표를 나타냅니다.

그런데 그것이 사랑일까요?

예수님이 말씀하시는 사랑은 자신의 목숨을 대속물로 내어 주신 사랑을 말씀합니다. 하나님이 자신의 아들을 내어 주신 사랑입니다. 그래서 예수님의 계명은 근본적으로 인간이 지킬 수 없는 계명입니다. 그럼에도 사람들은 이 계명을 지키려고 노력합니다.

또 한 가지는 "서로 사랑하라"는 계명을 지켰다는 것을 누가 판단해야 합니까?

주님이 판단하셔야 합니다. 그런데 사람들은 자신이 계명을 지켰다고 판단합니다. 사람들끼리 서로 사랑했다고 아무리 판단해도 그 판단이 주님의 판단과 일치한다는 보장은 없습니다.

주님의 인정이 없음에도 불구하고 목사가 인정하면 함께 교회 다니는 교인이 인정하면 된다는 겁니다. 그러니 이들은 예수님의 계명을 소유한 적도 없고 그 계명을 지킨 적도 없는 자들입니다.

그 근거가 무엇이냐면 십자가입니다. 성령 받은 사도 바울은 십자가 외에는 자랑할 것이 없다고 합니다.

21절 하반절 말씀을 보겠습니다.

> 나를 사랑하는 자는 내 아버지께 사랑을 받을 것이요 나도 그를 사랑하여 그에게 나를 나타내리라.

예수님을 사랑하는 자, 곧 예수님의 계명을 가지고 지키는 자는 아버지의 사랑을 받고, 예수님도 그를 사랑하여 그에게 예수님을 나타내리라고 하셨습니다. 그래서 사람들은 이렇게 이해합니다. "내가 계명을 지켰으니 아버지께서 나를 사랑하시고, 예수님도 나를 사랑 하셨다. 그 사랑의 증거가 바로 나의 현재 모습이다"라고 말입니다.

그러나 오늘 본문의 실제는 스데반 집사님을 통해 가장 명확히 드러납니다. 대제사장과 함께한 자들에게 저주 받을 이유를 이스라엘 전 역사를 걸쳐 설교를 하니 대제사장과 함께한 자들이 이를 갈았습니다. 이런 상황에서 스데반은 성령이 충만하여 하늘을 우러러 주목하여 예수께서 하나님 우편에 서신 것을 보고 말하되 보라 하늘이 열리고 인자가 하나님 우편에 서신 것을 보노라고 합니다.

사실 이러한 설교 내용은 이미 앞서 열두 사도가 전한 복음과 동일합니다. 그러자 저들이 스데반을 성 밖에 내치고 돌로 쳐 죽입니다. 이런 상황에서도 스데반이 부르짖습니다. 만일 부르짖는 내용이 기록되지 않았다면 사람들은 이 원수를 갚아 달라고 부르짖었다고 생각할 겁니다.

그런데 이렇게 부르짖습니다.

> 주 예수여 내 영혼을 받으시옵소서 하고 무릎을 꿇고 크게 불러 가로되 주여 이 죄를 저들에게 돌리지 마옵소서 (행 7:59-60).

그러니 저주받을 이유를 말한 것은 저들이 저주받는 것이 고소하다고 생각해서 설교한 것이 아닙니다. 사랑입니다. 이 말을 하고 잠들었습니다. 주님은 이렇게 자기 백성에게 성령을 주셔서 주님의 말씀이 드러나는 현장으로 사용합니다.

♣ 우리와 세상

> 요 14:22
>
> 가룟이 아닌 유다가 가로되 주여 어찌하여 자기를 우리에게는 나타내시고 세상에게는 아니하려하시나이까?

이런 질문을 하는 이유는 자신들이 기대하는 메시야와 다르게 말씀하기 때문입니다. 자기들에게만 나타내시고 세상에는 나타내지 않는다면 자신들은 아무것도 되지 않습니다.

세상에도 나타내 주셔야 자신들이 그들로부터 주목도 받고, 영광도 받고, 그들을 다스릴 수도 있을 것 아닙니까?

그런데 예수님은 세상에게는 나타내지 않으시고 자신들에게 나타내시겠다는 겁니다. 예수님을 믿는다고 하는 많은 사람이 이러한 마음을 품고 있습니다. 그래서 자신이 복음을 전하면 세상이 알아주기를 바랍니다. 자신에게는 구원하시는 주님으로 나타나셨지만, 세상에는 심판하시는 주님으로 나타나 주시기를 바라는 겁니다.

그뿐만 아니라 자신에게 나타나신 예수님을 세상 사람들이 다 알기를 바랍니다. 그래서 자신이 하는 능력이나 행위를 통해 예수님이 자신에게 나타나셨다는 것을 증거하고 싶어 하는 겁니다. 이상한 것은 세상이 그 사람의 행위나 능력을 보고 예수님을 믿겠다고 한다는 겁니다. 세상에는 나타내시지 않고 성도에게만 예수님 자신을 나타내셨다면 세상은 그 무엇을 보고 경험하더라도 예수님을 믿을 수 없습니다.

예수님이 나타내 주시지 않았는데 어떻게 예수님을 믿을 수 있습니까?

가룟이 아닌 유다는 십자가 지신 예수님이 하나님의 오른편에 앉아 친히 심판하시는 심판주를 증거하시기 위해서 예수님 자신을 나타낼 자와 세상을 구별하심을 알지 못하는 겁니다. 가룟 유다를 제외한 제자들에게 예수님이 나타내시겠다는 말씀의 의미를 이들은 오해하는 겁니다. 예수님은 십자가 증인 삼기 위해 예수님이 이들에게 자신을 나타내시겠다는 것입니다. 그런데 이들은 다른 꿍꿍이를 갖고 있는 겁니다. 세상에게도 예수님을 나타내셔야 자신들이 영광 받을 수 있기 때문입니다.

오늘날 교회를 보게 되면 모든 영광을 누가 받고 있습니까?
목사입니까?
아니면 교회입니까?
아니면 그 교회를 다니는 자신입니까?

그 어디에도 십자가 자랑은 찾아볼 수 없습니다. 세상 사람들 앞에 구원 받은 자신들을 마음껏 자랑합니다. 이와 달리 자기 영광을 꿈꾸고 자기 구원만을 갈망하는 자는 가룟이 아닌 유다처럼 생각합니다. 자기에게만 나타나게 해 달라고 말입니다. 앞서 말씀드린 것과 상반된 이야기입니다. 이것 역시 자기 구원만 챙기겠다는 겁니다.

또 다른 보혜사를 주시게 되면 이들은 보혜사의 인도를 따라 살게 됩니다. 자기를 위한 삶은 없습니다. 무엇을 하더라도 하나님께 영광을 돌리는 삶이 됩니다. 그러니 세상 사람들로부터 미운털이 박힙니다.

> 무릇 육체의 모양을 내려 하는 자들이 억지로 너희로 할례 받게 함은 저희가 그리스도의 십자가를 인하여 핍박을 면하려 함뿐이라 (갈 6:12).

그리스도의 십자가를 인하여 핍박을 면하려고 하는 자들이 가득합니다. 십자가 때문에 받는 박해를 면하기 위해 묵언수행을 하는 자들이 한둘이 아닙니다. 이들은 귀만 열어 놓습니다. 그래서 십자가 복음을 듣는 것은 열심입니다. 그러나 입을 꼭 다물어 버립니다. 물론 그 입은 돈 버는데, 자기 즐거움을 위해 떠드는 데는 열심입니다.

그래서 가룟이 아닌 유다랑 달리 이렇게 말합니다.

"주님 당신을 세상에게는 나타내시지 않고 나에게만 당신을 나타내심을 감사합니다."

이런 사람들은 타인의 시선엔 관심이 없습니다. 오로지 자기 구원에만 관심 있습니다. 진리를 안 이후로는 오로지 자신을 위해서만 삽니다.

주님은 십자가를 통해 자신을 증거합니다. 십자가를 통해 자신을 증거하신다는 것은 곧 주님이 친히 지금도 자기 증거를 하신다는 말입니다. 물론 자기 백성의 육을 통해서 말입니다. 가룟이 아닌 유다처럼 막 질문하면 죄가 드러나면서 십자가를 자랑하는 자가 될 터인데 자기 관리를 합니다. 그래서 십자가 복음에 대해 귀는 열어 놓고 입은 닫아 버립니다.

♣ 예수님의 대답

> 요 14:23
>
> 예수께서 대답하여 가라사대 사람이 나를 사랑하면 내 말을 지키리니 내 아버지께서 저를 사랑하실 것이요 우리가 저에게 와서 거처를 저와 함께하리라.

"주여 어찌하여 우리에게는 나타내시고 세상에게는 아니 하려 하시나이까"라는 가룟이 아닌 유다의 질문에 대한 답변으로 어떻습니까?

서로 일방통행 한다는 느낌이 들지 않습니까?

너희들에게만 나타내고 세상에게는 나타내지 않는 이유는 이러이러하다고 하셔야 하면 우리들이나 질문자가 이해하기 쉬울 겁니다. 그런데 예수님의 답변은 질문자가 도무지 이해할 수 없는 말씀입니다. 십자가 지신 주님이 성령을 주신 자들에게만 일어나는 현상을 말씀합니다. 성령 받지 않으면 육적인 해석으로밖에 해석할 수 없는 말씀을 하십니다.

"예수님을 사랑하면 예수님의 말씀을 지켜야 한다. 그러면 아버지께서 나를 사랑하시고 예수님도 와서 거처를 나와 함께하실 것이다."

이런 식으로 해석할 수밖에 없습니다. 자기 구원 중심으로 이해하는 자들은 예수님의 말씀을 이렇게밖에 이해할 수 없습니다. 육으로 났기 때문에 육으로 해석할 수밖에 없습니다. 사람들은 자기 구원 중심이기 때문에 하나님 아버지께서, 예수님이 자기에게 와서 함께 살기를 바랍니다.

아버지와 예수님과 함께 사는 삶이라면 기대해도 좋지 않을까요?

그래서 사람들은 예수님을 사랑하려고 하고 예수님의 말씀을 지키려고 합니다. 자기 영광 받고 싶다는 겁니다. 이런 자들로부터는 자기 부인이 나올 수가 없습니다. 십자가 복음은 이런 자들을 발광케 만듭니다. 자기를 부인케 만드는 십자가 앞에서 두 눈을 감아 버리고, 두 손으로 귀를 막습니다. 이들은 십자가 복음을 전하는 자를 "미친 자"(행 26:24)로 봅니다.

가룟이 아닌 유다와 예수님의 소통이 불가 하듯이 성령 받은 자와 받지 못한 자의 소통도 불가능합니다.

♣ 예수님의 말씀이 아버지의 말씀

> 요 14:24
>
> 나를 사랑하지 아니하는 자는 내 말을 지키지 아니하나니 너희의 듣는 말은 내 말이 아니요 나를 보내신 아버지의 말씀이니라.

예수님을 사랑하지 않는 자는 예수님의 말씀을 지키지 않습니다. 그런데 문제는 예수님을 사랑할 능력이 인간에게 있느냐는 겁니다.

출애굽기 10:1입니다.

여호와께서 모세에게 이르시되 바로에게로 들어가라 내가 그의 마음과 그 신하들의 마음을 완강케 함은 나의 표징을 그들 중에 보이기 위함이며.

바로왕의 마음이 강퍅한 원인이 여호와께 있습니다.
로마서 9:17-18에서는 이렇게 말씀합니다.

성경이 바로에게 이르시되 내가 이 일을 위하여 너를 세웠으니 곧 너로 말미암아 내 능력을 보이고 내 이름이 온 땅에 전파되게 하려 함이로라 하셨으니 그런즉 하나님께서 하고자 하는 자를 긍휼히 여기시고 하고자 하시는 자를 강퍅케 하시느니라.

여호와의 이름으로 오신 분이 예수님입니다. 예수님이 하신 일이 바로 이 일입니다. 물론 이 일은 십자가로 예수님이 행하신 일입니다. 따라서 예수님을 사랑하지 않는 자는 예수님의 말씀을 지키지 않는다는 말씀은 곧 십자가의 능력이 역사 속에서 드러나는 현상을 두고 하시는 말씀입니다.

예수님의 말씀은 심판주의 말씀입니다. 예수님의 말씀은 성령 받은 사도들이나 성도들에 의해 증거 됩니다. 그래서 십자가 복음이 증거 되는 곳에서는 예수님 사랑하는 자와 예수님을 사랑하지 않는 현장이 됩니다.

오늘 본문은 예수님의 말씀이 예수님을 보내신 아버지의 말씀임을 믿으라고 하신 말씀이 아닙니다. 성령 받지 못한 인간들은 자신이 믿는 방식 외에는 아는 것이 없습니다. 그러니 그 믿음이 그 인생을 끌고 가지 못하는 겁니다. 믿는 자신이 그 믿음을 유지 보수하는 겁니다. 그러나 유지 보수를 한다고 해도 세상과 벗 된 것이 드러나지 않을 수 없습니다.

세상과 벗 된 것이 하나님과 원수가 된다는 야고보서의 말씀이 이들에겐 들리지 않습니다.

그래서 믿음은 믿음대로 갖고 있으면서 천국을 확보하고, 세상의 벗이 되어 살아가는 겁니다. 이들의 모든 관심은 이 세상이 어떻게 돌아가는가에 있습니다. 내 가정이, 내 자식이, 내 민족이, 내 나라가, 이 지구가 어떻게 될

까를 염려하면서 독수리 오 형제처럼 온갖 염려를 합니다. 세상과 벗이 되었다는 말은 관심이 세상에 있다는 말입니다. 모든 마음이 세상에서 일어나는 일에 다 빼앗겨 버립니다. 요즘처럼 정보가 발달한 사회에서는 더 그렇습니다. 불로 타 없어질 세상을 얼마나 아끼고 사랑하는지 모릅니다.

예수님을 사랑하는 마음이 없습니다. 그러니 서로 사랑할 마음이 없는 겁니다. 세상을 사랑하는 마음만 가득합니다. 자신만 사랑합니다. 그러니 그 마음은 세상 근심으로 가득 차 있는 겁니다.

> 하나님의 뜻대로 하는 근심은 후회할 것이 없는 구원에 이르게 하는 회개를 이루는 것이요 세상근심은 사망을 이루는 것이니라 (고후 7:10).

세상과 벗이 되어 살아가니 세상 근심으로 가득한 겁니다. 그러나 하나님의 뜻대로 하는 금심은 후회할 것이 없는 구원에 이르게 하는 회개를 이룹니다. 말씀을 통해 십자가와 만나야 하는데 사람들은 자기를 사랑하기 때문에 세상과 벗이 되고자 하는 겁니다. 이런 자들은 간음하는 여자요 우상 숭배자입니다.

♣ 예수님과 성령

> 요 14:25-26
>
> 내가 아직 너희와 함께 있어서 이 말을 너희에게 하였거니와 보혜사 곧 아버지께서 내 이름으로 보내실 성령 그가 너희에게 모든 것을 가르치시고 내가 너희에게 말한 모든 것을 생각나게 하시리라.

십자가 지시기까지 예수님이 '너희'를 가르쳤습니다. 그런데 예수님이 십자가에 달려 죽으시고 부활하셔서 주님 되신 예수님이 성령을 아버지께로부터 받아서 '너희'에게 부어 주셨습니다. 이렇게 되면 성령께서 모든 것을 가르치신다는 것과 예수님이 '너희'에게 말한 모든 것을 생각나게 하실 것이라는 말씀의 의미는 분명해집니다.

인자가 하늘로 들리기 전에 예수님이 가르치신 모든 말씀은 그 어느 누구도 배우지 못했습니다. 달리 말하면 예수님의 말씀을 하나도 알아듣지 못했습니다. 삼 년 동안 예수님과 동행하면서 예수님의 가르침을 듣고 보고 배웠지만 그러한 예수님과의 동행이 귀머거리요 소경임을 드러내는 동행이었습니다.

그러나 십자가에 달려 죽으시고 부활하신 주님이 보내 주신 성령을 받게 되면 비로소 이러한 사실을 알게 됩니다. 본인이 심판주를 십자가에 못 박아 죽인 죄인임을 알게 됩니다. 그리고 예수님이 공생애 기간 말씀하신 모든 것을 생각나게 하시는데 그 모든 말씀이 십자가를 증거하는 말씀임을 알게 됩니다.

이렇게 되면 사람들은 성령을 받게 되면 모든 것을 가르침 받고 예수님이 제자들에게 하신 말씀을 다 기억나게 하실 것이라 생각합니다. 그래서 이 말씀을 믿습니다. 오늘날 교회가 예수님을 믿는 방식이 대부분 이런 식입니다. 대부분이라고 했지만 사실은 모두가 다 이런 식입니다.

왜냐하면 오늘 본문 말씀은 성령 받은 자만이 주님과 동행한다는 말씀을 하시는 겁니다. 공생애 기간이 성도 속에서 반복된다는 말씀입니다. 십자가 지신 예수님이 주님으로 살아 계셔서 친히 성령을 주신 자들과 동행한다는 말씀입니다. 동행이라는 말은 항상 동시성이라는 말입니다. 달리 표현하면 항상 지금 주님이 동행하고 계신 겁니다.

예수님이 제자들과 동행하시면서 가르치실 때 과거에 그렇게 동행하면서 가르쳤습니까?

언제나 예수님이 함께하셨습니다. 이처럼 주님이 자기 백성에게 성령을 주시게 되면 주님이 그와 동행하십니다. 동행하신다는 것은 십자가 사건과 마주한다는 말입니다. 왜냐하면, 성령께서는 십자가로 책망하시는 분이기 때문입니다.

제자들은 예수님과 동행할 때 예수님 앞에서 자신들의 주제를 파악하지 못했습니다. 물론 베드로는 이렇게 말한 경우도 있었습니다.

"주여 나를 떠나소서 나는 죄인이로소이다."

그러나 이 고백은 십자가 지신 주님과 마주한 것이 아니라 여호와의 능력과 마주하여 나온 겁니다. 물론 이것이 성령을 받게 되면 십자가 지신 주님과 마주한 일로 바뀝니다.

그러나 제자들 그 어느 누구도 예수님 앞에 죄인 중 괴수로 드러나는 자는 없었습니다. 그러나 성령을 받게 되니 주님과의 동행이 죄인 중 괴수로 동행하는 동행이었고, 십자가 피로 용서한 그 사랑이 덮쳐진 동행이었음을 알게 됩니다. 알게 된다는 것도 언제나 지금입니다.

그래서 공생애 기간 예수님이 제자들을 이끌고 다녔듯이 성령께서 사도들을 이끄십니다. 그래서 성령의 인도하심이 없는 사람은 그리스도의 사람이 아닙니다. 성령의 인도하심이 있다는 말은 곧 주님과 동행하는 자요, 십자가 사건의 반복 속에 살아가는 자입니다.

성령이 없는 자들은 언제나 성경을 보면서 믿으려고 하고, 그 믿은 믿음을 붙들려고 하고, 자신이 아는 진리의 내용을 근거로 자신이 신앙 있음을 내세우려고 합니다. 그래시 이들이 자랑하는 것은 자신의 믿음이요, 자신이 파악한 진리의 내용입니다. 이런 자들로부터는 결코 십자가 자랑을 찾아볼 수 없습니다. 왜냐하면, 주님과 하나가 된 것이 아니라 둘로 살아가기 때문입니다.

♣ 예수님 이름으로 보내실 성령

> 요 14:26
>
> 보혜사 곧 아버지께서 내 이름으로 보내실 성령 그가 너희에게 모든 것을 가르치시고 내가 너희에게 말한 모든 것을 생각나게 하시리라.

성령은 아버지께서 예수님 이름으로 보내실 성령입니다. 물론 예수님이 죽으시고 부활하신 후 주님이 되셔서 아버지에게서 받아서 보내신 성령입니다. 따라서 성령은 예수님 이름을 증거합니다.

그렇다면 예수님 이름이란 무엇을 의미할까요?

> 아들을 낳으리니 이름을 예수라 하라 이는 그가 자기 백성을 저희 죄에서 구원할 자이심이라 하니라 이 모든 일의 된 것은 주께서 선지자로 하신 말씀을 이루려 하심이니 가라사대 보라 처녀가 잉태하여 아들을 낳을 것이요 그 이름은 임마누엘이라 하리라 하셨으니 이를 번역한즉 하나님이 우리와 함께 함이라 (마 1:21-23).

여호와께서 이사야 선지자를 아하스왕에게 보내어 이렇게 말씀합니다. "네 여호와께 한 징조를 구하되 깊은 데서든지 높은 데서든지 구하라."

그러자 아하스는 징조를 구하지 않겠다고 하면서 여호와를 시험치 않겠다고 합니다. 앞서 아람왕 르신과 북이스라엘의 르말리아왕의 아들 베가 연합군이 예루살렘을 쳤습니다. 그러나 예루살렘을 이기지 못했습니다. 이 상황이 다윗의 집, 곧 아하스왕에게 이 소식이 전해졌습니다. 그러자 왕과 백성의 마음이 삼림이 바람에 흔들림같이 흔들렸습니다.

마치 여호수아가 보낸 정탐꾼을 만난 라합이 말한 것과 같습니다.

> 우리가 듣자 곧 마음이 녹았고 너희의 연고로 사람이 정신을 잃었나니 너희 하나님 여호와는 상천하지에 하나님이시니라 (수 2:11).

아하스왕과 백성들이 지금 이런 상태입니다. 그런데 그 상대가 여호와 하나님이 아니라 아람왕 르신과 북이스라엘 왕 베가 연합군입니다.

이런 상황에서 이사야 선지자가 그들의 도모가 서지 못하고 이루지 못할 것이라고 합니다. 그뿐만 아니라 65년 내에 에브라임, 곧 북이스라엘이 패하여 다시는 나라를 이루지 못 하리라고 말했습니다. 그러면서 하는 말씀이 "만일 너희가 믿지 아니하면 정녕히 굳게 서지 못하리라"고 하셨습니다. 그리고 난 후 이사야 선지자가 이 말씀대로 되는 것을 믿는다면 한 징조를 구하라고 합니다. 우리 같으면 믿고 징조를 구할 것이라 생각합니다.

그러나 그것이 그렇게 간단한 것이 아닙니다. 우리같이 약삭빠른 자들은 믿어 놓고, 징조를 구해 놓고 징조가 보이면 믿으면 되지 않겠느냐고 할 겁니다. 히스기야왕은 오히려 징조가 있느냐고 묻습니다(왕하 20:8). 이사야 38:7에서는 십오 년 더 살 것이라는 징조를 히스기야왕에서 보여줍니다.

아하스왕에게도 미리 보여 주시면 안 될까요?

안 됩니다. 그 이유는 징조 때문입니다. 아하스왕이 징조를 구하지 않겠다고 하니 주께서 친히 징조를 주십니다.

> 보라 처녀가 잉태하여 아들을 낳을 것이요 그 이름을 임마누엘이라 하리라 (사 7:14).

하나님이 우리와 함께하신다는 의미는 이사야 8:9-18에 잘 나타나 있습니다. 만군의 여호와께서 거룩한 피할 곳이 되는 자들이 있습니다. 그러나 이스라엘의 두 집에는 거치는 돌, 걸리는 반석이 되실 것이며 예루살렘 거민에게는 함정 올무가 되시며 많은 사람이 그로 인하여 거칠 것이며 넘어질 것이며 부러질 것이며 걸릴 것이며 잡힐 것입니다.

마태복음 1장에서 처녀가 낳은 아들의 이름이 임마누엘이 아니라 예수라 하셨습니다. 그 의미는 자기 백성을 저희 죄에서 구원할 자이심이라고 하면서 이것이 곧 임마누엘을 이루려 하심이라 합니다.

십자가로 자기 백성을 저희 죄에서 구원하십니다. 그뿐만 아니라 그 십자가는 거치는 돌과 걸리는 반석이 됩니다. 이런 현상이 곧 하나님이 우리와 함께하시는 현장이 됩니다. 사도행전을 보게 되면 사도들이나 바울, 스데반 집사님이 복음을 전하는 현장이 됩니다.

성령을 예수님의 이름으로 오시는 분이라고 하셨음에도 불구하고 성령을 자기 구원 욕구를 위한 분으로 생각하는 자들에게 십자가는 걸리는 돌과 거치는 반석으로 작용합니다. 이들은 표적과 지혜를 구합니다. 따라서 이들에게 십자가는 거리끼고 미련합니다. 그러나 부르심을 입은 자들에게는 십자가가 하나님의 지혜입니다. 십자가의 말씀이 구원을 얻는 우리에게는 하나님의 능력입니다.

♣ 두 종류의 평안

> 요 14:27
>
> 평안을 너희에게 끼치노니 곧 나의 평안을 너희에게 주노라 내가 너희에게 주는 것은 세상이 주는 것 같지 아니하니라 너희는 마음에 근심도 말고 두려워하지도 말라.

예수 믿는 많은 사람이 이런 말을 합니다. 자신은 예수님을 믿기 전에는 불안감에 떨었는데 예수님을 믿은 후로는 평안한 삶을 살고 있다고 합니다. 아니면 기도하고 나면 마음에 평안을 얻는다고 하고, 찬송하거나 성경책을 읽고 나면 평안을 얻는다고 합니다. 심지어 어떤 사람은 밤에 평안하게 잠을 이룰 수 없어서 성경책을 머리맡에 두고 자면 평안한 잠을 잔다고 합니다. 아니면 십자가를 자는 방 안에 걸어 놓으니 자는 가운데서도 평안을 누릴 수 있다고 합니다.

그런데 과연 그 평안이 언제까지 갑니까?

그뿐만 아니라 오늘 예수님이 주시는 평안은 세상이 주는 평안과 다르다고 하셨습니다. 그렇다면 우린 먼저 세상이 주는 평안에 대해 알아야 하겠지요. 사실 알 필요가 없습니다.

내가 생각하는 모든 평안이 곧 세상이 주는 평안입니다. 잠을 편하게 잔다거나, 사업이 잘되거나, 자녀가 부모 말에 순종 잘하거나, 아내와 남편이 싸우지 않거나, 집에 돈이 떨어지지 않거나, 집안에 우환이 생기기 않으면 평안하다고 생각합니다. 여러분이 생각하는 평안을 다 끄집어내 보시기 바랍니다. 그렇게 평안을 끄집어내어 놓고, 이런 평안을 예수님이 주신 것이 아니라는 말씀에 대입시켜 보시기 바랍니다. 그러니 우린 악마가 제공하는 그 평안을 꿈꾸고 있고, 그 평안이 내 안에 차고 넘치기를 바랍니다.

그러나 악마가 조작한 그 평안을 가진다고 과연 평안이 될까요?

이미 몸 자체가 육입니다. 육을 가진 상태에서 평안은 근본적으로 불가능합니다. 더욱더 중요한 것은 예수님이 주시는 평안은 언제나 현재입니다. 그래서 잠시라도 걱정이나 근심이 있으면 예수님이 주시는 평안이 없다는 증거가 됩니다.

그런데 인간이 무슨 수로 마음에 근심과 걱정 없이 살 수 있을까요?

무슨 수로 세상이 주는 평안이 아닌 평안을 바랄까요?

육에 속한 자들이 알고 원하는 평안은 마귀가 주는 평안밖에 없습니다.

그런데 예수님이 십자가에 달려 죽으시고 부활하셔서 하나님 우편에 오르시면서 자기 백성에게 남겨 주신 평안은 이 세상이 주는 평안과 전혀 다른 평안입니다. 이 평안은 영원합니다. 달리 표현하면 항상 현재입니다. 그러나 성령을 받지 못한 자들은 이 평안을 자신이 이루어 내려고 합니다. 자신이 유지하려고 합니다.

그러나 성령을 받은 자는 이미 평안 속에 삽니다. 자신이 어떤 형편이나 상태에 있더라도 주님이 주신 평안 속에 있습니다.

> 누가 우리를 그리스도의 사랑에서 끊으리요 환난이나 곤고나 핍박이나 기근이나 적신이나 위험이나 칼이랴 (롬 8:35).

'환난을 당하고 있습니다. 끔찍한 재앙 속에 있습니다. 다 빼앗겼고, 모든 사람의 웃음거리가 되었습니다. 목숨이 위험에 처했습니다. 칼에 죽게 되었습니다. 집안에 돈이 하나도 없습니다.'

이런 상태가 과연 평안입니까?

어느 누가 이런 상황에 처한 현실이 주님이 주신 평안 가운데 있다고 하겠습니까?

인간들은 이런 상황에서 벗어나고 싶어 합니다. 그래서 평안을 얻고 싶어 합니다. 아니면 이런 상황 속에서도 마음의 평안을 얻고 싶어 합니다. 마치 바울과 실라가 빌립보 감옥에 갇혀서도 기도하고 하나님을 찬미하는 것처럼, 매를 맞아도 기도하고, 찬송이 절로 나와야 된다고 생각합니다. 그렇게 된다면 결국 내가 평안을 느낄 때만이 평안하다가 됩니다.

그러나 이미 성도는 그리스도 안에 있습니다. 그러니 성도가 어떤 형편, 어떤 상황에 있더라도 이미 주님이 주시는 평안으로 사는 삶입니다. 왜냐하면, 성도는 이미 그 안에 그리스도께서 살고 계시고, 그리스도의 영이 성도를 인도하기 때문입니다.

성령의 인도함이 없기 때문에 인간들은 주님이 주신다는 평안을 갈망하는 겁니다. 물론 그 평안은 세상이 주는 평안입니다. 성령의 인도하심을 받고 사는 성도는 자신이 어떻게 되든지 이미 주님의 십자가로 주신 평안으로 삽니다. 그러니 어떤 일을 당해도 그리스도의 사랑입니다.

내가 평안해야하고, 나는 평안하다고 주장하는 자들은 십자가를 자기 평안을 위한 도구로 생각할 뿐입니다. 그러나 십자가 속에 들어간 자는 자신의 일생이 십자가 피로 주어지는 평안으로 살아가는 삶임을 압니다. 따라서 자신의 움직임은 곧 십자가 피로 주신 평안을 증거하는 움직임이 됩니다.

♣ 근심과 두려움

> 요 14:27 하
>
> 너희는 마음에 근심도 말고 두려워하지도 말라.

사람들은 각자 근심과 두려움 속에 살아갑니다. 근심이라는 단어는 마음의 동요, 곧 불안을 말합니다. 두려움은 겁이 나서 나타나는 현상입니다. 지금 본문은 제자들이 예수님이 가신는 길을 따라 올 수 없다고 하니 겁이 났을 겁니다.

그런데 제자들에게 불안과 두려움이 왜 생길까요?

참으로 희한하지 않습니까?

우리도 가끔 이런 경험을 하지요. 마음의 불안, 두려움 말입니다. 두려움은 주로 여름에 개봉하는 괴기영화나 공포영화를 보면 많이 나타나는 현상입니다. 아니면 나라꼴이 어지러워 혹 대한민국이 공산화 되지 않을까 하는 두려움도 있습니다.

불안이라는 것은 우리가 예상하지 못하고, 원하시 않았는데 덮치는 현상입니다. 두려움은 외부적 요인으로 인해 생기는 것이라면 불안은 내부에서 일어나는 현상인데 이것은 원인도 없습니다. 제가 아는 어떤 분은 돈도 많고, 집도 많고, 자녀들도 그럭저럭 속 썩이지 않고 잘 삽니다. 누가 봐도 불안할 것이 없는 사람입니다. 그런데 그냥 불안합니다. 옆에서 아무리 근심하지 말라고 해도 들리지 않습니다.

첫째 아담 안에 있는 자들이 왜 불안과 두려움에 사로잡힐까요?

그 이유는 마귀 때문입니다. 근본적으로는 죽기를 무서워하기 때문에 불안하고 두렵습니다. 시체에게 "불안합니까", "두렵습니까"라고 물어봅시다.

그러면 뭐라고 대답할까요?

주님과 함께 죽은 자가 성도입니다. 산자는 그 안에 그리스도께서 사시기 때문에 산자라고 하는 겁니다. 그렇다면 성도는 이 세상에서 죽은 자입니다. 주님과 함께 죽었기 때문에 불안과 두려움이 사라지는 겁니다. 주님과 함께 죽지 않고 가짜로 죽었다고 하고, 주님과 함께 살아났다고 하는 자들은 그 일생이 불안과 두려움 속에서만 살아갑니다.

죽기를 무서워하므로 일생에 매여 종노릇 하는 모든 자를 놓아 주기 위해 예수님이 육신을 입고 이 땅에 오셨습니다. 예수님이 십자가에 달려 죽으시고 영원한 대제사장이 되셨습니다. 그래서 믿음의 선진들이 죽음에 대한 두려움이 없는 겁니다.

> 그러므로 예수도 자기 피로써 백성을 거룩케 하려고 성문 밖에서 고난을 받으셨느니라 그런즉 우리는 그 능욕(비난, 치욕)을 지고 영문 밖으로 그에게 나아가자 (히 13:12-13).

주님이 우리에게 마치 문둥병자가 능욕을 받으면서 진 밖으로 나간 것처럼 온 세상의 치욕을 계속 받으면서 진 밖으로 나가자고 합니다. 말씀 속에 휘말린 성도들의 겁 없는 행보입니다.

오늘 가깝지 않는 곳을 방문했는데 우연히 어떤 분과 잠시 이야기를 나눌 시간이 있었습니다. 그분이 이런 질문을 했습니다. 때가 가까왔다는 의미가 뭐냐고 말입니다.

> 이 예언의 말씀을 읽는 자와 듣는 자들과 그 가운데 기록한 것을 지키는 자들이 복이 있나니 때가 가까움이라 (계 1:3).

많은 거짓 선지자들이 이 본문을 갖고 사람들을 겁박하면서 그들이 가진 것들을 뺏고, 행위를 요구합니다. 여기에 순종하는 자들은 두려움으로 살아가거나 아니면 자신의 행위를 자랑합니다. 행위를 자랑한다는 말은 곧 두려움 속에 사로 잡혀 산다는 겁니다.

바리새인들이 오죽하면 율법의 의로는 흠이 없는 모습으로 살았을까요? 이들은 다음 말씀에 해당 사항이 없는 사람입니다.

> 그 불법을 사하심을 받고 그 죄를 가리우심을 받는 자는 복이 있고 주께서 그 죄를 인정치 아니하실 사람은 복이 있도다 (롬 4:7-8).

일을 아니 할찌라도 경건치 아니한 자를 의롭다고 하시는 이를 믿지 않는 겁니다. 주님의 명령은 우리에게 지키라고 주신 명령이 아닙니다. 주님의 말씀은 주님이 친히 이루십니다. 그 말씀 속으로 자기 백성을 끌고 들어가십니다. 근심과 두려움으로 사는 것이 아니라 십자가 자랑하기 바쁩니다.

♣ 예수님보다 크신 아버지

> 요 14:28
>
> 내가 갔다가 너희에게로 온다 하는 말을 너희가 들었나니 나를 사랑하였더면 나의 아버지께로 감을 기뻐하였으리라 아버지는 나보다 크심이니라.

주님의 말씀은 주님의 십자가로 다 이루십니다. 그러나 이러한 사실을 믿는다고 해서 예수님의 말씀이 그의 소유가 되는 것은 아닙니다.

많은 사람이 이 말씀을 매혹적으로 느낍니다. 왜냐하면, "아버지는 나보다 크심이니라"라는 말씀이 자신들이 생각하는 하나님 상에 적합하기 때문입니다. 고린도전서 15:24를 보면, 이런 말씀이 나옵니다.

> 그 후에는 나중이니 저가 모든 정사와 모든 권세와 능력을 멸하시고 나라를 아버지 하나님께 바칠 때라.

그래서 사람들은 예수님의 주 되심이 영원한 것이 아니라 주의 자리를 아버지께 바친다고 생각합니다. 이렇게 생각하는 것이 이 세상에 살고 있는 인간들의 본성입니다. 그런데 문제는 그 아버지가 누구냐는 겁니다. 지금까지 요한복음을 제대로 읽어 왔다면 그렇게 설정하는 아버지가 우상 하나님이 된다는 사실을 알 겁니다.

그런데 사람들은 이 말씀을 근거로 다시 아버지 하나님을 만들고 있습니다. 십자가 지신 예수님의 아버지가 아니라 십자가와 관련 없는 아버지 하나님을 믿습니다. 그래서 목사들이 예수님과 십자가를 조금만 언급하다가 하나님께로 모든 중심을 옮기는 겁니다. 이단이라고 하는 집단이든지 정통이라고 하든지 그들 입에서 나오는 것은 십자가가 아니라 하나님입니다. 그들은 하나님을 믿는다고 합니다. 그러니 사람들이 환영하는 겁니다. 왜냐하면, 하나님은 나를 위한 하나님이기 때문입니다.

예수님이 오늘 본문에서 하시는 말씀 중 아버지는 나보다 크심이라는 말씀의 의미는 본래 주의 자리가 아버지 하나님의 자리였는데 십자가 지시고 부활 승천하시면 그 주의 자리에 예수님이 오르신다는 말씀입니다. 이런 차원에서 내 아버지는 나보다 크심이라는 의미입니다.

그러나 대부분의 사람들은 이 말씀을 이렇게 보는 것이 아니라 성부 아버지가 가장 크고, 그다음 성자 하나님이라 생각합니다. 물론 동일하다고 자기들이 아무리 우겨도 하나를 중히 여기면 하나를 가볍게 여기게 되는 것이 인간의 마음입니다. 그래서 이들이 하나님을 믿는 겁니다.

성령 받은 제자들은 십자가에 못 박히신 예수님을 주님으로 믿고 전합니다. 이들은 주님의 증인이지 하나님의 증인이 아닙니다. 성령도 마찬가지입니다. 또 다른 보혜사를 보내 주시면 그 보혜사는 예수님의 이름으로 아버지께서 보내신 보혜사이기 때문에 공생애 동안 활동하신 그 예수님의 활동을 그대로 하게 됩니다.

예수님을 사랑 하였더면 나의 아버지께로 감을 기뻐하였으리라고 하셨습니다. 그러나 이 말씀은 성령을 받은 자들만이 '아멘' 하는 말씀입니다.

그런데 사람들은 예수님을 다시 이 땅으로 끌어 내리려고 합니다. 이것은 왜 그러냐면 성령이 없기 때문에 기쁨이 없습니다. 죄인으로 드러나면서 십자가로 인한 기쁨과 감사가 없습니다. 예수님이 아버지께로 가셨다는 말씀은 곧 그분이 주님이 되셨을 그뿐만 아니라 우리도 그리스도와 함께 하나님 안에 감추었기 때문입니다(골 3:3). 정말 놀라운 일입니다.

> 예수께서 가라사대 내가 진실로 너희에게 이르노니 세상이 새롭게 되어 인자가 자기 영광의 보좌에 앉을 때에 나를 좇는 너희도 열 두 보좌에 앉아 이스라엘 열 두 지파를 심판하리라(마 19:28).

그리스도의 고난에 참예한 모습이 바로 이 말씀의 현장입니다.

사람들의 관심은 자기 구원입니다. 주님의 증인이 될 마음이 전혀 없습니다. 주님이 성령을 보내신 이유는 그가 주님의 증인이기 때문입니다.

그런데 많은 사람은 주님의 증인 되기를 원하는 것이 아니라 자기의 증인 되기를 원합니다. 그래서 아무리 십자가 복음을 외쳐도 자기를 좋게 하는 복음으로 다 바꾸어 버립니다. 십자가 복음조차 자기 구원, 자기 가정 행복, 자기 사업 성공, 자신이 꿈꾸는 나라를 위한 복음으로 나 바꾸어 버립니다. 그래서 이들이 믿는 것이 하나님이라는 겁니다.

그러나 성도는 십자가가 눈앞에 밝히 보일 때 기뻐합니다. 이렇게 말하면 사람들은 나도 죄인임이 발각되고 십자가가 밝히 보인다고 주장하는 사람들이 있을 겁니다. 그런 말은 소용이 없습니다. 십자가가 눈앞에 밝히 보인다는 것은 모든 것을 잃어버려도 기쁘다는 겁니다.

과연 그러합니까?

오히려 십자가가 자기 구원에 미쳐 있는 그 본색을 제대로 드러나게 합니다. 이것이 십자가의 능력입니다.

♣ 일이 이루기 전과 이룰 때

> 요 14:29
>
> 이제 일이 이루기 전에 내가 너희에게 말한 것은 일이 이룰 때에 너희로 믿게 하려 함이라.

예언자가 인기가 있는 이유는 앞날을 내다보기 때문입니다. 단지 앞날만 내다보는 것이 아니라 그가 말한 것이 장래에 그대로 이루어지기 때문입니다. 예수님의 말씀은 흔히 미래를 점치는 자들과 다르지 않게 들립니다. 그러나 예수님의 말씀은 그런 의미가 아닙니다.

사람들은 예수님이 미리 말씀하신 것이 십자가 지신 후 부활하신 것과 주님이 되신 것, 그리고 성령을 보내 주신 일들이 예수님이 말씀하신 대로 다 되었다고 좋아하고, 그것을 믿습니다. 이렇게 믿는 근거가 바로 오늘 예수님이 하신 말씀 때문입니다.

그런데 만일 이렇게 믿게 된다면 성령이 왜 필요한가요?

열한 제자가 성령을 받게 되면 십자가 지신 주님의 증인이 됩니다. 이것은 이들이 믿는 것이 아니라 주님이 이들을 증인 삼아 동행하기 때문입니다. 지금도 제자들은 예수님과 동행하고 있습니다. 그러나 아직은 예수님과 제자들이 하나가 되지 않았습니다.

그러나 십자가 지신 주님이 보내신 성령, 곧 보혜사를 받게 되면 주님과 하나가 됩니다. 그러니 예수님의 말씀을 과거와 현재를 비교하여 말씀대로 되었기에 믿는 것이 아니라 오히려 자신들이 죄인임을 알게 됩니다. 이것은 그리스도의 영을 받지 않으면 나올 수 없습니다.

그러나 오늘날 신앙인들은 성령을 빼 버립니다. 성령의 자리에 성경 지식을 집어넣습니다. 그리고 그곳에 자신의 믿음을 토핑합니다. 이렇게 자신이 요리한 것을 갖고 성령을 받았다고 주장합니다. 성령 받았다고 하는 자들은 절대 자신이 성령을 받았다고 주장하지 않습니다. 왜냐하면, 성령을 받게 되면 십자가의 증인이 되지 성령의 증인이 되지 않기 때문입니다.

성경이 하나님의 말씀이라는 것은 누구나 인정합니다. 그래서 문제가 되는 겁니다. 성경이 하나님의 말씀이 되니, 오늘 예수님의 말씀처럼, 그 말씀대로 되는 것에 사람들의 관심이 집중됩니다. 그래서 성경을 볼 때도 신약성경이 구약을 어떻게 성취했는지를 찾아보는 겁니다. 그래서 성취한 부분을 연결시켜 성취했다고 믿는 겁니다. 이것은 마치 예수님을 죽인 유대인들이 성경을 해석하는 해석법과 같습니다.

그래서 제대로 해석해 낸 결과 성경에서 진리를 찾고, 그 진리를 믿자는 겁니다. 대표적인 경우가 구원은 행위로 말미암지 않고 믿음으로 된다는 겁니다. 물론 이 말씀에 동의하지 않는 자들도 많습니다. 그러나 성경 구절을 갖다 대면 모두가 다 인정할 수밖에 없습니다. 물론 그 해석이 또 갈라집니다. 그런데 이 방식이 바로 유대인들의 성경 해석법입니다.

주님이 이 땅에 오셨습니다. 그렇습니다. 주님의 처분만 받으면 될 일을 유대인들은 자신들이 소유한 밝은 눈으로 하나님의 말씀에 근거하여 선악을 판단합니다. 하나님의 말씀에 근거해 볼 때 예수님은 악한 자로 판명되었기에 십자가에 못 박아 죽여 버립니다.

오늘날 성경을 읽은 우리들은 이 사실을 다 알고 있습니다. 그래서 유대인들처럼 하면 안 된다고 합니다.

그러면 어떻게 해야 합니까?

예수님을 믿어야 한다는 겁니다. 십자가를 붙들어야 한다는 겁니다. 행위로 말미암지 않고 믿음으로 구원을 얻는다는 말씀을, 교리를 사수해야 한다는 겁니다. 모든 것이 내가 어떻게 결정하고 행동하느냐에 달렸다는 겁니다. 눈이 밝아졌기 때문입니다. 그러나 성도는 오늘 본문과 마주치는 현장에 있습니다. 주님이 지금도 친히 십자가로 일을 하시기 때문입니다. 주님을 믿지 않는 자들만이 자신이 아는 신앙 지식과 믿음을 앞장세웁니다.

♣ 세상 임금과 예수님의 죽음

> 요 14:30-31
>
> 이 후에는 내가 너희와 말을 많이 하지 아니하리니 이 세상 임금이 오겠음이라 그러나 저는 내게 관계할 것이 없으니 오직 내가 아버지를 사랑하는 것과 아버지의 명하신대로 행하는 것을 세상으로 알게 하려 함이로라 일어나라 여기를 떠나자 하시니라.

이 세상 임금이 오기 때문에 예수님은 제자들과 말을 많이 할 시간이 없다고 하십니다. 세상 임금은 사단입니다.

그런데 사단이 예수님을 죽입니까?

아닙니다. 유대인들과 헤롯왕, 그리고 본디오 빌라도입니다. 사람이 사단입니다. 그러나 정작 중요한 사실은 사단이 예수님을 죽일 재량권을 갖고 있지 않다는 사실입니다.

예수님이 요한복음 10:17-18에서 이렇게 말씀하십니다.

> 아버지께서 나를 사랑하시는 것은 내가 다시 목숨을 얻기 위하여 목숨을 버림이라 이를 내게서 빼앗는 자가 있는 것이 아니라 내가 스스로 버리노라 나는 버릴 권세도 있고 다시 얻을 권세도 있으니 이 계명은 내 아버지에게서 받았노라 하시니라.

예수님이 주의 자리에 오르시는 일에 사단이 활용된다는 겁니다. 그런데 제자들에게 예수님의 죽음은 그러한 죽음으로 보이지 않습니다. 앞서 이렇게 말씀하셔도 제자들은 예수님의 말씀을 믿을 능력이 없습니다. 이것은 오늘을 사는 우리들도 마찬가지입니다.

많은 사람이 죽음을 두려워합니다. 오늘 비행기를 타고 오는 중 난기류를 만나 비행기가 엄청 흔들렸습니다. 물론 저는 피곤해서 잠이 들었기에 그런 줄 알지 못했습니다. 그런데 배가 고파 눈이 떠진 겁니다. 난기류가 무서워서 뜬 것이 아닙니다. 비행기를 자주 타다 보니 이런 경우가 종종 있지만 오늘은 기내식도 못 먹을 정도로 긴 시간 동안 흔들렸습니다.

이전에 어떤 사람이 이런 이야기를 했습니다. 자신의 소원은 대한민국 국적기를 타고 가다 비행기 사고로 죽는 것이라고 말입니다. 보험금이 많이 나온답니다. 사업이 망했으니 자살하면 돈이 나오지 않고, 그렇게 죽으면 보험금이 많이 나오니 그것이 소원이라고 했습니다. 아마 그 사람이 이 비행기를 탔다면 그러기를 간절히 기도했을지도 모릅니다.

그런데 말입니다. 옆에 앉은 어떤 사람이 짜증을 냅니다. 배가 고프다는 겁니다. 아침도 먹지 않았다는 겁니다. 그래서 기내식을 주면 더 달라고 요청할 계획이었다는 겁니다. 그 사람에겐 난기류가 문제가 아닌 겁니다. 배고픔이 문제입니다. 돈이 더 큰 두려움입니다. 인간이 두려워하는 것은 죽음입니다.

"배고파 죽겠다. 돈 없어 죽겠다. 비행기가 추락해서 죽으면 어쩌나."

언제나 두려움 속에서 삽니다. 그래서 어떤 사람이 건강하게 살다 죽을 병에 걸리면 히스기야왕처럼 야단 법석을 떨면서 살려 달라고 기도하는 겁니다. 자신들의 몸이 사단이 시키는 대로 하고 있다는 사실도 모릅니다.

그러나 어느 누가 육신의 죽음을 피할 수 있을까요?

비행기 안입니다. 하늘에 떠 있습니다. 사고 나면 도망갈 때가 없습니다. 아무리 두려워해 봐야 갇혀 있으니 죽음을 피할 수 있을까요?

이 공간을 확장하면 우리가 사는 세상입니다. 사망이 왕 노릇 하는 세상입니다. 그러니 그 사망의 왕 아래 모든 인간은 종노릇 하는 겁니다. 죽기를 무서워하며 일생에 매여 종노릇 합니다. 죽을 날을 확정 받아 놓고 사는 겁니다. 그럼에도 죽지 않는다고 생각하며 하루를 삽니다. 그러다 갑자기 당신은 육 개월만 살 수 있다는 의사의 판정 앞에 비로소 죽음을 인정하기 시작합니다.

그런데 왜 인간들은 생명의 부활과 심판의 부활을 일으키시는 주님의 말씀은 듣지 않을까요?

인간은 자기 육에서 뿜어져 나오는 것을 믿습니다.

세상 임금은 예수님을 어떻게 할 수 없습니다. 세상 임금조차 십자가 지신 예수님의 주 되심을 위해 그 역할을 해야 할 뿐입니다.

왜 사람들은 이 말씀 속에 합류되지 못할까요?

자기 사랑 때문입니다. 자기 목숨을 너무나 사랑하기 때문에 이 말씀 속으로 합류하지 못하는 겁니다. 달리 말하면 주님이 주신 성령을 받지 못했기 때문입니다. 그래서 예수님의 말씀에 합류하지 못하는 겁니다.

세상 임금이 예수님을 어떻게 할 수 없다면 예수님과 하나가 된 성도에게도 마찬가지입니다. 마귀가 성도를 어떻게 할 수 없습니다. 도리어 십자가 증인으로 도드라지게 합니다.

그러니 무엇이 그렇게 두려운가요?

잠을 자고 있을 때 어떤 난기류가 와도 평안입니다. 이미 주님과 함께 죽었습니다. 둘째 사망을 당했습니다. 첫째 부활에 참여했습니다.

그러니 첫째 사망이 무슨 대수입니까?

그러나 성령을 받지 못한 자들은 첫째 사망을 두려워합니다. 또한, 둘째 사망의 무서움을 모릅니다. 그러니 이들은 십자가를 믿을 이유가 없습니다. 혹 자신의 병을 낫게 한다면 믿을지 모릅니다. 세상 임금과 한편이기 때문입니다.

세상 임금의 기능에 의해 예수님은 십자가에 달려 죽으십니다. 그 죽음은 곧 아버지를 사랑하는 것과 아버지의 명하신대로 행하는 것을 세상으로 알게 하는 사건입니다.

그런데 누가 이것을 알까요?

그리스도의 영을 받은 자들뿐입니다. 이들만이 이 말씀 속에 휘말려 듭니다. 예수님을 사랑한다면 예수님의 계명을 지킵니다(요 14:15).

제5장
(요 15:1~요 15:27)

♣ 내가 참포도나무요

> 요 15:1
>
> 내가 참포도나무요 내 아버지는 그 농부라.

참포도나무가 있다는 것은 거짓 포도나무가 있다는 말입니다. 이사야 5:1-7과 예레미야 2:21 그리고 호세아 10:1, 시편 80:8에서 이스라엘을 포도나무라고 합니다. 그런데 이 모든 말씀들의 공통점은 부정적이라는 사실입니다. 좋은 포도 맺기를 원했지만 들포도나 냈었습니다(사 5:4). 이방 포도나무의 악한 가지가 되었습니다(렘 2:22).

호세아 10:1-3에서는 이렇게 말씀합니다.

> 이스라엘은 열매 맺는 무성한 포도나무라 그 열매가 많을수록 제단을 많게 하며 그 땅이 아름다울수록 주상을 아름답게 하도다 저희가 두 마음을 품었으니 이제 죄 값을 받을 것이라 하나님이 그 제단을 쳐서 깨치시며 그 주상을 헐으시리라 저희가 이제 이르기를 우리가 여호와를 두려워 아니하므로 우리에게 왕이 없거니와 왕이 우리를 위하여 무엇을 하리요 하리로다.

참포도나무가 등장함으로 말미암아 이스라엘은 거짓 포도나무가 됩니다. 이렇게 되면 이스라엘을 부정하는 형국이 됩니다. 호세아서에서는 우상 숭배 가운데 있는 이스라엘에게 여호와를 찾으라고 합니다. 너희 묵은 땅을 기경하라고 합니다(호 10:12).

예레미야 선지자를 통해서는 그렇게 우상 숭배하지만 배역한 자식들에게 돌아오라고 합니다(렘 3:14). 이사야에서는 예루살렘에 남아있는 자들이 거룩하다 칭함을 얻을 것이라고 합니다. 왜냐하면, 시온의 딸들의 더러움을 씻으시며 예루살렘의 피를 그중에서 청결케 하실 때가 되었기 때문이라는 겁니다(사 4:3-4). 시편 80편에서도 비록 포도나무가 엉망진창이 되었지만 주께서 굽어보시고 이 포도나무를 권고해 달라고 기도합니다(시 80:14).

이렇게 되면 이스라엘이라는 포도나무는 희망이 있습니다. 비록 우상 숭배를 하여 심판을 당하지만, 남은 자는 제대로 된 포도나무가 될 수 있다는 말씀을 하시는 것 같습니다. 예수님 당시 유대인들은 이렇게 말씀을 이해한 것입니다. 지금 자신들은 남은 자로 제대로 된 포도나무라고 생각하고 있습니다. 특히, 바리새인과 율법사들이 그러합니다. 우상 숭배를 하지 않습니다. 오직 여호와 하나님의 말씀대로 살아갑니다. 그러니 자신들이야말로 제대로 된 포도나무라 생각할 수밖에 없습니다.

이런 자들 앞에 "내가 포도나무요 내 아버지는 그 농부라"라고 하셨습니다. 물론 오늘 본문은 열한 제자들에게 하신 말씀입니다. 제자들도 마찬가지입니다. 과거 자신들의 조상들과 달리 자신들은 제대로 된 포도나무가 될 수 있다고 생각합니다. 그런데 예수님의 말씀 앞에 그들은 거짓 포도나무가 됩니다. 그러면 농부 되신 아버지가 가만두지 않습니다. 당연히 제거해 버립니다. 참포도나무의 등장으로 세상은 심판 받아 마땅한 상황이 되었습니다. 그 어느 누구도 구원 얻을 자가 없다는 말입니다.

이스라엘이 구원을 얻지 못하고, 심판 속에서 남은 자들조차 구원을 얻지 못하고 심판 받는다면, 어느 누가 구원을 얻을 수 있겠습니까?

참포도나무는 예수님뿐입니다.

그런데 어느 누가 예수님만이 참포도나무라 인정하겠습니까?
어느 누가 자신은 불살라져야 마땅한 가짜 포도나무라 인정할까요?
참포도나무 되신 예수님 앞에는 그 어느 누구도 거짓 포도나무가 됩니다.

♣ 열매 맺지 않는 가지와 열매 맺는 가지

> 요 15:2
>
> 무릇 내게 있어 과실을 맺지 아니하는 가지는 아버지께서 이를 제해 버리시고 무릇 과실을 맺는 가지는 더 과실을 맺게 하려 하여 이를 깨끗게 하시느니라.

예수님 안에 있는데 과실을 맺지 아니하는 가지가 있고 과실을 맺는 가지가 있다고 하십니다. 이렇게 되면 선악 체계가 작동됩니다. 예수님 안에 있더라도 과실을 맺지 않는 가지는 아버지께서 그 가지를 언제든지 제거해 버립니다. 여기에서 제해 버리신다는 동사는 현재형입니다. 그러니 한 번이라도 과실을 맺지 않는 가지는 언제든지 제거된다는 말입니다.

이와 달리 과실을 맺는 가지는 더 과실을 맺게 하려 하여 가지를 깨끗하게 합니다. 과실을 맺는 가지는 더 과실을 맺도록 항상 깨끗하게 하십니다.

그래서 사람들은 이 본문을 보면서 과실, 곧 열매를 맺어야 한다는 주장을 합니다. 농부이신 아버지로부터 제거당하지 않으려면 열매를 맺어야 한다는 겁니다.

그런데 과연 그럴까요?

만일 어둠이 아니라면 얼마든지 빛을 낼 수 있습니다. 얼마든지 열매를 맺을 수 있습니다. 그런데 육으로 난 것은 육입니다.

육이 어떻게 아버지가 원하시는 열매를 맺을 수 있을까요?

없습니다.

성령으로 난 자만이 열매를 맺습니다.

그렇다면 어떻게 성령으로 거듭납니까?

성령으로 거듭나는 방법이 있을까요?

없습니다. 인자되신 예수님이 높이 들림으로, 십자가에 달려 죽으시고 삼일 만에 부활하셔서 주님이 되셔서 성령을 주신 자들뿐입니다. 이들은 성령을 요청하지도 않았습니다. 예수님을 찾지도 않았습니다. 구원 얻기를 갈망하지도 않았습니다. 평소 주님의 원수로만 살았을 뿐입니다. 그런 자에게 주님이 일방적으로 십자가의 영을 부어주셨습니다. 그래서 이들로부터 나오는 열매가 발생합니다. 십자가 자랑입니다.

문제는 오늘날 누구나 십자가 자랑을 할 수 있다는 사실입니다.

천국백성에게서 끊어지지 않는다고 한다면 십자가 자랑쯤 못하겠습니까?

자기 부인도 합니다. 죄인이라고 인정도 합니다. 얼마든지 인간은 흉내 낼 수 있습니다. 아니 진심으로 그렇게 합니다. 그러나 아버지께서 심지 않으신 것은 반드시 뽑힙니다.

십자가의 영을 받은 자는 주님의 증인으로 삽니다. 주님의 증인으로 산다는 것은 그 인생이 포도나무이신 예수님의 고난을 반복합니다. 그래서 영을 받지 못한 자들은 자기 구원을 위한 십자가이기 때문에 자기 구원 챙기는 것에만 관심을 갖습니다.

사실 성경을 보면서 자기 구원 중심으로 보지 않는 사람이 있을까요?

언제나 자기 몸 중심입니다. 그러니 오늘 예수님의 말씀도 지옥 갈까 두려워하면서 말씀에 순종하려고 덤벼듭니다. 그런데 그런 식으로 구원되는 일은 없습니다. 아버지가 농부시고 아들이 참포도나무이심을 증거하기 위한 열매 맺는 가지와 열매 맺지 않는 가지가 출몰할 뿐입니다.

자기 스스로 아무리 좋은 열매를 맺으려 해도 그것은 불가능합니다. 예수님이 오셨다는 것은 종말이라는 말입니다. 종말 때는 인간의 선택권은 없습니다. 오로지 심판주의 처분만 있을 뿐입니다. 그 심판주되신 분의 심판 속에 휘말린 자는 열매를 맺고, 그 심판 속에 휘말리지 않은 자는 열매를 맺지 못하는 가지가 됩니다.

아무리 예수님과 함께 3년 동안 동행하더라도 주님의 사랑 속에 휘말리지 못한 가룟 유다는 결국 열매 맺지 못하는 가지로 드러납니다. 그러니 제거할 수밖에 없습니다. 그러나 주님의 심판 속에 휘말린 자는 주님이 열매를 맺게 하십니다. 아무리 열매를 맺지 않으려 해도 불가능합니다. 주님의 선택 때문입니다.

♣ 이미 깨끗한 제자들

> 요 15:3
>
> 너희는 내가 일러준 말로 이미 깨끗하였으니.

2절에서 무릇 과실을 맺는 가지는 더 과실을 맺게 하려 하여 이를 깨끗게 하신다고 하셨습니다. 여기에서는 이미 예수님이 제자들에게 하신 말씀을 통하여 제자들이 깨끗이 되었다고 하십니다. 사람들이 성경을 볼 때 이런 본문이 나오면 매우 당황합니다. 왜냐하면, 십자가 사건도 일어나지 않았는데, 그리고 말씀으로 이미 깨끗게 되었다고 하시니 어려울 수밖에 없습니다. 그리고 이들은 성경을 읽을 때 그리스도의 영을 배제하고 읽기 때문입니다.

그리스도의 영을 빼 버리면 남는 것은 문자밖에 없습니다. 문자는 자신들이 배운 지식으로 얼마든지 해석하고 이해할 수 있습니다. 문제는 이들이 문자를 계시로 규정함으로 말미암아 성령을 처음부터 배제하겠다는 심보로 성경을 대하는 겁니다.

예수님이 하신 말씀들은 곧 십자가를 증거하는 말씀입니다. 지금까지 요한복음을 살펴보면서 이 입장에서 본문을 해석해 왔습니다. 물론 제자들은 전혀 모릅니다. 왜냐하면, 아직 성령을 받지 않았기 때문입니다. 그러나 성령을 받게 되면 예수님의 부르심부터 벌써 이들은 깨끗한 자로 부르심을 입었다는 사실을 알게 됩니다.

이렇게 말하면 우린 호기심이 생깁니다.

그렇다면 아무것도 몰랐는데 구원받았다는 말인가?

그렇습니다. 구원이란 아무것도 모르고 받는 구원입니다. 주님이 성령을 주시니 이런 사실을 알게 됩니다. 알아서 구원받는 일은 없습니다. 주님이 먼저 찾아오시니 비로소 구원을 알게 된 겁니다. 그렇다면 왜 사복음에서 제자들이 아는 것과 사도행전에서 아는 것이 다르냐고 하실 분들이 많을 겁니다.

십자가 때문입니다. 십자가를 증거하기 위한 제자들입니다. 십자가를 증거하기 위한 성령 부어주심입니다. 그들은 예수님과 동행했기 때문에 십자가를 제대로 증거하는 죄인, 세리와 창기, 병자의 모습이었습니다.

사도행전도 이와 다르지 않습니다. 세상 끝날 때까지 주님과의 동행이 이런 동행입니다. 마치 언약궤 안에 든 범죄 증거물(모세의 둘째 돌판, 아론의 싹 난 지팡이, 만나가 든 금 항아리)과 시은소 위에 일 년에 한 차례 뿌려지는 송아지와 염소의 피처럼 말입니다. 제자들은 자신들이 예수님의 말씀 곧 십자가로 이미 깨끗하게 된 사실도 모릅니다. 몰라도 됩니다.

왜 꼭 알아야 합니까?

여러분이 잠잘 때 이러한 사실을 알고 잠을 잡니까?

왜 꼭 알아야 한다고 생각합니까?

그래서 오늘 본문 말씀을 이해할 수 없는 겁니다.

우리들의 상식은 예수님이 말씀으로, 십자가로 깨끗하게 하셨다면 제자들이 그러한 사실을 알아야 정상이 아닙니까?

그런데 예수님의 말씀은 제자들은 몰라도 된다는 겁니다.

왜 그렇습니까?

지금 제자들은 주님과 동행하고 있잖아요. 지금까지 동행했잖아요.

이것이면 족하지 않습니까?

십자가를 증거 한 죄인 된 인생, 이 얼마나 멋진 인생입니까?

왜 예수님의 말씀 속으로 합류하지 못하고, 자신이 그 말씀을 소유하려고 합니까?

주님은 십자가로 지금도 주님의 일을 하고 계십니다. 그런데 우린 주님이 졸고 계시고 주무신다고 생각합니다. 그래서 자신의 열심과 노력과 행위를 통해 깨끗해지려고 하고, 말씀을 이루어 보려고 하는 겁니다. 성령 받지 못한 자의 전형적인 모습입니다.

십자가만 자랑토록 하기 위해 일방적으로 성령을 부어주셨습니다. 이 혜택을 입은 자가 성도입니다. 성령 받은 자는 예수님의 말씀이, 모든 성경 말씀이 십자가를 증거하는 말씀으로 보입니다.

♣ 내 안에 거하라

> 요 15:4 상
>
> 내 안에 거하라 나도 너희 안에 거하리라.

예수님이 우리 안에 거하시는 조건이 우리가 먼저 예수님 안에 거할 때라고 하십니다. 그래서 사람들은 이렇게 말합니다. 예수님과 사귐이 있으려면 선행 조건이 믿음과 순종이라는 겁니다.

이 사람들은 벌써 무엇을 잊어 버렸나요?

바로 이 세상이 어둠이며, 마귀가 사람들의 아비임을 잊어 버렸습니다. 자신이 선악과를 따먹었다는 사실을 모릅니다. 첫째 아담 안에 있다는 것을 모릅니다. 모르기 때문에 이 본문을 읽을 때 예수님과의 사귐의 전제 조건이 우리들의 믿음과 순종이라는 겁니다. 먼저 우리가 예수님 안에 거할 때 예수님도 우리 안에 거하신다는 겁니다.

　이 세상에 속한 사람들이 들으면 충분히 납득이 되고 이해가 되는 해석입니다. 믿지 않는 자들도 충분히 이해되지요. 내가 예수님 안에 거하지 않겠다고 했기 때문에 예수님이 내 안에 거하지 않겠다는 말에 얼마든지 동의할 수 있는 겁니다. 내가 천국에 가고 싶다고 하면 보내 주시는 예수님은 얼마든지 환영받습니다.

　그리고 내가 천국 가기 싫다고 하면 지옥에 보내는 예수님도 사람들은 반대하지 않습니다. 그래서 오늘 본문은 이러한 생각을 갖고 있는 자들에게 아주 기분 좋은 말씀이 됩니다. 이렇게 되면 결국 이러한 복음은 사람을 좋게 하는 다른복음입니다. 그러니 이 복음은 다른 복음, 곧 저주를 받을 복음입니다.

　그런데 왜 사람들은 저주를 받을 복음을 좋아할까요?

　모든 인간은 자신이 모든 것을 결정할 권리가 있다고 생각합니다. 예수님을 임금 삼으려 한 유대인들도 그러합니다. 자신들이 자신들의 임금, 곧 여호와 하나님이 약속대로 보내신 왕을 옹립하겠다는 겁니다.

　이들은 왕이 오셔서 백성들을 만드는 것을 원치 않습니다. 아무것도 하지 않았는데, 왕의 사랑을 증거하기 위한 백성이 되기는 싫은 겁니다. 그래서 자신들의 행위를 통해 왕의 사랑 속에 합류하고 싶어 합니다. 그뿐만 아니라 자신들의 행위를 통해 왕의 사랑을 받고 있다는 것을 뽐내고 싶은 겁니다.

　말로는 죄인을 부르러 오신 예수님을 믿는다고 하지만 실상 자신들은 죄인 되기 싫어합니다. 그래서 이런 사람들은 오늘 본문을 읽으면 기분이 좋아집니다. 나름 행복을 느낍니다.

　예수님은 이러한 자들을 뽑아 버리기 위해서 오늘 말씀을 하신 겁니다. 우린 예수님의 말씀을 구원용으로만 보려고 합니다. 그러나 예수님의 말씀은 심판의 말씀입니다. 예수님 입에서 나오는 모든 말씀이 눈을 멀게 하고 마음을 완고하게 하시는 말씀입니다. 이것이 바로 주의 영광 곧 십자가의 영광입니다.

그 어느 누구도 예수님 말씀에 순종하여 예수님 안에 거할 능력을 가진 자들이 없습니다. 마귀의 종은 마귀의 말을 듣지 예수님의 말씀을 듣지 않습니다. 주님은 십자가로 승리하셔서 마귀에게 사로잡힌 자를 사로잡으셔서 예수님 안에 거하게 하십니다. 이 말씀이 곧 예수님이 우리 안에 거하신다는 말씀입니다.

그러나 선악과를 따먹은 자들이 성경을 읽는 방식은 원인과 결과로 읽습니다. 그래야만 자신의 선한 행위를 쏙 집어넣을 수 있고, 그럴 때 자기 영광을 드러낼 수 있기 때문입니다.

성도는 예수님 안에 거하려고 노력하지 않습니다. 기도 열심히 하고, 전도 하고, 십일조 하고, 선교함으로 예수님 안에 거하고 있다는 것을 확인하려고도 하지 않습니다. 왜냐하면, 이미 주님과 하나가 되었기 때문입니다. 그러하기에 성도가 자랑할 것은 성도가 받은 주님의 사랑뿐입니다.

♣ 예수 안에 거하는 자

> 요 15:4 하
>
> 가지가 포도나무에 붙어 있지 아니하면 절로 과실을 맺을 수 없음 같이 너희도 내 안에 있지 아니하면 그러하니라.

포도나무에 붙어 있지(거하지) 않은 가지는 자기 스스로 과실을 맺을 수 없습니다. 이처럼 예수님 안에 거하지 않는 자도 자기 스스로 과실을 맺을 수 없다고 말씀하십니다. 예수님이 이렇게 말씀하시는 이유는 첫째 아담 안에 있는 자들은 자기 스스로 과실을 맺으려 한다는 것을 전제로 하시는 말씀입니다.

유대인들은 영생을 얻기 위해서 성경을 상고했습니다. 이들 사전에 예수 안이라는 것은 없습니다. 이들은 오로지 자기 스스로 성경을 연구하고, 자기 스스로 구원 얻는 방법을 찾아, 자기 스스로의 능력으로 그 구원에 도달하려 합니다.

지금도 마찬가지입니다. 그 대표적인 것이 예수 믿는 것입니다. 이들은 예수님 안에 들어간 적이 없기 때문에 어디까지나 예수 밖에서 예수님을 믿는다고 합니다. 이렇게 되면 믿는 자신은 예수님을 믿을 능력이 있다는 말이 됩니다. 이러하다면 이들에게 예수님의 살과 피는 필요 없습니다. 이들은 예수님이 사망에서 생명으로 옮기신 일에 해당 사항 없는 자들입니다.

그러나 성도는 그리스도 안에 거하는 자들입니다. 그러니 무엇을 해도 그리스도 안입니다. 달리 말하면 무엇을 해도 십자가의 피를 자랑하는 인생입니다. 사람들의 관심은 예수 안이 아니라 과실에 있습니다.

그러니 얼마나 안절부절 합니까?

예수 안에 있으면 저절로 과실이 주렁주렁 열립니다. 그런데 예수 밖에 있으니 스스로 열매를 맺으려 하고, 그 열매를 갖고 자신이 예수 안에 있다는 증명을 하려 하는 겁니다. 이들은 십자가에서 다 이루신 아들의 세계에 들어가 본 적이 없는 자들입니다. 그래서 이들은 자율주행하는 겁니다.

♣ 많은 (과실)열매

> 요 15:5
>
> 나는 포도나무요 너희는 가지니 저가 내 안에 내가 저 안에 있으면 이 사람은 과실을 많이 맺나니 나를 떠나서는(분리하여) 너희가 아무것도 할 수 없음이라.

지금 예수님은 많은 열매 맺는 비법을 말씀하십니다. 그런데 문제는 인간이 어떤 노력과 수고로도 이 비법을 터득할 수 없다는 겁니다. 우리가 만일 예수님처럼 하나님의 아들이라면 예수님이 포도나무라 하셨으니 나의 소원대로 그 포도나무의 가지가 될 수 있습니다.

그런데 우린 첫째 아담 안에 있는 마귀의 자식들입니다. 예수님과 상관 없는, 예수님과 분리된 자들입니다. 그러니 그 어떠한 수고로도 그 분리된 것을 이을 수는 없습니다. 나의 목숨을 예수님을 위해 버린다 할지라도 그 자신이 예수님과 분리되어 있다는 것만 확인할 뿐입니다.

처지가 이러함에도 불구하고 인간들은 자기 구원을 위한 탐심을 버리지 않습니다. 그래서 자신이 예수님을 떠나지 않으려고 부단히 노력합니다. 그뿐만 아니라 열심을 내어 성경 말씀에 나오는 열매들을 맺으려고 합니다. 그래서 실지로 소기의 성과를 이룹니다. 주변 사람들이 많은 열매를 맺었다고 칭찬도 합니다. 무엇보다 목사들이 인정합니다. 그래서 자신은 예수님 안에, 예수님이 자기 안에 있다고 확신을 가집니다.

그런데 이러한 자들이 무엇을 자랑합니까?

예수님께 붙어 있다고 하는 자들이 무엇을 증거합니까?

이들은 예수님의 말씀을 사람을 좋게 하는 말씀으로 이해한 겁니다. 예수님의 말씀은 결코 사람을 좋게 하는 말씀이 아닙니다.

따라서 포도나무인 예수님께 붙어 있는 가지는 예수님처럼 이 세상에서 미움을 받고, 예수님이 당한 그 십자가 사건에 함몰됩니다. 이것을 두고 많은 열매를 맺는다고 하는 겁니다. 그리스도의 사랑만을 증거하기 위한 기기입니다. 그래서 환난, 핍박, 기근, 적신, 위험, 칼로 죽임당하는 처지가 됩니다.

왜 그럴까요?

이들 안에 누가 계십니까?

주님이 계십니다. 그러니 주님이 이 땅에서 자기 증거를 하셨듯이 십자가를 증거하는 가지로 이 세상에 드러납니다.

이 세상은 예수님의 말씀이 드러나는 현장입니다. 제자들을 보면 잘 알 수 있지요. 제자들이 예수님 안에 들어가려고 얼마나 노력했습니까?

예수님께 붙어 있기 위해 목숨까지 버린다고 하지 않습니까?

그러나 그러한 열심과 충심은 예수님께 붙어 있지 않다는 증거물로 사용됩니다. 십자가의 영이 그들 가운데 임할 때 비로소 이들은 자기 증인이 아니라 십자가 증인으로 드러납니다. 이것은 자신들이 원치 않는 삶입니다. 자신들의 꿈이 전복당합니다. 자신들의 탐심은 모두 들통납니다. 자기 구원을 위한 욕망이 예수님을 죽였다는 사실을 알게 됩니다.

그러나 예수님께 붙어 있지 않은 자들은 자기 스스로 결단을 내립니다. 비장한 각오로 믿습니다. 자신의 믿음이 얼마나 확고한가를 보여 줍니다. 자신의 믿음이 꺾이면 안 된다고 생각합니다. 그래서 믿음을 굳게 붙듭니다. 더 열심을 내어 전도의 열매, 기도의 열매, 봉사의 열매, 금식의 열매 등등. 아무튼 많은 열매를 맺으려 눈물과 수고를 아끼지 않습니다. 자신은 절대 예수님으로부터 분리되지 않으려 죽기까지 충성합니다.

그리고 이 세상에 자신의 이름을 남깁니다. 자신의 열매를 사람들에게 자랑합니다. 내가 이렇게 선교사로 헌신했고, 내가 이렇게 목사로 봉사했으니 주님이 나에게 반드시 그에 따른 보상을 주실 것이라고 생각합니다. 이들이 갈 곳은 슬피 울며 이를 가는 곳뿐입니다.

♣ 불사르는 가지

> 요 15:6
>
> 사람이 내 안에 거하지 아니하면 가지처럼 밖에 버려져 말라지나니 사람들이 이것을 모아다가 불에 던져 사르느니라.

주님은 이렇게 잔인하십니다. 그런데 불살라지는 조건이 인간에게 없습니다. 이것이 인간을 분노케 합니다. 애굽왕 바로를 여호와께서 강팍케 하셨습니다. 그리고 애굽의 군대를 홍해에 몰살시켰습니다.

누구의 잘못입니까?

이 세상은 포도나무이신 예수님을 증거하기 위한 세상입니다. 그래서 어떤 가지는 예수님 안에 살고, 어떤 가지는 예수님 안에 살지 못합니다. 예수님 안에 사는 가지는 많은 열매를 맺지만, 예수님 안에 살지 않는 가지는 불사릅니다.

> 이제 하늘과 땅은 그 동일한 말씀으로 불사르기 위하여 간수하신바 되어 경건치 아니한 사람들의 심판과 멸망의 날까지 보존하여 두신 것이니라 (벧후 3:7).

경건치 않은 사람들을 누가 만드셨습니까?
십자가 지신 주님이 만드셨습니다. 이들은 포도나무 되신 예수님을 증거하기 위한 예수님과 관계없는 마른 가지입니다. 이 말씀을 듣고 아무리 경건해지려고 노력해도 심판을 피할 수 없습니다. 주님의 선택을 받지 않았기 때문입니다. 아무리 노력해도 그 끝은 가롯 유다의 모습을 보일 수밖에 없습니다. 자신의 구원은 자신이 결정하겠다는 겁니다.

이와 달리 어떤 사람들은 불사른다는 말씀을 농담으로 여깁니다. 노아 홍수 심판 때에도 마찬가지였습니다. 소돔과 고모라성의 심판 때에도 그러했습니다. 이들은 처음부터 심판이라는 것은 있을 수 없다는 겁니다. 이 땅에서 살다 죽을 뿐, 둘째 사망은 없다는 겁니다. 모든 것은 자연의 현상일 뿐입니다.

그러니 자신의 정욕을 좇아 행하면서 예수님의 주 되심을 조롱합니다. 평소 이 세상 정치에 관심을 두는 자체, 평소 돈 버는 일에만 관심을 두는 자체, 평소 자신의 취미생활을 좇는 자체가 바로 예수님의 주 되심을 기롱하는 겁니다. 불사름 당할 이유를 확실하게 보입니다.

♣ 내 말이 너희 안에 거하면

> 요 15:7
>
> 너희가 내 안에 거하고 내 말이 너희 안에 거하면 무엇이든지 원하는대로 구하라 그리하면 이루리라.

요한복음에서 예수님의 말은 곧 말씀입니다. 예수님이 하신 말씀은 허공에 떠돌다 사라지는 말씀이 아닙니다. 예수님의 말씀은 예수님의 십자가를 증거하는 현장을 만듭니다. 지금까지 요한복음을 잘 따라오셨다면 충분히 확인되었을 겁니다. 따라서 예수님의 말씀이 '너희' 안에 거하게 된다는 것은 주도권이 말씀에게 빼앗긴다는 말입니다.

사람들은 '너희가 내 안에 거하고 내 말이 너희 안에 거하면'이라는 말씀을 이해할 때 말씀의 주도권을 자신이 갖는다고 생각하는 경향이 많습니다. 그러나 지금까지 예수님과 동행한 제자들과의 관계를 보시면 어떠한지 분명해집니다. 예수님이 주도권을 갖고 제자들을 예수님 말씀 속으로 합류시킵니다. 제자들이 내 뿜는 그 어떠한 말도 오히려 예수님의 십자가를 돋보이게 하는 죄인의 모습으로 드러납니다.

분명 예수님이 열둘을 택했다고 하셨고, 그중 하나는 마귀라고 하셨습니다. 그러니 제자들에게는 그 어떤 주도권도 갖고 있지 못했습니다. 철저하게 예수님이 십자가에서 홀로 언약을 다 이루신 분임을 증거하는 증인 역할만 했을 뿐입니다. 따라서 예수님이 죽으시고 삼일 만에 부활하셔서 하늘에 오르사 주님이 되셔서 성령을 자기 백성에게 부어 주시면 예수님이 공생애 동안 제자들과 함께하셨던 그 모습이 반복됩니다.

따라서 말씀이 제자들 가운데 거하게 되면 말씀이 주도권을 갖습니다. 그렇게 되면 무엇이든지 원하는 대로 구하는 내용이 예수님이 구하신 내용과 일치합니다. 예수님의 기도는 십자가에 달려 죽으심으로 아버지의 뜻을 다 이루시는 겁니다.

따라서 무엇이든지 구하면 다 이루리라는 말씀의 의미를 오해해서 자신이 주도권을 갖고 자기 욕망을 무엇이든지 구하면 다 이루어주실 것이라고 생각하는 것은 예수님의 말씀이 그 사람 속에 들어 있지 않다는 증거가 됩니다.

그러나 성도는 무엇이든지 원하는 대로 구하는 자입니다. 바울 서신을 보게 되면 많은 기도가 나옵니다. 그야말로 무엇이든지 원하는 대로 구했습니다. 그러자 죽으시고 부활하신 주님이 다 이루어 주셨습니다.

사도행전 2:42를 보면 "저희가 사도의 가르침을 받아 서로 교제하며 떡을 떼며 기도하기를 전혀 힘쓰니라"고 합니다.

가르침의 내용이 무엇일까요?

십자가 복음입니다. 그 십자가 복음 안에서 교제하는 것과 떡을 떼는 것과 기도하는 일에 전적으로 힘썼다고 합니다. 여기에 교제하는 것도 전적으로 힘썼고, 떡을 떼는 일에도 전적으로 힘썼고, 기도하는 일에도 전적으로 힘썼다는 겁니다.

이들이 무슨 기도를 했을까요?

앞서 "이 직분을 타인이 취하게 해 주세요"라고 기도해서 가룟 유다 대신 맛디아를 얻었습니다.

그렇다면 여기에서는 이들이 무엇을 기도했을까요?

성령이 주도해서 기도하게 하셨습니다. 그러니 예수님이 말씀하신 대로 이루어졌습니다. 그들이 하나가 되었습니다.

로마서 8:26에서 성령이 말할 수 없는 탄식으로 우리를 위해 간구하시고, 히브리서 7:25에서 예수님이 대제사장으로 항상 살아서 성도를 위해 간구하십니다. 이렇게 되면 예수님의 말씀과 뭔가 맞지 않는 것 같지요.

그러나 그렇지 않습니다. 이러한 말씀의 현장이 성도 몸에서 일어난다는 겁니다. 분명 우리는 빌 바를 알지 못합니다. 그리고 항상 기도하지 못합니다. 그러니 우리가 어떻게 기도해야 할지 모르면서 기도하든지, 드문드문 기도하든지 말씀이 주도권을 갖고 말씀의 현장이 되게 하십니다.

성령을 받게 되면 주님은 자기 백성을 철저하게 주님의 겟세마네 기도가 성취된 현장이 되게 하십니다. 성도는 이런 것을 확인하는 즐거움에 사는 겁니다. 그러니 무엇이든지 구하면 이루리라는 말씀을 붙들고 예수님을 자기 종 부리듯이, 과거 이스라엘 백성들이 우상 숭배할 때 우상에게 기도하듯이 기도하는 자들은 성령을 받아 본 적이 없는 자들입니다.

그런데 이런 사람들이 교회에 너무 많다는 겁니다.

명절이 되면 혈육들이 모이고, 학연들이 모이면 그들이 자랑하는 것이 무엇입니까?

주님께 기도하니 나에게 이렇게 많은 돈과 명예와 권력을 주시더라는 것 외에 무엇이 있습니까?

물론 기도했다고 하지도 않지요. 그런데 자랑하는 것이 그런 것이라는 것은 평소 그들이 무엇을 구했는지가 드러나는 현장입니다.

이렇게 자랑하는 상황에서 십자가 복음은 외면받습니다. 주님의 기도가 어떻게 이루어지고 있는지를 확인하라고 주님이 자기 백성에게 그런 상황을 주신 겁니다.

♣ 아버지께 영광은 과실과 제자로

> 요 15:8
>
> 너희가 과실을 많이 맺으면 내 아버지께서 영광을 받으실 것이요 너희가 내 제자가 되리라.

이 번역은 오해를 만들기에 충분합니다. 헬라어 본문은 "너희가 과실을 많이 맺고 나의 제자가 되면 내 아버지께서 영광을 받으실 것이요"라고 되어 있습니다. 표준새번역과 공동번역 등은 이렇게 해 놓았습니다.

사람들은 일관성 있게 성경 본문이 전개되기를 원합니다. 그래서 항상 시간적 논리나 아니면 이론적 논리로 본문을 이해하려고 합니다. 그래서 오늘 본문을 자신이 갖고 있는 신학적 논리에 맞추어 해석하려고 합니다. 알미니안 주의자들은 오늘 본문을 자신들의 신학의 정당성을 제공하는 본문으로 이해하고 해석할 겁니다. 따라서 과실을 많이 맺는 것이 곧 예수님의 제자라는 증거이기 때문에, 내가 과실을 많이 맺음으로 예수님의 아버지께 영광이 된다는 주장을 펼 것입니다.

이와 달리 개혁주의를 주장하는 자들은 이 본문을 은혜가 먼저이고 그 다음 그 은혜를 받은 자만이 많은 과실을 맺고, 예수님의 제자로 드러나며, 그것이 하나님께 영광이 된다고 해석할 겁니다.

여러분은 어느 쪽입니까?

성경 말씀이 일관성 있게 말씀하시면 참 좋을 텐데 지금 요한복음 15장만 보더라도 서로 상충되는 말씀들이 뒤섞여 있습니다. 그래서 사람들의 여러 견해가 나오는 겁니다. 모두 다 말씀에 근거하여 믿는 믿음 때문에 나오는 견해들입니다.

그렇다면 이들의 주장을 모두 인정해야 할까요?
이들의 견해 중 하나를 인정하면 천국에 갈 수 있나요?
아버지 하나님께 영광이 될까요?

말씀대로라면 예수님의 제자는 반드시 그 열매로 제자임을 증거하고 그것이 하나님께 영광이 된다고 하기 때문에 이 두 견해의 공통점은 많은 열매 맺는 것입니다. 그런데 많은 열매 부분은 이 두 신학이 거의 동일합니다. 왜냐하면, 그 열매조차 성경에 근거하고 있기 때문입니다.

이렇게 본다면 사실 별 차이가 없게 됩니다. 단지 하나님께 영광이 되는 출발점이 나로부터인지 아니면 하나님으로부터인지가 차이가 나지만, 이것도 따져 들어가면 모두가 다 하나님으로부터라고 인정합니다. 사실 오늘 본문 같은 경우에는 알미니안 주의자들의 주장이 맞습니다.

그렇다면 예수님은 왜 이렇게 인간을 혼란스럽게 만드실까요?

처음부터 말씀하실 때 일관성 있게 십자가로부터 출발한 열매를 말씀하셨다면 혼란이 없을 것 아닙니까?

많은 사람이 이런 불만과 불평을 쏟아냅니다. 이들이 불평하는 이유는 확실한 것을 붙들고 싶은데 그 확실한 것이 애매하다는 겁니다. 그래서 확실한 하나를 주기 위해 신학을 만든 겁니다. 이들은 십자가의 영, 곧 그리스도의 영의 활동이 신학에 매인다고 생각합니다. 지금 예수님이 말씀하시는 것이 성령의 말씀입니다.

그런데 예수님의 말씀이 어떤 일관성을 갖고 있습니까?

십자가입니다. 십자가란 모든 입을 막아 버립니다. 모든 이론을 파합니다. 그래서 예수님이 우리들이 원하는 일관성 있는 신학을 말씀하시지 않는 겁니다.

많은 열매를 맺는 것이 곧 예수님의 제자로 발생하는 현장이라고 말씀하시는 이유는 주님이 친히 많은 열매를 맺게 하시겠다는 말씀입니다. 예수님의 제자는 십자가 지신 주님이 친히 만드신다는 말씀입니다. 그것만이 아버지께 영광이 됩니다. 예수님이 하늘로 올라가셔서 주가 되시면 이 땅에서는 주님이 친히 만드시는 제자들을 통해 그 주 되심을 증거합니다.

그런데 인간들은 주님의 주 되심을 삭제하기 위해 신학을 구성합니다. 성경에 근거하여 완벽한 신학을 내어놓습니다. 그리고 그 신학을 믿으면 구원을 받는다고 외치는 겁니다.

이런 자들이 이 땅에 얼마나 많습니까?

왜 십자가뿐인가를 모르는 자들입니다. 제가 이렇게 말하면 십자가 신학도 결국 하나의 신학이 아니냐고 할 겁니다. 그렇습니다. 이 땅에서는 신학이라는 형식으로 나타날 수밖에 없습니다. 그러나 십자가 신학이 결코 많은 열매맺는 것, 곧 예수님의 제자로 만들어지는 것과 치환이 될 수 없습니다. 왜냐하면, 주님의 일은 주님만이 하십니다.

그래서 오늘 본문 말씀은 이 세상에서의 불가능성을 말씀하시면서 십자가의 능력이 이 땅에 어떻게 발생되는지를 말씀하시는 겁니다. 우린 이 말씀을 이 땅에서 확인할 뿐입니다. 그러니 제대로 신학 체계를 만들어 믿는다는 것은 이 말씀에서는 처음부터 용납하지 않는 말씀입니다. 십자가 지신 주님이 지금도 살아 계셔서 친히 홀로 일하시지 않는다면 그러한 것이 용납될 것입니다. 그러나 죽으신 분이 살아나셔서 주님으로 지금도 주님의 일을 십자가로 친히 하고 계십니다. 우린 이 일의 목격자, 증인들입니다.

♣ 나의 사랑 안에 거하라

> 요 15:9
>
> 아버지께서 나를 사랑하신 것 같이 나도 너희를 사랑하였으니 나의 사랑 안에 거하라.

본래 두 문장으로 되어 있는 것을 한 문장으로 만들었습니다.

"아버지께서 나를 사랑하신 것 같이 나도 너희를 사랑하였다. 너희는 내 사랑 안에 머물러 있어라."

이렇게 보면 오늘 본문이 조건절이 아님을 알 수 있습니다. 표준새번역은 이런 식으로 번역했습니다. 이렇게 되면 본문을 읽는 방식이 완전히 달라집니다. 지금 우리 번역대로 읽게 되면 읽는 그대로입니다. 앞에 조건이 있기 때문에 마치 우리는 예수님의 사랑 안에 거해야 한다는 의무로 들립니다.

그러나 두 문장으로 나누어 보면 그 의미는 완전히 달라집니다. 물론 지금처럼 번역해도 문제는 되지 않습니다. 복음이라는 것이 번역에 의해 좌우되지 않습니다. 왜냐하면, 인간이란 이미 자기 속에 확정된 것을 갖고 다른 것들을 판단하기 때문입니다. 대표적인 경우가 지금 우리들이 보는 본문들입니다. 예수님이 그 당시 언어로 직접 말씀하셔도 그 어느 누구 하나 알아듣지 못했습니다. 귀머거리요 소경이기 때문입니다.

아버지께서 예수님을 사랑하셨던 이유가 있습니다. 다른 복음서에서는 세례를 받고 물에서 올라오실 때 하늘로부터 성령이 예수님께 임했습니다. 또한, 하늘로부터 소리가 있어 이는 내 사랑하는 아들이요 내 기뻐하는 자라고 하셨습니다(마 3:16-17; 막 1:10-11; 눅 3:21-22).

그러나 요한복음에서는 약간 다르게 말씀합니다. 세례 요한이 세례를 예수님께 줄 때 성령이 비둘기같이 하늘로부터 내려와서 예수님께 머무는 것을 보았습니다. 이것을 세례 요한이 증거 했습니다. 그런데 여기에서는 아버지께서 아들을 사랑하신다는 말씀이 나오지 않습니다.

그러나 요한복음 10:17-18에 이렇게 나옵니다.

> 아버지께서 나를 사랑하시는 것은 내가 다시 목숨을 얻기 위하여 목숨을 버림이라 이를 내게서 빼앗는 자가 있는 것이 아니라 내가 스스로 버리노라 나는 버릴 권세도 있고 다시 얻을 권세도 있으니 이 계명은 내 아버지에게서 받았노라 하시니라.

아버지께서 아들을 사랑하시는 이유가 예수님이 주님이 되시기 위해서 목숨을 버리기 때문입니다. 그다음 하신 말씀이 "나도 너희를 사랑하였다"는 겁니다. 예수님이 목숨을 버리는 모습으로 사랑하셨다는 겁니다. 사람이 사람을 위해 목숨을 버리는 것은 사랑이 아닙니다. 왜냐하면, 그 죽음은 타인을 사망에서 생명으로 옮기지 못합니다. 그러나 예수님이 목숨을 버리심은 사망에서 생명으로 옮기는 사랑입니다.

따라서 "너희는 내 사랑 안에 머물러 있으라"는 말씀은 '너희'가 지킬 수 있는 말씀이 아닙니다. 이 말씀을 지키려면 적어도 목숨을 버릴 권세와 취할 권세를 가져야 합니다. 예수님은 이 권세를 가지시고 아버지 사랑 안에 거하셨습니다. 그러나 '우리'에겐 이 권세가 없습니다. 따라서 이 말씀은 말씀하신 분이 주님이 되시어 성령을 주셔서 자기 백성 안에 발현시킵니다.

갈라디아서 2:11 이하를 보면 게바가 외식한 사건이 나옵니다. 오늘 본문에 근거하면 게바는 예수님의 말씀에 실패했습니다. 왜냐하면, "머물러 있어라"는 말씀은 '지속하라'는 의미를 담고 있습니다. 마치 갈라디아서 3:10 말씀을 떠올리게 합니다.

> 무릇 율법 행위에 속한 자들은 저주 아래 있나니 기록된바 누구든지 율법 책에 기록된 대로 온갖 일을 항상 행하지 아니하는 자는 저주 아래 있는 자라 하였음이라.

이 말씀을 전복시킨 말씀입니다. 성도는 항상 그리스도의 사랑 안에 머문다는 말입니다. 그 어떤 한순간도 그 사랑에서 벗어난 적이 없습니다. 예수님의 말씀은 이런 의미입니다.

그런데 왜 게바는 이 말씀에 실패했습니까?

우리들이 보기에는 실패한 것처럼 보입니다. 구원론 중심인 인간들은 실패했다고 생각합니다. 그러나 완전한 사랑은 사랑을 보여 주기 위한 사랑입니다. 따라서 게바를 통해 완전한 사랑인 아들의 죽으심, 곧 십자가를 제대로 증거하는 사건이 됩니다. 이 사건 속에 있는 모습이 바로 "나의 사랑 안에 머물러 있으라"는 말씀의 실제입니다.

첫째 아담 안에 있는 자들은 신이 되고자 하는 욕망으로 선악과를 따먹었습니다. 그래서 오늘 본문을 묵상하면서 신이 되고자 하는 욕망을 발산합니다. '나는 절대 예수님의 사랑에서 떠나지 않겠어. 나는 항상 예수님 사랑 안에 머물겠어.'라는 다짐을 하면서 자신의 신적 능력을 맘껏 쏟아 놓습니다. 그리고 그 쏟아 놓은 것들을 근거로 자신은 예수님 사랑 안에 머물러 있다고 확신합니다.

이런 본성은 없어지지가 않습니다. 게바가 그 증거입니다. 성령 충만을 체험해도 소용없습니다. 주님의 지시를 따라 복음을 전해서 구원받은 자를 두 눈으로 목격해도 소용없습니다. 소용없어야 합니다. 그래야만 십자가의 증인이 되기 때문입니다.

그런데 왜 우리들은 끊임없이 괜찮은 인간, 완전한 인간이 되려고 합니까?
완전한 사랑 안에 거하는 것이 그렇게 불안하고 불편한가요?
십자가 앞에 서면 감사가 넘칠 터인데, 왜 사람들 앞에 서 있고 서려고 합니까?

사람 앞에 서 있으니 완전한 사랑이 아니라 불안전한 사랑, 미완의 사랑이 되는 겁니다. 땅의 일을 생각하는 자들입니다. 이것이 바로 그리스도 십자가의 원수로 행하는 짓입니다(빌 3:18).

♣ 예수님의 계명을 지키는 자

> 요 15:10
>
> 내가 아버지의 계명을 지켜 그의 사랑 안에 거하는 것 같이 너희도 내 계명을 지키면 내 사랑 안에 거하리라.

표준새번역은 이렇게 번역했습니다.

> 너희가 나의 계명을 지키면, 나의 사랑 안에 머물러 있을 것이다. 그것은 마치 내가 나의 아버지의 계명을 지켜서 그 사랑 안에 머물러 있는 것과 같다.

사실 헬라어 본문이 이런 어순으로 되어 있습니다.
예수님의 계명이 무엇입니까?
요한복음 13:34입니다.

> 새 계명을 너희에게 주노니 서로 사랑하라 내가 너희를 사랑한 것 같이 너희도 서로 사랑하라.

"서로 사랑하라"는 말씀이 예수님이 주신 계명입니다. 그런데 이 계명을 이해하려면 예수님이 지키신 아버지의 계명이 무엇인지 알아야 합니다. 그 계명 속에 예수님이 주신 계명이 담겨 있기 때문입니다. 예수님이 아버지로부터 받은 계명은 십자가에서 다 이루셨습니다. 따라서 성도가 받은 예수님의 계명도 이와 다르지 않습니다.

그리스도의 십자가 외에는 결코 자랑할 것이 없는 자로 살아가는 것이 곧 예수님이 주신 계명을 지키는 겁니다. 그런데 사도 바울을 보게 되면 본인은 이렇게 살 마음이 조금도 없었습니다. 주님이 사도 바울에게 친히 찾아 오셔서 사도 바울이 주의 계명을 지키는 자로 만드셨습니다.

사도 바울의 모든 환경을 십자가 외에 결코 자랑할 것이 없도록 조성하셨습니다. 사도 바울이 예수님의 계명을 지켜서 예수님의 사랑 안에 머문 것이 아닙니다. 주님의 사랑이 먼저 덮쳤습니다. 그 덮친 증거물이 예수님의 계명을 지키는 모습으로 드러난 것입니다.

예수님의 사랑을 받지 못했기 때문에 사람들은 예수님의 계명을 지키시 이 땅에서 축복을 얻으려고 합니다. 오늘 어떤 분이 저에게 이런 이야기를 했습니다. 자기 어머니께서 수년 전에 중풍으로 돌아가셨다는 겁니다. 그런데 그의 어머니께서는 일찍 복음을 들어 성경 말씀 읽는 것이 즐거움이었고, 찬송 부르는 것이 기쁨이었답니다. 전도도 얼마나 열심히 했는지 많은 사람이 교회로 왔답니다. 자신의 집을 예배당으로 사용했답니다. 농사짓다 아무리 힘들어도 함께 모여 말씀 읽고, 기도하면 병들었던 사람도 나았다는 겁니다.

그리고 무엇보다 당시에 자녀들의 문제가 심각했다고 합니다. 그런데 복음을 전해준 사람이 예수님을 믿으면 자녀들의 문제가 해결된다고 했다는 겁니다. 그래서 많은 사람이 교회로 몰려왔답니다. 그런데 마흔이 조금 넘은 나이에 풍이 들어 드러눕게 되어 십 오년을 그렇게 살다가 죽었다는 겁니다.

그러면서 하는 말이 하나님이 자녀를 얼마나 사랑하십니까?

그런데 왜 그런 식으로 자기 어머니를 데려갔느냐는 겁니다. 그 원망이 자기 속에 가득하다는 겁니다. 이 사람이나 그 어머니의 문제는 복음을 들어본 적이 없다는 겁니다. 예수님의 사랑이 덮치기 전 자신들이 먼저 예수님을 사랑해 버렸습니다.

그러면서 그들은 예수님 사랑 안에 머물기 때문에 자녀 문제가 해결되고, 질병도 치료받고, 장수하며 행복하게 오래오래 살 것이라는 믿음을 갖고 산 겁니다. 그런데 자기 인생이 꼬이니 자신이 믿는 하나님이 엉터리가 되어 버렸습니다. 그래서 제가 그 사람에게 "당신이 믿는 하나님이 바로 우상 하나님입니다"라고 했습니다. 그런데 안 듣습니다. 들을 마음이 없습니다.

왜 그럴까요?

자기 어머니 사랑이 너무 큽니다. 자기 사랑이 너무 커요. 주님으로부터 덮친 사랑이 없기 때문에 자기 믿음과 자기 사랑을 버리지 못하는 겁니다. 아무리 복음을 전해도 하나님에 대한 원망만 쏟아냅니다. 그러면서 하는 말이 "목사님이 믿는 하나님과 내가 믿는 하나님이 다른 것 같습니다"라고 합니다.

십자가 사랑을 받은 적이 없으니 자기 사랑만 가득 차 있습니다. 십자가 외에는 결코 자랑할 것이 없다는 주님의 말씀이 들리지 않습니다.

그런데 예수님은 왜 "너희가 나의 계명을 지키면 나의 사랑 안에 머물러 있을 것이다"라고 말씀하실까요?

그 이유는 간단합니다. 예수님 사랑 안에 머무는 것은 확인할 수 없습니다. 자신이 아무리 예수님 사랑 안에 머문다고 우겨도 그건 자신이 우기는 것뿐입니다. 그러나 예수님의 계명을 지키는 것은 누구나 다 확인이 가능합니다. 바로 이점 때문에 주님이 이렇게 말씀하시는 겁니다.

예수님이 이 땅에 육신을 입고 처녀의 몸에서 태어나셔서 고난받고 십자가에 못 박혀 죽으셨습니다. 이것이 바로 아버지 계명을 지키는 것이었습니다.

그렇다면 성도는 다를까요?

다르지 않습니다. 십자가만을 자랑하니 이 세상 사람들로부터 미움받고, 싫어 버림을 당합니다. 이 모습이 바로 예수님 사랑 안에 머물러 있는 모습입니다.

♣ 예수님의 기쁨이 너희 안에

> 요 15:11
>
> 내가 이것을 너희에게 이름은 내 기쁨이 너희 안에 있어 너희 기쁨을 충만하게 하려함 이니라.

사람들이 기뻐할 때는 자기가 원하는 바를 이룰 때입니다. 다윗은 시편 4:7에서 "내 마음에 두신 기쁨은 저희의 곡식과 새 포도주의 풍성할 때보다 더하니이다"라고 합니다. 농경사회에서 풍성한 추수의 기쁨은 말로 다 표현하기 어렵습니다. 농사라는 것이 자연환경의 지배를 받습니다. 내가 아무리 노력하더라도 신이 도와주지 않으면 풍성한 추수를 기대하기 어렵습니다. 풍성한 추수는 누가 봐도 신의 축복입니다. 그 축복을 받은 자신이 기쁘지 않을 수 없지요.

그런데 다윗은 그 기쁨과는 비교가 되지 않는 기쁨을 말합니다. 여호와께서 다윗의 마음 속에 두신 기쁨입니다.

내용이 8절에 나옵니다.

> 내가 평안히 눕고 자기도 하리니 나를 안전히 거하게 하시는 이는 오직 여호와시니이다 (시 4:8).

풍년을 맞아도 평안히 눕고 잠을 잘 수 없고, 안전하게 거할 수 없다면 풍년의 기쁨은 사라집니다. 이렇게 보면 여호와께서 다윗의 마음에 두신 기쁨이라는 것이 인간이라면 누구나 원하는 기쁨임을 알 수 있습니다.

그런데 예수님의 기쁨은 어떤 기쁨일까요?

풍성한 추수에 대한 기쁨일까요, 아니면 마음의 기쁨일까요?

마음의 기쁨이 평안히 눕고 주무시는 것이 아닙니다. 아버지 뜻대로 행하는 것입니다. 곧 고난받고 십자가에 달려 죽으시는 것입니다. 다윗이 말하는 평안히 눕고 자는 것이 아니라, 나무에 달려 저주받는 겁니다. 이것이 예수님의 기쁨입니다. 그래야만 생명이 자기 백성에게 역사하기 때문입니다.

성도들도 마찬가지입니다. 예수님의 기쁨이 우리 안에 있어 우리 기쁨이 충만케 하신다는 말씀은 소득이 많아진다는 것이 아닙니다. 마음의 평안을 얻는 것도, 밤에 잠 잘 자는 것도 아닙니다. 걱정 근심이 사라지는 것도 아닙니다. 십자가 고난 속에 합류하는 기쁨, 그 기쁨이 충만하게 하시겠다는 겁니다. 이것이 성령의 기쁨입니다.

> 또 너희는 많은 환난 가운데서 성령의 기쁨으로 도(말씀)를 받아 우리와 주를 본받은 자가 되었으니(살전 1:6).

공동번역을 보면 이렇게 번역했습니다.

> 여러분은 많은 환난 중에서도 성령께서 주시는 기쁨을 가지고 말씀을 받아들여 우리뿐만 아니라 주님까지 본받았습니다.

예수님의 말씀은 말씀대로 실행됩니다. 성령의 기쁨은 많은 환난에서만 나옵니다. 십자가 속에 합류시켜 주님의 기쁨을 성도 가운데 충만케 하십니다. 이 충만한 기쁨은 우리가 노력하고 획득하려고 해도 가질 수 없는 충만한 기쁨입니다. 그래서 성령의 기쁨이라고 하는 겁니다. 십자가 앞에 죄인으로 드러나는 기쁨은 곧 십자가 고난 속에 사는 기쁨이 됩니다.

사람들은 자기가 구원받는다면 기뻐합니다. 많은 사람이 이 기쁨으로 살아갑니다. 그러나 십자가 고난 속에 사는 기쁨과 즐거움은 거부합니다.

왜 그럴까요?

말씀이 스스로 실행되지 않았기 때문입니다. 말씀을 자신이 실행했기 때문입니다. 그러니 풍성한 추수와 평안히 눕고 자는 즐거움만 소망하는 겁니다.

주님의 기쁨은 아버지께 순종하는 기쁨입니다. 성도의 기쁨은 그 속에 함몰되어 있습니다. 아무리 빠져 나오려고 해도 탈출 불가능합니다.

> 우리가 만일 미쳤어도 하나님을 위한 것이요 만일 정신이 온전하여도 너희를 위한 것이니 그리스도의 사랑이 우리를 강권하시는도다 우리가 생각건대 한 사람이 모든 사람을 대신하여 죽으심은 산 자들로 하여금 다시는 저희 자신을 위하여 살지 않고 오직 저희를 대신하여 죽었다가 다시 사신 자를 위하여 살게 하려 함이니라 (고후 5:13-15).

여기에서 우리들이 주목해 보아야 하는 부분이 "강권하시는도다"입니다. '강권'이라는 뜻은 '내키지 아니한 것을 억지로 권함'이라는 의미인데 잘 번역한 것 같습니다. 그리스도의 사랑이 휘몰아치니 그 사랑에 휘말립니다. 내가 원하는지 원하지 않는지를 묻지 않습니다. 일방적입니다. 제자들은 예수님의 기쁨이 자신들 속에 충만하기를 원치 않았습니다. 그러니 주님은 자기 증인 삼기 위해 그 사랑의 폭풍을 일으킵니다. 성도가 있는 자리, 가는 곳이 그 현장입니다.

그 현장에 있는 기쁨이 충만합니까?

아니면 풍성한 소득과 잠을 잘 자는 기쁨을 꿈꿉니까?

♣ 예수님의 계명

> 요 15:12
>
> 내 계명은 곧 내가 너희를 사랑한 것 같이 너희도 서로 사랑하라 하는 이것이니라.

과학자들은 인간들이 만든 신을 부정합니다. 그 주장을 잠시 보겠습니다. 스티븐 호킹은 이렇게 말했습니다.

> 블랙홀 중심이 강력한 중력이 작용하기 때문에 시간이 없다. 시간이 없으니 창조주가 존재할 수 없다. 큰 질량이 한 점처럼 압축될 때 블랙홀이 만들어진다. 이와 같은 점이 폭발하여 우주가 만들어졌다.

칼 세이건은 다음과 같이 말했습니다.

> 화석은 신이 시행착오를 겪었다는 증거다.

하이젠베르크는, "어떤 물체의 위치와 속도는 확률적으로만 알 수 있다. 우주는 확정적인 값을 알 수 없고, 확률적이다. 그리고 이 세상은 결점이 있다. 신이 만들었다면 이렇게 되어서는 안 된다.
그리고 하이젠베르크는 신 존재의 의미를 이렇게 설명합니다.

> 수학에서 숫자 둘을 곱하면 플러스가 된다. 그러나 우리는 숫자 둘을 곱해 마이너스가 되는 것을 만들었다. 바로 허수다. 허수는 존재하지 않지만 존재한다. 존재하지 않지만 존재하는 허수를 통해 세상의 움직임을 서술한다. 무한 개념도 마찬가지이다. 종교에서 말하는 신의 존재도 역시 허수와 무한 개념과 비슷하다.

닐스 보어는 이렇게 말합니다.

> 종교의 내용이란 사고의 유희일 뿐이며, 종교는 개개인의 불안을 해소하고, 극복하게 도와주는 힘의 근원이자 공동체 생활이 조화를 이루는데 도움을 주는 것이기 때문에 의의가 있다.

폴디렉은 1927년에 이렇게 언급했습니다.

> 신의 존재에 대해서 말할 수 있는 것이라면 명확하게 말할 수 있어야 한다.

어떻습니까?

이들은 십자가를 모릅니다. 왜냐하면, 이들이 아는 것은 완전한 신에 대한 믿음뿐입니다. 그래서 신 존재를 부정합니다.

그런데 예수님은 왜 자신을 '믿어라'고 하시지 않고, 예수님이 '너희'를 사랑한 것 같이 '너희'도 서로 사랑하라고 하셨을까요?

믿음은 하나님과 같이 되고자 하여 선악과를 따먹은 자들에게서만 나옵니다. 야곱은 태어나기 전에, 태중에 있을 때 여호와 하나님이 말씀하신 말씀을 믿었습니다. 그래서 그는 믿음을 갖고 말씀을 자신이 성취하려고 이름 그대로 발꿈치를 잡아 자신이 앞서려는 인생을 삽니다. 남의 것을 속여 빼앗는 인생을 삽니다.

인간은 누구나 근본적으로 이러한 믿음을 갖고 살아갑니다. 물론 이 믿음은 자신이 신이 되고자 하는 욕망으로부터 나왔습니다. 따라서 만일 자신이 신이 되고자 하는 욕망과 배치된다면 믿음은 언제든지 버립니다. 제자들이 이러했습니다.

예수님은 이러한 인간의 본성을 아십니다. 그래서 주신 것이 새 계명입니다. 새 계명의 특징은 예수님이 제자들을 사랑하신 그 사랑의 복제품이라는 겁니다. 그렇게 되려면 십자가 사건이 반복되어야 합니다.

그런데 어느 인간이 십자가 사건 속에 휘말리기를 원합니까?

그 사건 바깥에서 믿으려고 하지 그 속으로 들어가기를 원치 않습니다. 그뿐만 아니라 예수님이 진정 하나님의 아들이라면, 진정한 주님이라면 나의 행복을 증진시켜 주고, 나를 영생으로 이끌어 주어야 된다는 겁니다. 나를 죽이는 주님은 믿지 않겠다는 겁니다. 그래서 사람들은 하나님을 믿습니다. 이것을 요한복음 1:1에서 말씀드렸습니다. 하나님은 완전하고 완벽한 분입니다. 그래야만 내 인생도 완전하고 완벽해지기 때문입니다.

이 세상 사람들이 믿고자 하고 믿는 신이 이런 신입니다. 십자가에 달려 죽은 사람을 진짜 하나님이라고 생각하지 않습니다. 그래서 교회에서나 절간에서는 인간들이 자신과 다른 완전하고 완벽한 신을 믿는 겁니다.

그래서 예수님이 새 계명을 자신이 선택한 자들에게만 주셨습니다. 새 계명은 십자가 지신 분이 지금도 실제화하십니다.

♣ 친구를 위한 죽음

> 요 15:13
>
> 사람이 친구를 위하여 자기 목숨을 버리면 이에서 더 큰 사랑이 없나니.

제자들은 예수님의 제자이기를 바라지 예수님의 친구가 되기를 원치 않습니다. 예수님의 말씀하시는 친구는 이 세상에서 흔히 말하는 그런 친구가 아닙니다. 예수님 자신의 목숨을 버려 만든 친구입니다. 그러나 제자들은 예수님이 이 세상에서 자신의 목숨을 버리는 것을 원치 않습니다. 예수님은 이 세상에서 살아 계시고 자신들은 제자로 남고 싶습니다. 그래야만 자신의 꿈이 고스란히 실현될 수 있기 때문입니다.

그런데 예수님은 제자들이 원치도 않았는데 그들을 예수님의 친구로 만들었습니다. 자신의 목숨을 버린 사랑으로 친구를 만들었습니다. 본문을 읽는 사람들은 '제자들은 좋겠다'라고 생각할 겁니다. 그런데 제자들은 나름대로 꿈이 있습니다. 구약성경에 나오는 여호와 하나님의 약속을 따라 임하는 하나님 나라를 기다리고 있습니다. 예수님이 바로 메시야, 고레스왕과 같은 일을 하시는 분, 다윗왕으로 오시는 분으로 믿고 있습니다. 그 분이 왕으로 옹립되면 이 세상에서, 이 땅 위에 하나님 나라가 세워질 것이라 기대하고 있습니다.

그런데 그렇게 왕으로 세워져야 할 분이 자신들을 위해 목숨을 내어놓는다는 겁니다. 이것은 제자들 입장에서는 도저히 받아들일 수도 없고 용납할 수도 없는 일입니다. 그러니 예수님의 말씀은 그야말로 절망입니다.

교회 다니는 모든 사람은 예수님은 우리의 좋은 친구라 찬송을 부르면서 예수님이 우리의 친구가 되셨다는 것을 기쁘게 생각합니다. 그런데 예수님이 자신의 피로 만드신 친구는 죽이시고 새롭게 만든 친구입니다. 따라서 죽임 당하기 전에 자신이 갖고 있던 것, 즉 현재 자신의 몸으로부터 뽑아져 나오는 모든 것이 피 앞에서 죄로 규정됩니다.

그러니 하루하루 살면서 내가 좋아하는 것, 내가 기뻐하는 모든 것이 십자가의 원수 짓이라는 것이 새롭게 발각됩니다. 다른 말로 하면 내 몸이 십자가 피 앞에 쉬지 않고 뭉개진다는 겁니다. 이것을 달리 표현하면 하나하나 부인당한다는 겁니다.

그러니 예수님이 자신의 죽음으로 친구를 만드신 일은 이 세상 땅 위에 발을 딛고 사는 사람들에게는 매우 불쾌한 일입니다. 달리 표현하면 절대 '내가 원치 않는 일'이라는 겁니다.

바벨탑의 의미가 무엇입니까?

나의 마음과 뜻과 힘을 다한 결과물이 하나의 벽돌로 쌓입니다. 그 하나하나에 나의 모든 것을 담았습니다. 그런데 그렇게 쌓아온 것들이 주님을 십자가에 못 박아 죽인 짓들입니다. 따라서 주님은 그 정성을 담은 것들을 배설물로 만들어 버립니다. 그러니 화를 내지 않을 수 없습니다. 그래서 십자가 복음을 듣기 싫어하는 겁니다. 할 수만 있다면 돌로 쳐 죽일 겁니다.

♣ 친구의 조건

> 요 15:14
>
> 너희가 나의 명대로 행하면 곧 나의 친구라.

여호와 하나님이 아브라함을 자신의 친구라고 하셨습니다.

> 그러나 나의 종 너 이스라엘아 나의 택한 야곱아 나의 벗 아브라함의 자손아(사 41:8).

아브라함을 '나의 벗'이라고 하셨습니다. 그렇다면 아브라함의 자손도 여호와 하나님의 벗이 됩니다. 왜냐하면, 아브라함의 자손들이 아브라함 안에 들어 있기 때문입니다.

그런데 오늘 본문에 아브라함이 어떻게 하나님의 벗이 되었습니까?

바로 하나님의 죽음입니다. 그의 아들 이삭의 죽음으로 하나님의 벗이 되었습니다. 예수님의 죽음으로 아브라함이 주님의 벗이 된 겁니다. 예수님이 오늘 본문에서 그냥 막 '친구'라는 용어를 사용하시는 것이 아닙니다. 아브라함은 믿음의 조상입니다. 그런 아브라함을 하나님의 벗이라 칭했습니다.

그러니 유대인들은 얼마나 아브라함이 부러웠겠습니까?

그런데 그런 아브라함이 그가 사랑하는 독자 이삭을 번제로 바칩니다. 사람들은 이 내용을 빼고 믿음의 조상 아브라함을 부러워하고 그 믿음 속에 합류하고 싶어 합니다. 자신이 사랑하는 것을 바치지 않고 꼭 간직한 채 주님의 벗이 되고픈 겁니다. 물론 어떤 사람들은 자신의 목숨이나 자녀를 바치기도 합니다. 그런데 그 모든 행위는 자기가 사랑하는 무엇인가를 지키기 위해서, 얻기 위해서 바치는 겁니다.

무슨 근거로 이렇게 말하냐면 바로 십자가입니다. 이들은 십자가를 모르는 자들입니다. 십자가는 내가 무엇을 바치는 것이 아닙니다. 예수님이 자기 목숨을 내어 주신 사랑입니다. 그 사랑으로 친구를 만드신 겁니다. 아브라함은 그 사랑에 휘말렸습니다. 그러니 사랑하는 독자 이삭을 바치는 것은 자신의 일이 아니라 주님의 일이었습니다.

마치 창세기 14장에서 그돌라오멜과 그와 함께한 왕들을 파하고 돌아올 때 살렘왕 멜기세덱에게 그 얻은 것 십분의 일을 주었고, 소돔왕에게 속한 것은 그 어떤 한 실이나 신들메라도 취하지 않은 것과 같습니다. 이 전쟁은 천지의 주재이시오 지극히 높으신 하나님이 복을 주셨기 때문에 승리한 전쟁이라는 겁니다.

그래서 창세기 15:1에서 여호와 하나님이 나타나셔서 "아브라함아 두려워 말라 나는 너의 방패요 지극히 큰 상급이니라"고 하십니다.

전쟁을 나가기 전에 미리 이 말씀을 하셨으면 얼마나 좋을까요?

그러면 이 말씀을 믿고 전쟁을 할 것 아닙니까?

그런데 전쟁하기 전이 아니라 전쟁이 다 끝난 후에 이렇게 말씀하시는 겁니다. 실상 이 말씀은 창세기 12:2-3에서 다 말씀하셨습니다. 다 말씀하셨으면 말씀을 하시지 않아도 안 되느냐고 할 겁니다. 그러나 그렇지 않습니다. 언약이 아브람을 이끌고 다닙니다. 아브람이 주도적 역할을 하는 것이 아니라 언약이 주도적 역할을 합니다. 그래서 창세기 17장에 가서야, 아브람의 나이 99세가 되어서야 이름을 아브람에서 아브라함으로 바꾸시는 겁니다.

예수님이 우리를 친구로 만드셨다고 할 때 우린 과거 어느 시점을 생각합니다. 그런데 그 친구 만드심은 언제나 지금입니다. 그리고 친구로 만드셨다는 증거가 바로 예수님의 명대로 행하는 겁니다. 달리 말하면 성령의 인도하심을 따라 사는 겁니다. 성령의 인도하심이 없기 때문에 자기 부인이 되지 않는 겁니다. 그래서 이런 자들은 예수님의 명대로 행한다고 말합니다. 친구로 만드신 주님의 죽음을 이런 자들에게서는 볼 수 없습니다.

♣ 주님이 하는 것을 아는 벗

> 요 15:15
>
> 이제부터는 너희를 종이라 하지 아니하리니 종은 주인의 하는 것을 알지 못함이라 너희를 친구라 하였노니 내가 내 아버지께 들은 것을 다 너희에게 알게 하였음이라.

이 말씀은 마치 창세기 18:17-19를 보는 것 같습니다.

> 여호와께서 가라사대 나의 하려는 것을 아브라함에게 숨기겠느냐 아브라함은 강대한 나라가 되고 천하 만민은 그를 인하여 복을 받게 될 것이 아니냐 내가 그로 그 자식과 권속에게 명하여 여호와의 도를 지켜 의와 공도를 행하게 하려고 그를 택하였나니 이는 나 여호와가 아브라함에게 대하여 말한 일을 이루려 함이니라.

주인이 하는 일을 다 아느냐 모르느냐의 차이가 종과 친구의 차이입니다. 그런데 오늘 본문은 다시 우리들이 갖고 있는 시간 개념을 무참히 깹니다. 예수님이 아버지께 들은 것을 다 제자들에게 알게 하였다고 합니다. 제자들은 이미 다 안다는 겁니다.

그런데 우리들이 다 알다시피 이 말씀은 이후에 일어나는 사건과 연결이 안 됩니다. 그래서 주석가들이나 목사들은 이 말씀을 예기적 표적이라고 합니다. 예수님이 장차 될 일을 이런 식으로 말씀하셨다는 겁니다.

대부분의 사람은 이 말에 동의를 합니다. 왜냐하면, 우리 인간들이 갖고 있는 역사와 시간의식이 그러하기 때문입니다. 항상 과거에서 현재로, 현재에서 미래로 흘러가는 시간만 알 뿐입니다. 십자가 사건과 성령 강림 사건은 이후에 일어나는 사건입니다. 누가 봐도 성령 강림 사건을 언급하시는 것이 분명합니다. 그러니 예수님의 시제표현이 잘못되었다고 할 수 없으니 앞날에 될 일을 이렇게 말씀 하셨다라고 해석할 수밖에 없습니다.

그런데 그러한 해석은 예수님의 말씀을 농담으로 여기는 것과 같은 태도입니다. 롯의 사위들이 소돔과 고모라가 멸망당할 것이라는 말을 듣지 않습니다. 그러니 오늘 본문에서 예수님이 아버지로부터 들은 것을 다 알게 한다는 말씀의 의미가 우리들이 생각하는 그러한 의미가 아님을 알 수 있습니다. 왜냐하면, 소돔과 고모라성의 심판을 아브라함도 알았고 롯도 알았고 롯의 사위들도 알았습니다.

그러나 그 앎이 어떤 식으로 작용됩니까?

롯과 롯의 사위를 구원과 심판으로 나누는 앎이 됩니다. 그뿐만 아니라 롯조차도 그 앎이 그를 구원하지 못합니다. 천사들이 강제 탈출시킴으로 구원을 얻었습니다. 이것은 아브라함도 마찬가지였습니다.

아브람이 약속의 땅에 도착했습니다. 그런데 그곳에 기근이 들자 살기 위해 아내를 누이로 속이고 애굽으로 내려갔습니다. 이미 아브람은 알고 있습니다. 자신이 복의 근원이라는 사실을 말입니다. 그런데 자신이 알고 있는 복의 근원의 의미가 주님이 약속하신 그 말씀을 현장으로 만드시는 것이 달랐습니다.

제자들은 이미 예수님과 동행하고 있습니다. 그래서 사복음서가 어려운 겁니다. 아직 십자가 사건이 일어나지 않았지만 제자들은 벌써부터 십지기에서 다 이루심 속에 있음을 보여줍니다. 좋은 주인이 하는 일을 모르고 벗은 알았다고 하니 제자들이 알고 움직인다고 생각합니다. 그런데 사도행전을 보든지 아니면 사복음서를 보면 제자들이나 사도들이나 성령 받은 성도들이 알고 움직이는 것이 아니라 주님에 의해서 움직여지고 있음을 확인할 수 있습니다.

따라서 예수님이 제자들을 친구로 만드셔서 아버지로부터 들은 것을 다 알게 하셨다는 말씀의 의미는 곧 너희들이 십자가의 증인으로 마음껏 부려지고 있다는 말씀입니다. 지금 예수님의 말씀을 듣는 제자들은 십자가의 증인으로 제대로 그 역할을 하고 있습니다.

그렇게 보이지 않습니까?

왜 그렇게 보이지 않을까요?

제자들이 알았고, 알았다면 뭔가 그 앎을 바탕으로 행동의 변화가 있어야 된다는 생각 때문입니다. 그런데 주님은 세리와 창기의 친구가 됩니다. 그들이 무슨 변화된 행동을 해서 친구가 된 것이 아닙니다. 친구로 만드신 친구 되신 예수님을 증거하라고 그들을 친구로 만드신 겁니다. 그렇게 되려면 그들은 항상 세리와 창기로 남아 있어야 합니다. 세리 되지 않고 창기 되지 않는 자는 주님의 친구가 아닙니다.

롯이 무엇을 했습니까?

천사가 손을 잡고 강제로 빼내지 않으면 멸망에서 구원을 얻지 못합니다. 아브람 때문입니다. 십자가 때문입니다. 성도는 이것을 이미 알게 되었습니다. 그러하기에 이것을 오늘도 알게 됩니다. 십자가 사건이 일어나는 그 현장에 성도는 놓여 있습니다.

♣ 택하여 세운 자들

> 요 15:16
>
> 너희가 나를 택한 것이 아니요 내가 너희를 택하여 세웠나니 이는 너희로 가서 과실을 맺게 하고 또 너희 과실이 항상 있게 하여 내 이름으로 아버지께 무엇을 구하든지 다 받게 하려 함이니라.

예수님이 제자들을, 성도들을 택했습니다. 사복음서를 보면 분명합니다. 그런데 제자들은 자신들이 예수님을 선택했다고 생각합니다. 제자들이 예수님을 선택했다면 예수님은 제자들을 위해 있어야 합니다. 제자들이 소망하는 것을 이루어주는 예수가 되어야 합니다.

그러나 주님이 제자들을 선택해 세웠습니다. 세웠다는 말은 어떻게 활용하시겠다는 겁니다. 그 내용이 뒷부분에 나옵니다.

이는 너희로 가서 과실을 맺게 하고 또 너희 과실이 항상 있게 하고.

과실을 맺는 것으로 끝나는 것이 아니라 과실이 항상 있게 하겠다는 말씀입니다. 예수님이 선택해서 세운 자들이라면 과실을 맺을 뿐 아니라 항상 그 과실이 있어야 한다는 말입니다. 우리가 알고 있듯이 열한 제자는 예수님이 선택해 세운 자들임을 분명히 압니다.

그러나 사도들 이후에는 예수님이 선택해 세운 자들인지 어떻게 알겠습니까?

문제는 예수님이 말씀하신 과실이 무엇이냐는 겁니다. 만일 제자들이 예수님을 선택했다면 그 예수님을 자신을 위한 분으로 세울 겁니다. 그렇게 되면 예수님의 이름으로 무엇이든지 구해서 자기 이름, 자기 영광을 위한 인생이 되게 해 달라고 할 겁니다.

그러나 예수님이 제자들을 선택해서 자기 이름을 위해 선택해 세웠습니다. 그렇다면 그들이 맺는 과실은 예수님의 이름의 현장성입니다. 지금까지 삼 년 동안 제자들과 함께 동행하셨습니다. 예수님의 이름을 증거하는 자리에 제자들이 서 있었습니다. 오순절 성령을 받은 이후에도 마찬가지입니다. 자기 이름은 부인되고 오로지 십자가에 달려 죽으신 분의 주 되심을 증거하는 자들로 살려집니다.

이것이 이들이 맺는 열매요 이 열매는 항상 있는 열매입니다. 자기 증인이 아니라 십자가의 증인입니다. 따라서 이들이 예수님의 아버지께 무엇을 구하든지 다 받게 하려 함이라는 말씀은 십자가의 증인으로 드러납니다.

갈라디아서에서는 왜 사도 바울의 기도가 나오지 않을까요?

예수님의 말씀대로라면 예수님의 이름으로 구하면 무엇이든지 받을 수 있다고 하셨잖아요. 에베소, 빌립보, 골로새서에서는 기도가 나옵니다.

그런데 왜 갈라디아서에서는 기도가 나오지 않을까요?

너무 흥분해서 그럴까요?

그래서 기도할 마음이 생기지 않아서일까요?

그렇지 않습니다. 갈라디아서 전체가 기도의 내용입니다. 주님의 겟세마네 기도를 그대로 담아 놓은 것이 갈라디아서입니다. 물론 다른 서신들도 마찬가지입니다.

십자가 증인으로 만들기 위해 선택해서 세웠습니다. 성도는 이렇게 이용 당하기 위해 이 땅에 태어 난 겁니다. 주님은 오늘도 우리를 십자가 증인으로 이용하기 위해 각자의 자리에 배치하십니다.

♣ 예수님의 명령

> 요 15:17
>
> 내가 이것을 너희에게 명함은 너희로 서로 사랑하게 하려함이로다.

앞부분을 보게 되면 예수님의 명령이 나옵니다. 그런데 명하시는 부분만 뽑아서 명령이라고 생각하면 곤란합니다. 예수님의 모든 말씀은 명령입니다. 왜냐하면, 예수님이 선택하여 세우신 자들에게 하시는 말씀이기 때문입니다. 그렇다면 14장에서부터 시작하여 지금까지 하신 말씀들의 종착지는 서로 사랑하는 겁니다.

지금까지 요한복음을 읽어 보면서 예수님이 택하신 제자들을 끝까지 사랑하시는 것은 확인되었습니다. 그러나 제자들이 예수님을 사랑하는 것은 확인되지 않습니다. 물론 자기 사랑을 내뿜지만 그 사랑은 예수님이 거부합니다. 서로 사랑이 성립이 되지 않습니다. 그런데 주님은 이것을 서로 사랑이라고 하시는 겁니다. 십자가 피로 용서하신 그 사랑만을 온전히 담은 질그릇입니다. 음녀입니다.

그렇다면 예수님이 말씀하신 "서로 사랑하라"는 말씀은 이런 식으로 작동됩니다. 마치 예수님이 제자들을 위해 홀로 십자가에 달려 죽으시는 것과 똑같은 모습을 성도들에게 반복됩니다. 그곳이 바로 서로 사랑하라는 말씀이 실제로 일어나는 현장입니다. 물론 이러한 사랑에 응답하는 내용이 사도행전에 많이 나옵니다. 이 사랑에 사랑으로 화답하면 하나가 됩니다. 그러나 이 사랑을 거부하는 자들로부터는 미움과 핍박과 죽임을 당하게 됩니다.

서로 사랑하게 하려 함이라는 말씀은 이처럼 예수님이 이 땅에서 당하신 그 일을 주님이 만드신 친구들도 동일하게 당하도록 하시겠다는 말씀입니다.

♣ 먼저 예수님을 미워함

> 요 15:18
>
> 세상이 너희를 미워하면 너희보다 먼저 나를 미워한 줄을 알라.

서로 사랑하는 중인데 왜 세상이 미워할까요?

세상이 말하는 사랑과 예수님이 말씀하시는 사랑이 다르기 때문입니다. 십자가 피를 전한다는 것은 이 세상을 부정한다는 말입니다. 이 세상 사체를 어둠으로 규정합니다. 지옥 가야 마땅하다는 겁니다. 인간의 그 어떤 행위로도 천국에 갈 수 없다는 겁니다. 이런 외침이 사랑이라는 겁니다.

그런데 어느 인간이 이러한 외침을 사랑으로 받겠습니까?

이 세상은 잔칫집에 포도주가 떨어지면 그 포도주를 채워주든지, 먹을 것이 없으면 먹을 것을 공급해 주든지, 병에 걸려 고생하고 있다면 병을 고쳐 주든지, 죽은 자를 살려주든지, 아니면 자신들이 선택하고 믿는 믿음을 인정해 주는 것을 사랑으로 생각합니다. 지적질 당하는 것만큼 불쾌한 것이 없지요. 이것은 이 세상에 사는 모든 사람이 갖고 있는 마음입니다. 그 어느 누구도 예외는 없습니다. 그러니 십자가로 다가오는 사랑이 싫은 겁니다.

십자가를 내밀지 말고 십자가는 저 뒤쪽에 배치해 두고 구원만 내밀면 좋겠다는 겁니다. 예수님이 자기 사람을 사랑하시되 끝까지 사랑하셨는데 그 사랑을 거부해 버립니다.

왜 그렇습니까?

자신이 선택하고 바라던 사랑이 아니기 때문입니다. 이 세상은 이 세상 신이 장악하고 있습니다. 각자가 신이라는 말입니다.

그러나 그 신적 능력을 마음껏 펼칠 사랑을 원하지 그 신적 능력이 지옥 가야 마땅할 능력이라고 하니 누가 좋아하겠습니까?

그러니 예수님으로부터 선택받아 세움 받은 자들은 이 세상으로부터 미움을 당하는 것은 당연합니다. 그 대상이 가족이든 민족이든 국가이든 마찬가지입니다. 예수님도 가족에게, 제자들에게, 민족에게, 이 세상으로부터 미움받고 십자가에 못 박혀 살해당했습니다.

왜 예수님을 살해했습니까?

예수님의 입으로부터 나오는 말들이 분노를 일으킵니다. 잘한 것은 잘했다고 해 줘야 하는데 전면 부정입니다. 선한 것이 하나도 없다는 겁니다.

너희 아비가 마귀라고 합니다. 이런 말 듣고 기분 좋을 사람 이 세상엔 없습니다. 성령을 받지 않으면 분노가 일어날 수밖에 없습니다. 이것은 우리가 말씀을 듣고 배운다고 해서 조절할 수 있는 일이 아닙니다. 훅 치고 들어오는 겁니다. 그래서 사람들이 성경을 읽지 않으려고 하고, 복음을 듣지 않으려는 겁니다.

주님은 이러한 현상에 대해 세상이 예수님을 먼저 미워한 결과라고 합니다.

정말 놀랍지 않습니까?

성도를 미워하는 이유는 예수님을 먼저 미워한 결과라고 하십니다. 원인을 자신에게 두지 말라는 말씀입니다. 우리들은 언제나 모든 원인을 자신에게 둡니다. 사람들이 나를 미워하면 나에게 원인이 있다고 생각합니다. 그런데 우리가 알아야 하는 사실은 나를 먼저 미워한 것이 아니라 주님을 미워했기 때문에 성도에게 일어나는 현상입니다.

성도는 이 세상에서 사랑받기 위해 태어난 자들이 아니라 이 세상에서 미움받기 위해 주님의 선택을 받은 자들입니다. 이 세상을 십자가 피로 덮어서 봅니다. 그러니 이 세상을 보는 관점이 너무 부정적입니다. 이 세상을 죽은 세상으로 봅니다. 그러니 살았다고 하는 자들로부터 미움을 받지 않을 수 없습니다. 천국은 이들의 것입니다.

♣ 세상이 미워하는 택한 자들

> 요 15:19
>
> 너희가 세상에 속하였으면 세상이 자기의 것을 사랑할 터이나 너희는 세상에 속한 자가 아니요 도리어 세상에서 나의 택함을 입은 자인고로 세상이 너희를 미워하느니라.

세상은 악마에게 사로잡혀 있습니다. 문제는 사로잡혀 있기 때문에 자신이 사로잡혀 있는 줄 모릅니다. 그래서 이 세상이 흘러가는 대로 그 속에 속하여서 살아갈 뿐입니다. 세상에 속한 자는 결코 자신이 그 속에서 빠져나가기를 원치 않습니다. 그런데 주님은 그렇게 원치 않는 자를 택해서 세상에서 뿌리째 뽑아 버렸습니다.

이들은 이 세상에 뿌리가 없습니다. 연결고리가 없습니다. 그러니 이들이 세상을 보는 안목은 불에 타 없어져야 할 세상으로 보일 뿐입니다. 달리 말하면 온 세상은 십자가의 피 공로만을 증거하는 요소로만 봅니다.

그래서 세상이 이들을 미워합니다. 세상에서는 반드시 어느 편에 속해야 합니다. 선에 속하든지 악에 속하든지 해야 합니다. 물론 이 선악의 기준은 각자의 입장에서 다릅니다. 좌파의 선과 우파의 선이 다릅니다. 사장의 선과 직원의 선이 다릅니다. 인간 둘만 만나면 선과 악이 나누어집니다.

물론 한 사람만 있어도 그 내면에서 선과 악을 나눕니다. 그래서 인간은 언제나 그 중 선을 택하라고 독촉당하고 있습니다. 곳곳에 빨간딱지가 붙었습니다. 여기에서 반드시 선을 택해야 합니다.

만일 여기에서 "나는 저주받아 마땅해"라고 하면 어떻게 될까요?

"나는 십자가 외에 자랑할 것이 없다"고 하면 어떻게 될까요?

온 세상이 미워합니다.

나의 잘못도 아니고, 내가 하지도 않을 일들을 했다라는 식으로 사람들이 떠들고, 소문내고, 온 국민이 안다면 어떻게 하겠습니까?

아니면 내가 숨어서 한 나쁜 짓을 그렇게 알려지면 어떨까요?

그것 때문에 500명 이상이 자살했답니다.

우리라고 여기에 포함 안 될까요?

사실 이런 일들은 교회에서 많이 일어납니다. 복음을 전하면 사람들은 복음은 절대 공격하지 않습니다. 그 사람이 한 행위를 공격하는데, '아' 다르고 '어' 다릅니다. 소문은 삽시간에 온 교회에 퍼지지요. 사람들은 사실을 알기를 원치 않습니다. 아무리 해명해도 이미 자신이 판단자이기 때문에, 결정권자이기 때문에 재판은 끝났습니다.

이들은 오늘 본문을 모르는 자들입니다. 자신이 누구를 공격하는 지도 모릅니다. 그러나 공격당하는 자, 미움받는 자만 자신이 예수님 말씀에 휘말렸다는 사실을 압니다.

알기 때문에 마음의 요동이 없을까요?

사람들은 안다면 요동이 없을 거라 생각합니다.

그렇다면 마음의 요동이 있어야 합니까?

그것도 아닙니다.

세상에서 택하신 이유는 십자가 피를 증거하는 증인 삼기 위해서입니다. 이 와중에도 선악을 나누어 선을 택하려는 본성을 발휘합니다. 나는 미움 받으니 의롭다가 아니라 미움받는 가운데 십자가 피를 자랑하는 몸으로 사용합니다. 다윗이 나단 선지자의 지적 앞에 죄 덩어리로 태어났고 그 이유가 십자가 피를 증거하기 위함임을 고백한 것이 우리의 고백이 되기를 바랍니다.

♣ 택함과 저주

> 요 15:19
>
> 너희가 세상에 속하였으면 세상이 자기의 것을 사랑할 터이나 너희는 세상에 속한 자가 아니요 도리어 세상에서 나의 택함을 입은 자인고로 세상이 너희를 미워하느니라.

이 세상에서 신의 영역은 그 어느 누구도 함부로 할 수 없는 영역입니다. 예를 들면 사람들이 산에 올라갈 때 쌓아 놓은 돌탑들을 함부로 넘어뜨리지 않습니다. 왜냐하면, 혹 내가 신의 저주를 받을까 싶어서입니다. 이미 돌탑은 인간의 영역을 넘어서 신의 영역이 된 겁니다.

교회에서 목사를 저주하지 못하는 이유도 마찬가지입니다. 시주 받기 위해서 찾아온 중을 문전박대 하지 못하는 이유도 마찬가지입니다. 시대가 바뀌었다고 하지만 신의 영역은 여전히 사람들로부터 경외감을 갖게 하는 영역입니다. 그 이유는 딱 하나입니다. 저주는 받기 싫고 축복을 받고 싶기 때문입니다.

그런데 하나님이 사랑하는 아들 예수님을 보면 유대인들이 보아도 그러하고, 이방인들이 보아도 그러하듯이 신께 저주를 받았습니다.

> 사람이 만일 죽을 죄를 범하므로 네가 그를 죽여 나무 위에 달거든 그 시체를 나무 위에 밤새도록 두지 말고 당일에 장사하여 네 하나님 여호와께서 네게 기업으로 주시는 땅을 더럽히지 말라 나무에 달린 자는 하나님께 저주를 받았음이니라 (신 21:22-23).

이것을 갈라디아서 3:13에서는 이렇게 해석합니다.

> 그리스도께서 우리를 위하여 저주를 받은바 되사 율법의 저주에서 우리를 속량하였으니 기록된바 나무에 달린 자마다 저주 아래 있는 자라 하였음이라 이는 그리스도 예수 안에서 아브라함의 복이 이방인에게 미치게 하고 또 우리로 하여금 믿음으로 말미암아 성령의 약속을 받게 하려 함이니라 (갈 3:13-14).

신명기 21장에서는 나무에 달린 자는 하나님께 저주를 받은 자라고 선언합니다. 그런데 갈라디아서 3장에서는 예수님이 나무에 달렸다는 것을 두고 모든 인간을 나무에 달린 자로 규정합니다. 즉 모든 인간이 하나님의 저주 아래 있다는 겁니다. 그 내용이 바로 갈라디아서 3:13에 나옵니다. 그리스도께서 우리를 위하여 저주를 받은바 되사 율법의 저주에서 우리를 속량하셨다는 겁니다.

모든 인간은 나무에 달린 자입니다. 그 어느 누구도 그 나무에서 내려올 자가 없습니다. 하나님의 저주로부터 벗어날 방법이 없습니다. 그리스도께서 나무에 달려 대신 저주받으시는 방법 외에는 없습니다. 이렇게 말하면 난 저주 아래 있지 않다고 하는 자들이 있을 겁니다. 그렇게 말하려면 해도 됩니다. 그런데 그리스도께서 나무에 달려 죽으셨다는 사실은 곧 모든 인간이 나무에 달린 저주받은 자라는 것을 증거합니다.

나무에 달려 죽으신 분이 전파된다는 것은 곧 이 세상은 이미 저주받은 세상이라는 겁니다. 예수님의 택함을 입었다는 것은 흔히 하나님의 저주로부터 벗어났다는 겁니다. 율법의 저주에서 속량하셨다고 하잖아요. 그런데 말입니다. 저주에서 속량 되었는데 그 인생은 저주받은 인생으로 산다는 겁니다.

주님이 이렇게 말씀하셨음에도 불구하고 사람들은 자신은 복음을 알기 때문에 축복받는 인생이 되어야 한다는 겁니다. 달리 말하면 복음을 알기 전에 알았던 그 축복을 받고 싶은 겁니다. 왜냐하면, 이미 신의 영역에 들어왔기 때문입니다.

그러니 자신에겐 더 이상 저주가 주어지면 안 된다는 겁니다. 무엇을 하더라도 축복이 쏟아져야 한다는 겁니다. 복의 근원이기 때문에 나 자신부터 축복을 받아야 하고, 그리고 내 주변이 나로 인해 축복 받기를 원합니다.

주님은 우리가 상상하는 바를 다 아십니다. 그래서 말씀을 먼저 던지신 겁니다. 그리고 그리스도의 영을 주셔서 그 말씀 속으로 집어넣어버립니다. 이것은 우리들이 원치 않는 길이요 원치 않는 삶입니다. 주님은 그 속에서 우리를 십자가만을 자랑케 하십니다. 이것이 저주에서 속량 받은 자의 삶입니다.

♣ 예수님의 핍박이 성도에게도

> 요 15:20
>
> 내가 너희더러 종이 주인보다 더 크지 못하다 한 말을 기억하라 사람들이 나를 핍박하였은즉 너희도 핍박할 것이요 내 말을 지켰은즉 너희 말도 지킬 것이라.

앞서 주님은 제자들을 향해 이제부터는 너희를 종이라 하지 않고 나의 친구라고 하셨습니다. 따라서 종이 주인보다 더 크지 못하다고 말씀하신 (요 13:16)것을 기억하라고 하신 말씀을 다시 말씀하심으로 밀미암아 제자들이 어떻게 살게 될 것을 말씀하십니다.

사람들이 예수님을 핍박하였기 때문에 너희도 핍박할 것이라고 하십니다. 또한, 예수님의 말씀을 지켰기 때문에 너희 말도 지킬 것이라고 합니다. 여기에서 시제를 약간 주목해 보면 예수님을 핍박하고, 예수님의 말씀을 지킨 것은 과거입니다. 그러나 제자들이 핍박받고 제자들의 말을 지킬 것은 미래가 됩니다.

예수님이 당했던 핍박과 예수님의 말씀을 들은 자들이 제자들을 통해, 곧 예수님의 친구들을 통해 반복된다는 겁니다. 이러한 것은 스승과 제자에게는 얼마든지 일어날 수 있는 현상입니다. 그러나 예수님의 말씀은 그런 의미가 아닙니다.

만일 제자들이 예수님과 독립적으로 살아간다면 예수님의 말씀을 자신들이 순종했기 때문에 자신들의 스승이, 자신들의 주인이 당했던 일을 자신들도 당한다고 할 수 있습니다. 그러나 그날에는 내가 아버지 안에 아버지가 내 안에 너희가 내 안에 내가 너희 안에 있다(요 14:20)고 하셨습니다. 따라서 제자들이 예수님의 말씀을 듣고 배워서 그렇게 살았기 때문에 예수님이 당하신 핍박과 순종을 동일하게 겪는 것이 아니라는 겁니다.

그런데 수많은 목사나 교인은 이런 식으로 오늘 본문을 이해합니다. 그래서 이들이 노력하는 부분은 말씀에 대한 바른 해석입니다. 말씀을 바르게 해석해서 그 말씀대로 살아가게 되면 예수님의 말씀이 자신들의 몸을 통해 실현된다는 주장을 합니다. 아마 교회 다녀 본 사람들은 이런 이야기를 많이 들었을 겁니다.

이들은 성령을 삭제해 버립니다. 왜냐하면, 성령은 눈에 보이지 않습니다. 예수님이 하나님 우편의 자리에 계신 것도 보이지 않습니다. 그러니 성령은 아무런 힘이 없습니다. 오히려 성령을 자신들이 주무를 수 있다고 생각합니다. 그래서 오늘 본문 말씀을 대하면서도 십자가가 보이지 않고 자신들이 받을 핍박이나 환영을 꿈꾸는 겁니다.

실상 이 땅에서는 예수님을 환영한 자들은 없습니다. 물론 가끔 환영하는 자들이 있었습니다. 그러나 그들도 역시 예수님을 죽이는데 함께 했습니다. 그런데 예수님은 그들의 환영을 쏙 뽑아 앞으로 예수님의 말씀을 들을 자들의 예로 사용하십니다.

핍박과 환영은 십자가만 자랑하기 때문입니다. 십자가는 인간이 꿈꾸는 구원을 무참하게 짓밟고 공격합니다. 이 땅에 사는 사람들의 최우선은 언제나 생존입니다. 십자가는 생존 자체를 문제 삼습니다. 생존을 바탕으로 그 위에 쌓는 모든 것을 문제 삼습니다. 그 모든 것은 헛것이요 십자가의 피를 증거하기 위한 헛것들이라는 겁니다.

주님은 십자가로 이것을 책망합니다. 그 찌름이 너무 날카롭습니다. 베이지 않을 인간 없습니다. 이런 자들은 말씀에 순종합니다. 그러나 베이기 싫은 자들은 핍박을 가합니다. 예수님이 주님이 되셔서 보내 주신 성령이 임한 자들은 이러한 일을 당하게 됩니다.

♣ 예수님의 이름과 아버지를 아는 것

> 요 15:21
>
> 그러나 사람들이 내 이름을 인하여 이 모든 일을 너희에게 하리니 이는 나 보내신 이를 알지 못함이니라.

　예수님의 이름은 이 땅에 오셔서 자기 목숨을 대속물로 내어 주시고 주의 자리에 앉으신 이름입니다. 주님이 성령을 자기 백성에게 보내셔서 예수님의 이름을 증거하게 하십니다. 이들만이 예수님을 보내신 분을 압니다.
　언어라는 것은 한계를 갖고 있습니다. 요한복음 14:9에서 "나를 본 자는 아버지를 보았거늘 어찌 아버지를 보이라 하느냐"라는 말씀처럼 오늘 본문도 중첩된 본문으로 보시면 됩니다.
　성령을 받지 못한 인간들은 자신이 믿을 것을 찾습니다. 그래서 자신이 믿을 만하다고 생각되는 것이 걸려들면 그 무엇이든 믿고자 합니다. 나무, 돌, 산, 하늘, 태양, 달, 별, 자신이 만든 것, 바람, 비, 눈 등등 그 무엇이든지 믿음의 대상으로 바꿉니다. 이러한 습성을 갖고 성경을 읽고 연구합니다. 그래서 오늘 본문 같은 것을 보면서 우리가 믿어야 할 대상이 예수님도 믿어야 하고 예수님을 보내신 아버지도 믿어야 된다고 생각합니다.
　그런데 한 사람이 두 주인을 섬기지 못합니다. 그렇게 되면 예수님께 무게중심을 두든지 아니면 예수님을 보내신 아버지 하나님께 무게 중심을 두게 됩니다.
　여러분은 어디에 무게 중심을 둡니까?

오늘날 교회는 하나님으로 무게 중심을 옮겨 버렸습니다. 그래서 교회에서는 예수님, 곧 십자가 중심의 설교가 되는 것이 아니라 하나님 중심의 설교가 되는 곳이 대부분입니다.

비록 십자가 이야기를 해도 결론은 하나님으로 끝납니다. 절대 십자가로 종결되지 않습니다. 그 이유는 이미 믿음을 소유하고 있기 때문입니다. 나로부터 시작된 믿음은 내가 믿을 대상으로 끝나야 합니다. 그렇다면 그 상대편에는 나를 부정하는 신이 위치하는 것이 아니라 나를 긍정하는 신이 위치해야 합니다. 따라서 십자가를 맞은편에 놓는 것이 아니라 하나님을 맞은편에 놓습니다. 아니면 예수님을 맞은편에 둡니다. 십자가도 맞은 편에 두지만 그 십자가조차 결국 내가 믿을 대상이요 나를 구원하는 것으로서의 십자가입니다.

인간 자신에게는 자기 부인할 능력이 없습니다. 그래서 십자가 복음을 전하는 자를 용납지 않습니다. 십자가 복음은 나를 찔러 쪼개는 복음입니다. 죄인이기 때문에 찔러 쪼갤 것이 없는 것이 아니라 찔러 쪼개어지는 죄인입니다. 그래서 내가 죄인임을 알기 때문에 내 스스로 알아서 십자가만 자랑하는 자가 아니라, 예수님의 이름이 십자가만 자랑케 하는 현장을 만드십니다. 이것이 바로 예수님 이름의 능력입니다.

예수님 이름의 활동성이 십자가를 자랑케 하시고, 예수님의 이름의 활동성으로 인하여 핍박하는 자들이 만들어집니다. 이것은 예수님이 이 땅에 계실 때 상황의 반복입니다. 그래서 성도를 주님의 증인이라 하시는 겁니다.

♣ 예수님의 말씀과 죄

> 요 15:22
>
> 내가 와서 저희에게 말하지 아니하였더라면 죄가 없었으려니와 지금은 그 죄를 핑계할 수가 없느니라.

사람들은 죄가 있다고 하면 그 죄의 유무를 율법에 근거하여 율법대로 살지 못한 것을 두고 죄라고 합니다. 그런데 예수님이 말씀하시는 죄의 기준은 예수님의 말씀입니다.

예수님이 하신 말씀이 무엇일까요?

그리스도의 영을 받은 사도 바울은 십자가를 외쳤습니다. 그렇습니다. 예수님이 하신 말씀은 곧 십자가입니다. 하나님의 아들이 이 땅에 육신을 입고 오셨다는 자체가 죄를 핑계할 수 없는 상황을 만드셨습니다.

따라서 십자가 복음이 전파된다는 것은 그 어느 누구도 자기 죄를 변명할 길이 없다는 말입니다. 놀라운 사실은 주님이 성령을 주신 자들만이 이 말씀에 휘말립니다. 따라서 욥이 고백하는 것과 같은 동일한 고백을 합니다.

> 내가 주께 대하여 귀로 듣기만 하였삽더니 이제는 눈으로 주를 뵈옵나이다 그러므로 내가 스스로 한하고 티끌과 재 가운데서 회개하나이다 (욥 42:5-6).

공동번역을 보면 이렇습니다.

> 당신께서 어떤 분이시라는 것을 소문으로 겨우 들었었는데 이제 저는 이 눈으로 당신을 뵈었습니다. 그리하여 제 말이 잘못되었음을 깨닫고 티끌과 잿더미에 앉아 뉘우칩니다.

예수님의 말씀을 옆에서 듣고, 배워도, 성경 말씀을 아무리 연구해도 욥의 고백이 나올 수 없습니다. 왜냐하면, 소문으로만 듣기 때문입니다.

주님이 친히 성령을 주셔서 알게 하시지 않으면 자기 죄를 알 수 없습니다. 자기 죄를 변명하기 바쁩니다. 자신은 죄를 짓지 않을 수도 있었다는 겁니다. 지금도 교회에서는 자신의 기도와 헌신으로 하나님께 영광을 돌릴 수 있다고 하는 자들이 가득합니다. 이들은 욥의 고백을 수도 없이 읽으면서도 그 뜻을 알지 못합니다. 십자가 피를 증거하기 위한 인생임을 모릅니다.

성도는 십자가의 피 공로를 증거하기 위해 만들어진 새로운 피조물입니다. 그렇다면 그 피가 증거 되려면 죄인이 되어야 합니다. 주님의 긍휼을 돋보이게 하는 인생이 되려면 긍휼을 받을 수밖에 없는 처지에 있어야 합니다. 그 처지에 놓인 자가 성도입니다.

그런데 사람들은 이런 처지에서 벗어나려고 합니다. 떳떳하게 살고 싶어 합니다. 당당해지고 싶은 겁니다. 예수님 앞에 당당히 서고 싶은 겁니다. 세리와 창기, 죄인으로 서는 것이 불쾌합니다. 신이 되고픈 자에게 십자가 복음은 분노를 야기합니다.

그뿐만 아니라 이 세상에 대한 희망을 놓지 않습니다. 이 세상 가운데 하나님 나라, 곧 자신들이 꿈꾸는 유토피아를 만들고 싶은 겁니다. 그것이 교회가 되든지 아니면 어떤 공동체가 되든지, 아니면 어떤 국가가 되든지 말입니다. 그래서 정치에 사람들이 관심을 두는 겁니다. 십자가 복음이 전파된다는 것은 그 어떤 괜찮은 정치체제도 짐승의 모습이며 불 심판 받을 마땅한 이유만을 보일 뿐이라는 겁니다. 죄에 대해 그 어떤 변명도 불가합니다.

♣ 십자가와 예수님 사랑

> 요 15:23
>
> 나를 미워하는 자는 또 내 아버지를 미워하느니라.

교회를 다니는 사람 중에 예수님이 밉거나 하나님 아버지를 미워하는 사람은 없습니다. 그뿐만 아니라 정통 교회에서 이단으로 간주하는 자들도 마찬가지입니다. 이들도 마찬가지입니다. 예수님을 노골적으로 미워하거나 하나님 아버지를 미워하는 사람은 없습니다. 그들은 앞다투어 자신들이야말로 진정으로 예수님을 사랑하고 하나님을 사랑한다고 합니다.

말라기 3:13-15입니다.

> 여호와가 이르노라 너희가 완악한 말로 나를 대적하고도 이르기를 우리가 무슨 말로 주를 대적하였나이까 하는도다 이는 너희가 말하기를 하나님을 섬기는 것이 헛되니 만군의 여호와 앞에 그 명령을 지키며 슬프게 행하는 것이 무엇이 유익하리요 지금 우리는 교만한 자가 복되다 하며 악을 행하는 자가 창성하며 하나님을 시험하는 자가 화를 면한다 하노라 함이니라.

바벨론 포로에서 돌아온 남은 자들에 대한 여호와 하나님의 말씀은 "너희가 완악한 말로 나를 대적했다"는 겁니다. 여기에 대한 바벨론 포로에서 돌아온 자들이나, 예루살렘에 남아 있었던 자들은 이렇게 묻습니다.

"우리가 무슨 말로 주를 대적하였나이까?"

성경을 읽는 우리들은 이미 여호와 하나님 편이기 때문에 그편에서 이 말씀을 읽게 됩니다. 그래서 남은 자들의 항변이 무조건 잘못 되었다고 생각합니다. 물론 무조건 잘못되었습니다.

그렇다면 왜 남은 자들은 이런 말로 항변할까요?

그 이유는 결코 그렇게 말한 적이 없다는 겁니다.

그렇다면 뒤에 여호와께서 말씀하신 "너희가 말하기를 하나님을 섬기는 것이 헛되니 만군의 여호와 앞에 그 명령을 지키며 슬프게 행하는 것이 무엇이 유익하리요 지금 우리는 교만한 자가 복되다 하며 악을 행하는 자가 창성하며 하나님을 시험하는 자가 화를 면한다 하노라"는 말씀이 여호와 하나님의 억측일까요?

실상 말라기 말씀이 예수님 시대로 곧장 넘어오게 되면 인간들이 안식일을 지키고, 제사법을 준행하며, 십일조를 여호와 하나님께 드리는 것이 바로 이런 마음이라는 겁니다.

바리새인들이나 율법사들을 향해 외식하는 자들이라고 외치신 예수님의 말씀이 억측입니까?

사람에게서 나오는 모든 것이 악하다는 주님의 말씀이 억측입니까?

인간들이 보기에 예수님의 말씀은 억측입니다. 그런데 그 억측이 십자가에서 사실로 드러났습니다. 예수님의 말씀은 억측이 아니라 진리입니다.

예수님을 사랑하고 하나님을 사랑한다고 하는 자들은 어떨까요?

주일 예배를 빠지지 않고, 새벽기도에 열심이며, 십일조 제대로 하고, 감사헌금, 주일 헌금, 전도, 기도, 봉사, 선교 헌금 등을 열심히 하는 사람들은 자신들이 예수님을 사랑하고 하나님을 사랑해서 그렇게 행한다고 주장합니다.

그런데 정말 이상한 것은 이들에게 십자가 피를 전하면 왜 그렇게 분노를 낼까요?

왜 십자가 피 복음에 대해서는 듣기 싫어할까요?

왜 십자가 앞에서 무엇을 해도 죄가 된다는 말을 듣기 싫어할까요?

그래서 이들은 예수님을 사랑하고 하나님을 사랑한다고 하는 겁니다.

이들이 사랑하는 예수님과 하나님은 실상 구약 이스라엘 백성들이 그토록 사랑했던 우상 하나님입니다. 우상 하나님은 결단코 자신들을 가난하게 하거나 어렵게 살게 하지 않는다는 겁니다. 주변에 있는 제국의 왕처럼 살게 해 줄 것을 확신하면서 하나님을 사랑합니다.

북이스라엘 르호보암왕이 북이스라엘 최남단 벧엘과 최북단 단에 황금 송아지를 만들고 "이스라엘아 이는 너희를 애굽 땅에서 인도하여 올린 너희 신이라"고 외쳤을 때 백성들이 여기에 동의한 이유도 마찬가지입니다.

나를 위한 여호와여야 한다는 겁니다. 이것이 바로 십계명에 나오는 우상입니다. "너희를 위하여"에 해당되는 모든 것은 우상이 됩니다. 정말 놀라운 것은 그 우상에 여호와 하나님이 포함되었습니다. 그뿐만 아니라 그 우상에 예수님의 이름도 포함되었습니다.

예수님을 미워하지 않고 하나님도 미워하지 않는데 왜 십자가를 싫어할까요? 십자가 피는 "너희를 위한 것들"이 우상임을 고발하기 때문입니다. 십자가를 미워하지 않는 자가 예수님을 미워하지 않는 자요 하나님 아버지를 미워하지 않는 자입니다. 성령의 책망이 없으면 십자가가 싫습니다.

♣ 아무도 못한 일 1

> 요 15:24
>
> 내가 아무도 못한 일을 저희 중에서 하지 아니하였더라면 저희가 죄 없었으려니와 지금은 저희가 나와 및 내 아버지를 보았고 또 미워하였도다.

아무도 못 한 일을 예수님이 저희 중에서 하셨다고 합니다. 요한복음을 일장부터 여기까지 읽어 본 사람들은 그 일이 곧 표적이라고 생각합니다. 그런데 예수님은 표적을 둘로 쪼겠습니다. 소경이 아니라고 하는 자들이 보는 표적과 주님이 눈을 뜨게 한 자들이 보는 표적은 다릅니다.

소경이 아닌 자들이 보는 표적은 이 세상 모든 사람이 동일하게 생각하는 방식으로 이해합니다. 물로 포도주를 만드신 사건, 왕의 신하의 아들을 살리신 사건, 38년 된 병자를 고치신 일, 물고기 두 마리와 보리떡 다섯 개로 장정 오천 명을 먹이신 사건, 날 때부터 소경된 자의 눈을 뜨게 하신 사건, 죽은 나사로를 살리신 사건들을 볼 때 이 사건을 통해 사람들이 예수님이 누구신가를 믿게 하기 위한 표적으로 이해합니다.

지금도 많은 사람은 성경을 읽으면서 그렇게 믿고 이해합니다. 예수님이 자신이 하나님의 아들이시며 구세주이심을 증거하기 위해 이런 표적들을 행하셨다는 겁니다. 이런 기적들, 표적들을 통해 예수님 자신을 계시하셨다는 겁니다. 들어보면 맞는 말 같습니다.

그런데 말입니다. 그렇게 되면 십자가 지신 예수님이 주가 되셔서 보내주실 성령이 필요 없습니다. 왜냐하면, 이미 그 당시에도 수많은 사람이 예수님을 그리스도로 믿었고, 예수님이 부르신 예수님을 따르던 제자들도 예수님을 주님으로, 그리스도로 믿었기 때문입니다. 그런데 예수님은 자신을 믿는 유대인들을 향해 다음과 같이 말씀하셨습니다.

> 너희는 너희 아비 마귀에게서 났으니 너희 아비의 욕심을 너희도 행하고자 하느니라 (요 8:44).

여기에는 열두 제자들도 포함됩니다. 따라서 예수님이 행하신 표적은 도리어 사람들을 마귀가 자신들의 아비임을 증거합니다. 자신들의 귀와 눈과 입술과 마음과 몸을 사용하면 할수록 마귀가 자신들의 아비임이 드러날 뿐입니다.

예수님이 행하신 일이 무엇인지 인간들은 도무지 알지 못합니다. 인간 그 어느 누구도 하지 못한 일이란 자기 목숨을 버릴 권세가 있는 분이 자기 몸을 대속물로 내어 주시는 일입니다. 주님이 주신 성령을 받지 않고는 결코 알 수 없습니다. 지금도 성령 받았다고 주장하면서 성경을 해석하는 것을 보면 예수님 당시 예수님을 두 눈으로 본 소경들이 보는 안목과 전혀 다르지 않습니다.

예수님을 두 눈으로 보아도 예수님을 보지 못했고, 예수님의 아버지를 볼 수 없었습니다. 그런데 예수님은 "나와 내 아버지를 보았고 또 나를 미워하였도다"라고 하십니다. 이것이 인간들의 형편입니다. 모든 인간은 죄인입니다. 그러니 인간들에게 남은 것은 심판뿐입니다.

그러니 십자가가 밝히 보이는 겁니다. 성경을 아무리 연구하고 공부해도 인간은 자신을 알지 못합니다. 주님이 주신 성령의 인도하심이 없는 자는 오로지 자기 구원에만 몰두합니다.

"병 낫게 해 주세요. 건강하게 해 주세요. 부자 되게 해 주세요. 내가 미워하는 누군가를 망하게 해 주세요. 우리 가족이 행복하게 살다 모두 천국 가게 해 주세요"라고 예수 이름으로 기도합니다.

이들의 관심은 그 누구도 하지 못한 일에 있는 것이 아니라 자신의 욕망을 이루는 일에만 관심이 있습니다.

♣ 아무도 못한 일 2

> 요 15:24
>
> 내가 아무도 못한 일을 저희 중에서 하지 아니하였더라면 저희가 죄 없었으려니와 지금은 저희가 나와 및 내 아버지를 보았고 또 미워하였도다.

이 세상에 속한 자들은 도무지 할 수 없는 일입니다. 그뿐만 아니라 절대 알 수 없는 일입니다. 예수님이 "나와 및 내 아버지를 보았고 또 미워하였도다"는 말씀을 절대 이해할 수 없습니다.

그런데 왜 지금도 사람들은 예수님을 보고 싶어 하고 아버지를 보고 싶어 할까요?

실제로 자신이 예수라고 하는 사람들이 많이 등장했었고 지금도 있습니다. 앞으로도 있을 겁니다. 정말 이상한 것은 예수님이 직접 방문했을 때는 예수님을 몰라봤지만, 지금은 알아볼 수 있다는 주장입니다.

왜 이런 주장을 할까요?

그 이유는 성경을 영으로 보지 않고 육으로 보기 때문입니다. 오늘 본문 말씀을 육으로 보게 되면 결국 이 세상 방식으로 이해할 수밖에 없습니다. 즉 자신이 오늘 본문 속으로 들어간다면 예수님을 볼 것이고, 예수님의 아버지도 볼 것이라는 겁니다. 예수님을 미워하지도 않고 아버지 하나님도 미워하지 않을 거라는 생각입니다. 그래서 그들은 예수라는 자를 사랑하고, 그 말에 순종하는 겁니다.

성령을 받은 적이 없기 때문에 이들의 눈은 여전히 어둡습니다. 이들은 예수님이 이 세상 사람들이 할 수 있는, 이 세상 사람들이 원하는 일을 하셨고, 하실 것이라 생각합니다. 즉 '나의 구원'을 반드시 이루어 줄 것이라는 겁니다. 그래서 자신이 예수라고 하는 자를 믿고, 자신이 보혜사라고 하는 자를 따르고, 자신을 주의 종이라고 하는 자들을 추종하며, 그들의 말에 귀를 기울이며 순종하는 겁니다.

그야말로 목자 없는 양처럼 유리하는 자들입니다. 그 어디에나 자신의 목을 걸고 싶어 안달입니다. 조금이라도 나에게 행복을 가져다준다면 그곳에 자신의 몸을 기꺼이 던질 각오가 되어 있습니다.

이들은 예수님이 아무도 못한 일을 하셨다는 말씀 속으로 들어가질 못합니다. 그래서 이 말씀을 자신이 소유해 버립니다. 이들은 예수님이 세상을 심판하는 권세를 가지신 분임을 믿는 자들입니다. 그러나 이들은 그 심판 속으로 들어가 본적이 없습니다. 그래서 항상 '나의 구원, 나의 행복, 나의 천국'만 생각합니다.

이들은 증인이 되리라는 주님의 말씀 속으로 들어가지 못했기에, 언제나 자기 증인들입니다. 선악과를 따먹은 인간은 그 어느 누구도 주님의 증인이 될 수 없습니다. 주님의 증인은 인간이 할 수 없는 일입니다. 인간이 할 수 없는 일을 십자가 지신 주님이 성령을 보내 주셔서 하십니다. 성도의 일은 이 세상 그 어느 누구도 흉내 낼 수 없는 일입니다.

아무도 하지 못하는 일을 하기 때문에 세상으로부터 미움을 받습니다. 도무지 함께 섞이지 않습니다. 서로 공감이 안 됩니다. 너무나 이질적입니다. 하나님으로부터 저주받은 십자가만 자랑한다는 자체가 이 세상 사람들로부터 미친 자라는 소리를 들을 수밖에 없습니다.

♣ 연고 없이 나를 미워하였다

> 요 15:25
>
> 그러나 이는 저희 율법에 기록된바 저희가 연고 없이 나를 미워하였다한 말을 응하게 하려 함이니라.

다윗이 블레셋 사람들을 죽이고 돌아 올 때 여인들이 부른 노래입니다.

사울의 죽인 자는 천천이요 다윗은 만만이로다 (삼상 18:7).

그런데 이 여인들이 노래할 때 다윗 자체만을 높이면 될 터인데, 다윗을 높이기 위해 사울왕을 초라하게 만들었습니다.

인간이란 이런 재미로 살지요. 내가 지지하는 자를 높이기 위해 타인을 초라하게 만들고, 타인을 까는 즐거움으로 삽니다. 이 재미가 솔솔 합니다. 이 여인들도 여기에 합류했습니다. 다윗만 높여도 되는데 사울을 초라하게 만들었습니다. 현재 이스라엘의 왕은 사울인데 다윗이 사울왕보다 더 큰 칭송을 받습니다. 그러자 사울이 매우 불쾌합니다.

심히 노하면서 이렇게 말합니다.

"다윗에게는 만만을 돌리고 내게는 천천만 돌리니 그의 더 얻을 것이 나라 밖에 무엇이냐?"

다윗을 자신의 자리를 탐내는 자로 봅니다. 어느 누구라도 사울왕 입장이 되면 사울왕의 불쾌함과 노함이 나올 수밖에 없습니다. 제가 이렇게 말하면 자신은 안 그럴 것이라고 말할 사람이 있을 겁니다. 그런데 말입니다.

주님의 일을 인간이 무슨 수로 하지 않을 수 있겠습니까?

우리가 볼 때는 여인들이 사울왕과 다윗을 비교하는 노래로 야기된 문제입니다. 그래서 성경을 볼 때 그 배후에 주님이 활동하고 계심을 생각지 않고, 주님을 빼고 사람과 사람 사이에서만 일어나는 일로 봅니다. 그러나 이것은 십자가 지시는 예수님을 증거하기 위한 것들입니다. 실상 이러한 비교를 우리 각자에게 한다면 불쾌합니다. 그뿐만 아니라 심히 노하게 됩니다.

그런데 그 비교하는 말이 누구로부터 기인했느냐는 말입니다.

그뿐만 아니라 그 불쾌함과 노함은 어디로부터 나온 겁니까?

주님이 그렇게 하셨습니다. 악신이 들렸기에 불쾌하고 노하는 겁니다. 이렇게 되면 우리 인간들 모두가 다 악신 들린 사람들입니다. 복음을 전하는 저도 마찬가지입니다. 꼭 사울왕이 당했던 그 상황으로 몰아가서 악신 들렸음을 드러냅니다.

어릴 때 집 문 앞에 작은 도랑이 있었습니다. 겉으로 보면 물이 아주 깨끗해 보입니다. 그런데 작대기로 그 바닥을 저으면 오염된 냄새와 함께 금방 탁한 물이 됩니다. 그 당시만 해도 하수도가 제대로 매설되지 않은 시절이니 각 집에서 나오는 오염수를 그대로 흘러 내 보내기 때문이지요.

작대기로 휘젓지 않으면 물이 깨끗합니다. 그러나 휘젓는 순간 그 본색을 보입니다. 사울왕이 특별히 나빠서 그런 것이 아닙니다. 사울왕의 모습이 이 땅에 사는 모든 인간들의 모습입니다. 악신 들렸습니다. 그래서 다윗을 죽이려고 합니다. 제가 이렇게 말하면 "당신은 성경을 왜곡한다"고 할 사람들이 있을 겁니다.

분명 질투하는 것과 악신 들린 것이 구분되어 있는데 왜 하나로 보느냐고 말입니다. 유대인들을 보면 그렇습니다. 평소에는 율법대로 살아갑니다. 어느 누구도 헤치지 않습니다. 물론 율법을 어길 경우엔 예외가 됩니다. 그것은 여호와 하나님이 명하신 바입니다. 그러나 길 가는 사람을 괜히 미워하거나 죽이지 않습니다. 문제는 예수님입니다. 예수님이 표적만 행하셨다면 예수님을 미워하고 죽일 이유가 없습니다. 그런데 그 표적에 대한 해석은 이들을 악신 들린 자로 들추어냅니다.

예수님을 죽이려고 한 이유가 요한복음 11:47 이하에 나옵니다.

그해 대제사장 가야바가 이렇게 말합니다.

> 한 사람이 백성을 위하여 죽어서 온 민족이 망하지 않게 되는 것이 너희에게 유익한 줄을 생각지 아니하는도다 (요 11:49-50).

이들이 평소에 하나님의 율법을 지킨 이유가 대제사장 가야바를 통해서 밝혀집니다. 죽지 않기 위해서 율법을 지키고 있습니다. 살기 위해서 안식일 지키고, 십일조를 합니다. 철야기도 하고, 선도하고, 헌금하고, 전도합니다. 주일 예배 빠지지 않고, 새벽기도에 열심입니다.

예수님을 믿는 사람들이 너무 많아지니 갑자기 정치적 고려를 합니다. 지금까지는 종교적 입장을 취했다면 이젠 정치적 입장을 취합니다. 실상 종교를 가장한 정치였던 겁니다. 정치의 목석은 내가 사는 겁니다. 그래서 지금도 자기가 살기 위해서 조국을 지지하고 반대하고 있는 겁니다. 이 정치적 결정이 예수님을 죽입니다.

정말 신기한 일이지요. "아버지께서 이제까지 일하시니 나도 일한다" (요 5:17)는 말씀에 격분합니다. 예수가 안식일도 범했고 하나님을 자신과 동등으로 삼았으니 죽여야 합니다. 그런데 이 모든 것은 포장지입니다. 포장지를 뜯어내니 그들의 본심이 나옵니다. 살고 싶다는 겁니다.

그래서 예수님을 죽입니다. 오늘 본문에 보면 "저희 율법에 연고 없이 나를 미워하였도다 한 말을 응하게 하려 함이니라"는 말씀과 맞지 않습니다. 예수님을 죽일 충분한 이유가 됩니다.

다윗을 미워하고 죽이고 싶은 이유가 사울왕에게는 충분합니다. 그런데 다윗은 까닭 없이 사울왕이 자신을 미워한다는 겁니다. 예수님도 마찬가지입니다. 인간 사회에서 예수님처럼 말하고, 그들의 생존에 위기를 가져 온다면 충분히 그 사회에서 제거할 이유가 됩니다.

광화문이나 서초동이 바로 그 예입니다. 작대기로 휘젓습니다. 그러자 그동안 숨겨져 있던 악신의 모습이 발악을 합니다. 우리가 보기엔 별것 같지 않지만, 이 정치적 행동이 십자가 사건을 발생시킨다는 사실입니다. 이런 사회에서 복음은 큰 무시를 당합니다.

다윗이나 선지자들이 미움을 받은 것은 까닭이 있습니다. 그들을 불쾌하게 만들었기 때문입니다. 그들의 행동과 말이 분노를 야기합니다. 예수님도 마찬가지입니다.

그런데 왜 까닭 없이 나를 미워하였도다 하는 말을 응하게 하려 함이라고 하셨을까요?

사람들은 모든 만물이 누구를 위해 만들어졌는지를 모릅니다. 모든 만물은 언제나 자신을 위해 있다고 생각합니다. 그러나 예수님은 그렇게 말씀하시지 않습니다. 사울왕은 여인들의 노래가 왜 자신을 불쾌하게, 분노를 야기했는지를 모릅니다.

우리도 그렇지요. 평소에는 어떤 사람에 대해서 불쾌하지도 않고 분노가 일어나지 않습니다. 그런데 나를 이유 없이 욕하고, 나쁜 사람으로 취급하면 불쾌가 만들어집니다. 분노가 생성됩니다. 달리 말하면 불쾌함과 분노를 만드는 조건이 만들어지면 어느 누구도 여기에서 빠져나가지 못합니다. 문제는 왜 불쾌한지, 왜 분노가 일어나는지 그 이유를 모른다는 겁니다. 기껏해야 비교당하니 그렇다는 설명입니다.

비교당하는 게 왜 그렇게 싫으냐는 겁니다. 자기도 몰라요. 몸이 그렇게 작동합니다. 그러니 인간은 그렇게 당하는 겁니다. 그 배후에는 악마가 있습니다. 인간들은 이 세상에는 인간들만이 산다고 생각합니다. 그러니 악마가 자신들의 아비임을 모릅니다. 악마가 세상 신이며 그 신의 조종을 받고 사는 것을 모릅니다. 자신의 삶 속에서 수도 없이 악마성을 노출하지만 그것은 어디까지나 자신이 성화 되지 못해서 일어나는 현상이라 생각합니다. 해탈하지 못해서 일어나는 현상이라는 겁니다.

이런 생각이 악마의 지배를 받고 있다는 증거입니다. 이들에게 십자가 복음을 전해 보세요. 그렇게 점잖은 사람도 분노를 냅니다. 그냥 미워해요. 그 이유가 있습니다. 주님은 "까닭 없이 미워하였다 함"만을 온 우주에 남기기를 원하기 때문입니다. 즉, 십자가만 남기시겠다는 겁니다. 그래서 나름 이유도 있지만 그 이유가 왜 이유가 되는지도 모르고 예수님을 십자가에 못 박아 죽입니다. 결국, 자기(자아) 생존을 위해서입니다.

주님은 자기 백성에게 성령을 주셔서 십자가 증인으로 만듭니다. 성도에게 주어진 모든 환경은 십자가 증인으로 세우기 위한 환경입니다. 그래서 까닭 없이 미움 받게 하십니다. 물론 성도는 그 까닭을 알지요. 그러나 미워하는 자들은 왜 십자가 복음을 전하는 자가 불쾌하고 미운지 그 이유를 모릅니다.

♣ 예수님을 증거하는 성령

> 요 15:26
>
> 내가 아버지께로서 너희에게 보낼 보혜사 곧 아버지께로서 나오시는 진리의 성령이 오실 때에 그가 나를 증거하실 것이요.

사람들의 관심은 성령이 누구로부터 나오느냐에 있습니다. 그런데 말입니다. 인간이 성령이 누구로부터 온다는 것을 안다고 한들 그렇게 나오는 성령을 받을 수 있을까요?

선악과를 따먹은 인간은 앎을 통해 구원을 얻을 수 있다고 생각합니다. 그래서 성령 받지 못한 티를 팍팍 냅니다. 그것이 바로 "나는 성령이 누구로부터 나오시는 지를 안다"는 겁니다. 그런데 예수님이 주심이 되셔서 보내시는 성령을 받게 되면 성령 받은 자는 예수님을 증거합니다. 그러니 성령이 누구로부터 나오는 것을 알고 믿는다는 것은 성령을 받는 적이 없다는 확실한 증거가 됩니다.

악마의 지배를 받고 있는 인간들은 언제나 자신이 주인공이 되기를 소원합니다. 그래서 누구의 증인이 된다는 것을 매우 싫어합니다. 누가복음 12:22-3에 보면 예수님은 우리를 까마귀보다 들풀보다 귀하다고 하시면서 하시는 말씀이 까마귀처럼 먹이시고 들풀처럼 입히신다는 겁니다. 주님이 먹이고 입히신다고 하니 신나는 일이라 생각할지 모르지만 성령 받은 성도들은 그야말로 하루살이 인생입니다. 파리 목숨입니다.

사도행전 7장에서는 스데반 집사님이 돌에 맞아 죽습니다. 사도행전 12:2를 보면 요한의 형제 야고보가 헤롯왕의 칼에 죽습니다. 물론 헤롯왕도 주의 사자에 의해 죽임을 당합니다.

그렇다면 진작 헤롯왕을 주의 사자가 죽였으면 요한의 형제 야고보가 죽지 않았을 것 아닙니까?

그러나 주님이 성령을 주신 이유는 주님의 증인 삼기 위함입니다. 그러니 그 역할을 스데반 집사님이나 요한의 형제 야고보가 제대로 한 겁니다. 이것은 성령의 일입니다. 인간을 제거하면서 십자가 사건만 남깁니다.

♣ 성령과 너희의 증거

> 요 15:27
>
> 너희도 처음부터 나와 함께 있었으므로 증거하느니라.

요한복음 2:24-25입니다.

> 예수는 그 몸을 저희에게 의탁지 아니하셨으니 이는 친히 모든 사람을 아심이요 또 친
> 히 사람의 속에 있는 것을 아시므로 사람에 대하여 아무의 증거도 받으실 필요가 없음이
> 니라.

많은 사람이 예수님이 행하시는 표적을 보고 그 이름을 믿었지만 예수님은 이들에게 자신의 몸을 의탁지 않았습니다. 그 대표가 바로 베드로입니다. "주를 위하여 내 목숨을 버리겠나이다"(요 13:37)라는 일사 각오의 정신은 예수님의 증인이 되는 것이 아니라 닭 울기 전에 세 번 부인하는 것으로 드러납니다.

그러나 예수님이 십자가에 달려 죽으시고 부활하셔서 주님이 되셔서 보내 주시는 보혜사를 받게 되면 주님의 증인이 됩니다. 오늘 본문에서는 "너희도 처음부터 나와 함께 있었으므로 증거하느니라"고 하십니다. 결국, 제자들은 처음부터 예수님의 증인이었다는 말입니다. 왜냐하면, 시제를 지금도 증거하고 있다는 말씀을 하시기 때문입니다.

이렇게 되면 제자들은 처음부터 예수님과 함께 했기 때문에 예수님의 증인으로 합당하다는 말씀이 됩니다. 실상 보혜사를 받은 제자들이 예수님을 증거하는 모습이 그러합니다. 사도행전 5장에 아나니아와 삽비라는 성령을 속였다가 죽임을 당합니다. 이들은 땅값 얼마는 감춘 죄밖에 없습니다. 그런데 이러한 행동을 두고 베드로는 이렇게 말합니다.

> 아나니아야 네가 어찌하여 사단이 네 마음에 가득하여 네가 성령을 속이고 땅값 얼마를
> 감추었느냐(행 5:3).

인간들은 사단을 본 적이 없습니다. 기껏해야 귀신을 봤다고 주장하지만 그 귀신이 사단은 아닙니다. 사단은 오로지 예수님 앞에서만 자신의 모습을 드러냅니다. 영이신 예수님만이 영을 볼 수 있습니다. 그러나 인간의 눈은 볼 수 없습니다.

일반적으로 교인들이 헌금했을 뿐입니다. 헌금 일부만을 드렸을 뿐입니다. 그 어느 누구도 헌금하는 사람의 마음을 알지 못합니다. 그런데 베드로는 알고 있습니다. 실상 베드로가 안 것이 아니라 주님이 말씀하신 겁니다. 주님이 베드로와 동행하고 있습니다.

그뿐만 아니라 성령은 오직 자기 백성에게만 주셨습니다. 그런데 아나니아와 삽비라는 사단이 그들을 장악하고 있기 때문에 성령을 훼방합니다. 성령이 없다는 겁니다. 달리 말하면 예수님은 죽은 분이지, 부활하셔서 주님이 되셔서 친히 주님의 능력을 행세하고 있지 않다는 겁니다.

아나니아와 삽비라는 눈에 나타나는 현상만 보일 뿐이지 그 배후는 전혀 볼 수 없습니다. 그러니 장난치는 겁니다. 교회가 자신이 노는 놀이터가 된 겁니다. 사단이 노리는 바가 이것입니다. 예수님은 죽은 분이라는 겁니다. 주님이 자기 백성들과 친히 동행한다는 것을 부정하도록 합니다. 이것이 가능한 이유는 성령 받은 성도들이 하는 행위를 성령 받지 않은 자들도 얼마든지 따라 행할 수 있기 때문입니다.

그렇다면 주님은 성령 받은 자들만의 특별한 행위를 하도록 하시면 변별력이 생길 터인데 왜 그러한 변별력이 없는 행위를 하게 하실까요?

그 이유는 교회란 십자가의 피 능력이 작렬하는 곳이기 때문입니다. 교회는 십자가를 증거하는 곳이지 인간이 꿈꾸는 이상사회가 아닙니다.

그뿐만 아니라 이들이 십자가를 증거하기 때문에 그 어느 누구도 성령의 증거라 생각지 않습니다. 왜냐하면, 인간들이 생각하는 성령은 하나님입니다. 따라서 성령 하나님은 시시하게 십자가 피만을 증거하지 않는다는 겁니다. 예수님이 공생애 기간 동안 행하신 그러한 기적들을 행하신다고 생각합니다. 모든 인간이 성령의 역사를 그런 식으로 이해를 합니다.

그러나 십자가 앞에 죄인으로 드러나는 것은 오직 성령의 역사로만 가능합니다. 왜냐하면, 그 어느 인간도 자기 생명을 미워할 자가 없기 때문입니다. 아나니아와 삽비라는 자기 생명을 사랑했기 때문에 죽임을 당했습니다.